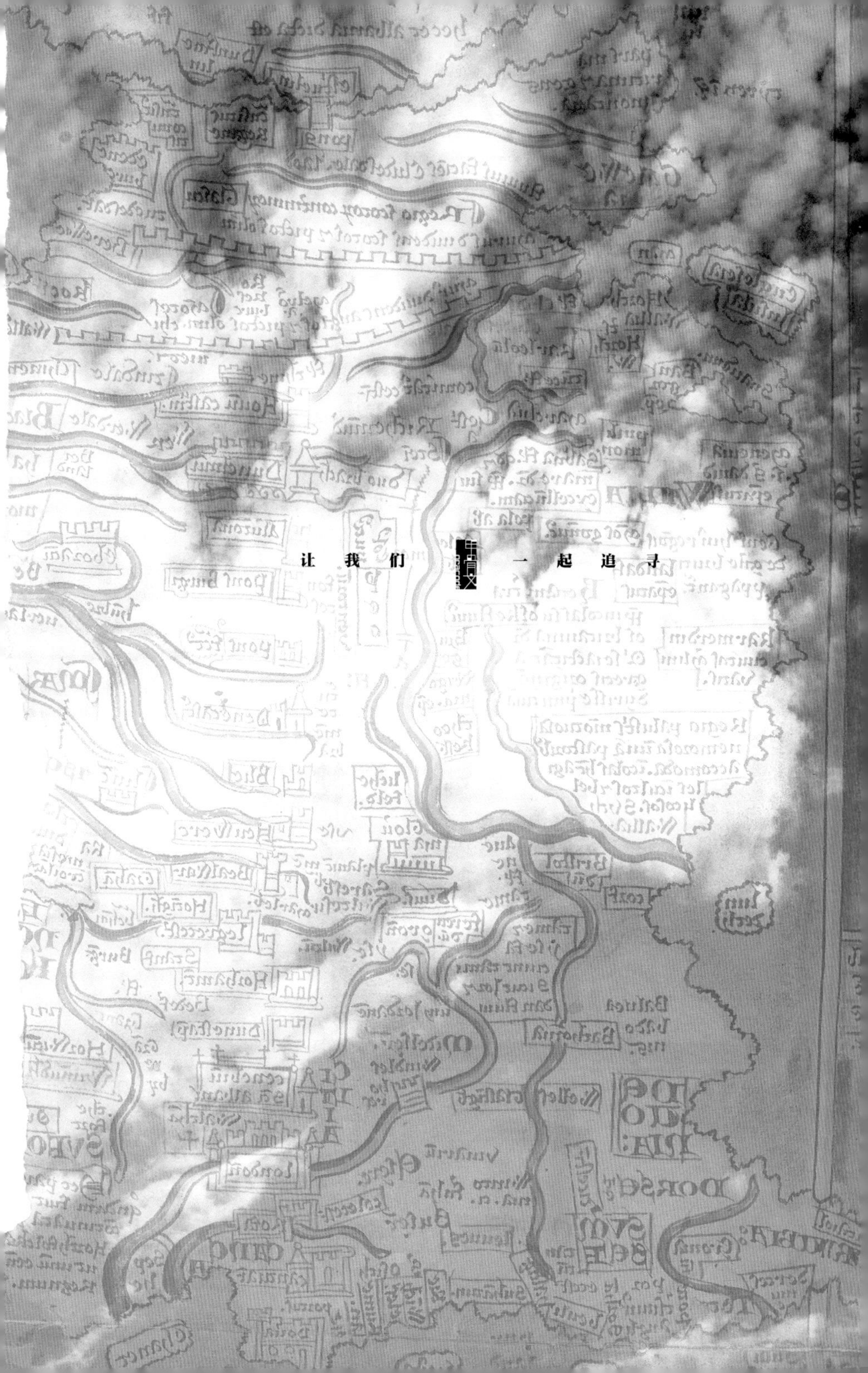
让我们　一起追寻

EMPIRE OF THE DEEP: THE RISE AND FALL OF THE BRITISH NAVY
by
BEN WILSON

First published by Weidenfeld & Nicolson,
a division of
the Orion Publishing Group, London

EMPIRE OF THE DEEP

深蓝帝国

英国海军的兴衰

The Rise and Fall of the British Navy

BY BEN WILSON

〔英〕本·威尔逊 著
沈祥麟 译

【下】

社会科学文献出版社
SOCIAL SCIENCES ACADEMIC PRESS (CHINA)

目　录

·上·

I　无主之海：至 1603 年

Ⅱ　国家海军：1603 ~ 1748 年

第 7 部分：海之子

第 8 部分：主宰吧！大不列颠

·下·

Ⅲ　成就辉煌：1748～1805 年

第 9 部分：杀手本能

第 10 部分：舰队司令官的统军之道

Ⅲ

成就辉煌

1748～1805 年

简 介

在盐中保存了很长时间的肉和鱼被称为“老咸货”（salt junk），它让每个水手都头疼不已。把它从上了年岁的桶里取出，然后放在清水里泡，这就是给船员们做主食的原料。厨子把肉放到铜锅里用沸水煮。水渐渐蒸干，肉里的脂肪浮到表面变成厚厚一层浮渣。厨子会把这层油腻腻的泥状物刮下来。这东西是有用的，它可以让绳索变得防水，也可以做成蜡烛。厨子能用它换来不少钱，用以充实自己的小金库。

我们今天用的很多词语就是过去海军的行话。有些像“行贿金”（slush fund，肥油存货）这样的词完全看不出是从海军中流传出来的。有些像“一头雾水”（all at sea，字义“全在海上”）、“冒险”（sailing close to the wind，逆风航行）、“孤立无援”（high and dry，又高又干燥）、“轻而易举”（plain sailing，平稳航行）、“敬而远之”（wide berth，宽阔的泊位）、“大肆庆祝”（push the boat out，推船下水）、“被迫”（press-gang，强迫征兵）、“阻碍某人/物/事”（taking the wind out of your sails，取走帆布上的风）、“示警”（shot across the bows，炮弹从船首飞过）、“我行我素”（loose cannon，松动的大炮）、“井井有条”（ship shape，船上的样子）、“提前准备”（batten down the hatches，封舱）这样的词和海洋的联系就明显得多。其他像“肉搏”（close quarters，近距离）、“急忙逃走”（cut and run，切掉［锚绳］离开）、“弄清……真相”（fathoming something，测量某物）、“屁股肥”（broad in the beam，横梁的宽阔处）

以及“外在样貌”（cut of your jib，三角帆的裁剪方式）这样的词组则要费一番工夫才能弄明白它们和航海之间的关系。绝大部分融入习惯用语中的词都和“行贿金”这种词一样，和海军的联系比较隐晦。

它们的词义多为负面。水手们心心念念填饱肚子，吃到的东西却秽臭难食，所以不难理解为什么许多粗话跟食物有关。从油腻腻的水中捞上来的肉又粗粝又嚼不烂，大伙儿围着餐桌一边说话一边努力地消化吃下去的粗硬食物，所以有了“扯闲篇”（chewing the fat，嚼肥肉）的表达方式。盛放食物的是四方形的盘子，所以有“一顿饱餐”（square meal，一顿方形的饭）的说法。船上食物单调、劳作重复、纪律严明，每日配给的酒让船员们得以从这些重荷中透出来喘口气。1739 ~ 1741 年，司令官弗农在西印度群岛时引入了定量配给朗姆酒的做法，让每人每天能分得半品脱这种烈酒。弗农一身黑色雨衣，其料子是一种以丝、马海毛和羊毛掺杂而成的格罗格兰姆312呢（grogram）织物，上了树胶之后硬邦邦的。因此他得了个绰号叫“老格罗格兰姆”（Old Grogram），缩略以后就成了“格罗格”（grog）。今天，所有种类的烈酒都可以叫作格罗格，“头昏脑涨”（groggy）也是一个常用词。

一样流行的还有从船员纪律和例行船务中演化而来的单词和词组。“掌握窍门”（learning the ropes，学会用绳子）自然不需要多做解释。“尚有转身的余地”（enough room to swing a cat，有足够的空间荡一只猫）出自“九尾鞭”（cat-o'nine-tails），这种鞭子很大，在拥挤不堪的下层甲板里根本没有足够的空间挥动它，只有在空旷的上层甲板才行。到了晚上，水手长会吹响哨子，命令水手们到下层甲板放下吊床休息。甲板上如果发生什么纠纷，水手长可能会吹哨子让这些桀骜不驯的家伙们“安静下来”（pipe down，吹哨子让甲板上的水手们收工下甲板）。“轻而易举”（hand over fist，交出拳头）原意是指非常迅速地拉扯绳子。很会刷漆（对于长时间暴露于恶劣天气之下的船舰，这是一项必备技能）的水手叫作“能手”（dab hand，dab 可能是从 daub［涂抹］一词变化来的，hand 指代刚入伍的海员）。

那些没有专长技艺的人被称为“饭桶”（waster）。这源自“船身工”（waister），他们没有专长技艺，做不了技术活，是在船中间腰身区域（waist）拉绳子的人。有一个贬义词“粗心大意”（sloppy）用来形容饭桶做事情的样子，这个词源自水手们穿的粗糙的工作服——“罩衫”（slops），军需官会在船桅处卖这个东西。

从航船驾驶中衍生出的词就更多了。一艘船安全地停放在干燥的陆地上，于是有了“不容更改的”（hard and fast）这样的词。“不远处”（offing）原意是指人站在陆地上时可以看到的海面。“开始进行”（get under way）衍生自一个特定的航海用语，“way”是指一艘船扬帆前进。如果一艘船“大体上”（by and large）是在前进，那是因为它在逆风航行。“渡过难关”（tide over）指一个接一个地积极应对眼下的问题，原意是在风很小或者没有风的时候利用潮汐行进。“利用潮汐行进至某处，”1627 年时舰长约翰·史密斯（John Smith）写道，“就是利用涨潮或者退潮移动船舰，如果海水的方向和行进方向相反，就放下船锚等下一次潮汐。”“大吃一惊”（taken aback，带着往后），即如果一艘船被“带着往后”，是说风向突然发生变化，吹动船帆的另一面，令控制缆绳和船桅很吃力。“挺住”（bearing up，驶向下风）来源于船被带着往后时，我们一般会问该如何“驶向下风”，其原意是指掉转船头顺风行驶。一艘船往某个方向“徐徐移动”或者从某物之间“挤过去”（edging，侧行），是指航船遭遇恶劣天气时以不断改变航向的方式迂回前进。“落空”（by the board，船舷外）意思是事情没做成，原意是东西掉到船舷外面去了。

战舰上的缆绳连绵不尽，其中诞生了很多令人回味的话语。“便宜事”（money for old rope，旧绳子的钱）一词让我们得以回顾船坞里的腐败勾当。17世纪早期，人们调查问询海军时发现，绳子用旧了以后原本应该用来填塞船缝，却被官员们卖掉换钱了。锚索平时牢牢地系于木头缆柱上，全部放出拉直以后，绳索就到了“结局”（bitter end，缆柱上系着的绳子的末端）。“满满的”（chock a block，定住滑轮）源自用来起帆的滑轮组动用到最大限度的时候，我们会说“定住滑轮”，其中“chock”是固定住的意思。缆绳也衍生出很有意思的表达形式。船上有一种活动身子的方式，就是把索具快速升到桅顶之后再顺着稳固船桅的支索滑回甲板上。这既是一种锻炼，同时也有演习的效用。按照要求，年少的见习军官得掌握瞭望人的娴熟技艺，这就是其中之一，另外这也是一项流行的饭后消遣活动。人们把它称为“空中游戏”（sky larking），后来这个词及其缩略形式“larking”成了常用词语，意为“嬉戏玩闹”。说到见习军官，这些男孩有一个绰号叫“鼻涕虫”——这个词至今仍用来指称那些不会得体地处理自己鼻涕的烦人孩子。

我们的语言当中充斥着大量从海上带回来的字句。仔细钻研谚语的起源，如同对我们自身的文化做一番考古学研究，使我们的思绪又被带回那个海军渗入日常生活的年代。

本书接下来这一部分将会讲述海军是如何成为一架效率高、动力足的战争机器的。这段时间里，海军赢得了不可计数的胜利，保卫国家不受他国入侵。艺术家和报纸记者对海军的仔细观察超过了以往任何时候。船舰与水手的活动被详尽地记述在大量著作之中——史学著作和新闻报道都有。尽管这些著作中充斥着大量的专业术语，但它们不仅面向专业海员，也同样面向那些不习水性但仍旧有一腔热情的旱鸭子们。甲板下的水手生活第一次出现在大众刊物和漫画中。19 世纪，海军成了流行小说的取材对象。不论生活在牛津还是奥福德岬（Orfordness），人们都可以感受到它的存在。所以在海军走向辉煌的过程中，那些战舰上的独有用语逐渐渗到人们的日常生活里，也就不足为奇了。

第 9 部分

杀手本能

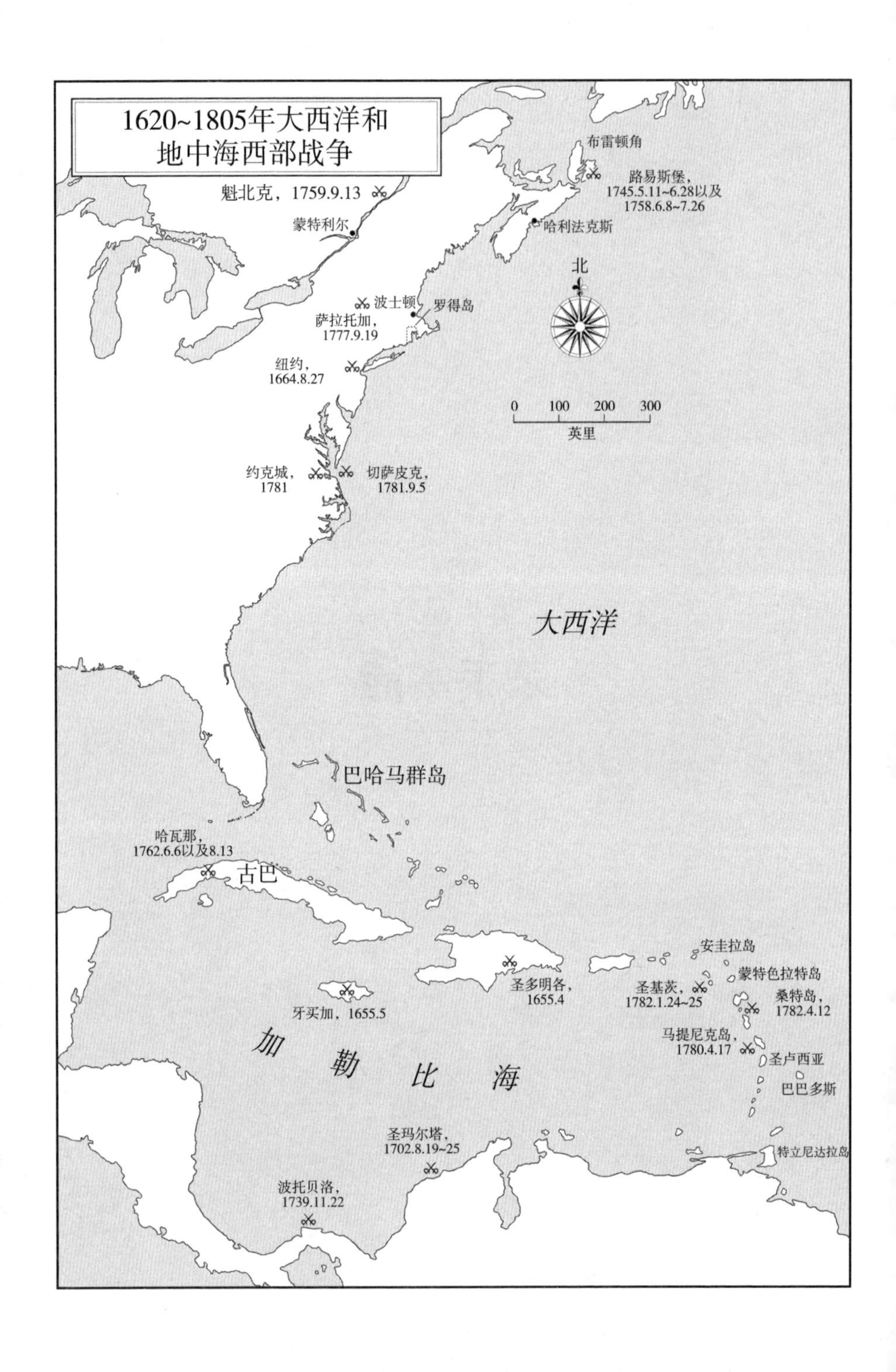

1620~1805年大西洋和
地中海西部战争
布雷顿角
路易斯堡，
1745.5.11~6.28以及
1758.6.8~7.26
魁北克，1759.9.13
蒙特利尔
哈利法克斯
北
波士顿
罗得岛
萨拉托加，
1777.9.19
纽约，
1664.8.27
0
100
200
300
英里
约克城，
1781
切萨皮克，
1781.9.5
大西洋
巴哈马群岛
哈瓦那，
1762.6.6以及8.13
古巴
安圭拉岛
蒙特色拉特岛
圣基茨，
1782.1.24~25
圣多明各，
1655.4
桑特岛，
1782.4.12
牙买加，1655.5
马提尼克岛，
1780.4.17
圣卢西亚
巴巴多斯
加
勒
比
海
圣玛尔塔，
1702.8.19~25
特立尼达拉岛
波托贝洛，
1739.11.22

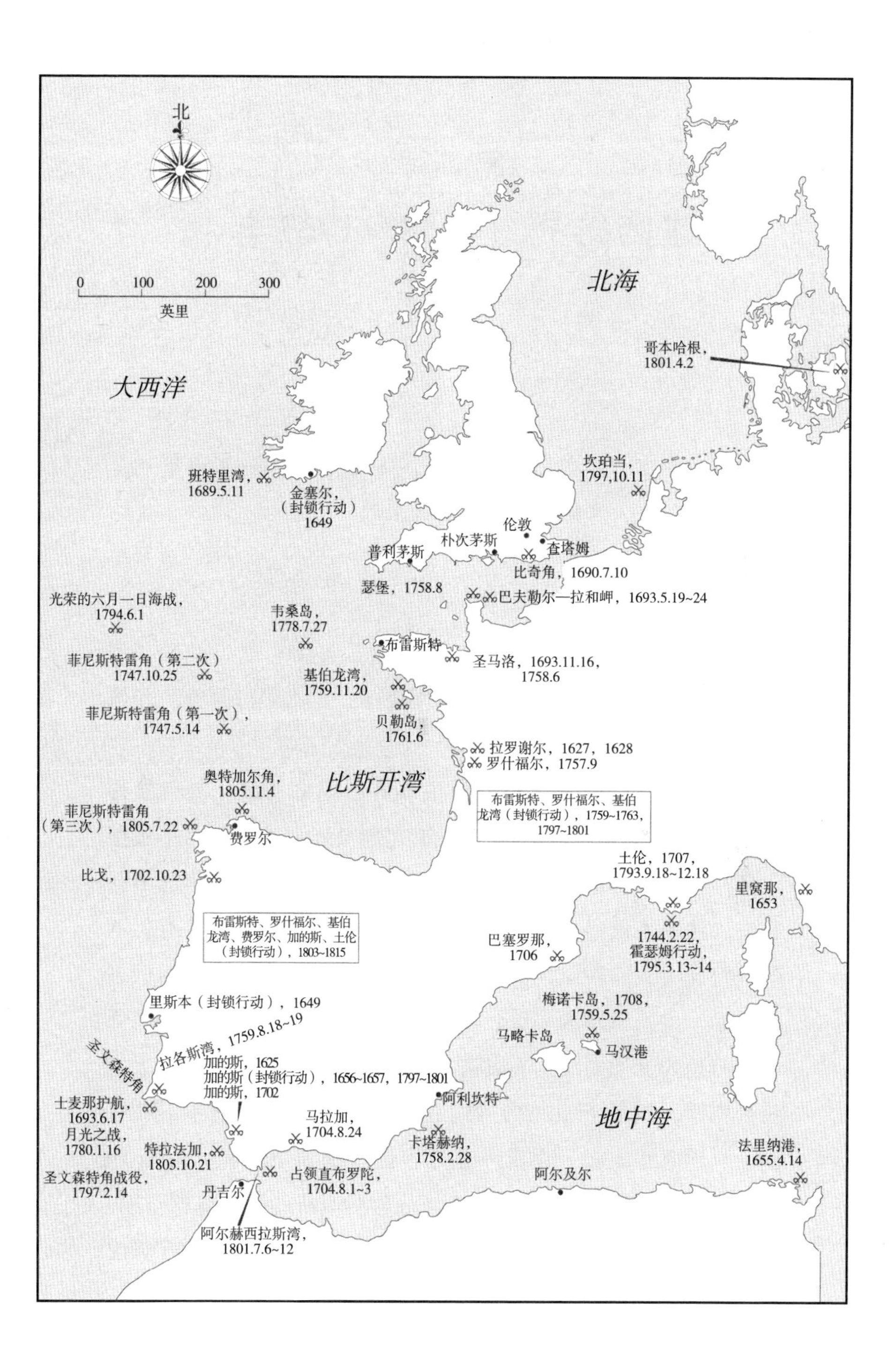
北
0
100
200
300
英里
北海
大西洋
哥本哈根，
1801.4.2
坎珀当，
1797,10.11
班特里湾，
1689.5.11
金塞尔，
（封锁行动）
1649
伦敦
朴次茅斯
查塔姆
普利茅斯
比奇角，1690.7.10
瑟堡，1758.8
巴夫勒尔—拉和岬，1693.5.19~24
光荣的六月一日海战，
1794.6.1
韦桑岛，
1778.7.27
布雷斯特
圣马洛，1693.11.16，
1758.6
菲尼斯特雷角（第二次）
1747.10.25
基伯龙湾，
1759.11.20
菲尼斯特雷角（第一次），
1747.5.14
贝勒岛，
1761.6
拉罗谢尔，1627，1628
罗什福尔，1757.9
奥特加尔角，
1805.11.4
比斯开湾
布雷斯特、罗什福尔、基伯
龙湾（封锁行动），1759~1763，
1797~1801
菲尼斯特雷角
（第三次），1805.7.22
费罗尔
比戈，1702.10.23
土伦，1707，
1793.9.18~12.18
里窝那，
1653
布雷斯特、罗什福尔、基伯
龙湾、费罗尔、加的斯、土伦
（封锁行动），1803~1815
1744.2.22，
霍瑟姆行动，
1795.3.13~14
巴塞罗那，
1706
梅诺卡岛，1708，
1759.5.25
里斯本（封锁行动），1649
拉各斯湾，1759.8.18~19
马略卡岛
马汉港
圣文森特角
加的斯，1625
加的斯（封锁行动），1656~1657，1797~1801
加的斯，1702
阿利坎特
士麦那护航，
1693.6.17
马拉加，
1704.8.24
地中海
月光之战，
1780.1.16
卡塔赫纳，
1758.2.28
特拉法加，
1805.10.21
法里纳港，
1655.4.14
圣文森特角战役，
1797.2.14
占领直布罗陀，
1704.8.1~3
阿尔及尔
丹吉尔
阿尔赫西拉斯湾，
1801.7.6~12

第 28 章

雄师待战（1748～1757 年）

318

> 在这个国家（不列颠），有时杀掉一名海军司令也是一件好事，其他人会因此受到激励。
>
> ——伏尔泰

皇家海军在很多事情上要感谢法国人。[1] 18 世纪中叶，不列颠一心想要成为世界领先的海军大国，可本国海军舰队却停滞在 17 世纪的水平。

当时负责海军建设筹划的主事者们偏好一级、二级战列舰。在北海进行大规模舰队作战时可能会需要这些船，不过把它们用在应对全球性冲突上却完全不合适。海战形式早已不同往昔，法国人已经意识到了这一点。此时所需的船舰要有优良的航行能力，能在全世界任何一处大洋作战，参与海陆两栖进攻行动。皇家海军的一级、二级战列舰遇到恶劣天气时性能就会大打折扣，同时无力在远离本土的地方执行任务。船上火炮排列密集，只留下很小的空间存放补给，船舰本身亦不够稳固。它们吃水太深，在世界上许多港口都无法停靠。舰载 70 门炮的三级战舰和 60 门炮的四级战舰所面临的问题有所不同。它们设有三层甲板，体积远小于只有两层甲板的法国同等级战舰，而且火力也落后于法舰。

在没有外力援助的情况下，不列颠战舰是打不过相同火力等级的敌舰的，这早已不是什么秘密。[2]皇家海军所能仰赖的优势是船舰的总体数量以及将士们的航海技术，不过就连这种优势也维持不了多久了。

这些情况众人心中都已了然，只是18世纪40年代的海军委员会还处在极度保守的状态之下。

改革者所参照的模板是法国战舰“无敌”号（Invincible），这是一艘舰载74门炮的双甲板战舰，被俘获于第一次菲尼斯特雷战役。专家们纷纷聚集到她周围，他们的研究发现让海军界震动不已。她的尺寸比同吨位的不列颠战舰大一半，船型更长，虽然装载了相同门数的火炮，但每轮舷炮的火力要比英舰猛烈75%。尽管船形庞大，但“无敌”号在速度和耐航能力上要优于皇家海军三级战舰。不仅如此，她的内里构造没那么狭窄，远航时可以储存更多的补给。相比之下，皇家海军落后了对手一大截。

“无敌”号还算不上全世界战舰建造水平突破性发展的成果，不过她指明了未来的发展方向。新一代法国战舰造价高昂，在承受敌军火力攻击方面还不是很好，而且要不停地进行维护。它们的船身造型是当时最先进的，不过索具性能不及不列颠战舰。最理想的结果是将英舰和法舰合体——既有“无敌”号的速度、灵活机动和火力，又有皇家海军巨舰的坚固、内在强度以及低廉造价。

乔治·安森坚定地站在海军改革这一边，他不得不和海军委员会中根深蒂固的保守主义做斗争。过去的100年里，船舰的尺寸和形制都已经被建制派规定死了——各级战舰的详细尺寸均已确定。1745年，最新一届建制派曾试图实行海军现代化改革，不过改革仅在18世纪40年代后期和18世纪50年代早期得以实行，从两次菲尼斯特雷战役的战利品中收集来的新东西被消耗殆尽之后，改革又重归沉寂。哪怕海军部只是想把一艘战舰的尺寸变动几英寸，都得去找枢密院批复。雅各·阿克沃思爵士（Siv Jacob Ackworth）担任海军监造官长达34年，直至1749年逝世才卸任，继任者是约瑟夫·阿林（Joseph Allin）。他们都是死守老规矩的人，对安森提出的精巧复杂的新理念百般压制。如果有人提出变动船舰的建造尺寸，他们就会拿建制派做挡箭牌，不肯做出丝毫让步。

在其他事情上皇家海军也是一副墨守成规的做派。舰队司令从舰长名单中选任，依据服役时间长短擢升老资历武官为将官。1739~1748年的惨淡战局表明，许多老资历军官已显垂垂老态，而且思维僵化，畏首畏尾。海军纪律散乱崩坏，18世纪40年代军事法庭很多关于怯战和违抗命令的裁决因民事法庭和政客的干预而未能执行。

此时海军可以吹嘘宣扬的门面人物寥寥可数，乔治·安森即是其一。他是一位标准的战斗型军官，不过其政治手腕亦颇为巧妙。海军日益衰弱，当局者却仍故步自封。安森全身心投入带领海军脱离困境的事业。近些年暴露出的重大问题之一，就是承平日久，许多将官已不复昔日威猛。海军高层的资历高低按照舰长入职的日期先后排列。当一个第三司令的职位因前任死亡或退休而出现空缺时，资历最老的舰长将自动替补，而无须考虑这个人的能力和年龄。安森希望弃用前述的舰长序列，任用正处黄金时期的舰长为领军之人。公然如此行事是不可能的，因为仅凭年老、衰朽、无能等原因就将一名舰队司令免职的做法过于激进。

320

安森因此重新设计了一套准将的军阶系统。舰队司令或者驻外基地的总司令可以不参照舰长的资历序列，能力最佳者可直接被任命为分舰队的指挥官，这些指挥官甚至可以指挥资历比自己老的舰长。这样的话，资历序列没有被触犯，再者准将之衔也是临时性的，受任者不会因此而比别人更快地晋升将官军衔。序列前面那些老朽过时的舰长们被推到“黄色中队”（Yellow Squadron）任第三司令——这是一个新设的中队，只是旗下没有船舰，在这里他们享有将官的荣誉、军服和薪水，不过没有任何实权。*

安森借此得以剔除掉大量不合适的人选，把最能胜任的人直接升上来，同时还不用被人指控为挑动革命。实际上，绝大部分武官毫无怨言，正是安森的改革措施让他们看到了衔级晋升的可能。那时的海军军衔并没有明确的军事定义。环球航行途中，军衔上的这种模糊性让安森在和中国官员谈判时遭遇严重的外交问题。改革后，舰长（captain）与陆军中的上校（colonel）军衔相若；新设的准将（commodore）军衔被制度化，享有的地位和权力与陆军准将（brigadier general）相同。此举意在使海军军职也成为享有荣誉和尊严的公职。

达成此项目标最重要的一件事情就是引入军官穿戴的军服——蓝色毛呢大衣配以白色的饰带、袖口和马裤。蓝色毛呢大衣会依据不同衔级饰以蕾丝、金线或其他金属线。姗姗来迟的制服令部分军官大失所望，它看上去不像打仗穿的战服，反而过于贴近国内流行的男装。随着时间的变迁海军制服也在变

---

* 讽刺的是，由安森安排的第一批进入黄队的军官中，有一个人根本不是老糊涂的舰队司令——爱德华·霍克。他被安排进来是为了给更具政治正确性的人腾位子。乔治二世即位后他被擢升到了白队。

化，不过原设计的基本要素都完整保留了下来。之后发源于平民服饰的海军制服将摆脱这层最初的意味，转而成为阳刚勇猛321 的象征。海军制服已经开始影响当时的时尚。见习军官、常设委任官以及他们的副手要等到 1787 年，随船医生要等到 1805 年，航海长和军需官要等到 1807 年，水手们要等到 1857 年，才各自拥有自己的制服。

总的来说，军官们还是欢迎这一变化的。有制服就有了社会地位，它使得海军军官——从副官到海军司令——跨入士绅行列。彼时海军中还存在“士绅与油帆布”的身份划分，所以有标识社会地位之用的军官制服意义重大。一个人身穿海军制服，意味着他在为国王效力。

上述种种改革均旨在增强海军军官的凝聚力和忠诚度。数任首相想把自己政界支持者的亲属安放到舰长的位子上，安森遇到这种事都是直言反对。安森说，一名经受过战火洗礼的副官在任何时候都比那些大官的亲友更可取。在他执掌海军期间，军官要靠经验和军功才能晋升舰长和将官，这是示恩。至于示威，安森也拟定了许多改革方案，比如让半薪军官接受军事管制，这一项在政界颇受反对。他想方设法增进军事法庭的法律基础，给更多违反军纪的行为设立了固定刑罚，当中有一部分行为必须被判处死刑。通敌不忠、临阵退缩等情节再也无法靠政治上的权宜手段给掩盖起来。土伦之战和上一场战事结束后，军事法庭带来的恶劣影响暴露出其种种缺陷与不足，现在这些政策变动即是回应。

改革之机发于海军部内部，最初是为了反对一些根深蒂固的成见，磨砺海军的战力。安森的惩戒性改革方案中有一部分被议会视为专制主义而未被接受。类似的还有预备役海员的提议——万一突然间遭遇战败，仍然能找到人手维持舰队的运行。但安森遇到的最大阻力也来自海军内部。

海军委员会对海军部一向十分冷漠，因为海军部认为自己在行政事务上具备专业知识。18世纪40年代，改革派的第一海务大臣贝德福德爵士和三明治爵士曾数次要求海军委员会提供海军具体运转方面的信息。结果海军委员会还是老样子，直接无视这些要求。1749年，时任第一海务大臣的三明治爵士带领其他海务大臣到各处船坞巡视了一趟。此举可谓史无前例，委员会根本没料到对方会来这么一出。海军部诸大臣离开时拿到了关于船坞中浪费和低效问题的第一手资料。这是海军部有史以来第一次在此类问题上，有底气说自己比海军委员会知道得更清晰详尽。随后海军部对海军委员会下达了一连串命令，责令其整顿船坞、简化行政程序。可以说，海军部的行动遭遇阻碍，改革方案遭到其他人的敌视是意料之中的事情。安森写道："惯习的力量通常都十分强大，无法用理性来使其改变；对于那些反对它的人尤其显得可怕……"[3]

322

虽然安森公开讲过在海上当一支分队的指挥官才是他个人热衷的，但事实证明他即使待在政府里做文官也能成就斐然。战胜海军中根深蒂固的传统主义是一件十分漫长而又磨人心性的事情。海军委员会对海军部的权力心怀妒忌，处处阻挠海军部。政府也正在收缩开支，海军只能跟着受影响。1751年，安森接替三明治就任第一海务大臣。他停止了和海军委员会之间旷日持久的敌对关系，力求以妥协和合作的方式达成自己的目标。安森眼前最关切的事情是让海军在短时间内做好参战准备，这方面是海军的短板。1739年，传闻已久的英西战争终于开始时，英方海军能够参战的船舰只有89艘，动员事宜经历重重曲折，花了很长时间。一段和平期后，1753 年，缩减后的海军有 129 艘可以即刻开赴战场的船舰，其中战列舰 67 艘，比 1749 年的 38 艘有所增长。

安森的改革大计虽然推进缓慢且未引起多少人的注意，但他的这些努力至关重要。重振海军、改进战舰等方面的许多宏伟目标还没有完全实现。“耐心和毅力”是安森的优良品质。他所需要的正是这些品质。

经过 4 年的耐心等待，有两件事给了安森机会：1754 年法国陆军进入俄亥俄（Ohio）山谷；翌年海军监造官约瑟夫·阿林爵士得了疯病。

第一件事是战事即将到来的前兆，促使政府将更多的财力投向海军。第二件事让安森有机会把自己最看好的两位造船师引入海军委员会，1755 年二人一同代理海军监造官一职。

海军委员会成员的任命一般都进行得很慢，不过这次安森的两个徒弟——托马斯·斯莱德（Thomas Slade）和威廉·巴特利（William Batley）——没用几天时间就走马上任了。就任三周之后，他们开始建造装载 74 门火炮的新型战列舰，这是革命性的新型战舰。这些战舰的体积和长度都远超当局规定的尺寸，建造时对外严格保密。几个月后，委员会中的保守派们统统被赶了出来，一批得到安森认可的人获得任命。这是一次发生在海军内部的政变。

323 新造的 74 炮战舰象征着“18 世纪不列颠海军造船技术上最伟大的突破”。[4]它和被传统主义者奉为圭臬的所有准则都背道而驰。1755 年所建的 74 炮战舰是体积庞大的双甲板战舰，灵活借鉴了“无敌”号的现有成果。许多曾经主宰了一代又一代造船者的规矩被颠覆。新战舰没有盲目模仿这一法国战利品，不过其模仿的程度已经足以让传统主义者们恼怒不已了。安森的海军部以及受其操控的委员会事先没有向其他任何人征求意见。这是一个十分大胆的举动，安森遭到猛烈的攻讦。

不过后续发生的事情证明他这么做是对的。那一年的内部政变之后，一艘74炮新战舰建造完工。不久后新型战舰的建造方式也得到进一步改进和完善。新战舰既有法国74炮战舰的速度和火力，又有传统不列颠战舰的坚固稳健。“74炮战列舰，”一位海军建造师说，“同时具备了一级战列舰与护卫舰的特性。她不会因为敌人是一级战列舰而被迫退避，也不会因为敏捷度不够而无法追击护卫舰。”[5]她们既能在传统的战列线战斗中守住阵形，同时还能放开手脚追击敌舰。尼罗河战役（Battle of the Nile）时，纳尔逊14艘船中有13艘是74炮战舰，特拉法尔加战役中也有三分之二的英军战列舰是这些新战舰。安森和他的造船师们还开始以法国护卫舰和私掠船为基础研制新式的28炮、32炮和36炮护卫舰。

1755年是皇家海军历史中具有根本重要性的一年。安森最终得以实施自己在海军现代化方面的主张。同样是这一年，海军部获得海军陆战队的全部控制权。以前安森远航太平洋时，他带领的许多士兵是已经上了年纪的老兵，是陆军拿来糊弄他的。现在，海军陆战队正在成为先进的海陆两栖打法中的精英力量。

还有一个变化虽然没那么吸引人，其重要性却不遑多让，那就是海军行政大权被安森牢牢攥在手中。1755年，海军食物供给委员会空出一个职位。这一事件将透露出安森正处在全盛时期。他希望任命一位有经验的船员补缺，首相则希望把自己一位政坛老友的亲戚顶上去，即使此人并无经验。“首相大人更应当让他当一艘战舰的舰长”，[6]安森对首相如是说，而且他坚持主张以后“还要安排更多肯实干、有经验的人进食物供给委员会”。这个事例中出现的委员会——海军史上一个关键性的部门——正日益向专业化和高效率的方向发展。自1739年开始的这一变化让有经验的军职人员感到惊奇。当时 324 一艘巡逻船舰至多能在海上待两个星期。到了18世纪50年代中期，持续三个月的航行已经毫不稀奇。不仅是因为食物供给的数量增加了，而且因为水手和海军陆战队的战士们也真的开始喜欢他们的伙食了。

之所以能有这一翻天覆地的变化，是因为食物供给委员会不再依赖个人承包商和舰长、军需官，而改由自己生产食物和啤酒。供给职能由委员会统一履行，杜绝了以次充好的欺诈勾当，德特福德、朴次茅斯、普利茅斯和直布罗陀出现大量各式各样的仓库、啤酒厂、磨坊、集中包装点以及类似用途的建筑物。这意味着粮食供应充足，而且补给方便、价格低廉。

安森步步紧逼，推动着不情愿的海军实行改革方案。这些努力终于在1755年有了成果，但第二年他就被免职了。他的海军没能经受住战争的考验，天赋英格兰称霸海上的美好愿望再次受挫。俄亥俄山谷形势紧张，那里的法国人从加拿大的路易斯堡开拓出一条通到新奥尔良（New Orleans）的路线。海军率先发难。海军中将爱德华·博斯科恩（Edward Boscawen）受命率领舰队攻击一支前往加拿大的法国运兵舰队。博斯科恩在浓雾弥漫的圣劳伦斯河上的表现可圈可点，只是他并没有赢得一场战斗，因为双方根本没能打起来。

法国人虽然不想开战，但在开战这件事上他们准备得更充分。法国人同时做出入侵不列颠和占领梅诺卡岛的态势，尚未准备就绪的皇家海军被置于极度威压之下。法国人只可能发动其中一项攻势，可到底是哪一个呢？

这让安森在1756年困扰不已。为守卫本土不受攻击，他把自己手中的大部分资源（因和平时期的削减已所剩无几）投进了西海路中队。他的推断是，不列颠在世界各地的殖民地过于分散，海军如果要做到同时守护它们和本土海岸线，则至少需要再扩增一倍才行。但海军可以用卓越的战略安排来弥补数量上的不足。“对我国殖民地和本土海岸线而言……最有效的防御，”安森说，“就是在西面部署一支可以应对各种变数的中队，既可以把法国人堵在港口里出不来，也可以在他们出来之后利用优势主动开战。”[7]

安森战略的另一核心是大举扩张不列颠在地中海的势力。海军中将约翰·宾（John Byng）——乔治·宾之子，帕萨罗角战役的胜利者——在很晚的时候才受命带着10艘战列舰前去保卫梅诺卡岛。

宾抵达直布罗陀海峡时发现法军早已攻入梅诺卡岛，正在围攻马翁港的圣菲利普城堡（St Philip's Castle）。这位舰队司令当即以为败局已定。当地的陆军指挥官告诉他，圣菲利普城堡撑不到最后了。实际上，当时宾要是把部队和补给运到岸上并设法切断法军补给线，圣菲利普城堡还是能撑住的。结果他把大部分士兵留在了直布罗陀，自己和正在为入侵作战提供掩护的法国战舰打了一场，却没打出什么结果。之后宾犯了一个致命的错误。他宣布直布罗陀正处于危险之中，从而放弃了追击法军、支援圣菲利普以及切断敌军补给的任务以便回防，此举大错特错。

325

因为他的这个决定，圣菲利普要塞被迫投降。宾回国后惊讶地发现自己竟然被捕了。公众因梅诺卡岛的陷落惊恐愤怒。海军再次让国人失望。许多海事专家认为，如果宾当时能果断联合地中海的其他不列颠军队，法国人或许就被赶出梅诺卡岛了。但实际上，这位舰队司令干了法国人最乐于看到的事情。

关于咎归何人——宾、海军部还是政府——大家莫衷一是。内阁和安森首当其冲，他们被指责战略部署失败，没有给宾配给足够的战舰。宾则努力赢得了一些同情。当局政府倒台，取而代之的是由纽卡斯尔公爵（duke of Newcastle）和威廉·皮特联合领导的新政府。皮特的连襟接替了安森的职位。宾因罪受审。

司令官觉得自己不必担心什么，他在军事法庭上态度友善、辩词有力，以为整个过程就只是走个过场。可惜他忘了安森的《军法条例》（*Articles of War*）是不容变通的。《军法条例》第十二条写明，任何“因为怯战、失职或不作为”等行为而未能击败敌人的军职人员应判有罪。军事法庭认为他虽没有怯战和不作为，但失职是毫无疑问的。尽管如此，宾还是以为自己会得到宽大处理，但新颁布的《军法条例》对此只有唯一的判罚——死刑。

当时有人为宾喊冤抱不平，不希望看到他受刑，即便是法国人也为他辩护。海军部想救他一命，军事法庭自身也建议宽大处理。不过公众的态度是绝不轻饶，国王也是。宾站在自己旗舰的后甲板上，身前是执行死刑的射击队。伏尔泰对此事有过一番广为人知的评述。这个处罚是极其严酷无情的，不过它确实起到了让“其他人会因此受到激励”的效果。

不列颠在这场战事的开始阶段吃了很多败仗，宾只是其中一例。陆军被击败，汉诺威落入法国人之手。西海路中队没能成功阻止法国护航队前往加拿大和西印度群岛，后者在那里的势力日渐强大。不列颠在美洲处于劣势，梅诺卡岛陷落后它在地中海的声威亦大大受挫。英军后来尝试过用海陆两栖作战袭击罗什福尔（Rochefort），但失败了；对路易斯堡也有过类似的袭击，亦未成功。奥地利人任由法国人在奥斯坦德和尼乌波特自由进出，同时俄国、瑞典、奥地利与法国结成同盟，这拉响了不列颠本土安全的警报。其他地方的局势亦不容乐观：东印度公司丢了孟买，它落入西拉杰·乌德·达乌拉（Siraj-ud-Daulah）的掌控；马德拉斯正处于本地治里（Pondicherry）的法国人的威胁之下。

326

皮特面临的局势异常严峻：“帝国*已不复存在，尼德兰的港口背叛了我们，《荷兰屏障条约》（Dutch Barrier Treaty）成了空文，梅诺卡岛陷落后我们在地中海的地盘也丢了，美洲形势岌岌可危。”[8]

注释

1. Lavery，p. 99
2. 同上书，p. 99
3. Rodger，‘Anson’，p. 184
4. Lavery，p. 97
5. 同上书，p. 107
6. Middleton，*Bells*，pp. 110 – 111
7. Richmond，*Papers Relating*，pp. 94 – 95
8. John，Earl of Chatham，*Correspondence of William Pitt，Earl of Chatham*，vol. I，p. 251

---

* 皮特此处的“帝国”指的是神圣罗马帝国。

第 29 章

反击（1757 ~ 1759 年）

327

1757 年，不列颠看上去又是 10 年前那般惨淡景象。不列颠人自夸是海洋霸主，但现实并非如此。大部分不列颠海军力量都停在本国水域为抵御敌国入侵做准备。此时看来，法国才是一个占优势地位的欧洲大国、殖民大国和海事大国。

不列颠必须反击。和往常一样，人们都期待发动一场海战。皮特——曾经因为攻讦汉诺威而挣得名声的著名爱国派辉格党人——正是当时政府的领导人，他对不列颠在欧洲事务上的付出不以为然，极力鼓吹海军至上的战略路线。安森重新回到第一海务大臣的职位上，并在内阁中有了一席之地。形势变得稳定，海军反击的机会来了。

但皮特触怒了很多自己的支持者，他把不列颠的军队和财力投进了德国的战事。人们觉得这是最严重的政治背叛行为。不过他这一把赌赢了。不列颠的盟友，布伦瑞克的斐迪南亲王（Prince Ferdinand of Brunswick）于 1758 年打了一连串胜仗，把法国人赶出了汉诺威和威斯特伐利亚（Westphalia）。普鲁士的腓特烈大帝（Frederick the Great）对阵俄国、瑞典和奥地利并取得重大胜利。起于二等水兵之阶的舰长查尔斯·福尔摩斯带领他的护卫舰进入了普鲁士港口埃姆登（Emden），他到的时候这里已经被法国人占领，但第二天法国人就撤走了。海军还运送士兵登陆圣马洛和瑟堡，此举重振了人们对海陆两栖作战的信心，拖住了法军原本要用来对付德国的部队。

“挽救美洲局势的办法，”[1]腓特烈大帝对不列颠大使说道，“在于阻止法国成为欧洲的主宰。”一旦法国及其盟军击败了汉诺威和普鲁士，她就可以从容地把力量放到海上，吞并不列颠殖民地。皮特意识到不列颠需要在欧洲大陆上有自己的盟友，其中汉诺威至关重要。1758 年，他做好了进攻新世界的准备。

皮特曾事先与安森说过，他准备让加拿大的分舰队于 1757 年在哈利法克斯（Halifax）过冬，然后于翌年春天占领路易斯堡。这个计划颇为大胆：过冬的 8 艘战列舰有可能还没到春天就被冻坏了。此事虽然艰难，但只要撑到天气转暖，优势就在不列颠海军这边了。有先头部队阻止法国的供给物资通过，这样可以在大战开始前削弱远处敌人的战力。1758 年 6 月，博斯科恩率领 16 艘战列舰炮艇、护卫舰抵达哈利法克斯，与熬过酷寒严冬的队伍会合。

328

不过在博斯科恩出发之前，不列颠就已小胜了法国几场，这几场胜利虽小但意义重大。地中海舰队指挥官亨利·奥斯本（Henry Osborne）上将把一支土伦来的舰队阻截于直布罗陀海峡之外，随后他又大败前来支援的敌军。两个月后，霍克上将带领西海路中队的 8 艘战舰袭击了一支法国护航队，对方共有 40 艘商船、5 艘战列舰和 7 艘护卫舰。后来敌人四散逃开了，这让霍克十分恼怒，但奥斯本和霍克的行动确实阻止了法国海军会合到一处以夺回加拿大的企图。

数量庞大的不列颠小型轰炸船船队在哈利法克斯集结。整个 5 月陆军和海军都在一起训练。6 月，不列颠的部队抵达路易斯堡沿岸，其中包括21艘战列舰、2艘50门炮战舰、护卫舰和轰炸船小队、登陆艇以及搭载1.2万名士兵的150艘运兵船。攻打路易斯堡的雄伟要塞绝非易事——那是当时北美洲最大的建筑物，港口驻守着5艘战列舰，更有可作绝佳炮台的灯塔岬（Lighthouse Point）为其屏障。恶劣的天气导致进攻行动延迟了一段时间。战斗正式开始后，陆军必须顶着敌军的猛烈火力守住滩头阵地。随后詹姆斯·沃尔夫（James Wolfe）所率分队以迅猛攻势拿下灯塔岬。之后英军又用了11天时间把火炮弄上岸并将其在指定位置架好。甫一就绪，不列颠方面就开始猛轰对方堡垒。

3天后，灯塔岬上的迫击炮击毁了3艘法国战舰。博斯科恩用舰队中的小型战船给了法军最后一击。他们再次烧毁一艘战舰并将第五艘擒获，很快堡垒就宣告陷落。这是有史以来最成功的一次海陆两栖作战行动。作为加拿大门户的路易斯堡落入英方手中。

1758年年末，战局的风向开始发生变化，不列颠转守为攻。军队和国民的心气又重新提振起来，皮特得到公众的支持。海军和陆军正集中力量在圣劳伦斯进行两栖作战行动。不列颠正筹划集结一支由詹姆斯·沃尔夫指挥的大规模陆军部队。由14艘战列舰、6艘护卫舰、3艘轰炸船和3艘火船组成的护航队伍将护送这支阵容浩大的小型军舰船队（约2万吨）横跨大西洋，海军上将查尔斯·桑德斯任统领，他曾参与安森的环球航行且活了下来。

329

不列颠正在疯狂攻击法国的殖民地和贸易势力。塞内加尔（Senegal）落入不列颠人手中。1758年12月，法国在戈雷岛（Gorée）的殖民地被奥古斯塔斯·凯佩尔舰长（Captain

Augustus Keppel）夺取，他也曾随安森环行世界，且当时年仅 15 岁。1759 年 5 月，种植蔗糖的瓜德罗普岛（Guadeloupe）亦被不列颠收入囊中。

1759 年 2 月 19 日，内阁一众领头人物在乔治·安森的伦敦宅邸会面。安森将本国海军实力详细列出：目前国内有 275 艘服役船舰、82 艘闲置船舰。由于不列颠的战事遍布全球，所以大部分现役船舰都在海外。目前，海军的 100 艘战列舰中有 59 艘正在海外，另外 41 艘正受召回来防御本土，其中 2 艘正在维修。到 5 月的时候所有这些船舰都将做好战斗准备。当时安森的 74 炮战舰和改良后的护卫舰已经下水启用。这使海军总规模接近 300 艘船舰。仅 10 多年的改革就取得如此成就，第一海务大臣足可以此为荣。巨大的海上雄师背后还有构造复杂而又运转高效的行政系统、活跃繁盛的船坞和积极进取的军职人员队伍。不列颠有能力在世界上任何一个地方与法国叫板。

法国对此亦深知无误，但他们同时也清楚，不列颠全球海洋主宰的宣言并不稳固。一旦不列颠本土遭遇入侵威胁，分散各地的海军力量就会立刻惊慌回撤。和安森会面的内阁成员知道法国正在聚集大批军力准备入侵不列颠。对方准备多面出击，把皇家海军的力量分散之后再行入侵之事。他们在敦刻尔克的部队将驾船到爱尔兰，布列塔尼的部队会登陆克莱德峡湾（Firth of Clyde）并占领格拉斯哥（Glasgow）和爱丁堡。他们还将以英吉利海峡和佛兰德斯的沿岸港口为跳板，陈兵莫尔登和埃塞克斯城下。法国的最终目标是占领伦敦，迫使不列颠签署耻辱的和平协议。在安森宅邸的这场会面中，陆军一把手汇报说，能用来守卫伦敦与各处港口的陆军才 1 万人。[2]而他们要面对的将是由 5 万人组成的法国大军。路易十五心中忧虑，如果继续任由不列颠将法国势力一步步逐出美洲，欧洲的平衡局势将会被打破，不列颠将“夺走诸国商业之命脉”，并且“欧洲的富庶国家”将只此一国。法国人必须果断行动，否则美洲、西印度群岛以及海滨贸易就要脱离自己的掌控。

尽管皇家海军在数量上远胜法国海军，但双方在欧洲海域内还处于均势。只有成功阻止土伦和布雷斯特两处的舰队连通一气才能成功守卫本土。安森对这番战略形势并不陌生。王国疆土和北美洲领地的安全又要靠西海路中队和地中海舰队超群的效率和干劲了。

如此安排战略颇有风险。派一支舰队在西海路上巡逻，大臣们对此一直心怀疑虑，因为敌军舰队可能会成为监视的漏网之鱼。1758 年，安森短暂离任，指挥了西海路中队一段时间，回来后他发现情况不容乐观。为正在出海的舰队提供补给是一件十分艰难的事情。船员正饱受坏血病的折磨。安森最多只能让中队的出海时间延续 6 周。这和 1747 年的辉煌成就差太远了。同时海军还遭遇了人手严重不足的问题。1759 年 2 月服役人数为 71000,[3]已是历史最高值。尽管如此，要把所有船舰都开动起来，这个人数还是不够。水手们拼命躲避服役任务，原因很简单——薪水太低，环境太差。自开战以来，战斗阵亡人数仅 143 人，却有 13000 人因疾病而丧命。这使海军船舰人数配给不足，有 12000 人逃避服役。填补这个空缺非常困难。

当此情形，国人还会信任海军吗？地中海舰队正因宾的失策而蒙羞，西海路中队亦无建树。这着实是令人紧张不安的日子。

安森任命自己最得力的两名干将做统帅。海军上将博斯科恩在 5 月被调往直布罗陀，他受命阻止土伦舰队穿越直布罗陀海峡。如果对方一定要离开地中海，他将尾随追击。海军上将霍克再次奉命接掌西海路中队。安森给他的命令是在韦桑岛沿海待命，同时监视布雷斯特的动静。霍克将会频繁返回托贝获取补给。他的护卫舰和小型战列舰负责在海上巡逻，拦截任何往布雷斯特运送补给的船舰。

不列颠在 1759 年所面临的挑战是如何能让霍克舰队一直待在海上。“舰队必须时常往回跑，霍克没法让它一直驻守海上”，首相因此事忧心忡忡。[4]7 月，诸大臣同意了霍克轮换船舰的要求，每次有 6 艘船返回接受清理和整修，同时其他船舰继续驻守。不过霍克很快发现这样不行，因为这削弱了执行计划的力度。问题出在普利茅斯不足以应付轮换所需，而且船舰清理整修用时太久。他抱怨供给食物品质低劣，要求轮换船舰返程时尽量多地带回新鲜的肉。他还坚持要求派一名政府大员前往普利茅斯监督舰队食物供给事宜。政府派出的人是理查德·佩特（Richard Pett）——1755 年时安森力压首相而坚持任命的食物供给委员会成员。 331

1759 年夏天，舰队食物补给的速度大大加快。安森订购了更多的运输船。佩特做出创造性的决策——向霍克输送新鲜蔬菜。运送腌制食物——腌牛肉、咸鱼以及类似的东西——向来都要更方便、更便宜。换句话说，坏血病即源自此。8 月，有 9 艘船将活牛、芜菁、胡萝卜、洋葱、卷心菜和啤酒送往海上。这种有益健康的食谱取得了立竿见影的效果。人们再也不用担心坏血病的问题，船员的体魄日渐强壮。霍克经常进行炮火演习，让他们保持良好的战备状态。

这是一套规模无比庞大的运转机制。船舰执行任务的海域如此遥远，而且环境极为恶劣，给它们输送补给非常困难。输送者必须顶着狂烈的西风进入韦桑岛。到达以后，在深海上把活牛和蔬菜从一艘船转到另一艘船上也困难重重。整个过程代价高昂且复杂棘手。韦桑岛沿海的海面汹涌险恶，负责向海上输送补给的船舰磨损和破坏严重，承包商为此遭受了很大的损失。霍克只得以漂亮的场面话哄着他们把充裕的鲜肉和蔬菜送来，同时给他们一些补偿以弥补损失。这些付出是值得的。当时人们还不知道如何预防坏血病。持续不断的新鲜蔬菜供给让船员能够摄入足量的维生素 C 以避免患上此病。霍克对海上封锁行动的技术手段有着近乎偏执的着迷，在如何有效解决海上食物供给的问题上尤其如此。霍克发现普利茅斯运来的啤酒已经变质后，直接下令把它们倒到船外。海军部和供给官们只得翻遍南部海岸，凑出足量的啤酒供应舰队。啤酒供应不上后他们就改运红酒。

霍克不怎么讨人喜欢，他容易动怒，要求苛刻。但幸亏有他一贯的坚持和不达目的誓不罢休的劲头，西海路舰队才得以连续驻防数月而无须中途回国。以前还从来没有过持续这么长时间的海上任务。海军医师詹姆斯·林德（James Lind）在观察过程中惊诧不已，14000 人在船上待了好几个月，结果身体状况比那些待在“世上最健康怡人之处”的人还要好。他说，“这番亲身观察……值得好好记录”。[5]

尽管解决了食物供给的后勤问题，但围困布雷斯特依旧不是易事。布雷斯特锚地有岩石和群礁作屏障，只有三条狭窄的航道供船舰进出，而不列颠船舰实施侦察的时候必须贴得很近才能发现对方是否在使用某条航道，所以监视港口的任务相当有难度。更何况需要围困的地方不止布雷斯特一处。法国入侵

海军上将霍克爵士

大军因封锁而无法从布雷斯特登船。因此运兵船正聚集在南特（Nantes）、罗什福尔和莫昂比尔湾（the Gulf of Morbihan），其中莫昂比尔湾是基伯龙湾附近一处面积宽阔的入海口水湾，位于布雷斯特以南 100 海里，极难渗入。对于大军可能登船的港口，当然也包括布雷斯特，英方都需要严密监视。只是背风处海岸太过凶险，那里峭壁嶙峋、岛屿密布，还有各种不知名的 332

潜藏危险，所以根本无法在近处逗留太久。

这就是为什么此前西海路舰队近距离监视布雷斯特舰队时只能偶尔捕捉到对方的踪迹。战列舰忌惮危险无法开到布雷斯特近处，它们只能在韦桑岛附近游弋逡巡，如此敌舰就有了逃避它们视线的机会。如果西海路舰队正在托贝或普利茅斯修整、补充补给，即便情报迅速送达，它们还是无法及时返回驻防的地方。一支法国舰队护送运兵船队溜出布雷斯特封锁线，这种危情在1759年似乎随时可能成真。法国人清楚，皇家海军因为饥饿、疾病、恶劣天气和船只磨损等问题而被迫撤离只是时间问题，他们做好了随时出动的准备。这也是霍克下定决心要守在韦桑岛附近，时刻保持良好战备状态的原因。

但只做到这些还不够。为保万无一失，霍克组建了一支近岸分队，由资质上佳的年轻舰长奥古斯都·赫维（Augustus Hervey）担任统领，分队包括护卫舰和几艘小型战列舰。它要在不惊动对方的情况下，尽可能近地守着布雷斯特。这项任务危险重重，霍克对赫维承诺，出了任何问题都由他来担着。与此同时，南特也正被一艘战列舰和一些护卫舰封锁着。另有一名舰长——罗伯特·达夫（Robert Duff）正受命指挥一支轻型舰队驻守基伯龙湾，他的任务是把敌方运兵船困死在莫昂比尔。

333

如果背后没有可以随时出击的主舰队，组建这些轻型舰队只是多此一举，没有多少用处；如果没有护卫舰在布雷斯特和其他大西洋港口附近竭力搜索敌军动向的情报，主舰队也发挥不了作用。这些要素汇集到一起，西海路巡航便获得了成功。

霍克汇报称布雷斯特被“围得一只苍蝇都无法进出”。赫维在写给霍克的信中说：“我认为，长官，您正让他们（法国人）遭受着从未体验过的侮辱，历史自会证明这一点。”[6]无论是法国的还是中立国家的船舰，没有任何一艘能进出布雷斯特。1747 年，安森和霍克就曾先后对法国实行过“远距离封锁”（open blockade）——引出敌人后予以痛击。现在，1759 年，霍克实现了“港口封锁”（close blockade）。对海军来说，最艰难和折磨人的行动莫过于此。布雷斯特的敌方战舰亟须补给，而补给必须经由陆路从数百英里远的地方运过来。面对封锁，法国人束手无策。而且当时法军的舰队和霍克舰队属于同一量级，对法国人而言此次被围实乃举国之耻。对不列颠人而言这是海军在谋划、运转和领导力上的一大壮举。

在西海路舰队之外，皇家海军还有一支分队负责监视佛兰德斯的诸多港口，在勒阿弗尔（Le Havre）附近也有一支，该队伍由唐斯港的船舰和斯皮特黑德海峡的乔治·罗德尼（George Rodney）所部组成。后者对勒阿弗尔进行了一番劫掠，许多入侵作战用的小艇被他们焚毁殆尽。

所以唯一幸免的法国港口就只剩土伦了。博斯科恩一整个夏天都在此处巡弋，压制港中的法军上将德·拉·克鲁（De la Clue）。不过到了 8 月，博斯科恩为了补给必须退回直布罗陀。第二天法国舰队就离港了。德·拉·克鲁准备连夜穿过直布罗陀海峡逃到非洲海岸去。

博斯科恩是一个执行封锁任务的老手，早就把乔治·安森那套猫捉老鼠的打法玩得得心应手。自 1726 年起他就在海军中服役。18 世纪 40 年代，他和安森一起在西海路舰队共事。在第一次菲尼斯特雷战役中，就是他的战舰“那慕尔”号（Namur）第一个发现了法军舰队。他是海军中最受尊崇的舰长之一。菲尼斯特雷战役之后，他领着一支中队去了印度。

334 1751 年，他成为海军部的一名海务大臣。这场战争爆发前，他曾在霍克统帅的西海路舰队效力过，广受赞誉的夺取路易斯堡行动就是他的功劳。他可不是一个会让法国人钻空子的海军上将。

博斯科恩早有防备，走之前留下护卫舰继续监视德·拉·克鲁和海峡的动静。当法军开始行动的消息传到直布罗陀时，英方船舰尚未就绪，船员也还在岸上。一时间，众人蜂拥登船，不到 3 小时，博斯科恩的 11 艘船舰就已经出海追击敌军了。眼花缭乱之间，海军再次展现了紧急准备、果断行动以及行动迅捷的非凡能力。

那天夜里，法军舰队的后路分队离队进入加的斯。早上 6 点，博斯科恩所部发现了德·拉·克鲁 10 艘船的分队。“东风强劲，”博斯科恩汇报道，“天气良好、海面平静。很快我们就意识到自己的速度远超敌军。”下午 2 点半，不列颠战舰追上了法军。HMS“卡洛登”号（HMS Culloden）与“半人马”号（Centaure）交上了手。紧接着另外 5 艘皇家海军战舰把这艘法军战舰围了起来。博斯科恩催动“那慕尔”号奋力前行，穿过敌阵直扑德·拉·克鲁的“汪洋”号（Océan）。奥拉达·埃奎阿诺（Olaudah Equiano）当时是博斯科恩一名副官的奴隶，他回忆说，尽管“那慕尔”号已经逼近敌舰，“但我惊讶不解的是，我们司令一炮也不向它们开，直到我舰紧紧贴到‘汪洋’号旁边时都只是让我们趴在甲板上，她当时冲在最前面。逼近之后我们立刻接到命令，三层火炮同时倾泻而出”。

“那慕尔”号和“汪洋”号于下午 4 点正式交手。双方都遭到对方的猛烈炮轰，不过博斯科恩的船毁损更为严重。她主桅被毁，往后退去，途中遭遇“半人马”号，当时“半人马”

已经被不列颠战舰轰得支离破碎，同伴全都逃散了。“汪洋”号和3艘74炮战舰——“可畏”号（Redoutable）、“谦逊”号（Modeste）和“勇猛”号（Téméraire）——一道飞速逃窜；一艘法军战舰往加那利群岛赶去，还有一艘驶往罗什福尔。

当夜，博斯科恩转到“纽瓦克”号（Newark，80）上，继续领军追敌。等到太阳升起的时候，德·拉·克鲁正往拉各斯湾（Lagos Bay）进发。葡萄牙不是参战方，所以德·拉·克鲁还幻想着可以寻求第三方势力保护以摆脱皇家海军的追击。而博斯科恩并未停止追击。“汪洋”号——当时全世界海上最精良的战舰——和“可畏”号都搁浅在岸边，后来被不列颠人焚毁。“谦逊”号和“勇猛”号因冒犯葡萄牙中立身份在湾中被俘。博斯科恩返航归国，他的目标已然达成。他走后留下护卫舰继续封锁幸存的法国船舰。

博斯科恩对战斗结果很是失望。他的船舰没能效仿菲尼斯特雷大捷时的情况，在追逐战中一气呵成，从敌军阵尾追到阵首。他们只是拥堵在“半人马”号周围而已。就战术层面而言，这次行动可能是失败了，不过从战略意义上来看，拉各斯之战影响巨大。

335

法国入侵计划的难度从此陡增。同月，英国盟友在明登（Minden）和德国取得的胜利也对其造成了很大阻碍。法国人原本希望把在德国的人马撤回来用作入侵不列颠，现在再也不可能了。与此同时，不列颠打了一连串胜仗之后，在全球的地位变得愈加稳固。皇家海军统摄西印度群岛。法国人被逐出马德拉斯（Madras），其在印度的局势恶化。海军中将乔治·波科克是海军在印度的分队总司令，9月他和法国人有过一次迅疾猛烈的交锋。法国人弃守本地治里，被迫将海面控制权让与波科克。

对加拿大周遭海域的强势掌控亦获成效。海军中将桑德斯凭借22艘战列舰、13艘护卫舰以及其他各式海军船舰把陆军上将沃尔夫的陆军人马从新基地路易斯堡一路护送至圣劳伦斯。他们此行的目标是拿下魁北克（Quebec）。到了以后，他们发现自己在河流下游，从这个位置无法发动进攻。面对从圣劳伦斯河上发起的攻击，魁北克防守得很严密。桑德斯令手下最得力的一批舰长——其中包括约翰·杰维斯（John Jervis）和詹姆斯·库克（James Cook）——沿这条河仔细侦查、寻找机会。随后他从魁北克附近强行穿过，到达河流上游。沃尔夫的人马在一条通往亚伯拉罕平原（Plains of Abraham）的道路附近登陆。数量明显占优的不列颠陆军击溃法国人，占领了魁北克。

11月，桑德斯抵达英吉利海峡后得知，法国终于要全力发动最后一搏了。路易十五在世界各地连吃败仗，发动入侵是他仅剩的机会了。负责苏格兰入侵计划的是上将马歇尔·孔夫朗（Marshal Conflans），他自知没有能力与霍克冒险一搏。他必须避开皇家海军，与莫昂比尔的运兵船会合，然后把他们护送至苏格兰。11月7日，事情开始照着他的计划发展。一场风暴吹走了霍克的驻防舰队，吹来了法国的西印度舰队。

霍克被迫带着遭受风暴摧残的船舰退入托贝。纽卡斯尔公爵认为船舰应该留在国内，免受严冬恶劣天气的折磨。但皮特和霍克态度坚决，断定危险并没有过去。安森为了向海上派出更多的船舰，不惜把海军行政力量压迫到几近崩溃。正在托贝待着的霍克整日暴怒不止，急不可耐地要重回驻防区。11月12日，他领着19艘战列舰出海，结果在第二天全部被迫回港。另一边，一直畏首畏尾的孔夫朗终于敢放开手脚。法军舰队在 14 日离开布雷斯特。此时霍克正领着 23 艘战列舰赶路，直到 16 日他才从食物补给船那里获得法军舰队的情报。对手有 21 艘战列舰，位于他前方 200 海里处，正往它和陆军的会合地点驶去。 336

一场赛跑自此开始。两位舰队司令都在想着同一个目的地——基伯龙湾。入侵英格兰行动正式拉开帷幕。

注释

1. Middleton, *Bells*, p. 58
2. 同上书，pp. 108ff
3. 同上书，pp. 109 – 110
4. 同上书，p. 122。前述关于霍克围堵布列斯特的叙述选自 Middleton, *Bells*, pp. 120 – 125, 136, 142 – 145，以及 Middleton, 'British Naval Strategy'
5. Lloyd (ed.), *Health of Seamen*, p. 121
6. Middleton, *Bells*, p. 121

第 30 章

基伯龙湾（1759～1771 年）

337　事情正一步步朝着孔夫朗希望的方向发展。11 月 16 日，他离目的地基伯龙湾只剩 60 海里，西北风把己方的船帆撑得鼓鼓的。但到了晚上，海面巨浪滔天，刮起了猛烈的东风，法国人被裹挟到了大海上。第二天，他们已经距离目的地 120 海里了。直到 18 号，孔夫朗才把自己的舰队重新带回正确航线。他十分艰难地顶着东北风前进，翌日，海面风平浪静，他在离目的地 70 海里的地方动弹不得。

霍克抓紧时间赶了上来。他的队伍船艺更为高超，所以在大风中行进得更为顺畅。此时他和孔夫朗的航向相平行。不过 11 月的海面反复无常，两边的舰队司令它一个都没帮。19 日傍晚海上刮起了 8 级大风[①]，这让霍克的战列舰无法贴近遍布岩石的海岸线。不列颠人的目标位于自己东南方向 40 海里处。夜里晚些时候孔夫朗遭遇狂风，他离莫昂比尔仅 20 海里。挡在他和陆军之间的唯一障碍就是达夫的轻型中队。

早晨的时候罗伯特·达夫就带着他的护卫舰出了基伯龙湾。他已经准备就绪，等着法国舰队过来。他将一半数量的船舰放在北边，另一半放在南边。孔夫朗感觉自己能够轻松取胜。

---

① 原文 Gale force，蒲福氏风级中的 8 级大风。——译者注

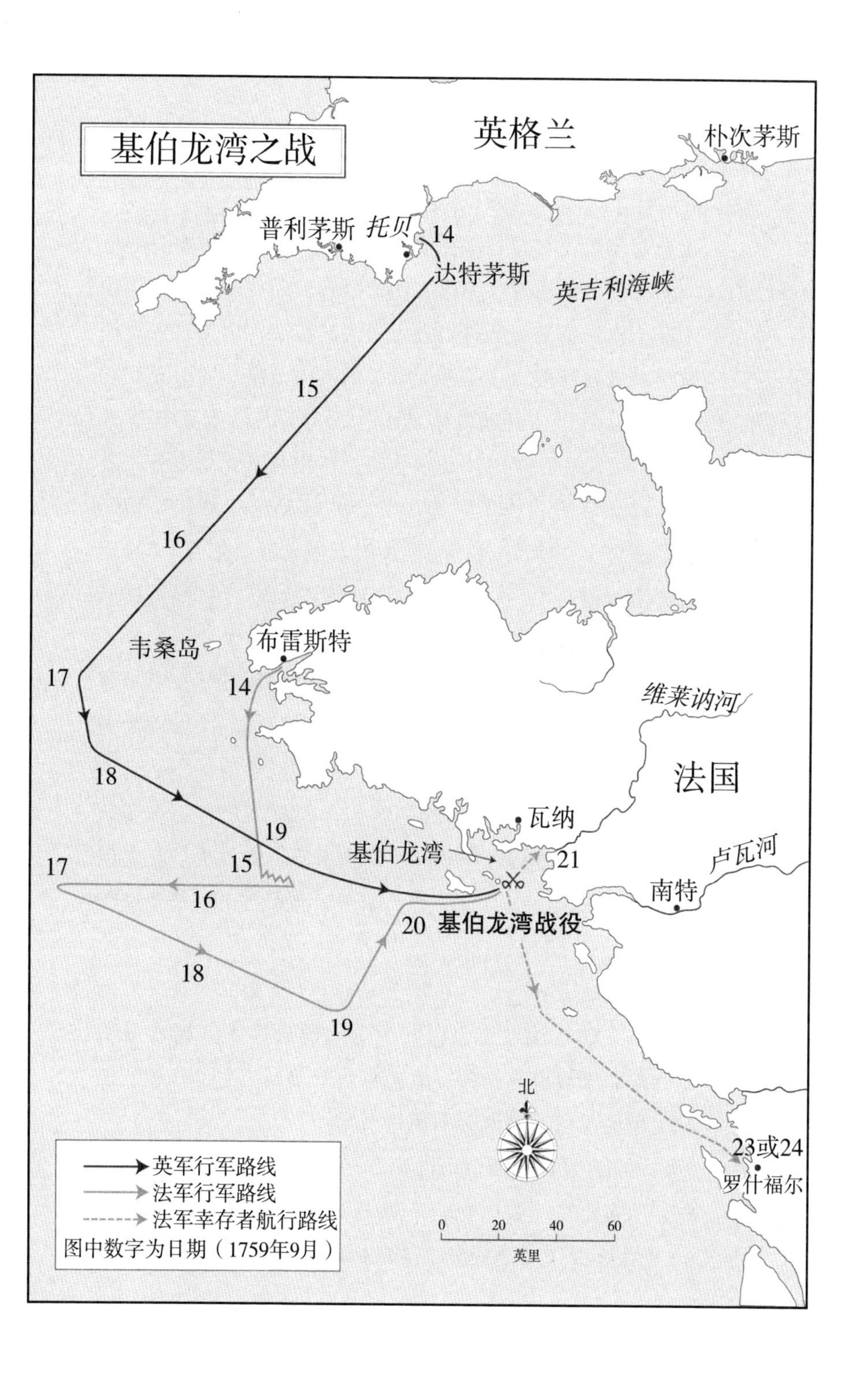
基伯龙湾之战
英格兰
朴次茅斯
普利茅斯
托贝
14
达特茅斯
英吉利海峡
15
16
韦桑岛
布雷斯特
17
14
维莱讷河
法国
18
19
瓦纳
基伯龙湾
21
17
15
卢瓦河
16
南特
20 基伯龙湾战役
18
19
北
23或24
罗什福尔
英军行军路线
法军行军路线
法军幸存者航行路线
图中数字为日期（1759年9月）
0
20
40
60
英里

他让先锋负责追击不列颠的其中一支小分队，中军追击另一支，同时后军继续保持顺风位。

孔夫朗全然没有想到霍克会在附近。所以当看到霍克舰队逼过来的时候，他被迫收束己方四处散布的船舰驶进基伯龙湾以求无虞。他向整支舰队打出进入海湾的旗令，因为进入海湾后就能结成战列阵形，这是眼下最佳的应对策略。此时正刮着猛烈的西北偏西风，海面波涛汹涌，眼见天气状况正越发糟糕，霍克不可能在这个时候还敢入湾。湾中杂乱无章地分布着小岛、浅滩和暗礁，他不可能让自己的船到这里冒险。1756年的海军备忘录[1]中有记载，一旦法国人进入基伯龙湾，“我们就不敢再跟着他们了”。这样孔夫朗就能将陆军转移到运兵船上，然后等着冬季寒风把霍克的舰队吹走。

339

但他低估了对手的决心。霍克的人马斗志正旺，在海上停留数月之后正待一战。法国海军则正相反，他们的士气因为数月的封锁包围而沉闷不振。当天，西海路舰队中身体不适者不到20人，这是一个非常了不起的数字。相较之下，法军舰队在布雷斯特被围期间因斑疹伤寒和痢疾遭受巨大损失。孔夫朗很害怕和对方交战，他心里清楚，和皇家海军打正规战他毫无赢面。

霍克的策略太冒险了，在整个海军史上也极其罕见。风力不断上升，又邻近浅滩，明白其中危险的法国人开始收帆减速。不列颠军则没有这么做，后来霍克写道，“我们升起了船上所有能用的船帆，向对方围拢过去”。

9点，霍克发出全面追击的旗令。紧接着他命令最前面的7艘战舰升满船帆，临时排出一条战列线。这项命令把1747年安森《增订版作战章程》（Additional Fighting Instructions）

的第九条和第十条实际展现了出来。不论是否占据优势，前面的船舰必须以最快速度列出战列阵形；完成列阵后立即攻击敌方后军，交战的同时竭力向敌军先锋处移动，直到己方舰队余部赶上与自己会合。在刮着每小时 40 海里的冬季大风的汹涌海面上，照此行事将非常危险，更何况此地是世界上条件最严酷的海岸线之一。西北偏西风的风力一直在攀升，被突如其来的强烈风暴裹挟着的雨滴如同鞭子一样，无尽巨浪狠狠地砸在峭壁岩石上。可即便如此，英军仍冲着猎物追去。

孔夫朗从没料到对方竟会如此疯狂。下午 2 点半，他正在绕行基伯龙半岛末端的红雀岩石区（Les Cardinaux），即将抵达安全区域。就在这时，冲在最前面的那批不列颠战舰追上了法军的后路大军。

不列颠舰队此举并非鲁莽，而是因为他们有着精湛卓越的航海技术，对胜利充满急切的渴望。法军和之前在菲尼斯特雷和拉各斯时一样，下定决心不和对方交手。不列颠舰队也和之前在菲尼斯特雷和拉各斯时一样，悍然出击，对全力逃散的敌人紧追不舍。当时统领先头分队的是理查·豪（Richard Howe）。他命令手下必须要等到和法军炮口对炮口的时候才能开炮。[2]下午 3 点，冲在前面的 9 艘不列颠战舰与法军后军交手。豪的座舰 HMS“宽宏”号（Magnanime，74）对阵法军后军司令座舰“敬畏”号（Formidable，80）。HMS“厌战”号（Warspite，74）随后也加入进来。

不列颠先头战舰一个接一个猛攻“敬畏”号，然后继续沿着法军战列线向前突进。“多塞特郡”号（Dorsetshire）和“抗争”号两艘船始终占住敌军战列线的上风位，虽被一路炮轰却完全不还击，直到突击至法军先锋阵中的孔夫朗近旁才发 340

威。它们意图阻遏敌人逃窜，让霍克赶上来。继续前进的“宽宏”号转而与“英雄”号（Héros，74）交手，攻势极为猛烈。及至“英雄”号投降时，舰上已有400人阵亡，所有军职人员无一幸免。与此同时，凯佩尔的“托贝”号（70）正在攻击“忒休斯”号（Thésée，74）。双方战舰都经受了骇人的轰击，也都因船体下沉而封闭了主甲板的炮口。凯佩尔巧妙地把船转到了逆风位。不过他的对手就没有此等技艺了：海水涌进火炮甲板，整艘船随即覆没。之后凯佩尔与“敬畏”号并肩行驶，紧挨着对方直射两轮舷炮。这艘支离破碎的法军战舰已经被轰得如同筛子一般，只得向HMS“决心”号（Resolution，74）投降。

此时，从来都如噩梦一般的海上战争终于有了走出漫漫黑夜的契机。舰队作战通常都异常血腥，交战时巨浪滔天，天空昏暗阴郁，还有阵阵恶风。此时沦为战俘的法国战舰上，死尸遍地、船帆破损、船板碎裂。从动荡狂暴的海面上救人希望渺茫，但凯佩尔还是放下小艇前去营救“忒休斯”号上的敌方水手，不过最后只从剧烈起伏的海浪中救回了20人（船员总数650人）。沉没的船舰多数全员覆灭。

值得指出的是，在战斗最激烈时奋勇拼杀的不列颠战舰——“托贝”号、“宽宏”号、“多塞特郡”号、“厌战”号和“决心”号——正是被安森视为海军未来希望的70炮、74炮战列舰。她们庞大的身形足以对阵同等级的法国对手，在当天波涛汹涌的海面上仍能稳住船身继续作战，同时速度也够快，能在追上敌军后卫之后沿着对方战列线尾部一路打到敌军先锋，一直坚持到己方更大的战舰赶上来。这些新式战舰的舰长当中有三人——豪、凯佩尔和本特利——年少时曾在安森的环球航行中担任军职。

孔夫朗乘着“太阳王”号（Soleil Royal）总算进了海湾，此时他觉得自己已经安全，可以排出战列线抵挡住霍克。在他看来，不列颠人没有引航员是不会靠近暗布浅滩的地方的。可是豪的“宽宏”号进了海湾。法军放弃阵形将其团团围住。后来风向变换，退落的潮水开始显现威力，导致法军没法在狭窄的海湾中掉头。下风处是犬牙交错的礁石，上风处是不列颠战舰，法军进退维谷。后来一名法国军官回忆说，他们像是陷在了漏斗里头。

孔夫朗眼下有一条出路：逃出基伯龙湾。“太阳王”号刚把挡在撤退通道上的“厌战”号挤开，霍克的“皇家乔治”号（Royal George，100）就绕过红雀岩石区，封住了漏斗的开口。司令官远远看到了对手，命令“皇家乔治”号开到“太阳王”号近旁与其并肩而行。航海长争辩说，海面上浪头很大，而且还是傍晚，这个要求根本不可能做到。“你提醒我注意其中的危险，已经尽到自己的职责，”霍克回答他说，“我们还是继续研究你该如何执行你的命令吧。”此时是下午 4 点 25 分。途中“皇家乔治”号遇上了“绚烂”号（Superbe，70）。霍克的旗舰发射了两轮舷炮，4 点 41 分，这艘法军战舰和舰上 800 名将士皆消失在海浪的旋涡中。随后“皇家乔治”号继续追击“太阳王”号，不过“勇士”号（Intrépide，70）主动拦在这两艘旗舰之间，抵挡来势汹汹的不列颠战舰。“皇家乔治”号离她的对手越来越远，而且途中又有另外两艘敌舰凑了上来。

341

此时有 7 艘敌舰围攻“皇家乔治”号。法军能否在最后一刻扭转乾坤？从旁观者角度来看应该是可以的，“但凡敌人能稍做冷静或者有方向性地开炮，她就要当场饮恨了。可惜他们已经乱作一团，我估计当时数百发炮弹中真正击中她的还不到 30 发或者 40 发”。[3]

这应验了 8 月法国入侵部队司令官对战争大臣说的话：“英国战舰在数量上只比我们多了两三艘而已。不过他们武器装备更为精良，应战能力更强，水手们的素质也强于我方，他们的将士斗志昂扬、充满自信，而我方士气则尤为低落。”[4]

此时天色已暗，境况无比凶险；即便霍克也意识到再继续下去就是愚蠢了。傍晚 5 点半，他下令停止追击。双方战舰全部就地抛锚。这是一个沉重的夜晚。法军正大难临头，不列颠军打赢战斗的信心开始动摇，愈加糟糕的天气让两军都备受煎熬。HMS“决心”号和俘获的“英雄”号在四滩（Four Shoal）搁浅。

当晚，有 8 艘法军战舰偷偷溜出了海湾，其中 7 艘逃往罗什福尔，还有 1 艘——遭受重创的“正义”号（Juste, 70）——在试图进入卢瓦河时触礁，全员沉海。另外还有 7 艘法军战舰试图穿过沙洲进入维莱讷河（Villaine），其中 6 艘在丢弃舰上所有火炮后成功进入，1 艘沉没。

拂晓时分，不列颠战线对面的所有敌舰就仅剩下了一艘。孔夫朗发现自己正抛锚停在敌军舰队中央，己方舰队就只剩他一艘船。负责追击“太阳王”号的是 HMS“埃塞克斯”号（Essex），两者都在四滩搁浅，旁边就是“英雄”号和“决心”号。孔夫朗弃船逃跑，并下令焚毁了自己那艘华丽的旗舰。

霍克对自己的这场胜利却十分歉疚。[5]“考虑到当时的季节、交战那天的大风以及所处的海岸线，”他向海军部汇报时

说，“我可以大胆、肯定地说，所有能做的我都做到了。至于 342
我们遭受的损失，当时为击溃强大的敌人我必须行险相搏。如果天黑的时间再晚两个小时，我们就能打垮并俘获对方整支舰队，因为入夜的时候我军已经十分接近对方先锋部队了。”如此多的战舰从指缝中溜走令他十分沮丧。

11 月冷漠无力的阳光下，这场霍克盼望已久的胜利显得无比暗淡。不过这就是战争。

基伯龙湾战役荡气回肠，在古往今来的海战大捷中罕见其匹。战斗环境惊怖骇人，十分危险。霍克损失 2 艘船，300 ~ 400 人阵亡。法军损失 7 艘船，2500 人阵亡。数年来，安森、霍克以及他们麾下舰长、军职人员和船员艰苦勤勉的付出终于取得成果，其意义十分重大。

此役是不列颠当年的收官之战，1759 年是她“奇迹迭出的一年”。她在每个战场都击败了法国人，使国家不再受到入侵威胁。法国海军被彻底击败。那天晚上偷偷逃出战场的舰长们躲过了一劫，不过他们在之后的战事中陷得更深。皇家海军继续对整个法国海岸线实行残酷封锁。到 1761 年，法国海军大臣触目所及只有腐朽破烂的船舰、空荡荡的仓库，海军声誉倾颓，士气低落，情况糟糕到了极点。

新年前夜有一首歌在伦敦唱响：

> 来吧，振奋起来，我的伙计们，我们掌舵向着荣耀而去，
> 为这神奇的一年再增添些什么吧；
> 我们为荣誉呼唤是自由民而非奴隶的你，
> 谁能像汪洋之子一样无比自由？

我们用橡树之心造船，我们和快乐的水手做伴，
我们时刻准备着；稳住，伙计们，稳住！
我们战斗，我们征服，一次又一次永不停歇。
我们未曾见到敌人但希望他们不要离开，
他们未曾见到我们但期盼我们远远离开；
如果他们逃窜，我们追击，并且赶他们上岸，
他们要是不战斗，我们还有什么可干？

霍勒斯·沃波尔（Horace Walpole）写道："为庆祝胜利而造的钟都已经被撞击磨薄了，有人急切问道，'这次又是哪里打了胜仗？'生怕自己错过了一个。"[6]为了纪念这鼓舞人心的一年，一艘正在建造的新式一级战列舰被命名为 HMS "胜利"号（Victory）。不列颠人自己口耳相传的那些关于海洋命运的故事似乎都已实现。

343

因为不列颠已是无可争辩的海洋主宰。

新年伊始，海军船舰数量达到 301 艘，海员 85000 人。[7]他们在这场战争中赢得了实质性胜利。法国从敦刻尔克直至马赛被尽数封锁。路易再无力夺回不列颠在加拿大、美洲、西印度群岛、非洲和印度所获之战果。1760 年，法国人在加拿大发起一场运动，然而这是一场注定会失败的运动，因为他们无法从本国获得支援。不列颠人已经有能力将蒙特利尔（Montreal）也拿下。不过和平还很遥远，因为在德国战事上法国人的野心尚存。纽卡斯尔在这年年尾时说："如果无法和解，我们就必须远征作战……把法国人打到愿意和解为止。"[8]

于是多个海军军种参与的"远征"再度开始。翌年，即 1761 年，本地治里落入不列颠手中，法国在印度的势力被彻

底清除。产糖大岛马提尼克岛和小安的列斯群岛（Lesser Antilles）在一场成功的两栖作战后亦落入不列颠手中。在法国本土附近，海军占领了基伯龙湾附近的贝勒岛（BelleÎle）。当时的打算是把此处作为封锁法国的一处基地，等战事结束和谈时，以此为筹码换取梅诺卡岛。

贝勒岛和马提尼克岛两处的两栖作战打得很辛苦。它们的成功——源自压倒性的海上霸权——让全世界都知道皇家海军高超的作战技艺，他们能在世界上任何地方实施海陆同步行动。

1762 年，西班牙以法国盟友身份参战。这对英国海军而言是一次机遇。安森起草了夺取哈瓦那（Havana）的大胆计划，不过实行起来可不简单。想从南面驶入古巴的进攻船舰必须顶着盛行风前进，驻防者有数周的时间注意到即将到来的袭击。而要从北面接近这座岛屿，有风时是一条捷径，可以对敌发动突然袭击，只是沿途数百海里布满了肉眼无法察觉的暗礁、浅滩以及紧邻海平面的小型沙岛、礁岩。有一条叫作老巴哈马海峡（Old Bahama Channel）的狭长通道穿过这片险地，不过由于地图制作粗劣，没人敢凭借它带着自己的船去冒险。

安森命令海军中将乔治·波科克取道老巴哈马海峡。波科克所率分队有 21 艘战列舰，随同的还有护卫舰、轰炸船和 160 艘运兵船，他派出 1 艘护卫舰到前面勘测地形，带领舰队穿越海峡，并在沿途的礁岩上布置水手给众人示警。夜里，礁岩上的水手们点起篝火，分队借着火光驶过了海峡最窄处。这个计划极具胆略，完成得很漂亮，哈瓦那守军猝不及防。不过 344 接下来的行动就没这么轻松了。围困哈瓦那的行动持续了很长时间，耗费甚多，到了 8 月古巴才归顺不列颠。弗农曾在这里失败过，现在经历了现代化改革的海军成功了。世界的另一端，海军少将塞缪尔·科尼什（Samuel Cornish）和陆军上校威廉·德雷珀（William Draper）对马尼拉发动两栖作战行动，极为出彩。

1762年是不列颠第二个“奇迹迭出的一年”，这一年乔治·安森逝世。从世界各地向西班牙帝国发动攻击的策略就是他谋划的，可惜他没能活着听到它最终实现的捷报。这场漫长的战事——史称“七年战争”（Seven Years War）——终于落幕。不列颠成为北美洲和印度的霸主。她将加拿大留在自己手中，归还了古巴、马尼拉、马提尼克岛、瓜德罗普岛和贝勒岛。法国归还了梅诺卡岛，西班牙人将佛罗里达割让给不列颠。巴巴多斯至拉布拉多一线均为其殖民地，不列颠成为美洲雄主。她成了世界级帝国。

战争结束时，皇家海军有141艘战列舰。其中37艘是74炮舰，30艘是64炮舰。安森的新式战舰成为海军的核心力量。他长久灌输给海军将士们的治军理念与风尚亦是如此。卓绝过人的航海技术铸就了霍克在“昏沉的11月天”的大捷。皇家海军不仅擅长像拉各斯和基伯龙湾这样场面宏大惊人的舰队作战，也有能力组织连续数年不间断的封锁行动，可以在没有海图帮助的水域作战，比如圣劳伦斯、古巴和菲律宾。它有能力于同一时刻在世界上不同的地方发起行动，同时仍能保证本土海域的安全。最重要的是，它娴熟地掌握了两栖作战模式，可以和陆军联合行动。法国和西班牙在加拿大、西印度群岛、欧洲和非洲等地的殖民地和基地都遭受过这种作战方式的蹂躏。胜利的背后是经年累月的筹备。不列颠舰队在演练、供给和行政方面都是当时世界上最顶尖的。

不列颠已经准备好在之后的和平岁月里，随时在需要的场合展现她的海军实力。她的对手们理应惧怕这支力量。洪都拉斯（Honduras）、特克斯群岛（Turks Islands）、冈比亚（Gambia）以及纽芬兰渔场等地的殖民地纠纷就是由皇家海军摆平的。1770 年，已经是海军部第一海务大臣的霍克（后获封勋爵）下达舰队动员令，原因是西班牙逐出了不列颠在福克兰群岛（Falkland Islands）的驻防部队。西班牙背后有法国支持，后者为了洗刷“七年战争”的耻辱在挑动事端。结果，仅仅是发布舰队动员令这件事本身就让西班牙和法国停止行动并乖乖退却了。1772 年，因乔治三世（George Ⅲ）的妹妹丹麦王后，被指控通奸叛国，不列颠海军出面将丹麦羞辱了一番。 345

不过统御海洋是一件寂寞的事情。此时北美洲全境基本上都是不列颠帝国的疆土，那里的欧洲大陆势力微弱到可以忽略不计。法国的尊严严重受挫，所有怀揣爱国热情的法国人心中都燃烧着怨恨的怒火。帝国疆土横跨大西洋，而这份荣耀的代价是英国必须时刻警惕深海上的动向，投入海军建设，以保证本国海军始终优于法、西两国海军的联合力量。所有的欧洲人都被激怒了。如果法国向往的是在陆地上建立“普遍君主国”，那么不列颠正在成为深海上的此类凶狠角色。

但在胜利者这边，没人在意这些。不列颠群岛似乎已经让自己脱离了欧洲的束缚，正自由无阻地追求帝国梦。乔治三世对此尤为认同，他宣称自己因不列颠人之名而荣耀。与前任们不一样，他对汉诺威和欧洲大陆的政治事务没什么特别强烈的感情羁绊。相反，他受的是博林布鲁克和托利党人式的教育，并且这些都反映在他对殖民地和海事的雄心上。腓特烈大帝说道，“（不列颠）只对主宰海洋和掌控美洲感兴趣……对欧洲大陆事务毫不关心”。[9]

威廉·皮特晋封查塔姆伯爵，这是一个明智的决定。查塔姆船坞乃是一处世界性的奇迹。它是18世纪不列颠全球霸权的标志。1759年，一艘新船在查塔姆铺设龙骨。船舰其余部分的建造耗费了6000棵橡树、榆树、松树和冷杉。经过6年的施工，HMS“胜利”号成功下水。工业革命以前，皇家海军的船坞是欧洲最大、技术最先进的造船中心。18世纪初，丹尼尔·笛福（Daniel Defoe）曾对查塔姆的巨型建筑物赞叹不已，将之描述为“伟岸、恢宏的工厂”，并说仓库里的“街道”上放着不列颠的“海军宝藏”。

后来18世纪另一位作家描绘了查塔姆雄伟壮观的景象：“这里的储藏室面积十分庞大，有一间长达663英尺，还有这里的车间，其纵深广阔的空间感让我们体会到其巨大的容量，工人们在此辛勤工作。”[10]查塔姆船坞的规模让民众们震撼不已，作家们喜欢列述详细数据：帆布制造车间长209英尺，船桅车间263英尺，缆绳车间1140英尺；铁器铸造处有21座火炉，巨人般的船锚就是在这里制造的；深水船坞4座、下水滑道6条，“这里一直在建造新船”。这样的地方在世界上仅此一处。

346 查塔姆或其他任何一处海事基地所出产的装备、材料和补给足以支撑一支舰队航行全世界。仓储建筑是海军全球航行能力的基石。在工业时代到来之前它就已经实现了一定规模的工业化。不列颠人带着法国大使到查塔姆各处船坞巡游了一圈，借此警示他，和一支实力如此雄厚的海军交手是一件多么危险的事情。

注释

1. Mackay and Duffy, p. 93
2. Marcus, pp. 146 – 147
3. Burrows, pp. 406 – 407
4. Mackay and Duffy, p. 87
5. *BND*, pp. 393ff
6. P. Toynbee (ed.), *The Letters of Horace Walpole, Fourth Earl of Oxford* (Oxford, 1903), vol. IV, p. 314
7. Middleton, *Bells*, p. 150
8. 同上书, p. 176
9. Simms, p. 521
10. E. Hasted, *Hasted's History of Chatham* (1996), p. 197

第 10 部分

舰队司令官的统军之道

第 31 章

战争的科学（1772～1779 年）

348

……世界上首位，也是最伟大的一位海军军官。

——纳尔逊评豪勋爵

美洲，这个名字在 18 世纪 70 年代散发出种种魔力。不列颠人害怕失去它；法国人坚信如果他们的敌人没有了那里的殖民地，其经济和海军将一蹶不振。从 1776 年开始，法国就一直为反叛作乱的美洲殖民者提供支持。

1778 年，双方的赌注高到了前所未有的地步。5 月，法国土伦舰队在司令官孔特·德斯坦（Comte d'Estaing）的带领下横渡大西洋，舰队有 12 艘战列舰。他此行的目的地为纽约，防守那里的是理查·豪伯爵，他正统率着一支小型战舰组成的舰队。一个月后，海军中将约翰·拜伦（John Byron）和 13 艘战列舰被调到这里。与此同时，敌对的两国也在为争夺欧洲海域控制权做准备。

7 月 27 日，奥古斯都·凯佩尔率领的皇家海军和孔特·多尔维利耶（Comte d'Orvilliers）率领的法国海军在韦桑岛以西 150 海里处相遇。凯佩尔有 30 艘战列舰，多尔维利耶 29 艘，双方基本持平。两支舰队都在狂风中极力前行，直到交战已无可避免。

无论哪一方胜利都会对殖民地的叛乱造成重大影响。不过当时天气很差，两支舰队又势均力敌，照常理来说不会出现一边倒的情形。但结果确实如此——不过此战对之后的海战还是有借鉴意义的。其中一方乱作一团，通信手段失效后整支队伍四分五裂。而另外一方的表现要好得多，在清晰的旗语指挥下整支舰队始终凝聚在一起，并且在火力上压住了对方。

“和预料的情形相比，法军的表现更接近正宗的水手，指挥也比想象中更得力，”凯佩尔旗舰 HMS“胜利”号上的一名副官如是评论，“他们的战舰秩序井然，运转良好，索具使用娴熟，并且……比我们的人更遵守命令。”[1]

349

法军在旗语、舰队战术、机动性、纪律性和火力等方面的表现竟然超过了皇家海军，这令人震惊不已。但不列颠的战术家们在一片晦暗中给人们指明了一丝亮光：法军缺少敏锐冷酷的杀戮直觉，否则凯佩尔的舰队早就被灭了。

这次事件引发国人深思，也在海军内部引起了分裂和冲突。报纸上刊载的文章指责副指挥休·帕利斯尔（Hugh Palliser）无视凯佩尔的旗语命令。帕利斯尔要求凯佩尔写一封表扬信为自己开脱骂名，凯佩尔没答应。于是帕利斯尔要求军事法庭惩罚凯佩尔指挥不利、草率脱离战场的行为。这是特征鲜明的18世纪式口角。当时执政的是以诺斯爵士（North）为首相的政府，凯佩尔属于下议院的反对派阵营。帕利斯尔也是议员，不过他站在下议院的另一阵营，并且效忠于海军委员会。两人的纠纷混杂了利益、背后支持者以及政见等诸方面的冲突，其他官员、下议院议员和上议院议员也被卷入其中。

凯佩尔被判无罪。之后帕利斯尔要求自己也接受军事法庭的审判，他也被判无罪。军事法庭的裁决以及随之而来的政坛动荡令海军分裂成不同阵营，士气大跌。正在赋闲的舰队司令官乔治·罗德尼写道，这件不幸的事情“几乎把海军给毁了。军中纪律大为涣散，原本积极执行命令的劲头……转向怠慢疏忽；军职人员的态度本应是绝对服从，现在却故意挑刺、各有主张。派系和政党……成了海军的主导力量”。[2]

这场纠纷干扰了正经事。拜伦分队被独自分离出去执行任务，如此愚蠢的行径近乎违反军法，这导致海军兵力与敌人规模相同，从而使海军无法取得压倒性优势，错失了在战争伊始就将法军舰队彻底摧毁的机会。结果拜伦在大西洋西部茫茫海面上的巡航毫无建功，海军只得退守本国海域。1747 年以及 1759 ~ 1762 年，西海路中队把法国舰队压在布雷斯特动弹不得，不列颠也在那时最为强盛。

眼下到了 1778 年，安森和霍克传授的东西被忘得一干二净。海军的摊子铺得太大，船舰散落在世界各地保护帝国疆土，却没有被用在最有价值的地方——欧洲海域。战事演练也做得不够。和平时期法国人一直在发展自己的舰队，研习战法。不列颠在欧洲大陆没有盟友帮自己牵制敌人，同时她的船舰数量又太少，没法号令她在欧洲的敌人。

350 1779 年，不堪设想的后果出现了，一支准备占领朴次茅斯港的法西联合舰队驶进了英吉利海峡。这是皇家海军自 1690 年比切峭壁战役后第一次被欧洲海军压制。39 艘战列舰对阵入侵舰队的 66 艘。不列颠英吉利海峡舰队被委托给海军上将查尔斯·哈迪（Charles Hardy）爵士指挥，此人已经上了年纪，和蔼闲适。据其参谋长理查德·肯彭费尔特（Richard Kempenfelt）所言，哈迪不情愿地调动了自己的舰队。

在巨型舰队阵形部署方面，肯彭费尔特有一些非常先进的理论。[3]他认为法国人已经抓住了海上交战的科学之道。从韦桑岛之战可以明显看出，和平时期法国军官在学院中学习过舰队作战战术。他们研究出了一套操控本国舰队的“常规准则”。肯彭费尔特希望把同样的科学作战方式也带入皇家海军。他信奉一点，那就是指挥和掌控一支舰队的人应该位居舰队中央，然后舰队就能像阅兵场上的士兵那般整齐划一。

不过在那年夏天，当一支庞大的敌军舰队逐渐逼近时，大小事情都脱离了正常轨道。即便是最简单的演习也搞得一团糟，战列线排得散散拉拉、杂乱无章。仅仅从纵向队形变横列队形这一个动作，舰队就花了整整一天的时间。还有一次，肯彭费尔特打出了令所有船舰将每周报告交到旗舰来的旗语。他原本想要下达的命令是舰队以各分队为单位进行移动，实际上却稀里糊涂地升起了彩旗。

此时的海军已经远远不如安森或者霍克治下的海军。不过局面尴尬的海军有幸逃过一劫，因为敌军舰队的情况比他们还要糟糕。西班牙方面供给不足，不熟悉英吉利海峡的环境。法军船舰卫生状况差，疾病横扫整支舰队，死亡以及丧失行动能力的人数达到8000人。哈迪没有趁此机会向这支比自己庞大而又陷入混乱的舰队发动进攻，或许他的做法是最合适的。

肯彭费尔特极力主张更积极主动的路子。照传统观点来说，一支舰队是无法和规模、数量都超过自己的舰队进行战列线对阵的。但在肯彭费尔特看来，弱势一方的舰队司令应当开放思路，静心等待和观察，一旦出现有利机会就猛攻敌人战列线的薄弱之处。如果始终没出现有利机会，他应当利用精湛娴熟的战术动作占据上风位，让“敌人忌惮，不让对方做出任何行险一试的举动；牵引他们的注意力，让他们一门心思想着怎么做好防御以对付你的进攻”。[4]

这种犹如下棋一般的海战是每一个舰队司令梦寐以求的事情。指挥者必须进行大量演习，保持旗语的清晰无误，得到将士们的充分信任，进而对自己的舰队有绝对的掌控权，才能达成上述之理想。另外，指挥者还要能预料到交战时海面上可能出现的变幻莫测的突发状况，他设定的旗语要能在舰队交战的混乱场面中快速指挥己方舰队行动。

351

调动一支依靠风帆航行的舰队是一件极其耗费心力的事情。舰队中每艘船的行进速度都不一样，行动方式也做不到完全一致。一支舰队要调转方向，必须散开队形让每艘船有足够的空间往上风或下风转向，否则就会导致相互间的倾轧碰撞。面对敌军时，像这样在茫茫海面上四散摊开往往会招来大祸。即便只是让舰队维持战列线阵形——海战的基本要求——也是困难重重。快船得整帆减速，慢船得努力跟上，如果不能协调一致，战列线上某些地方就会挤成一团，同时其他地方的空隙就会变大，引来敌人的攻击。不论以何种阵形行驶——尤其是体积巨大的战列舰——都要不断调整航向，时刻关注任何一种气象状况。[5]

在反复无常的海面统领各式庞大笨重的战舰是一回事，把她们打磨成一支能征善战的劲旅并将之带入战场又是另外一回事。

18 世纪后半叶，战斗策略、作战技巧和传令旗语都在迅速变革。大部分舰队司令在为官方面均能胜任，但在战术思想和领导能力上表现平平。本书第 10 部分的主题就是 18 世纪下半叶舰队司令的为将之道，主要讲述理查·豪、乔治·罗德尼和塞缪尔·胡德（Samuel Hood）这三位不列颠舰队司令的生平经历，此三人上承弗农、安森和霍克，下启纳尔逊。[6]

值得注意的是，理查·豪伯爵在军旅生涯的早期就成了最高指挥官。1755年，他指挥的战舰在圣劳伦斯河打响了“七年战争”的第一炮，时年29岁的他已经在南大西洋、西印度群岛、北海、非洲西海岸和加拿大等地都服过役。他22岁就获授将衔。“七年战争”中，他曾在波斯凯恩和霍克的帐下效力过，令人难忘的基伯龙湾战役中追击敌舰的行动就是由他领头的。他是一个货真价实的悍将，不过他同时也是一位战术家。

这一点曾经在1757年袭击拉罗谢尔附近的伊尔代（Île d'Aix）要塞行动中有过展现。从海上是攻不破这座要塞的，它的火炮远多于任何一艘不列颠战舰。不过豪能拿下它。他下令所有人都平躺在甲板上，只有引航员、一名舵手和他自己站着，然后他带领“宽宏”号在敌人的凶猛火力之下一直开到了距离要塞40码的位置。他在那里放下船锚，然后下令“宽宏”号开火。这给卫戍部队带来的精神震撼远胜过实际的火炮轰炸，因为后者不可能真正伤及这座要塞。一艘船竟能如此悄无声息地开到如此近的位置，法军炮手被吓得四处逃窜。等这艘幽灵般的战舰终于开炮的时候，怒吼的加农炮火力还颇为集中。此时它看上去的样子比实际上还要可怕骇人。敌人逃走了，要塞也随之陷落。豪向人们展示了如何在数量上处于劣势时，以大胆英勇的战术、心理博弈和集中火力克服劣势。

352

这位年轻准将正崛起为海军的实权人物。他矢志改革海军，且首先从自己的战舰下手。当时舰长在如何指挥船舰运行方面有很大的自主权。海军规模日渐扩大之后，军官对自己的船员和士官们越来越疏远，下属心生埋怨、卫生状况不佳、侍强凌弱以及军纪不整等问题由此滋生。团队合作、上下一心这一支撑海军的核心亦由此动摇。海军中将托马斯·史密斯（Thomas Smith）在他的舰队中推行了一套分队制度，将船员划分成不同的队伍，每队任命一名见习军官或委任官管事。军职人员渐渐了解到手下姓甚名谁、秉性如何。优秀的军官明白，光靠纪律治理一艘船是不够的，还要让船员们感觉他们受到平等对待，上级也要体恤下属的苦衷。相比于威压，船员更需要激励。豪扩充了这套制度。他专门为“宽宏”号编写了一本军令簿。军令簿写好后在战舰上公示，所有人都能看到，其中明确了他的副官、委任官和见习军官的职责，尤其写明他们有照看和领导船员之义务。分队制度绝不可被等闲视之，它对海军日后的成就功不可没，打赢战斗要仰赖战舰上各层将士之间的牢固信任。团结协作和领导能力对海军至关重要，尤其在遭遇像基伯龙湾战役、穿行老巴哈马海峡这样危险的局面时更是如此。有些时候海军就是凭此在胜负一线之际压倒对手。

理查·豪9岁登上商船，13岁加入海军。他未曾受过正规教育，在生命最后的日子里所写的散文印证了这一点——他的行文就像清汤寡水的豌豆汤一样清晰简练。过早开始在汪洋大海上生活还养成了他孤僻寡言的性格和略显古怪的举止习惯。确实，豪的生平凸显了海军的一个问题。男孩小小年纪就登船，这样有利于将他们塑造成为水手，但也确实阻遏了他们在其他方面的能力发展。不列颠军职人员的社会地位和文化教养向来不出众。这套系统培育了非凡卓越的航海长、副官和舰长——不论来自哪个阶层，这些人的青春期都是在攀爬绳索、打绳结、收帆、捻绳、拖船和各式航海技术的练习中度过的。因此机智敏锐的战术人才的出现全凭偶然。舰队司令当中能从

353

宏观的战略层面思考问题的人少得可怜。正如豪在很多年后对乔治三世说的，不列颠军职人员练就了一身超乎寻常的航海技术，不过代价是丧失了作为舰队司令所需的其他许多技能——读书写字、数学运算、语言、政治才干和丰富的军事知识。

豪是一个下定决心要弥补自己教育缺失的年轻军官。1756年，他写了一篇关于旗语使用方法的论文。1760～1762年指挥罗什福尔封锁行动期间，他把自己的理论运用到了实际之中。

豪在战列线问题上态度非常坚决。传统观点坚持认为，除非一方的数量占优或者司令官指挥有误，否则战列线对阵的结果一般都是无胜无负的平局。但豪深信，如果一名海战指挥官具有创造性思维，那么即便遇到势均力敌甚至强于自己的对手，也能凭借果断、独辟蹊径的行动获得自己想要的结果。他所率分队的11艘战舰中有2艘是90门炮舰，旗舰是机动性更强的新式74炮战舰。如果交战的敌人比自己强，豪会把重火力战舰从通常所在的战列线中央位置移到两端。集中火力猛攻敌人战列线上任意一处地方，能够以此——就像在伊尔代那样——震慑敌人，在士气上占据优势。利用出乎敌人意料的迅捷行动，他可以扭转火力上的劣势，截断敌军战列线，令其惊慌失措。豪告诫麾下的舰长们，如果真的在船舰数量上被敌人压制，隐蔽身形、狡猾要诈的做法会比较管用："我可能会故意拖延，隐藏自己要和他们交战的意图，一直拖到天色渐晚，这样等时机到来以便获得更大的优势。"[7]

这就像玩海战版的西洋棋一样，出招变化多端，复杂精微，豪因此成为这个舞台上具有非凡想象力的思想家。他准备舍弃传统思路，实践自己的想法。对他来说，海战就是一场漫长的游戏。

进入和平时期后，他失去了验证自己理论的机会。海军部无暇进行战术实验或复杂的演练行动——法国人则不同，他们利用和平时期对本国海军实行现代化改革。比如1772年，法国海军的"进化中队"（Evolutionary Squadron）花了超过7个月的时间在海上演习。皇家海军缺少这样的舰队演练机会，舰队司令和舰长们因长久的和平而变得懈怠。1739年，还有之后的1755年，皇家海军都是以低于正常水准的状态参战的，结果三场战役——土伦之战、梅诺卡岛之战和韦桑岛之战——中舰队首轮作战都没能打赢，其中一个重要原因就是舰队缺乏演练和经验，所以无法形成内部凝聚力。* 危害更甚的是，海军缺乏一套系统，不能在和平时期留住军中最优秀、最聪明的军官并一直认真地磨炼他们的技艺。

354

向上晋升的阶梯也被阻塞了。大量见习军官渴求得到副官职位，年纪越来越大的副官们却苦等着舰长职位，至于何日能拿到属于自己的将旗，舰长们已近乎绝望。其中一部分人转到了商船船队或他国海军，留下来的人则渐渐老去。矛盾延续了很多年，直至一群朝气蓬勃的年轻人从他们身旁挤过然后平步青云，为海军注入新的活力。18世纪皇家海军战力强大、资源充沛，而前述问题则是它的阿喀琉斯之踵。

后来豪担任海军委员会财务官，如果佛兰德斯的危险局势继续恶化，他可能会担任地中海区域的总司令。18世纪60年代中期到70年代初期，他卸下了海军指挥官的职务，其间他

---

* 土伦战役之前的26年都是和平时期，梅诺卡岛战役之前是9年，韦桑岛之前是19年。

和同时代其他许多天资卓越的军官一样，把精力转到了别的追求上。他选择了政治，与此同时他的战术和航海才能被荒废。1775年，豪的机会又来了——他受任北美总司令。他于1776年7月抵达纽约，当时《独立宣言》刚签署不久。

豪拿到了他一直苦等的指挥职务。当时的形势十分艰难。海军部甚至分不出一艘战列舰用在美国独立战争的战事上。被派往美洲的豪既可以积极主动地推行战事，也有权力与对方谈判和解。他担负着封锁叛乱殖民地沿海区域的任务，同时还得支援陆军——碰巧陆军统领是他的兄弟威廉·豪爵士（Sir William Howe）。如何判断这些事情的轻重缓急都取决于总司令豪。本杰明·富兰克林（Benjamin Franklin）是推动美国统一和独立运动的著名人物，豪和他交情深厚。总司令当时的倾向是和谈。

此时，豪终于有机会推行一部分自己从20年前就开始设想的改革计划。1776年，他颁布了《军舰治理通用条例》（Instructions and Standing Orders for the General Government and Discipline of Ships of War）。根据豪制定的新规，每艘战舰上的舰载人员被分为三大组，副官任各大组组长，大组内部再分小组，见习军官任各小组组长，"各组长负责维持自己组内的秩序和军纪，关心组员，得到组员的信任"。[8]整个美国独立战争过程中，海军军纪大为改观。这很大程度上是因为战事给海军带来了前所未有的重压。海员人数最多时达到10.5万人。这对海事界来说是过于沉重的负担。于是成千上万个并不符合要求的旱鸭子们——基本都是社会渣滓——被送到舰队上补充人手。这些不快乐的人手来了之后必须要比老练的专业水手们更有效地管理。他们被分为易于管理的各组，还有军官

355

负责监督，这样旱鸭子们就能快速受到训练，船舰也能有效运转。

关心体恤军中数量庞大的水手群体是做好一名舰队司令的必要环节。豪为麾下战舰所制定的船舰管理条例内容详尽，使船员不用再承担他们舰长的工作疏忽，摆脱水手长及其副手反复无常的野蛮暴行。推行三班制后水手们能有更多的时间睡觉或者在不执勤时放松休息。这些改变有了效果，“船员们的脾气比以前更好，身心都不再像以前那么憔悴疲惫”。[9]

豪还废止了海军部陈旧过时、缺乏变通的常设战斗条例，并推行自己制定的信号手册。这本手册是“整个海军历史中最重要的海战战术文献之一”。[10]和初版相比，这一版更为合理和准确。每页分成简洁的三栏：第一栏，信号数字；第二栏，令旗的颜色和式样；第三栏，令旗悬挂的位置。为使自己的命令在传递时保持绝对准确，豪会派护卫舰一边移动一边重复信号，这样整条战列线都能看到。他还为负责夜间侦察任务的护卫舰设计了一套灯光信号，而且只有己方舰队能看到，敌军看不到。豪的信号手册同时配有另一本指导性的册子以帮助麾下舰长们理解这套体系。新式信号中最受欢迎的无疑是这一条：“（开战前）留时间让船员吃饭。”

派驻美洲海域期间，理查·豪一直在训练自己的舰队、向军官们征询意见以及思考如何建设一套全方位的战术系统。豪手中的权力以及自身的创造力都在那时达到巅峰。他仔细研究了每一种自己可能遇到的情境，以及他应对舰长们下达的相应指令。他就缺一场大型海战来检验自己的理论了。

356

1776 年，一切进展顺利。在一场指挥得力的两栖作战行动后英军将纽约收入囊中。不过 1777 年时他陷入了困境。他得用70艘战舰完成支援兄弟的陆军、封锁整个美洲东海岸以及保卫战略要地等所有事情。豪已经全力向特拉华（Delaware）施压，并将陆军运送到可以攻下费城（Philadelphia）的位置，不过这些努力未能影响战局的走向，尤其是美国在萨拉托加（Saratoga）打了胜仗以后。不列颠转为守势。

随后，1778年法国人掺和了进来。豪接到消息称，对方舰队司令查尔斯·赫克托·德斯坦（Charles Hector d'Estaing）正率领12艘战列舰向美国进发，这支舰队曾在韦桑岛战役前令整个不列颠慌乱不已。豪推算他们应该会驶往纽约。他的推算是对的，且这时他在舰队船只数量上还被敌人压制。

豪早在年轻的时候就设想过这样的情况，不列颠只有依靠高超的战术才能保住本国在美洲的地位。他把护卫舰派驻到大西洋上，然后将主力部队放在桑迪岬（Sandy Hook）里面，那是从新泽西（NewJersey）伸入下纽约湾（Lower New York Bay）的一处沙嘴滩。战舰部署非常完美，一旦法国战舰试图接近纽约，守在沙洲后面的不列颠战舰就会予以狠击。德斯坦在纽约附近等待11天后消失了踪影。不过这场博弈还在继续。

豪又一次读懂了德斯坦的意图，他推测罗得岛（Rhode Island）会是他下一个目的地，因为攻下罗得岛会使不列颠方面陷入包围。豪迅速赶往朱迪斯角(Point Judith)，主动让法军司令追击自己。德斯坦真上钩了，让正需海军支援的美国人直跳脚。豪以谋略制敌，对手被他带着四处兜圈子。后来双方舰队都遭遇风暴而受损，豪返回纽约，德斯坦返回波士顿。之后法军虽再次出海前往罗得岛，但豪已经准备就绪。

敌人的数量优势已经被豪化解掉，现在他成了追击的一方，德斯坦逃到了波士顿并留在那里过冬。豪把指挥权移交给其他人后回国，当时不列颠正为遭遇入侵的恐惧所笼罩，韦桑岛一役后海军所显现出的衰败更令其陷入一片幽暗。美洲殖民地之所以名存实亡，很大一部分原因就是不列颠众人的无能，让法国运出的武器成功越过了大西洋。国家此时需要一个像安森和霍克一样具备战略意识并能对法国实施封锁的人物，但现实是海军军官们彼此争吵不休，整个海军由于政治原因严重分裂。

豪显然是一个能应对眼下局面的人选。他被任命为英吉利海峡的总司令，不过他提出只有满足他的要求他才会接受任命：任命他为海军财务官，他的兄弟为美洲殖民地的国务大臣。这个价码高得有悖常理，于是这位海军中最优秀的司令官年仅 52 岁就隐退了。之后，正如我们所知道的，和蔼却无能的查尔斯·哈迪接过了保卫疆土的重任。

357

美国实际上已经不受不列颠控制，但是不列颠政府还专注于美洲事务，他们将注意力转移到了西印度群岛。1779 年年底，一支由 18 艘战列舰组成的舰队被派往直布罗陀，与正在那里驻守的舰队司令乔治·布里奇斯·罗德尼换防。舰队大部将返回不列颠，而罗德尼将率领 4 艘战列舰越过大西洋接管西印度群岛分队。

注释

1. Black, *Britain as a Military Power*, p. 179
2. Barnes and Owen (eds), vol. III, pp. 201 - 202

3. Tunstall, p. 145
4. 同上
5. Willis, *Fighting at Sea*
6. Duffy, 'Hood'; Breen 'Rodney', Knight, 'Howe'
7. Tunstall, p. 118
8. Knight, 'Howe', pp. 287ff
9. Rodger, *Command*, p. 403
10. Tunstall, p. 129

第 32 章

战术（1779～1782 年）

358 我看着他们的时候，他们觉得我的眼睛比敌人的炮火还要恐怖；而且他们心里明白，它也更加致命。[1]

——司令官罗德尼言麾下舰长

罗德尼比豪年长 8 岁。两人在军旅生涯上的步伐大致相当。第二次菲尼斯特雷战役时，罗德尼任 HMS“雄鹰”号舰长，在“七年战争”中以英勇善战的年轻军官身份脱颖而出，这点与豪相同。他指挥的攻打勒阿弗尔、马提尼克、圣卢西亚（St Lucia）、格林纳达（Grenada）和圣文森特等地的两栖作战行动非常出彩。和豪一样，他有一份很了不起的履历，对战术有探索之心，只是他在领军方式上独裁霸道，在涉及钱的事务因不诚实而臭名昭著，还因嗜好赌博和政治运动而大肆挥霍，以致最终无力承担其代价。

罗德尼为躲避债主接受了牙买加驻防处司令官的职务，不过他终究还是要回国的。1774 年，为了不致被债务人监禁，他被迫流亡法国。4 年后不列颠与法国宣战，罗德尼只得回国，不过回国前他必须先讨得自己担任舰队第三司令时的欠薪，然后用欠薪偿还那些贪婪的债主们才行。但海军部得等到一项关于资金盗用的纠纷解决之后才会给他发薪水。最后靠一位法国公爵慷慨解囊他才得以顺利回国。

罗德尼舰队的技术在当时是最先进的。由于没有船坞和相应的维修设施，船舰在远海中长期停留时大多苦不堪言。船身被船蛆蛀蚀，巡航途中附着在船体上的海草和藤壶越积越厚，行船速度都被拖慢。而解决办法就是给船身镀铜。

罗德尼分队清一色都是底部镀铜的船舰。这样的船舰不仅更耐用，而且行船速度也因镀铜而大幅增加。现在，海军中体积最为庞大、动作最迟缓的三甲板战舰也能在速度上超过敌军舰队中最快的船了。这为尽数施展作战方案和作战手法增添了无限的可能性。

359

罗德尼第一阶段的指挥任务完成得非常出色。直布罗陀被西班牙陆军围困了很久，需要经常补充补给。前来为直布罗陀减轻受困压力的船队由罗德尼保驾护航。没多久他从一支西班牙护航船队俘获了 16 艘船。之后，1 月 16 日下午，他们在圣文森特岛附近发现了一支西班牙分队的身影，对方有 11 艘战列舰、2 艘护卫舰。罗德尼下令即刻出击追敌。当时天色已暗，又靠近位于下风向的海岸，这么做是有风险的。但到了半夜，罗德尼已俘获 6 艘西班牙船舰，并炸毁 1 艘。此次行动罗德尼敢打敢冲，毫不迟疑，这也是他被委任此职的首要原因。“要让敌舰和自己交上手，给战舰底部镀铜是绝对必要的”，[2] 他如此总结。新技术的价值在所谓的“月光之战”（Moonlight Battle）中得到验证。

罗德尼在 3 月下旬抵达圣卢西亚，与海德·帕克爵士（Sir Hyde Parker）和约书亚·罗利（Joshua Rowley）两位海军少将的部队会合，不列颠在这个区域已经部署了 21 艘战列舰。不久之后，一支由 23 艘战舰组成的法国舰队在吉尚伯爵

（Comte de Guichen）的率领下抵达马提尼克附近，意图占领属于不列颠的岛屿。4 月 16 日，两支舰队在马提尼克下风处发现对方。罗德尼下令追击，翌日清晨他占据了上风位。4 点 30 分，他打出旗语号令舰队以右舷受风排出纵向战列线。6 点 45 分，他升起一面一半蓝、一半黄的令旗：进攻吉尚的后军。

吉尚也不傻，他已经察觉到罗德尼正要集中火力进攻自己的后路军。他命令舰队转向下风往北行驶，避开不列颠战舰。罗德尼只得再次调动舰队向优势位置移动。10 点，两支舰队航向平行，方向相反。罗德尼发出信号命令舰队转向下风，和法军一样向北航行。进攻的时机终于成熟。

从早上开始，罗德尼的舰队调度就一直完成得非常漂亮，法军则是一片散乱——队形拉成了一条长线。11 点，他发出信号让舰队做好战斗准备，贴近法军。11 点 50 分，不列颠战列线的先锋开到了吉尚中路分队的对面。罗德尼升起了己方作战指令第 21 条的令旗：全队所有战舰向法军战列线逼近，各自找自己对面位置的敌舰作为交手对象。11 点 55 分，他发出“交战”信号，接着又发出“近身交战”信号。

罗德尼把法军引到了自己最希望交战的位置。他要进攻的是法军战列线的后路和中路，以 20 艘战舰的火力集中对付 12 艘敌舰。不过他手下的军官们却并没有这样清晰的思路。前路军的舰长们以为，和对面敌人交手的意思是以不列颠前路军最前方的战舰攻击法军战列线最前方的战舰，后面依此类推。而罗德尼的本意是不列颠战舰转向正西方行驶，转向之后再攻击处在自己对面位置的法军战舰。在最前面领头的是舰长罗伯特·卡奇特（Robert Carkett），他误解了命令，冲向北面和敌军阵线之首的船交手去了，这与罗德尼的本意相差甚远。阵头

360

第二艘战舰、前路军指挥官海德·帕克也跟着他一道行动。他确信自己是在依据罗德尼的指令行事，还斥责了那些猜出舰队司令真实意图的舰长。

与此同时，罗德尼从敌军阵线穿凿而过。他的旗舰“三明治”号（Sandwich，90）成了孤军，遭到法军旗舰和其他两艘战列舰的猛烈轰击。最终，“三明治”号船身中了 70 发炮弹，桅杆和索具损毁严重；她回击了 3260 发炮弹。就在罗德尼遭受猛烈攻击的同时，罗利指挥的后路军离开本军战列线掉头往南，前去进攻法军后路。

罗德尼彻底变成了孤身一人，说他大发雷霆也算是轻描淡写了。如果前路军能在他希望的位置发动进攻，然后后路军支援“三明治”号的行动，那么法军必将完败。而且这场战事还将成为皇家海军史上最伟大的胜利之一。

此次溃败显露了舰队司令在相互协调、执行复杂的进攻计划时所面临的困难。帕克和前路战舰确实认出了攻击敌军后路的信号指令，不过那已经是数小时之前了，他们肯定地认为之后的调遣命令是在抵消之前的指令。罗德尼之后没有再重复那个信号，所以他们在进攻时还是按照惯例——前路负责定住敌军先锋，以免不列颠战列线腹背受敌。舰长们不应因为他们没能读懂罗德尼的意图，没能捕捉到他的战略眼光而受责罚。

但罗德尼确实将失败归咎于他们了。他大声咆哮道：“身为一支不列颠舰队行动却如此懦弱。”[3]他说，有太多不惜以胜利为代价也要让自己的舰队司令蒙羞的“渎职者”，这让他在战斗中无法掌控舰队。他把帕克说成“一个坏脾气的危险人物”，在政治上值得怀疑，做事“只求能勉强尽到自己的职责”，并认为 4 月 17 日他“有明显不遵旗令信号”的行为，是有罪的。从罗德尼对自己的第三司令约书亚·罗利的攻讦之辞中可以约略看出他对麾下将领的态度："我不知道对于一个国家而言，狡猾诡诈的聪明人抑或听从指挥的庸人谁的危害更361 甚。如果罗利先生没有自作主张，在应该遵从命令的时候遵从命令，那么整个法军的后路和中路必定会被拿下。"

罗德尼的旗舰舰长沃尔特·杨（Walter Young）对豪等人发起的战术革命非常配合。理查德·肯彭费尔特深受豪影响，他自己还为英吉利海峡舰队发行了一本新的信号手册。这本新手册也被送到了罗德尼的西印度群岛舰队，不过正如舰长杨向海军部汇报的那样，"我担心他并不会留意这些手册……可能永远都不会阅读或研究它们"。[4]

不过罗德尼之所以战败，不能归咎于复杂的现代旗语。诚然，试图在中军位置以旗语控制战斗进程才是他于马提尼克之战失败的主要原因。不过战斗发生时，他才抵达驻防地两周稍多一点。他不了解自己的舰队，舰队将士也不了解他。旗语信号只有在执行事先计划好的行动时才会真的起作用。罗德尼原先确实有自己的计划，不过他没有对任何人说。他不喜欢有自己想法的舰长，只喜欢那些不动脑子只管服从命令的人。他是一个强调以威压迫使麾下舰长服从的独裁式将领。

马提尼克之战失败后，罗德尼开始演练自己的舰队。他想出一个新计划，让三甲板战舰和其他大型战舰在接到指定旗号后从自己的位置上撤离，再在战列线最前端重新列阵。他试图以此办法将自己的战列线变成一支攻城槌，击碎敌人的战线。但在那年他错失了另一次出战机会。9 月，他率领舰队前往纽约以避开飓风季节的飓风。到那以后他又开始了自己一贯的可耻行径。罗德尼一向主张为皇家海军驻守北美洲的各式队伍设立一个统一的指挥机构。他实现这一主张的方式颇为滑稽。甫至纽约，他就宣称自己的衔级高于本地的总司令——海军少将马里奥·阿巴思诺特（Mariot Arbuthnot）。罗德尼拿走了阿巴思诺特一部分赏金，还任命自己的手下到阿巴思诺特舰队中担任舰长。

现在，罗德尼成了海军中最讨人厌的家伙，没人想在这个暴君麾下效力。1781 年，时任海军部第一海务大臣三明治爵士想派一名舰队司令去做罗德尼的副指挥，结果所有候选人都回绝了。当此情形他找到了塞缪尔·胡德。

“他们是不是还打算给我派个卖苹果的老女人?”罗德尼满腹牢骚。[5]选择胡德似乎不怎么说得通，他当时 57 岁，军旅生涯在很久以前就已经停滞不前了。胡德 16 岁出海，和豪、罗德尼以及大部分军官相比这已是“高龄”，所以他的受教育程度要高于绝大部分军官。他的海军生涯起步顺利，18 世纪 40 年代他还是一名年轻军官时，指导他的就都是些杰出人物，另外他和政府成员的关系也发展得不错。形势看上去顺风顺水。与豪、罗德尼相似的是，他也在“七年战争”中作为一名积极有为的年轻舰长脱颖而出。他当时是“羚羊”号（50）舰长，在追击一艘和自己体积相同的法国战舰时成功迫使对方触礁。最值得一提的是，他在一场追逐战中俘获了法军护卫舰“柏洛娜”号（Bellona）。不过到了 18 世纪 70 年代，他在政坛中的庇护者们要么已经不在人世、要么不再掌权，他的海军生涯随之停滞。 362

胡德后来成了朴次茅斯的哨舰舰长。1776 年，他离开海上，担任朴次茅斯的海军处处长以及海军学院的院长。他是一个非常有能力的海军行政长官。1778 年的动员行动中，乔治三世曾到朴次茅斯巡视，对这位海军处处长的干劲和海事知识印象深刻。

或许胡德缺少家族背景和政治盟友，不过他有魅力和雄心，大量艰苦的工作让他赢得了国王的支持。他原本应该在处长一职上光荣结束自己平淡的海军生涯，不过胡德极力说服三明治，他认为自己不应被排除出晋升行列。他的技艺一直都没有生疏——给国王留下深刻印象即证明了这一点。与他履历相似的军官到了这个年纪或许已经在安享退休生活了，而他的机遇才刚出现。胡德的海军生涯此时才正式拉开大幕。

塞缪尔·胡德很久以前就熟知罗德尼了。1743 年他在罗德尼当舰长的“鲁德娄城堡”号（Ludlow Castle）上做见习军官，1759 年协助罗德尼攻打勒阿弗尔。他清楚等待着自己的是什么。胡德坐着刚镀了铜的“巴夫勒尔”号（Barfleur，90）出发前往西印度群岛。

多年苦等之后，胡德担任舰队司令官的第一年却非常不愉快。问题早就存在了，它们源于与美国独立战争相关的海事问题。和此前数场战争一样，不列颠的战略依托是宣示自己主战国身份的权利、对法国和美国实施封锁，其中的关键在于阻止中立国船舰前往敌方港口与殖民地。尤其是，海军必须阻止海上补给通过波罗的海运到法国，不能让武器装备流入叛变的美洲殖民地。“七年战争”中，不列颠有足够强大的力量实现自己的权利，但现在她霸道的做法促使其他的海洋国家联合起来对付她。俄国叶卡捷琳娜大帝（Catherine the Great）在 1780 年联合丹麦、瑞典、普鲁士、神圣罗马帝国、葡萄牙、两西西里王国（Kingdom of the Two Sicilies）和奥斯曼帝国组成“武装中立联盟”（League of Armed Neutrality），宣示中立国的自

363

由贸易权。

不列颠没有站在与欧洲对抗的位置上，不过荷兰的行为就另当别论了。加勒比海的荷属殖民地圣尤斯特歇斯（St Eustatius）是一处向美洲叛军售卖武器的大本营。根据 1674 年的《威斯敏斯特协议》（Treaty of Westminster），不列颠承认荷兰可以自由进行海军补给品贸易，战时依然如此。1779 年，不列颠政府单方面撕毁条约，开始抓捕携带物资前往法国港口的荷兰船舰。荷兰人为此组织起护航队，不过皇家海军还是以武力俘获了他们的商船。荷兰人勃然大怒，转投“武装中立联盟”寻求帮助。不列颠向荷兰宣战。

罗德尼就是在这个时候动手的。他听说第四次英荷战争开始的消息后便争分夺秒地洗劫无比富庶的圣尤斯特歇斯。终其海军生涯，罗德尼一直都在成为了不起的舰队司令和贪求金钱之徒两者间徘徊。现在加勒比海成了他的糖果铺。

事情的走向在这里发生重大转变。当罗德尼在贪婪掳掠这座荷兰岛屿上的财富时，胡德被派遣到了马提尼克。胡德希望待在上风位伏击欧洲来的增援力量，罗德尼却把他调到下风位封锁岛屿，以防自己的战利品在从圣尤斯特歇斯去往不列颠的途中被法国船舰拦截。所以，当法国舰队司令弗朗索瓦·德·格拉斯（François de Grasse）带着 20 艘战列舰抵达时，胡德根本无法与之交战。因罗德尼的贪婪而错失了一场战斗，胡德十分愤怒，但他也忽略了自己经验不足的问题。胡德没有听从罗德尼的命令——每次派遣一艘船舰到圣卢西亚取得补给，所以等到德·格拉斯出现时，胡德的人马已经虚弱不堪。

罗德尼和胡德没能阻止德·格拉斯夺取多巴哥岛（Tobago）。庞大的法国舰队是不列颠的一大威胁源头，不列颠却并没有对其采取应对措施，事实证明这是一个严重的错误。

罗德尼 7 月回国，并派遣胡德带领 14 艘战舰去纽约支援司令官托马斯·格雷夫斯。所有人都以为德·格拉斯已经回国了，因此当胡德警告说法国西印度群岛舰队正前往切萨皮克湾（Chesapeake Bay）时，格雷夫斯震惊不已——康沃利斯将军（Cornwallis）的陆军正被乔治·华盛顿围困在约克镇（Yorktown）的这处海湾里。格雷夫斯没有足够船只可投入战斗，这要怪罗德尼和胡德没有提前警示他。格雷夫斯麾下可以战斗的 5 艘战列舰被编入胡德分队，9 月 5 日，他们抵达切萨皮克湾入口。

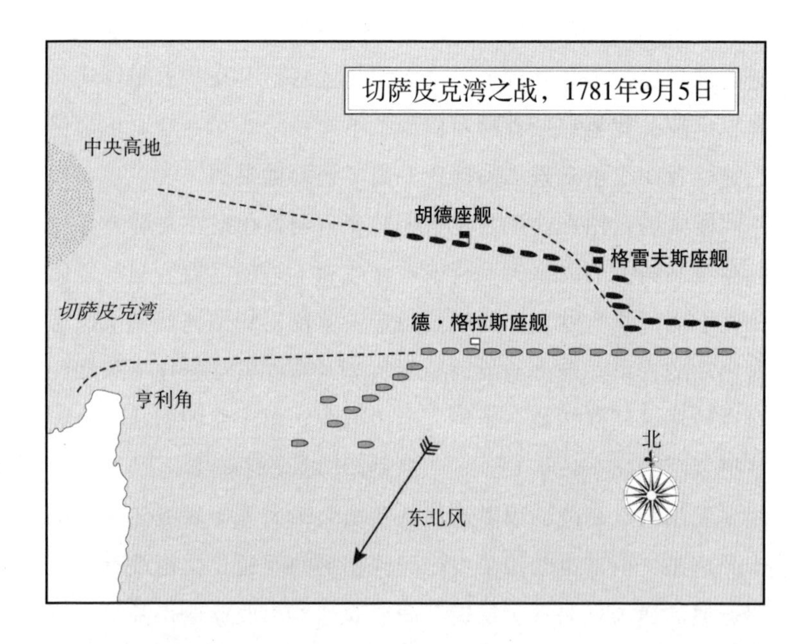

364 德·格拉斯利用潮汐把自己的舰队带了出来。塞缪尔·胡德热衷于海战战术的分析，他后来说，自己本来可以在法军退出海湾时击溃其先锋，但格雷夫斯突然发现己方战舰在数量上

远逊于敌军，于是花了很长时间组织战列线。到了下午，双方舰队都呈纵向战列线排列。不过双方战线并不平行，不列颠战列线有一处弯角，其先锋正和法军先锋、中军和后军处在同一条斜线上。4 点，不列颠先锋和法军战列线最前面的 4 艘战舰交战。但是胡德率领的不列颠后军左舷离敌军太远，超出了射程。格雷夫斯同时打出两个旗号：保持纵队前进；实施近身作战。

格雷夫斯希望他的船舰能同时往右舷调转，然后各自冲向敌军战列线。胡德看了格雷夫斯的旗令后认为它们自相矛盾：要“近身作战”就意味着放弃纵列队形，调转方向进攻法军。他决定优先执行保持战列队形的命令，所以胡德率领的后军紧紧跟着领头船舰，完全没有加入战斗。又和马提尼克之战一样，混乱的旗号和低效的通信导致了失败。

这两次战役暴露出皇家海军的一处严重漏洞。海军部对战术问题采取自由放任的态度，他们希望舰队司令各自制定自己的旗语和指令来指挥麾下分队。好处是，活泛的舰队司令可以依此建立一支团结紧密的舰长队伍，这些人精通战术，明白彼此之间的需要和能力。这是一种面对面式的领导和训练方式，军官们早在交战之前就学会了怎么行动，战斗进行到激烈阶段时也用不到复杂的旗令。不过这也意味着，一旦舰队换了新司令或者加入了新分队，整支舰队的战力就会跌至谷底。 365

格雷夫斯根本没有时间带着新加入的舰长们进行舰队演习，或者向他们解释自己的旗令体系。灾难就此肇始。胡德应承担很大一部分责任，他经验匮乏，根本没有资格自作主张。胡德意识到这一点后往国内发了数封后来广为人知的控诉信，预先消解了人们对自己的责难。按照现代的说法，他有一项身为政治人物的杰出天赋：控制话语权。人们把责任归咎到了格雷夫斯头上，从此他的声誉再也没能恢复。

格雷夫斯回到了纽约。法美联军控制了切萨皮克湾，彻底包围了康沃利斯。等到格雷夫斯带着援军返回时，康沃尔斯已经投降了。这对皇家海军而言是一个极其糟糕的时刻：法国掌握了海上控制权，在其推波助澜之下，不列颠的最后一支残余势力被逐出美国。

切萨皮克湾之战后，不列颠永远失去了美洲的这些殖民地。在格雷夫斯和胡德战败的同时，伟大的海将霍克逝世。霍勒斯·沃波尔说出了两者之间的关联："霍克大人已逝，似乎没有哪个人能承其衣钵。"[6]

胡德寸功未建，他将此归咎于他的上级长官。罗德尼将会回来继续担任司令官，不过在此之前都由胡德执掌舰队，胡德还有最后一线机会为自己赢得众人的注意，他绝不会浪费这个机会。返回西印度群岛途中，队中战舰的训练演习就一直没断过，胡德还召集舰长和副官们举行会议。他写给海军部的信件透着固执的自信："不论他们有多少战舰，我都会找到德·格拉斯伯爵并与之交战。"[7]

后来他得知德·格拉斯正在属于不列颠的圣基茨岛，29艘战列舰正停泊在护卫舰湾（Frigate Bay），胡德的机会来了。胡德视挽救殖民地为己任。他把自己作战方案的方方面面都和属下仔细商讨了一遍。他根据豪颁布的作战指挥条令制定了进攻敌军后军的战术，分队准备在1月24日一早利用天色作掩护，突袭敌军。届时舰队将以战列线阵形驶进海湾，一艘接一艘轮番轰炸敌军最后面的3艘战舰。

366

这样的进攻行动必须在事先充分演练，让所有舰队成员都

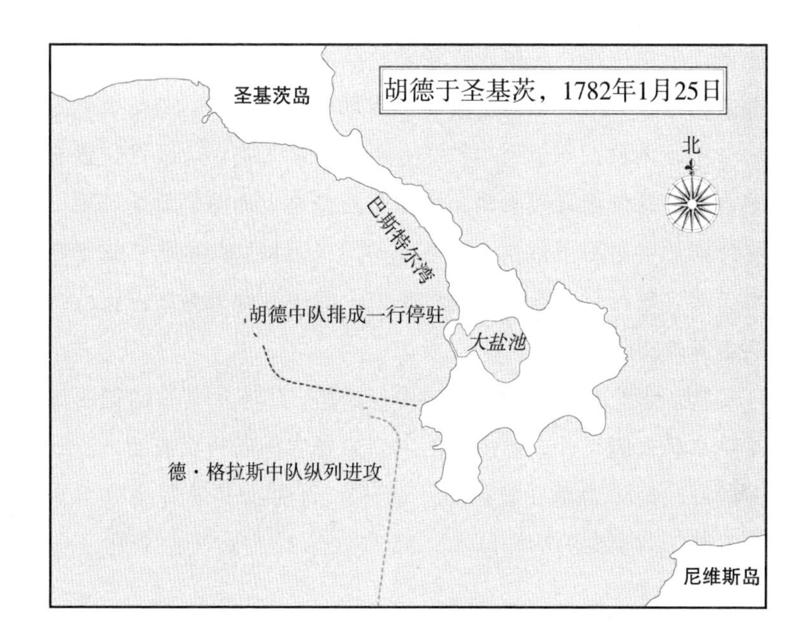

知悉行动计划。但是胡德计划的执行并不顺利，打头阵的战舰碰上了对方的一艘护卫舰，奇袭告吹，德·格拉斯率队离开锚地，准备全歼这支弱于自己的敌军。

接下来的场景，后来成为不列颠舰队司令指挥过的最精妙的战术调动之一。

胡德写道，他的战斗计划尤其仰赖将士们的技艺和斗志，他从来没怀疑过他们。他派出一艘护卫舰向各艘船舰传达自己的作战指令。分队作势佯攻，一副接受德·格拉斯邀战正要出击的样子，但随后迅速驶向护卫舰湾。战舰纷纷抛下船锚，阵头的战舰紧贴着一处叫作格林角（Green Point）的狭小陆地停下。队中其他船舰依次排出一条战列线，这条战列线下面是一处水下沙洲。胡德计算过，这片沙洲可以容纳 14 艘战舰，其余的战舰沿着前面的战列线拐了个角，在水深更浅一些的地方抛锚。于是，胡德的战舰排成了一条曲线，阻止法国战舰再次进港，切断了他们和圣基茨岛上陆军部队的联系。每艘战舰上的绳子（俗称“弹簧”）都接续到了锚索末端，这样战舰就能够以一定的角度来回漂荡，使舷炮获得更大的发射角度。德·格拉斯被引出护卫舰湾后才发觉胡德从他手里窃走了这处海湾，而且面对对方摆出的曲线阵形，即使己方力量上占优也无法将其攻破。

367

这一手船艺精彩绝伦而又十分大胆。不幸的是，胡德的海军陆战队未能对这座被围困的不列颠要塞起到什么帮助，所以此次行动的战略意义显得微不足道。胡德也发现自己被困住了，陆上有强大的法国陆军，海上还有 32 艘战列舰封住了他的退路。

但是到了 2 月 15 日，德·格拉斯发现海湾中只留下了一排系着浮标、忽明忽暗的灯笼，竟找不出任何胡德曾在此出现的痕迹。14 日，英军队中所有副官三次被召集到胡德的“巴夫勒尔”号上，仔细梳理行动计划的每一个细节。最后一次碰面的时候——晚上 9 点——他们对了表。然后一到 11 点，他们将所有船舰的锚索一齐切断，并在浮标上安了一只灯笼，这样看上去似乎船舰一直留在原地没动。据一位舰长所言，整支分队“排成一条线驶出海湾，几乎没有发出一点声音，也没出现什么骚乱，直到我们离开 4 个小时后敌人才想起来查探我们的踪迹。中途没有发生任何意外，这真是再幸运不过了”。

4 天后罗德尼抵达巴巴多斯。不出所料，胡德未以战斗方式杀出海湾，这令他不满，但胡德终究在圣基茨岛行动中铸就了自己的声名。他的那番教科书般的战术动作让法国人目瞪口呆。

注释

1. Trew, p. 79
2. Barnes and Owen (eds), vol. III, pp. 200 – 202
3. 同上书, pp. 210ff
4. Tunstall, p. 168
5. Duffy, 'Hood', p. 257

第 33 章

打破战列线（1782～1792 年）

胡德的行动虽然很精彩，但掩盖不了不列颠在西印度群岛所面临的危难局势。一支增援德·格拉斯的护航队已经从法国出发，船上装载了 9000 名士兵，准备进攻牙买加。这支护航队竭力避开罗德尼和胡德，最终抵达德·格拉斯所在的马提尼克皇家堡垒（Fort Royal）。

1782 年 4 月 8 日，德·格拉斯带着 36 艘战列舰和庞大的运兵护航队悄悄溜出来。罗德尼和胡德率领 33 艘战舰追击。4

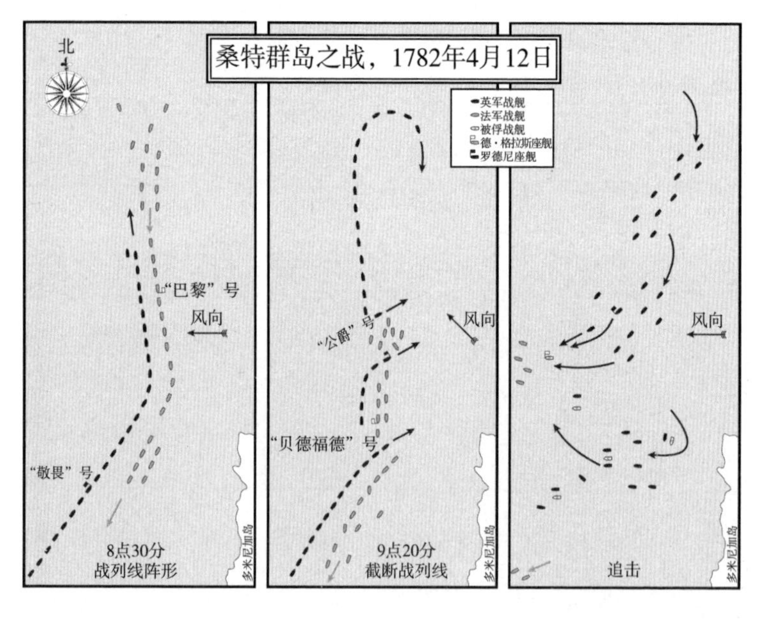

月 11 日夜里，法国 74 炮战舰“虔诚”号（Zélé）撞上了德·格拉斯的旗舰“巴黎”号（Ville de Paris，104）。翌日，罗德尼派出 4 艘战舰追捕倒霉的“虔诚”号，但德·格拉斯列出战列线拦截不列颠战舰。罗德尼将上前追逐的战舰召集回来，同时也列出了自己的战列线。两军此时位于瓜德罗普岛和多米尼加岛（Dominica）之间，靠近桑特群岛，不列颠战列线往北行驶，法军往南。罗德尼举旗示意近身交战，舰队航向往右舷倾斜，向敌人贴近。

369

7 点 40 分，不列颠阵线打头的 HMS“马尔伯勒”号与敌军战列线的中军交手。两支行进方向相反的舰队迎面而过，互换舷炮。双方靠得非常近，以致法军水手都能听到对面船舰下达命令的声音。

不列颠先锋经过法军后军后继续向北。同时德·格拉斯谨慎地考虑到，如果自己的阵线继续往南就可能开到多米尼加岛的背风处，舰队将因为无风而被迫停在那里。他必须做一个 U 形掉头然后以曲折前进的方式北上，这样法军航向再次和不列颠舰队平行，而且是同向。8 点 15 分，他打出信号让舰队转向下风，和敌军一样抢风航行。这个信号被无视了。半小时后，他再次打出舰队转向下风的旗令。麾下舰长们又一次无视他的指令。他们清楚，假如那样做，己方战舰将遭到不列颠舰队的猛攻，他们脆弱的船头会暴露在对手火力强劲的舷炮炮口之下。

正当法军战列线上下意见不一的时候，东风变成了东南风。不列颠没受什么影响，但法军战舰变成了逆风行驶，他们必须右转让船帆迎风受力。就在他们向右转的时候，战列线出现了缺口。

罗德尼舰队迅速抓住战机。HMS“公爵”号（Duke，90）移动到对手的下风处。罗德尼的旗舰——HMS“敬畏”号（98）直接从法军战线穿行而过。阵线更后面一些的HMS“贝德福德”号（Bedford，74）领着胡德指挥的后军分队穿过法军先锋。法军战列线三处被破，英格兰大炮毫不留情地朝着敌舰扫射。

那天法国人惧怕英格兰火炮是有原因的。罗德尼的参谋长总会给他带来好运。这次舰队得到了查尔斯·道格拉斯（Charles Douglas）爵士的帮助。道格拉斯是一名海军火炮专家，他对部分船舰做了重要改进。在其改进之前，战列舰上的重火炮有严格规定的发射线。炮筒必须要对准差不多处于静止状态下的目标并摆成正确角度，舷炮才能打出效果来。不过在两支战列线以相反方向擦肩而过时，战舰是没有时间瞄准敌舰的。道格拉斯在火炮甲板上做了一些实验性的改造，拆掉碍事的支撑装置，在每两处炮口的正中间安装带环螺栓，这样火炮 370 在换角度时就能稳住。现在每门火炮的发射弧度都达到了90°。这意味着一艘战舰可以同时攻击数艘战舰，数艘战舰也可以同时攻击同一艘战舰。道格拉斯还对火炮本身做了改进，让它们变得更安全，也可以更快地填弹和发射。

因此在这场战役中，法军震惊地发现，他们还击一轮舷炮的时间，不列颠战舰能发射两轮。而且不列颠人穿行敌军阵线的时候漫天炮弹倾泻而出。今天我们只能确定“敬畏”号（90）、“公爵”号（90）和“骄傲”号（Arrogant，74）上的火炮做了最大发射角度的改造。它们冲在战斗最激烈的地方，而且“敬畏”号和“公爵”号还破开了敌军阵线，这并非巧合。“骄傲”号对阵“巴黎”号的时候，法军旗舰位于不列颠战舰船头的位置，他们以为自己正处在英军的火力死角，但“骄傲”号发射舷炮后他们傻眼了。据道格拉斯估测，如果所有战舰都进行改造，英军能把德·格拉斯舰队的所有桅杆都给轰断。

重炮变幻莫测的发射角度所造成的出其不意以及心理压力令敌人付出了代价。此时法军阵线断成三截，战舰严重受损，被打得晕头转向。“敬畏”号切断敌军战线的时候能够向 4 艘敌舰扫射。海战中，扫射是最猛烈的攻击形式。“扫射”意味着自身战舰的火力可以集中轰击敌舰防守薄弱的船首或船尾。不仅敌舰无法以同样的方式回击，而且己方的炮弹可以撕裂对方漂亮的镀金船身，捣烂这些闪闪发光的装饰物，炸开缺口，另外炮弹还会在对方甲板上四处弹跳，把他们的军械库和火炮甲板变成血腥的屠宰场。所以当“敬畏”号以及她身后 4 艘战舰如此轰击法军战舰时，胜局已定。

英军先锋已经脱离战场航行到北面去了，不过这并无大碍。惊恐之下的法军变得全无章法，遭受重创。停风期间双方舰队都对战舰做了修补。海风重起之后，罗德尼下令以纵列追击。之后他发出信号，令所有舰长自行追击并俘获敌舰。下午，4 艘法军战舰投降，德·格拉斯带着剩余战舰全力逃跑。俘获的战舰中有一艘非常有价值，因为船上装载着攻打牙买加用的攻城器械。此前数天的战术行船以及早晨的疯狂杀戮，让两支舰队都疲惫不堪。

日暮时分，胡德航行到德·格拉斯旗舰附近，她已经被舰队余部抛弃，正遭受 9 艘不列颠战舰的轰击。胡德的“巴夫勒尔”号扫射“巴黎”号船头。直到船上火炮无一门可用时，法军司令官才降下了他的将旗。这是法军三甲板战列舰在历史上唯一一次于战斗过程中被擒。法军司令官站在破损的后甲板上等待不列颠军官过来，他是舰上为数不多的幸存军官之一。“巴夫勒尔”号舰长克兰斯顿爵士（Captain lord Cranstoun）登上“巴黎”号接收法军舰队司令的佩剑。当他走在甲板上时，凝固的鲜血浸没了他的鞋子。德·格拉斯成了一名战俘，因其在战斗中的英雄气概，他被带到伦敦时许多人为其欢呼。

罗德尼精疲力竭，一整夜都在小心谨慎地追击敌军。“可以了，可以了，我们这一仗已经打得相当漂亮了，”他如是说道，并打出信号让麾下战舰暂停修整。[1]胡德还想继续扩大战果。罗德尼只在4月17日准许了他的副司令官追击败军。胡德竭力削弱法军西印度中队的力量，他俘获了2艘战列舰、1艘护卫舰和1艘史鲁普船。

舰队军医吉尔伯特·布兰（Gilbert Blane）巡视被俘战舰时，法军战舰的卫生状况以及船员糟糕的身体状况让他忧虑不已。[2]布兰是一名新式医生，是海军史上一位极重要的人物。当时学院派医生整日埋首于学习古典知识，布兰则依靠数据说话。他从随舰医生那里收集了海军船员发病的原始数据，并将之制成图表。他宣扬的理念是“环境整洁、遵守纪律是船员保持健康必不可少的重要条件”。想要治好已经生病的水手几乎是不可能的，预防他们生病却是可以做到的。布兰确保战舰可以保持清洁的环境和良好的通风，水手们定期洗澡并清洗衣物，同时船上定期供应新鲜蔬菜和水果。

罗德尼功不可没，是他把一名有激进理念的年轻医生带到了西印度群岛，并全力支持医生的改革。1780年罗德尼把布兰带入舰队时，队中服役人员为12109人，死亡人数高达1518人（占12.5%）。等到舰队和德·格拉斯作战时，队中有 21608 人，其中因病死亡的仅有 23 人（占 1.3%）。拜罗德尼所赐，现在医生在海军中亦有了地位，他们对诸如环境卫生以及饮食等问题有了更大的话语权。桑特群岛之战中，身体健康、营养充足的不列颠海员驾着清洁的战舰，打败了一支在交战前就已被疾病严重削弱了战力的法国舰队。

牙买加保下来了，不列颠在西印度群岛的地位亦随之挽回。桑特群岛之战重振不列颠海上大国的威名，国内为此大肆庆贺。伟大的辉格党政治家、不列颠外交大臣查尔斯·詹姆斯·福克斯（Charles James Fox）誉之为 18 世纪最伟大的海军胜利。不过胡德很是恼火，他关心的不是有谁知道这场胜利，372 而是“一支庞大的舰队已被彻底击败，四散逃窜，却没有人追击，这种事情亘古未有。”[3]

他严厉谴责罗德尼，把对方描绘成一个虚弱无力的老人，其身边需要一个得力之人。胡德继续说道：“（道格拉斯）要是能胜任驻防任务，那我都能做大主教了。”他的言辞话语——极为刻薄而又工于心计——总是能左右国内的人心和对历史的评判。如果 4 月 12 日是他负责指挥，他说，“不自夸地说，英格兰国旗早就挂上 20 艘敌军战舰的艏柱了”。[4]

胡德一时间炙手可热。毕竟，这支在桑特群岛打了胜仗的舰队是在他的看管下磨炼出来的，队中军官参与过他的作战会议，队中船员也被训练至最佳状态。更重要的是，德·格拉斯是向“巴夫勒尔”号投降的。罗德尼晋封为贵族，胡德也是。乔治三世称后者是“这场战斗中最杰出的军官”，并调遣他的儿子威廉亲王到胡德麾下见习。时年 24 岁的“阿尔伯马尔”号（Albemarle）护卫舰舰长霍雷肖·纳尔逊（Horatio Nelson）恳求到西印度群岛为胡德效力。司令官很是擅长发掘新秀，于是为其安排了迁调。“我应该是胡德大人的舰队里最受宠的人了，任何一个年轻人在这样的情形下都会振奋不已，”纳尔逊写道，“他就像对待自己的儿子一样对我，而且我深信，不论我向他索求什么他都会给我。”[5]

但远在域外的胜利只能算是一个方面。不列颠本土海域的形势全然是另一副样子。扼守西海路、独霸英吉利海峡、封锁布雷斯特以及掌控直布罗陀海峡是不列颠帝国的基石。一旦失去这些基石，大量外来军火将涌进殖民地，在叛乱分子中泛滥成灾。法国舰队开始染指海洋控制权，不列颠亦面临入侵威胁。

统领英吉利海峡舰队和其他国内分队的一众司令官已经上了年纪，无力再建功勋。1781 年，时年 67 岁的海德·帕克爵士与荷兰人在多格滩（Dogger Bank）附近打了一仗，不分胜负。之后他辞去了职务，并向乔治三世进言，提出海军需要更年轻的司令官和更精良的战舰。1782 年，豪同意统领英吉利海峡舰队，条件是授予他子爵头衔并赏赐他的弟弟。这个指挥任务从未如此重要而又如此艰难过。一会儿他得在特塞尔（Texel）附近抵御荷兰人对波罗的海护航队的威胁，转眼间他又得带着 25 艘战列舰向西航行，因为一支由 40 艘战舰组成的法西联合舰队已经出了布雷斯特在外活动，他得保护商船护航队不受他们的劫掠。

373 不得已之下，豪只能再次利用娴熟灵活的战术机动来弥补船舰方面的劣势。7 月，他察觉一支敌军舰队正在上风位摆出战列线，准备迎面重击从牙买加回国的护航队。豪领着他的小型舰队从兰兹角（Land's End）和西西里岛之间狭窄险峻的海峡穿行而过，占据了敌人的上风位，从而打消了对方攻击护航队的念头。9 月，他率领英吉利海峡舰队支援直布罗陀，彼处正在围困中苦苦支撑。如果能护送支援航队躲过战力远超自己的敌军舰队，进入直布罗陀海湾，之后再完好无损地把英吉利海峡舰队和军需船带回来，就算是大功告成了。

多亏豪超凡的战术技艺，敌人对西海路的控制被瓦解，直布罗陀得以保全。豪的才干已经沦落到用于防守上，从中可以看出不列颠所面临的形势是多么惨淡。很长一段时间以来，西印度群岛的不列颠海军都被法国海军压制，精擅两栖作战的敌人夺去了一连串的殖民地。杰出的法国海军上将皮埃尔·安德烈·德·叙弗朗（Pierre André de Suffren）对东印度的英国海军亦造成重重压力。不列颠能在 1783 年战争结束时保住印度、加拿大、英属西印度群岛和直布罗陀，实属幸运。桑特群岛之战为这场战争中损失惨重的不列颠挽回不少昔日声威。

战役结束后，罗德尼返回国内，之后再也没回海军效力，最终于 1792 年逝世。罗德尼在后人的印象中是个麻烦不断、脾气暴躁的人，是海军史上最具争议的舰队司令官之一。或许他对属下的态度颇为恶劣，在信号旗令上做法保守，但和同时代那些保守的学院派不同的是，他敢打敢冲，决策果断，能建实功。即便是对他抨击最厉害的塞缪尔·胡德也说，如果切萨皮克湾战役由罗德尼来指挥，不列颠很可能就赢了。“短短两年，”罗德尼写道，“我就拿下了两名西班牙舰队司令官、一名法军司令官和一名荷兰司令官。”[6]这是一项了不起的成就。

罗德尼的胜利在战术思想上给众人以触动。绝大多数的战列线战斗最后都分不出明确的胜负。不列颠海军通常率先发起战斗，战斗时积极主动且目标明确。法国海军在战斗时更偏向保持守势，故意打成平局。多数时候皇家海军赢得战术胜利后就罢手了，舰队司令官为了规避风险自然喜欢这种做法，不过这样是不够的。平局会令不列颠损失惨重，比如土伦、韦桑岛和切萨皮克的战役，都是因为没有彻底决出胜负而导致了整体战略上的灾难性后果。

月光之战教会了罗德尼一个很重要的道理："不列颠舰队占住下风位，敌人就跑不了。"[7] 自 17 世纪 50 年代以来，海军遇到结成战列线阵形的正规战时都喜欢从上风位发动攻击，以平行战线和敌人船对船地战斗。历史表明，这种打法代价高昂且收效甚微。开始的时候进攻很困难，因为直接从上风位发动进攻，意味着在接近敌舰的途中船首会被敌方战线扫射。如果按一定的斜角接近敌军，等到中军和后军进入射程时先锋已经伤痕累累了——切萨皮克之战就是这样。位于下风位的舰队具备更多的防守和进攻优势，如果处于败势，受损战舰可以顺风悄悄溜走，整支舰队也可以借着风势逃离战场。如果下风位的战线是胜势，则上风位的敌人想要撤退就比较困难了，因为它必须逆风行驶，已经破损的战舰很难做到这一点。德·格拉斯的战舰在桑特群岛之战第一阶段时的形势就是如此，他们根本无法在不列颠战舰猛烈的火力下逆风行动。

直到今天，人们还在诟病罗德尼白白浪费了这个有利位置。他是从下风位发动攻击的，不过在攻破法军战线后他转到了上风位继续发动猛击，这让已经一瘸一拐的法军战舰得以借着微风从他紧密的包围中四散逃离。如果他没有从德·格拉斯舰队当中穿行而过的话，法军就会被风困住了。

无论如何，强行穿过敌军战线促成了罕见的结果——在战列线交战中分出明确的胜负。这一点是很清楚的。罗德尼肯定告诉过麾下舰长，击败德·格拉斯的唯一办法就是从多处击破其阵线。早先的马提尼克战役中，他就试图彻底颠覆指导战列线交战的正统说教，集中火力突袭敌军后军。此举旨在迫使法军中军和先锋掉头回援，这样对方前面两路战舰匆忙加入战斗的时候就会遭遇被扫射的危险。可惜，多数不列颠舰长还是牢牢抱着传统战列线阵形不放，这些老旧的战术理念如同母乳一样被灌输进了他们的身体，和法国人一样，他们都不愿从中走出来。

相比他们的敌人，不列颠占据很大优势——主要集中在航海技术和炮火方面，但这都被泥古不化的战列线战术给消解了。皇家海军最出彩的表现——两次菲尼斯特雷战役、拉各斯战役、基伯龙湾战役、月光之战和桑特群岛之战——都是竭力瓦解敌人阵形、制造混乱局面并从头到尾滚动轰击敌人的混战的产物。换句话说，不列颠司令官应当抛弃形式主义，在适当的时机散开自己的阵线，用近距离混战击溃已经晕头转向的敌人。 375

这些理念在保守顽固的海军中被视作危险的极端想法。豪在1783～1788年任海军部第一海务大臣。1790年，已经64岁高龄且饱受痛风折磨的他再次担任英吉利海峡舰队总司令。这一年，他奋斗一生的旗令改革随着他《战舰旗号手册》（*Signal Book for the Ships of War*）的问世终于大放光彩。布莱恩·滕斯托尔（Brian Tunstall）赞誉此书是“姗姗来迟的杰作，不列颠海军中改革派军官对此期盼已久”。[8]他的这套旗令系统以彩旗对应数字，然后数字再对应豪新手册中的指令。从旗舰上用不同组合方式升旗、降旗发布命令的办法不再使用，舰队的信号手和舰长也不会再为此晕头转向了。数字系统——法国人已经使用了很久——相比之下要容易理解得多。

尽管没能打赢美国独立战争，且此战之后又是一段承平岁月，海军还是把革新实验进行了下去。不过它的对手也在做着同样的事，两者之间的数量差距也在缩小。1790 年，不列颠有 145 艘战列舰，法、西两国海军合在一起也能达到这个规模。只是这种军备竞赛的后果也是毁灭性的。就在不列颠满帆快进、把纳税人的税款肆意挥霍在海军上的时候，法国和西班牙正急速陷入破产的境地。不列颠和法西两国的差异之处在于，经历数代人努力的不列颠财政根基牢固，而且还有时任首相小威廉·皮特的苦心经营。

美洲战事暴露了不列颠海军的短板，不过海军有能力自我补救。18 世纪 80 年代，皮特与海军审计官、海军少将查尔斯·米德尔顿（Rear Admiral Charles Middleton）建立了良好关系。[9]审计官是一个坚定的改革派，他在任期间，更加严密地监管船坞，杜绝浪费和腐败行为。米德尔顿扼住海军杂乱无章的财务系统的要害，以强硬手段使其恢复正常秩序。和平期间，船坞中的劳力规模始终保持在战时水平，新舰建造、旧船维修的速度前所未有。他的目标是在任何情况下海军都保持在拥有 90 艘战列舰、90 艘护卫舰的规模。米德尔顿是舰队镀铜的幕后推动者，此举之后，战舰不再需要频繁接受维修。一艘战舰的使用寿命是审计官整体构思中的一处关键所在。最后，贮存的巨量木料和缆绳堆垛高垒，朴次茅斯和普利茅斯建成了新船坞。

376 海战火炮方面也取得重大进展。一种叫作卡伦炮（carronade）的速射火炮被引入堡垒以及战舰的舰尾。卡伦炮重量不大，短炮身，粗口径，没什么后坐力，火药耗费量小，并且只在近距离轰击时有效。因为使用时发射速度很快，近距离轰击敌人时破坏力极强，它得了一个绰号“碎裂手”。卡伦炮还可以转动，而且如果射出的是霰弹，就会让敌舰上层甲板的水手和海军陆战队队员大片死伤。

研制出卡伦炮的是一家名为卡伦（Carron）的福尔柯克（Falkirk）制铁工厂，这是不列颠工业创新的一大胜利。卡伦炮首先应用于商船，并在米德尔顿的坚决主张下才引入海军，配备之后效果立显。HMS“彩虹”号艏楼上的卡伦炮仅用 1 发炮弹就让法军护卫舰目瞪口呆，被迫投降。卡伦炮安装在战列舰和护卫舰的上层甲板，有些小型船舰配备的唯一火器就是卡伦炮。这些额外增添的“碎裂手”并没有改变一艘战舰的等级，比如一艘 74 炮战舰搭载的依旧是 74 门传统长炮，卡伦炮并不算入。不列颠人偏好近距离作战，有了近距离发射的卡伦炮之后，他们变得越发令人生畏。

远距火炮也有变化。在托马斯·布洛姆菲尔德（Thomas Blomefield）的治理下，炮兵委员会（Ordnance Board）大幅改善了海军火炮的性能。他要求每门新炮在接收前都要试射 30 次。火炮构造方面也有改进，扳机代替了导火线，按照老式用法——以火绳杆或导火线紧贴着起爆火药——舰炮长（gun captain）必须待在火炮旁边，期待火药能成功着火点燃。新方法更为安全高效，因为舰炮长站在火炮后方，将其对准目标，等到时机成熟时猛地一拉牵索，以类似滑膛枪燧发机的机械装置点火，所以舷炮得以发射得更快、更准。*

法国人至少用了 20 年才赶上英国的上述技术进步。造成两者差异的是不列颠先进的经济体系以及稳定的议会政府。它的工业，无论私有还是国有，正以难以估量的速度发展。每个皇家船坞所展现的干劲和有序组织以及用最先进火炮齐射的舷

---

* 对用于海战的爆炸物和易燃物做实验是个禁忌。1782 年支援直布罗陀时，豪被迫使用炽热的炮弹，他说海战“实在是太恐怖了，没有外物可以依靠”。

炮就体现了这一点。

米德尔顿希望彻底改革过时、臃肿的海军委员会，不过他在

377 海军部的对手很强大——尤其是大臣豪——所以他的计划落空了。尽管如此，得益于他在行政管理上的积极作为以及皮特在海事防御上的阔绰投入，身处和平时期的海军仍然变得越来越强。

努力的结果有目共睹。1790 年，西班牙试图将不列颠贸易商从北美洲太平洋沿岸驱逐出去，这一事件后来被称为努特卡湾争端（Nootka Sound Crisis）。与此同时，不列颠与俄国的关系恶化。不列颠发动战争动员后，海军机器轻而易举地就开足马力做好迎战准备，西班牙只好作罢。

风平浪静，人们感觉战火前所未有的遥远。1789 年之后，整个法国陷入无政府主义革命，因为国内的动乱，法国似乎要被踢出这场争夺全球霸主的大博弈。到 1792 年，皮特在战后第一次有了削减海军军费的自信。

注释

1. Hannay（ed.），pp. 101 – 107
2. Rodger，*Command*，pp. 399ff
3. Hannay，pp. 101ff
4. 同上
5. Nicolas，vol. I，p. 72
6. Mundy（ed），vol. II，p. 255
7. Barnes and Owen（eds），vol. III，pp. 193 – 195
8. Tunstall，p. 194
9. Talbot，Pen and Ink；R. Morriss，‘Middleton，Charles，first Baron Barham’，*ODNB*

第 34 章

老将（1793～1794 年）

不，不，我要感谢你们——征服者不是我，是你们，378
我英勇的伙计们。[1]

——司令官豪，1794 年 6 月 1 日

司令官胡德终于在 69 岁高龄时除掉了自己的心腹大患。1793 年，大革命中的法国向不列颠宣战。当土伦民众起来反抗雅各宾派时，胡德迅疾出击。如果市民宣布拥护保皇党，他将第一时间提供武力支援。胡德占领了法国的地中海海军基地，并接管了那里的法国要塞和船舰，战争结束前它们都将由不列颠负责保管。

胡德麾下有一群非常杰出的年轻军官，他的舰长中有数名未来之星：霍雷肖·纳尔逊、托马斯·福利曼特尔（Thomas Fremantle）、乔治·基斯·埃尔芬斯通（George Keith Elphinstone）、托马斯·福利（Thomas Foley）、托马斯·特鲁布里奇（Thomas Troubridge）、本杰明·哈洛韦尔（Benjamin Hallowell）以及和胡德同名的表弟塞缪尔·胡德。这些人都有同一位可以学习取经的舰队司令官。纳尔逊这样评价他的司令官：“他自然是我所见过的军官当中最优秀的。所有事情都是如此明白无误，没有人会误解他。”[2]

从政治层面来说，胡德以一名舰队司令官的身份占领土伦是极其冒险的举动。政府对此大为光火，他们并没有打算插手波旁王朝复辟的事情，不过胡德早已迅速决策，拿下了一半的法国舰队，一枪未开就让不列颠及其盟友可以自由前往法国南部。只是那里没有可用的地面部队继续开拓局面。

胡德还是一如既往地敢作敢为，他以土伦为基点将不列颠势力扩张到整个地中海。结果当雅各宾派的大队陆军人马（其中包括一名叫作拿破仑·波拿巴［Napoleon Bonaparte］的年轻陆军军官）围困此城时，土伦只驻有胡德中队三分之一的力量。所有防御都被对方碾碎，并且胡德撤离得非常匆忙，只带走了3艘敌军战列舰。9艘战列舰被焚，还有13艘回到法国人手中。英军一个比较出彩的行动是焚毁了数量惊人的木料储备，这让法国海军遭受重创。

379

胡德决心继续以这样正面主动的方式和对方斗争，他的下一步计划是占领科西嘉岛（Corsica）。计划成功了，不过在实施过程中，他和其他海军将领一样故意疏远陆军司令官，一意坚持由自己担任最高指挥官且肆意干涉两栖作战行动。舰队司令约翰·杰维斯爵士也以类似的迅捷行动将法国人逐出了西印度群岛。

回观本土海域，大革命政府正处于艰难的分娩期，这给了豪检验自己战术理论的机会。1794年5月，他率领25艘战列舰在西海路上追捕一支护航队，后者正要将产自美国的谷物运往忍饥挨饿的法国救急。豪没能找到装载谷物的船舰，但在5月28日，他知道了负责护送的法国舰队正在韦桑岛以西400英里处，指挥官是路易·托马斯·维拉雷·德·乔伊斯（Louis Thomas Villaret de Joyeuse），其船队共有26艘战列舰。

两支舰队忽前忽后地僵持了好些天。后来在6月1日拂晓时分，豪占据了上风位。3点50分，他开始调整舰队排出战列阵形，让每艘战舰都能朝向一个合适的目标。7点25分，他打出旗号34，即穿过敌军战线并在下风位与敌人交手。8点25分，他打出旗号36，即各舰驶向对面敌舰并与之交战。9点24分，两支舰队平行纵向排列。豪在战斗指令发出后让护卫舰重复指令，将巧妙的作战计划传达至整支舰队。

豪计划从法军阵线穿凿而过，然后从下风位继续进攻，这将彻底打乱敌军阵形，封死他们顺风逃跑的退路。战斗进行到尾声时，破损严重的法军战舰无力再顶风前进，只能成为豪的囊中之物。豪的行为之所以显得如此激进，是因为他没有像桑特群岛之战时的罗德尼那样选择在合适的时机穿过敌阵。这一次每艘战舰都从敌舰之间驶过，同时对其扫射，然后不列颠战舰会在敌军阵线另一边重新集结成阵线。英军的大胆之举彻底震慑住了法军。豪将变换位置时——从上风位变到下风位——的进攻优势和交战时占据下风位的种种益处融合到了一起。精彩绝伦，这是豪倾其终生所学战术打造的终局之战。

破开敌军战线先锋时冲在最前面的是不列颠战线中的第7艘船——HMS“防御”号（Defence，74），她从“穆修斯”号（Mucius，74，法军战线第6艘）和“图维尔”号（Tourville，74，第7艘）当中穿过，同时扫射旁边的两艘敌舰。然后HMS“马尔伯勒”号（74，英军第6艘）采用了同样的动作。豪位于中军分队的旗舰“女王夏洛特”号（Queen Charlotte，100）冲着对面的敌人“蒙塔尼”号（Montagne，118）和“人民复仇者”号（Vengeur du Peuple，74）猛轰开路。刚破阵而出，她就盯着“蒙塔尼”号近身相搏。HMS

380

“布朗斯维克”号（Brunswick，74）像针一样刺破敌军阵线，沿途向“阿喀琉斯”号（Achille，74）扫射，同时猛攻“人民复仇者”号。但她的船锚被“人民复仇者”号的索具缠住了，两艘战舰就这样近距离直接对轰。后面的“皇家乔治”号（100）和“光荣”号（Glory，98）贴着开了过去。

只有7艘战舰击破了法军阵线。部分不列颠战舰由于在前几天的冲突中受损，仅与敌舰胶着，而没能越过阵线。有艘战舰冲过了自己在战线中的位置，失去了机动的机会。有些舰长似乎没理解豪的指令，依旧照着传统方式和对方打阵线战。还有一些舰长进行远距离进攻，只是白费力气。还有一小部分舰长甚至都没有加入作战行动。有一名舰长带着战舰去找他兄弟——“布朗斯维克”号的舰长去了。

“光荣的6月1日海战”（Glorious First）中，部分区域的战舰打得还是十分激烈的，因为豪原本的战斗方案落空，战斗成了一场自由厮杀的混战。数艘战舰相互缠住。“布朗斯维克”号和“人民复仇者”号离得特别近，以致她的炮口被封，炮弹只能透过扣紧的盖板射出去。双方所有桅杆都彻底报废。HMS“俄里翁”号（Orion）和HMS“女王”号进攻法军战舰“诺森伯兰”号，轰断了她的桅杆。“女王”号又和“热马佩斯”号（Jemmapes）交手，之后她赢得了这场双舰对决。当天收场时，“热马佩斯”号所有桅杆全断，“女王”号主桅损毁。率先刺穿敌军阵线的两艘不列颠战舰——“防御”号和“马尔伯勒”号，到战斗结束时所有桅杆无一幸免，得靠其他船牵引才能移动。表现英勇的“布朗斯维克”号有23门炮报废，舰上扑灭了3起火灾，她的后桅和船首斜桅被毁，主桅损伤严重。“女王夏洛特”号周遭战势凶残异常。遭受连续猛击的“蒙塔尼”号已是岌岌可危，被迫离开战斗。豪的旗舰轰击了“雅各宾”号（Jacobin）、“共和党人”号（Républicain）和“正义”号；她周围聚集了 12 艘法军战舰，而这些战舰要么被打成了瘸子，要么船桅尽数损毁，无一幸免。

豪已经连续 5 天指挥调动舰队，主持了数场战斗，他必须靠参谋官们的帮助才没有昏倒在后甲板上。他的参谋长罗杰·柯蒂斯（Roger Curtis）后来遭到指责，认为他任由部分已经严重破损、走走停停的法军战舰回撤，随后被“蒙塔尼”号保护起来。不列颠舰队试图俘获 7 艘法军战舰，其中“人民复仇者”号遇上杀气腾腾的“布朗斯维克”号后被击沉了。

双方舰队破损严重，无力再采取进一步行动。年迈的豪耗尽了力气，不过舰队中所有人也都和司令官一样精疲力竭。为了作战，船舰已经被清空超过三天了，其间所有床铺和私人物品都被堆放起来，牲畜被扔下船，厨房里的火也熄了。漫长的 381 战斗过程中，或许水手和海军陆战队队员还能有休息的时间，但再也没有食物和舒适的环境了。等到战斗全部结束后，幸存者们因为连续不断的舷炮声暂时性失聪，每个人（豪所在的是下风位）都被硝烟熏得乌黑，战舰支离破碎，亟须修补。军医的船舱里满是奄奄一息的船员。

不可能再有进一步行动了。法国人很幸运，谷物护航队终于抵达，避免了一场饥荒。不列颠共俘获 6 艘敌舰，为大捷而欢欣鼓舞。约 7000 名法国水手阵亡或被俘，豪舰队伤亡 1200 人。有大量画作和印刷物描绘了这场战役，图画中被毁的战舰让公众们感受到了这场战斗的恐怖与惨烈。不列颠舰队的部分战舰在战斗中陷入混乱的一个原因是战斗刚打响许多舰长就阵亡了。先锋中有两名新晋升的舰队司令官受了重伤，其中一个还丢了一条腿。其他舰长都或亡或伤。HMS“女王”号——交战最激烈的战舰之一——舰长约翰·赫特（John Hutt）因为前一天的伤势已处于弥留之际。HMS“布朗斯维克”号舰长约翰·哈维（John Harvey）先是失去了右手，之后后背又刺进一根木头碎片，然后被一颗实心弹击碎了手肘。他在甲板上一直待到整场作战临近结束才离开，后来死在了朴次茅斯。

豪的计划虽然没有朝预期方向发展，但他耗费数天时间的战术机动为自己争取到了优势，并以强势地位逼迫法国人激战一场，凭借航海技术和炮火优势击败了法军。不过法国人也达成了自己的目标——将护航队安全护送回本土——而且部分原本眼见要牺牲的战舰也被解救回去。

胡德和豪都老了。胡德从地中海回国后，因为向自己辖区派遣增援的问题与海军部发生争论而被解雇；豪继续领导英吉利海峡舰队，直至几年后因身体虚弱被迫回到陆地。“光荣的6月1日海战”成为他参与的最后一场重大海战。

海军司令官于18世纪晚期所面临的可能性与局限性在胡德的地中海行动和豪的胜仗中得到充分体现。胡德终其一生都在努力成为一名大胆且富有想象力的司令官。他的果断行动保住了土伦——绝大部分海军将领面对这等风险巨大的行动都会犹豫不前。后来丢了土伦是因为他可以动用的力量太小，不足以掌控这个广阔战区。

382 豪被乔治三世称为“科学的”舰队司令，他的雄心是打造一支在战斗时绝对服从他命令的舰队，从而以十分冷静的方式摧毁敌军。将风帆时代的海战与下棋等同是不可能的，豪也从“光荣的6月1日海战”中意识到了这一点，当时他苦心经营的旗令没能转化成完美的战术机动。他的战术构思乃是气势恢宏的杰作，绝大部分舰长没有理解其中捭阖纵横的精妙之处——他们没有这个能力。就算真的理解了，他们也会觉得这是自寻死路，因为他们不是可以任意移动的棋子。和胡德以及之后的纳尔逊不同，他没能带起一支深受激励的军官队伍，与他们分享自己的构想。他在 1794 年打了一场大胜仗，不过那和胡德的土伦行动比起来还是有差距的，这个差距永远无法消弭。

18 世纪晚期，许多军官和政客视海战战术为一门“科学”。肯彭费尔特、扬、格雷夫斯以及豪想要积极效仿法国人规整、精准的特质，对方在舰队战术机动方面已是炉火纯青。看态势，似乎启蒙运动的理性精神也会被运用到海战上。像豪这样的舰队司令们试图把科学理论运用到战术上，用前所未有的复杂旗令改进指挥控制系统。

他们看错了方向，是一个局外人指出了问题所在。罗德尼的军医吉尔伯特·布兰写道，法国人“以思辨精神”发展出大量的海战理论，并研究出简洁、精准的旗令模式，他们“将科学原理应用到”造船上，所以他们的舰队司令在指挥自己性能卓越的战舰进行战术机动的时候，就像在俯瞰整个舰队。但是，依布兰所言，“精湛的航海技术绝非他们所长。他们的战舰没有纪律、空间不宽敞，甚至连体面也算不上。当需要个人表现和沉着冷静这些近战要素时，我认为他们束手无策”。[3]

海战不是一门科学，不是学院里坐在扶手椅上的战术家能教出来的。实战时会有太多因素搅乱事先设计好的完美计划，可能令旗耷拉着别人看不到，可能司令官因为雨、雾、硝烟和自己的属下失去联系。船舰航向会因为反复无常的海风而不可避免地发生改变。战舰在战斗中破损之后会变得难以预料，从而可能会破坏阵线、搅乱战术机动。从本质上来说，风帆时代的海战变数太多，集中指挥只是一个幻想。舰队司令官必须具备一些其他能力才能取得胜利。重中之重的是他要意识到自己指挥的是一个个个体——战舰、舰长、军官和水手每个都作为个体存在。这些组成舰队的个体在航行和战斗时，司令官是无法直接控制他们的。一名舰队司令得设法与属下们交流自己的战术思想，动员他们朝着一致的方向战斗。相比精妙的战斗预案、繁复的战术机动和对舰队的绝对控制，在动荡混乱的海战中的团队合作、航海技术、训练和积极主动要有价值得多。

383

舰队指挥权集于一人、依照理论作战的尝试在 18 世纪 70 年代至 90 年代十分盛行，甚至使得皇家海军偏离了自己最擅长的近身硬战战术。桑特群岛之战时罗德尼再次告诉了人们皇家海军在这方面的优势，他放手让舰长们自由作战，不再用硬性规定和烦琐的旗令抑制他们。演练、激励、良好的营养和健康的身体，有了这些不列颠水手的战力便能达到顶峰。这是霍克勋爵在“七年战争”中波澜壮阔的布雷斯特封锁行动后留给后人的宝贵遗产，直至过了很长时间、历经很多劫难之后，它的价值才重新被人们发现。

本书这一部分描述了三位舰队司令，他们所彰显的杰出品质对他们履行自己的职责至关重要。罗德尼是一个英勇无畏的战士，具有天生的战术意识；胡德领导才能出神入化，政治方面敢作敢当；豪是一个聪明诡诈的战术家，能非常耐心地考虑到海战事务的每一个细微之处。他们全都不讨人喜欢。罗德尼性情反复、贪婪；胡德唯利是图，对上级毫无忠诚可言；豪对待下属冷漠疏远。

他们全都为海军的现代化进程做出了贡献，并设立了一套新的标准。许多有杰出战功的舰长都曾随罗德尼在西印度群岛，随豪在英吉利海峡舰队或者随胡德在地中海效力过，在他们麾下当见习军官、副官和初级舰长。纳尔逊从胡德和豪那里所获甚多，他这样比较他们："英吉利海峡舰队必定惋惜胡德勋爵的离开，他是最好的长官，像他这样的军官乃是英格兰最值夸耀的人物。豪勋爵无疑是管理舰队的一名伟大人物，不过也仅限于此。一名舰队司令可能会遭遇的任何形势，胡德大人都能很好地应付。"[4]

尽管罗德尼有很多不足，不过他才是那个需要被超越的舰队司令。

注释

1. Tunstall，p. 210
2. Hood，p. 132
3. Tunstall，p. 210
4. Nicolas，vol. II，p. 146

第 11 部分

至亲袍泽

第35章

鸡蛋和培根（1794～1795年）

386

> 我曾经得到过他们的欢呼，现在我赢得了他们的心。[1]
>
> ——舰队司令纳尔逊，1805年

海战史上最伟大的一场胜利于1798年8月1日发生在埃及的阿布基尔海湾（Aboukir Bay）。炮火于晚上6点15分开始轰鸣，一直持续到第二天早晨。当晚10点30分左右，舰队司令霍雷肖·纳尔逊爵士被一片金属片击中额头，他被迫从后甲板上退到伤员舱由军医照料。不过眼下这场疯狂杀戮被淹没在沉沉夜色之中，他也根本无法从旗舰上指挥战斗。

在整个战斗过程中，纳尔逊一共只发出过9个信号。和任何一场战斗一样，战斗打响时，司令官再想对战斗结果造成什么决定性影响已为时过晚。在那些伟大战役之前的年月里，纳尔逊已经与自己的水手们和军官们建立了深厚的情谊，所以到了关键时刻所有人都明白该如何行动。1798年他所率这支分队的舰长都是皇家海军中最优秀的精英，纳尔逊清楚他们的能力，而舰长们也清楚司令官对自己的期望。仅数小时，法国舰队就被彻底击溃，拿破仑的野心宣告破灭，不列颠趁机一举夺下地中海的控制权。

纳尔逊没有阐述详尽的战斗预案，也没有一套复杂的旗令系统。他的军官们了解他的战斗模式，他的士兵时刻追随他的脚步。一场战斗是一段进程的结果，而这段进程在很早以前就开始了。

豪提及尼罗河战役时说："这场战斗最非凡卓越的地方在于他（纳尔逊）队中每一名舰长的杰出表现。每名舰长都有同等的机会，通过相同的方式让自己脱颖而出，这种事情还是第一回出现。"[2] 纳尔逊的旗舰舰长爱德华·贝里（Edward Berry）写道："摸清敌情之后，他们（舰长）不需要进一步的指令就能明白司令官准确的想法和意图，因此旗令就变得不那么必要了。"[3]

387

不过这并不意味着个人可以在战斗时随意发挥，舰长们之所以能充分发挥他们的主动性，是因为他们有一个像纳尔逊这样水准的领导人。尼罗河战役时，皇家海军有世界上最好的军事装备和技术，有完善的组织和资金支持，军中将士是天下无双的航海者和斗士。这些品质让不列颠具备了巨大优势。不过还得有一个纳尔逊这样的天才，才能把它们整合到一起，释放出海军的每一丝力量。

要解释清楚震撼人心的尼罗河大捷，有必要把时间拨回到4年前。1794年7月。HMS"阿伽门农"号舰长霍雷肖·纳尔逊正担任舰队司令胡德袭击科西嘉岛行动的先锋。纳尔逊当时在地面上围困卡尔维，敌人一枚加农炮炮弹坠地后激起一阵卵石和尘土，正好溅到了纳尔逊脸上。纳尔逊的右眼没有被毁，但一片碎石弄裂了一条血管，导致视觉神经受损。最后舰长右眼失明。

纳尔逊在告知胡德自己伤势的信中写道，在沙滩上，他看到水手们从运输船往岸上搬运补给品，非常艰辛。[4]身有伤痛、担负着指挥官职责的纳尔逊命令手下们喝些葡萄酒解乏。

这是战争中一件微不足道的小事，却很好地显示出他的领导风格。法国革命军重新占领土伦后，英军的地中海行动变得十分吃力，难见成效。豪刚在“光荣的 6 月 1 日海战”中痛击法军，胡德舰队正在进行一场漫长艰难的战役。没有胜仗，也没有战利品赏金，士气开始涣散。“我们能得到的，只有荣誉和腌牛肉。”[5]

“阿伽门农”号的后甲板成了他的舞台，在那里，舰长纳尔逊把他的为将之道展现得淋漓尽致。在地中海服役期间纳尔逊本来可以用上更大、更负盛名的战舰，但他推掉了这份荣耀：“如果‘阿伽门农’号一直坚守在我身旁，我也同样会坚守着她。”[6]麾下军职人员是他亲自挑选的，三名副官以及所有专职人员（除了军医）早在 18 世纪 80 年代早期于西印度群岛时就为他效力了，那时他还是一名年轻的护卫舰舰长。他的见习军官是从自己的诺福克同乡和亲属中挑选的。这艘战舰上的军职人员是一支聚合力非常强的队伍。

船上的水手则不一样，“阿伽门农”号上只有一半的船员

388

是老练海员。这个比例似乎有些低，但已经足够了。半个世纪以前，爱德华·霍克执掌 HMS “贝里克”号时报告说，他的船员“是一帮非常矮小、虚弱、瘦弱的家伙”，多数人“从没在海上待过，几乎全无用处”。不过仅仅用了半年，这些船员就成了精锐部队，在土伦战役中声名大振。好的舰长总能把一无是处的募兵变成可靠的水手，纳尔逊在“阿伽门农”号上也做到了这一点。

相对而言，教旱鸭子和小男孩如何在船舰高空处干活、如

何操控火炮还是一件易事，更难的——也至关重要的——是教会这些新兵和被强征进来的心怀不满的家伙们学会绝对服从命令，这是一艘船保命和战斗的根本。船舰运转起来如同一架上足了润滑油、嗡嗡响动的机器，整体的顺畅运转需要每一个部件都能发挥作用，这样的战舰才是海军战力之倚靠。

要实现这一点，可以用严厉粗暴的士官和惩罚一直威胁压迫船员干活。有时确实需要这样，但这不会让船舰有任何改善。当时一位老练的水手写道："一个赢得船员爱戴的舰长可以创造奇迹，反之则会失败。"[7]有一名舰长描述自己的职责是"把所有人融合到一起，消解船员之间因为不同性情和习惯而产生的不和谐"。[8]

17世纪以来，战舰上的生活并没有发生什么太大的变化，伙食还是不好，薪水也不按时发放，水手们在拥挤的甲板上用餐，而餐桌就排列在火炮与火炮之间的空当里。吊床也只能放置在仅有14英寸宽的地方。* 他们和一个世纪以前的先辈们一样，渴望酒、新鲜食物和女人，水手和海军陆战队队员依旧在用他们的"罩衫"换葡萄酒和女人。船员一天能拿到两份定量的"格罗格"，也就是每天半品脱朗姆酒兑水冲淡后的饮料。整个生活辛苦单调，中间也掺杂些其他的事情，靠岸时船员们会到岸上疯狂一阵，还有跳舞、唱歌和战斗。

和17世纪的船员不同的是，战舰上穿军装的人越来越多。随着安森改革方案的推行，舰队司令、舰长和副官都有了自己的制服。1787年，见习军官、委任官及其副手也获得了这项

---

* 实行两班制值勤时，右舷"关闭"后左舷"打开"，反之亦然，所以吊床实际可用的空间宽度是28英寸。

特权。越来越多的军职人员有了手足之情，船上的等级制度愈加稳固。熟练海员没有规定的军服，不过有统一的服色。水手喜欢穿蓝色短夹克、彩色马甲、格子衬衫、一条颈巾、条纹裤389或者白裤，再加一顶圆帽或者蒙茅斯帽。

自巴尔萨尔佩和肖维尔时代起，海军变化最显著的地方就是纪律。船舰的环境更为有序、整洁，船上的生活方式越来越有章可循。水手长及其副手们粗暴随意的行为在减少。当然约束还是无处不在，只不过换了表现形式。与17世纪相比，皇家海军的舰载人员训练更为完备，演习频率更高，与同时代其他国家海军相比也更胜一筹。18世纪，军官和水手的关系有了变化。对领导能力的重视程度大幅提升，水手们对以身作则的军职人员响应积极，他们以自己的战舰和舰长为荣。

团队协作是船队正常运作的关键。整体来说，一艘船就是一支团队，不过在团队内部还有许多组织严密的小团队。船员的划分方式有很多，他们可能是一起值勤、吃饭的六人小分队，可能是负责同一门火炮的组员，可能在空中作业时有相同的惯常位置，可能在同一艘舰载小艇上执行任务，有些船员负责协助有特定技艺的人，比如木匠、制帆手、箍桶匠以及炮兵。上至舰长，下至年幼的侍者，船上有着等级分明的人际关系。其他形式的等级制在船上也随处可见：每根船桅、每门火炮都有自己的“长官”；每个分队都有一名见习军官统领，自他往下还有一层层的指挥系统。各舰长之间很喜欢攀比争胜：船帆张开有多快、指定时间段内可以发射多少轮舷炮、战术机动完成得有多到位。每艘船舰内部也有同样的竞争。无论划分方式如何，每支小队都想超过它的对手们。

“不要松懈，”纳尔逊说，“一言一行都要迅速利落。”[9]舰长们必须让自己的船员时刻保持忙碌的状态，否则他们会滋生不满情绪甚至引发更糟糕的情况。护卫舰要接连不断地执行巡逻、侦察以及为商船护航的任务，有很大机会累积战利品奖金。它们配备的是最优秀的船员以及军官队伍中的精英力量。战列舰有时会参与看不到尽头的封锁作战，或者持续很长时间的驻守行动，所以让这些船舰上的船员保持积极性要难得多，得通过例行事务和演习保持军纪、激励士气。船舰每天都要清洗打扫，湿润甲板，然后“磨石”（用砂石擦洗），最后用墩布将之擦干。不列颠战舰以卫生整洁著称于世，卫生整洁的环境自有其益处，同时还让船员们一直有事可做。后一点非常重要，因为战舰战斗时需要有人发射火炮，所以它的船员数量要比商船多得多。纳尔逊的密友卡斯伯特·科林伍德（Cuthbert Collingwood）说他的目标是“让我的船员们都忙着干活，每天只顾着完成手中的工作，没有多余时间想他们自己的事情。”[10]

390

训练良好的船员队伍在干活时会表现得默契而又安静，耳边只会听到舰长的声音，并且只有他（或者负责监督的高层军官）在下达命令。有一位水手回忆说，一切都在不声不响地进行，“只要服从已有的明确安排就可以了；做事时有序、精准、严谨、熟稔”。还有一人回忆说，“HMS‘巴夫勒尔’号上除了舰长，其他任何人都不准在干活的时候说话，我见过‘巴夫勒尔’号放锚收帆的情景，就像变魔术一样神奇，除了舰长的声音之外听不到任何其他人的说话声”。[11]舰长托马斯·哈迪（Thomas Hardy）把这件事做到了极致——仅以手势下达命令，整艘“胜利”号死一般沉寂。之所以能这样，是因为每个人都极为熟悉自己的确切任务，并能和同伴们协调完成。这是不断的操练和长年累月的经验造就的。“在这套日常工作制度之下，”海员威廉·罗宾逊（William Robinson）写道，“我习惯了繁重、艰苦的水手生活。不论情绪多么烦躁，我都能坚定地服从命令。”[12]

每天都有一通鼓声把船员们召集到他们的战斗岗位。弗朗西斯·斯皮尔斯伯里（Francis Spilsbury）是一名战舰军医，他留下了这样一段关于炮火演习的描述：

> 鼓声响起后，船员迅速奔往各自岗位。他们在履行职责时始终如一，这让他们的行动更加敏捷，相信自己所能发挥的力量，令许多混乱局面得以避免。做得不合格的人自然免不了要出差错，如果因为不清楚自己的职责被大副责骂，即便是弹药搬运工也会为此羞愧。这类场景下不会有人多说话，大家都聚精会神地听指挥官发话。[13]

从1745年开始，皇家海军的每一艘战舰都必须按规定进行日常炮火操练。不会每天都真的开炮——那样代价太高昂了——但会把船员召集到他们的战斗岗位，拉出火炮。要在作战时保持火炮持续稳定地发射，得依靠蛮力和机械、重复的动作。18世纪的火炮发射频率一直在不断进步。

不列颠战舰上一门32磅火炮配备7人，它的长官负责瞄准和调整发射距离，当火炮被推向打开的炮口时，滑车的轮子会发出十分独特的声音——一阵不祥的、紧迫的辘辘声——预示着战斗即将开始。一旦炮弹射出，3吨重的炮身猛地退回，并且激烈蹦跳起来，整艘船都为之震颤。炮口两侧安有铁环，上面系着粗绳，以此抵消其后坐力。与此同时，火炮小组的人会死死拉住滑车，防止火炮再往前冲，然后他们会把系着硬绳

391

的海绵塞进炮筒里夯实，除掉所有火星。下一步是把弹药筒——用纸包着的火药——塞进炮筒夯实，紧接着再塞入旧绳子做的炮塞，再就是加农炮炮弹，最后还要再加一层炮塞防止炮弹滚出来。一部分组员完成这些工作的同时，长官在火炮另一头把空心管穿过点火孔刺入弹药筒。他在空心管中倒入足量火药，点着后就能引燃弹药筒中的火药。空心管上装有燧发机，它连着一根系索，且被扳到待发位置。

火炮重新做好发射准备。此时小组成员必须把这个3吨重的火炮拖到炮口，有时因为战舰发生倾斜，他们还得沿着木头斜坡往上拖。辘辘声又一次响起，不过战舰已然进入战斗，所以和第一次不祥的开战征兆声比起来已经没那么明显了。火炮长可能会指挥组员用铁柄升高炮筒，然后在下面放上楔子（防止滚动）。有时火炮可能还需左右来回移动。所有准备工作完成后，他猛一拉系索，一声怒吼之后，硝烟弥漫，炮身又猛烈弹回。之后再一遍遍重复前述过程。完成这些繁重的体力活时，船员们一直保持蹲姿，因为下层甲板最高也就5英尺6英寸，而且十分拥挤。目标和射程的命令由见习军官从后甲板一路疾跑送过来，或者直接听驻守在甲板上的副官喊出命令。

再往下，在吃水线以下的安全区域，没有特定任务的船员以及女人正在协助炮兵的副手们制作新的弹药包。每门火炮配有一名男孩，俗称“药猴儿”，需要的时候他们会从火药库舱口的椭圆盒子——一个木制圆罐子——中拿出炸药筒，然后沿着走廊把它们带到自己的火炮小组那里。火炮甲板上放置太多火药会很危险，所以需要药猴儿接到命令后从相对安全的火药库将弹药筒取上来。椭圆盒子的设计能确保火药不会沾上任何火星。加农炮炮弹则一直放在火炮附近。

火炮瞄准不需要什么精准度，其发射频率才是影响战果的关键所在。因为时常演练，强悍的不列颠水手们能像机器人一392样战斗，即便轰鸣不断、热浪窒人，即便敌人的炮弹穿透船身、同伴在身边倒下，他们还是一遍又一遍地重复着同样的动作。战斗甫一开动，这架巨型机器的所有齿轮就开始转动。维持船员们工作的是一种固有的节奏。一旦进入这种节奏，他们完全察觉不到其他任何事情。本杰明·哈洛韦尔是尼罗河战役中纳尔逊麾下一名杰出的舰长，他“很清楚，一旦船员开始使用火炮，再让他们停下来就困难了”。交战初期，战力仍旧充沛的船员们每一分半钟就能发射一轮舷炮，全世界都因此对皇家海军心存畏惧。

成千上万名训练有素的海员所表现出的纪律、秩序和团队合作，是不列颠海军的根基。正是因为这些品质，不列颠海军才有了快速的战术机动、高频率的火炮发射以及坚强的战斗意志。

皇家海军中没有哪两艘战舰是完全一样的，每艘战舰的舰长和军职人员在能力上也各不相同。有些人采用的是粗暴野蛮的领导方式。纳尔逊的“阿伽门农”号则是战舰中运行良好、气氛欢快的典型。有些水手们感觉很难念出自己战舰的名字，“柏勒洛丰”号成了“流氓比利”（Billy Ruffian），“波吕斐摩斯”号（Polyphemus）成了“无耻波利”（Polly Infamous）。“阿伽门农”号成了“鸡蛋和培根”（Eggs and Bacon）。他们以身为“鸡蛋和培根”人——正式称呼是“阿伽门农”人——而骄傲。

同样纳尔逊也因为他们而感到骄傲。“现在不列颠海员都应该像我的海员一样……几近无敌。就算只有豌豆，他们也会认真把它射出去。”[14]船员们愈加爱戴敬重他们的舰长。“他平易近人，举止尤其和蔼友善。没有人担心自己会触怒他，但每个人都担心没能让他满意。"[15]

"阿伽门农"号前往地中海时，纳尔逊已是一名有经验、有能力的舰长，但他在同侪中并不是那么超拔。地中海行动让纳尔逊成为一名杰出的舰长和高级官员。他一生中一直都很好学，也十分幸运，不断有良师把他推至更高的境界，其中第一位就是他的舅舅莫里斯·萨克林（Maurice Suckling）。1771年，13岁的纳尔逊跟着萨克林上船，后者当时是诺尔（Nore）的哨舰舰长，负责守护通往泰晤士河口的航道。萨克林明白，这个孩子待在驻地受到的教育将很有限，所以他把纳尔逊调配到一艘前往西印度群岛的商船上参加为期两年的境外远航。之后纳尔逊参加了海军的北极探险，任舰载小艇的舵手。这之后他在HMS"海马"号（Seahorse）上待了两年，此舰当时在东印度。1776年纳尔逊因病回国，时机恰到好处。他回国后得知萨克林升任海军审计官。18岁时，他成为一名代理副官。翌年，他通过副官考核并加入HMS"洛斯托夫特"号（Lowestoffe，32），任第二副官。1777年，"洛斯托夫特"号前往牙买加支援对美洲殖民地的封锁行动。

393

"洛斯托夫特"的舰长威廉·洛克（William Locker）对纳尔逊影响深远。洛克年轻时是伟大的舰队司令霍克的门下弟子，参加过基伯龙湾战役。洛克和纳尔逊关系十分亲密。1778年，纳尔逊转到了舰队司令皮特·帕克（Peter Parker）的旗舰上。没过几个月，他成为一艘布里格帆船的指挥官，之后不久升任"欣钦布鲁克"号（Hinchinbrook，28）护卫舰舰长，时年21岁。

战事期间在西印度群岛做一艘护卫舰的舰长对一个积极上进的年轻舰长而言实在是美事一桩。纳尔逊从数位顶级水准的导师那里学到了航海技术和海军管理的精髓。现在作为一名护卫舰舰长，他可以独立行事了。他的职责是执行护航任务，参与袭击西班牙领地的两栖作战。胸怀大志、有进取心的军官如果想要打出自己的名声，护卫舰是他们的不二之选。他指挥的下一艘战舰是“阿尔伯马尔”号（Albemarle，28），先是在北美，后转到西印度群岛在胡德麾下效力——胡德也是他众多导师中的一位。战事结束后，纳尔逊再次到西印度群岛服役，这一次是强制执行《航海条例》，抵制美国贸易商。他与总司令、安提瓜总督以及背风群岛商界关系紧张。从 1787 年到 1793 年，纳尔逊一直被困在诺福克，只能领到一半的薪水，从某种程度上说他失宠了——胡德弃置了他。

纳尔逊早期的风生水起，得益于他颇有影响力的舅舅以及自己的机遇。他从一些杰出的军官身上学到了技艺。在危险水域中，体积中等的护卫舰会脱离主舰队行动，在这一过程中他学会了如何约束和激励船员，学会了自主行事和判断。1793 年，纳尔逊无疑已是胡德地中海舰队中一名非常优秀的舰长，不过当时海军中有一大批表现卓越的舰长，他们能够动员起鱼龙混杂的船员队伍进行漫长拖沓的远航。由于纳尔逊在相对年轻时就担任了舰长，所以他在同时代的舰长名单中排在靠前的位置。“阿伽门农”号的指挥经历对他成长为最高统帅至关重要。

纳尔逊拒绝了前往高等级战舰的机会，原因之一就是舰载 64 门炮的“阿伽门农”号较一艘战列舰而言太小了，没有威力，不过作为一艘驱逐舰却比大部分护卫舰都要大。所以他更希望能脱离上级长官的监视，指挥护卫舰和史鲁普船组成的小型分队，独立执行任务。胡德在土伦时，纳尔逊被派往那不勒斯，之后到了突尼斯。1794年，他受命主持封锁科西嘉岛，394 围困巴斯蒂亚（Bastia）和卡尔维的行动就是由他指挥的。入冬后，他以里窝那为基地，四处巡弋法国的地中海海岸线。

“阿伽门农”号任务繁忙，她的舰长身处不列颠海上行动的最前线，不过纳尔逊想要的更多。胡德被免去地中海总司令的职务后，海军中将威廉·霍瑟姆（William Hotham）接替了这个位子。1795年3月13日和14日，他的中队与一群从土伦突围出来的法军战舰交手。“阿伽门农”号是不列颠中队中最快的战舰，她在前面领头追击敌军。纳尔逊利用自己战舰的速度和战术机动反复扫射敌舰船尾，那是体积超过自己战舰很多的“终吉”号（Ça Ira，80）。这艘法军战舰被轰得很惨，纳尔逊却未失一人。翌日，“终吉”号和“监察官”号（Censeur）被俘。纳尔逊登上霍瑟姆的旗舰，力劝这位舰队司令彻底歼灭敌军，却被霍瑟姆拒绝了。“我的脾气受不了保守、缓慢的行动，”纳尔逊愤怒地说道，“我敢肯定，如果14日那天是我指挥舰队，结果要么是整支法军舰队都成为我一场大胜的点缀，要么就是恶战一场，我方遍体鳞伤。”[16]

7月，他尝到了独立指挥的味道，他率领一支分队在意大利支援不列颠的盟友奥地利。热那亚本应是中立方，不过那里正被法国人控制着。“军官身处海外时，必须具备政治勇气，这和作为军人的勇气一样重要。”这位海军上将、胡德的门徒写道。他冒着官方震怒和个人被起诉的风险，自行决定对热那亚实施严密封锁。这是他心中长期以来渴求的局面。相对于他的舰长资历而言，“阿伽门农”号有些小了，但这让他有机会指挥一支由护卫舰组成的分遣队。他的领导从一艘战舰扩展到一支分队，尽管分队规模是小了些。他开始建立一支自己可以信赖的舰长队伍。乔治·科伯恩（George Cockburn）因为纳尔逊的“热忱、才能和勇气”而对其赞叹不已。另外一名年轻的护卫舰舰长——托马斯·福利曼特尔，早在占领科西嘉岛时就与纳尔逊紧密合作了。

纳尔逊清楚自己希望成为什么样的高级指挥官，霍瑟姆的小心谨慎激怒了他，不过新任总司令抵达后，纳尔逊的处境发生了翻天覆地的变化。

注释

1. Nicolas.，vol. VII，p. 13
2. Knight，*Pursuit*，p. 296
3. Nicolas，vol. III，p. 49
4. 同上书，vol. I，p. 432
5. Naish，p. 89
6. 同上书，p. 105
7. Goodall，p. 65
8. Scott，vol. I，p. 41
9. Naish，p. 145
10. Rodger，*Command*，p. 490
11. Gardner，p. 108
12. Robinson，p. 38
13. Spilsbury，p. 6
14. Naish，p. 105
15. Bourchier，vol. I，p. 125
16. Naish，pp. 199ff

第36章

年轻军官培育所（1795～1797年）

要的是积极主动的年轻人，不是寄生虫。[1]

——纳尔逊

约翰·杰维斯爵士是一位在海军中享有盛誉的长官。他将是纳尔逊最后也是最重要的一位老师。杰维斯抵达后发现地中海舰队一片乌烟瘴气，决心以强硬手段使其恢复正常。

他先从副司令和第三司令们下手，把他们调回国。然后他开始检查船舰的状态。在地中海待了三年后，舰队水准大幅下滑。杰维斯发现部分船舰已经陷入“军纪涣散、毫无秩序的状态，船上的人总是醉醺醺的样子”，不少军职人员在治疗性病。很多船舰上搭载了数量庞大的女人——包括纳尔逊的“阿伽门农”号。里窝那向来都是不列颠水手寻欢作乐的地方，现在这里遍地的诱惑正在威胁和削弱海军的实力。纳尔逊在这里有一个情人，时常登船。即便像“阿伽门农”号这样管理良好的战舰也存在醉酒和擅离职守的问题。杰维斯开始着手剜除纪律散乱和懒惰怠慢这一对相伴而生的烂疮。

他遣返了一批舰长，并告知剩余的舰长，要么整改，要么就是一样的下场。杰维斯加大演习力度，让船舰长时间在海上航行，以此恢复船上的秩序。他命令舰队练习各种复杂的战术机动动作，令船员和军官总是处在忙碌状态。尤为重要的是，他禁止他们前往地中海的奢靡之地，特别是里窝那。“实际上，”他在给第一海务大臣的信中写道，“我们本来可能已经打到敌国境内了……但是总司令（霍瑟姆）和另外一名将官忙于放荡淫乐……这种风气引发了严重后果。”[2]

自此以后，所有船舰的修缮工作均在海上进行。舰队定期收到新鲜食物：“能让舰队人员保持健康，花多少钱都不为过。”他为舰队所有人购买了肥皂，从英格兰运来药物、干净的衣服和新睡袋。里窝那和阿雅克肖（Ajaccio）修建了新的医院，直布罗陀的医院也得到改进。杰维斯十分在意浪费和效率低下的现象，战舰须尽力修补维护，能用的继续用下去，舰长也被敦促着在士官和船员当中宣扬节俭的习惯。

396

通过上述种种措施，杰维斯得以让他的舰队一直待在海上，封锁土伦长达 27 周。

杰维斯着手建立一个忠诚的舰长骨干队伍。在他的改革措施中起到重要作用的舰长包括托马斯·福利曼特尔、托马斯·特鲁布里奇、乔治·科伯恩、本杰明·哈洛韦尔、卡斯伯特·科林伍德和塞缪尔·胡德。因为纳尔逊提拔得早，所以他比这些人的资历都要老。的确，当特鲁布里奇和纳尔逊还是孩子时，他们就在“海马”号上担任见习军官了。美国独立战争时纳尔逊晋升速度很快，后来他因病回国，特鲁布里奇继续留队，1781 年升任副官（纳尔逊是 1775 年），1785 年任舰长，此时纳尔逊已经比他多了 7 年的资历。杰维斯偏爱特鲁布里奇，但他也要尊重在舰长序列中排在特鲁布里奇前面的纳尔逊。他升任纳尔逊为准将。

自胡德离任后，纳尔逊一直在期待“干实事”的人，杰维斯正是这种人。[3]但凡涉及舰队管理和纪律的事情，杰维斯均一人独断，不容他人干涉，不过他与自己信任和尊重的军官关系非常好。他将纳尔逊引为知己，后者亦颇为畅怀。纳尔逊写道："他似乎十分认同我对未来局势走向的观点……他掌握的情况、他的观点和他的思想，都毫无保留地与我分享……"[4]

这是杰维斯领导方式的一大特点。他清楚自己的舰长能力如何，舰长们也了解他，对他的计划理解透彻。不过他也是一个令人生畏的人，没人愿意遭到他的严厉斥责，这在海军中众人皆晓。听到杰维斯说要造访自己的战舰，一个久经战阵的舰长竟吓到颤抖。确实，杰维斯喜欢声色俱厉地训责属下。有一次他吹嘘道，他朝一帮军官劈头盖脸一顿好训，"要是不让他们去茅厕，他们真能哭得尿裤子"。

第一海务大臣斯宾塞（Spencer）也是这么写杰维斯的。新任总司令知道如何物色和培养有天分的年轻舰长，其中就有来"胜利"号上的美国副官拉尔夫·米勒（Ralph Miller），他的晋升机会已经被霍瑟姆给否决了，是杰维斯把他拉出困窘境地，领其踏上功成名就之路。当时供司令官挑选的军官队伍可谓黄金一代。"你为年轻军官创造了如此上佳的培育之地，不管谁身上有潜力，都能在这里被发掘出来。"[5]

杰维斯舰队的副官和舰长们所具备的经验在海军史上可谓前所未有。如纳尔逊一般，他们的海军生涯始于美国独立战争，在罗德尼、豪和胡德麾下一步步升任至副官、指挥官和舰长。战争意味着快速晋升，同时也让年轻军官能检验自己的训练所得。美国独立战争是他们的启蒙，与大革命时期法国的战事则给予了他们战列舰和将官军衔。18 世纪 50 年代后期以及 60 年代出生的军官生逢其时。

出生的时机非常重要，不过 18 世纪末期还有另外一个因素。当时对军官有了更多的要求。仅仅是一名娴熟的海员或者有关系有背景的人，抑或两者兼而有之，都不足以成为一名军官。幼年时被送到海上的士绅子弟先从水手做起，和瞭望人一起在空中做事，完成一些无聊的打杂任务。他们必须学会捻接绳子、收帆以及打绳结。舰长会把举止优雅的见习军官派到厨房的炉灶旁给水手们做饭，让其感受船员们不得不忍受的生存环境。一名见习生被科林伍德派去和水手们一起吃住，开始时他还颇为义愤，耻于在火炮甲板上睡吊床、排队领腌牛肉以及其他种种类似的事情。不过后来他理解了舰长的苦心："我很庆幸自己被安排到这样的地方，让我对水手们的脾气秉性有了更深刻的了解，使我能像他们的长官那样很好地统领他们……那三个月中我在水手性格方面所增进的知识，比我在所有服役过的战舰上学到的都要多。"[6]

"愣头青"们还得学习数学、天文和航海方面的知识。好的舰长会雇一名教员教授这些技艺。不过想要在海军攀至高位的见习生还需要学很多其他的东西：语言、历史、地理、政治，甚至舞蹈。有一部分训练要求他们给海岸线画速写、绘制浅滩地图、为海军部的地形信息库提供数据。乔治三世送自己儿子出海这一举动就是让众人明白，要像对待任何一个有雄心抱负的海军见习生那样对待自己这个孩子。此举是在提升海军成员的社会地位，海军将财富、官位和荣耀给予了那些有幸爬到顶层的家伙们。身具政治或社会影响力、望子成龙的父母们忍痛把孩子交给优秀的舰长，接受他们的指导。护卫舰被认为是理想的训练之所。

威廉·帕克——一名护卫舰舰长——有一套常设的指导程

序。周一，男孩们在后桅顶上的帆桁干活。周二，练习使用手枪、燧石枪和剑。使用铁笔的航海技术——打绳结和捻接绳子——在周三练习。周四在后桅顶帆，周五和火炮组员，周六跟着水手长学习。如此高强度的训练颇为罕见。很多战舰上，男孩只会在一堆酗酒、满口脏话、不通文墨的军职人员中长大，后者对培养新一代领导者的事情毫不关心。

398

对11岁上下、从未见过海的男孩来说，这种生活光怪陆离。他们要以很快的速度跟着老水手学会如何成为一名水手，还得在教室中完成课程。可能他们刚刚还在甲板上玩弹子游戏，或是晚饭后要“空中游戏”，下一刻他们就带领船员参加战斗了。弗雷德里克·夏米尔（Frederick Chamier）13岁时就率领一艘小艇参与登陆行动。激烈的战斗结束后回到船上，他的舰长跟他说了这些话：“从现在起你就是一个合格的水手了，可以喝酒，可以到顶上去，可以投入战斗。把你的手从口袋里掏出来，年轻人，要不然我就让制帆手把它们给缝死。”[7]

男孩们成长得很快，他们经历了战事的打磨和训练。在当时，战术比以往得到更广泛的讨论，战术理论方面的书籍有的在市面上公开出售，有的在个人之间传阅。杰维斯手下的明星舰长——弗里、胡德、米勒和哈洛韦尔以年轻军职人员的身份在桑特群岛之战中露面。这些舰长以及他们同时代的人正渴望着斩获战功，赢得晋升。他们已经尝到了战争的味道，开始形成自己的战术观点和领导方式。杰维斯在自己身边聚拢了一群精英军职人员。

这帮受他青睐的人有的和纳尔逊年纪相仿，有的更年轻一些，年纪大一些的那一代人被遣返回国。正如他对待纳尔逊那样，杰维斯很擅长将有天赋的军职人员引为自己的心腹，并给他们机会绽放光芒。纳尔逊论及杰维斯时写道："他的舰队能做……任何我曾见过的舰队所能做的……任何事情……我从来没有见过哪支舰队的军职人员和水手能像我们现在这支一样，更不用说还有一位能够带领他们走向荣耀的总司令了。"[8]

不过 1796 年，由这位伟大的舰队司令和他的一流舰队所管控的地中海形势愈加恶化。杰维斯继续对土伦紧密封锁，但拿破仑没有依赖海上力量，而是直接让军队越过阿尔卑斯山进入意大利。杰维斯不堪重负，除了封锁土伦之外，他还得承担保护不列颠贸易、防守科西嘉、继续维持里窝那这一供给基地，以及在意大利和亚得里亚海（Adriatic）协助奥地利人对抗法国的任务。纳尔逊受命带领分队前去帮助奥地利人防守利古里亚（Ligurian）的沿海道路。

399 不列颠四面楚歌。撒丁岛向法国割让尼斯（Nice）和萨伏依，并在 4 月退出战争。拿破仑于 5 月拿下米兰（Milan），并占领了皮德蒙特（Piedmont）和伦巴第（Lombardy）。里窝那作为不列颠在这一地域最重要的一处基地，亦在 6 月沦陷于法国人之手。土伦封锁还在继续，不过拿破仑已经对皇家海军形成迂回包抄。与此同时，"阿伽门农"号日渐力绌，她亟须回国修整。本来纳尔逊也必须一同回国，因为没有其他船舰顶缺。不过就在这时，HMS"舰长"号（Captain，74）的舰长生病了。纳尔逊换了地方，把"阿伽门农"号上的全部副官、7 名见习生、水手长、海军陆战队中尉以及一大批受信任的士官、水手和海军陆战队士兵一同带在自己身边。他还转移了两门 68 磅的臼炮，它们是杀伤力致命的大块头、近身交战时不可或缺的利器。

纳尔逊已经快到晋升为高级指挥官的时候了，不过海军部短期内无法授予他少将将旗，HMS“舰长”号还要继续领导里窝那的封锁行动。拿破仑在意大利狂飙突进，现在有里窝那在手，他有了夺回科西嘉岛的机会。1796 年，意大利城邦相继落入拿破仑之手。更糟糕的事情还在后面。8 月，西班牙加入法国对英战争。法国重振势力，皇家海军在世界其他地方被迫转为守势。背风群岛遭到威胁。而在本国海域，法国人正在敦刻尔克集结入侵军队。尼德兰被法国人掌控，所以英国还得提防着荷兰舰队。英军主力舰队驻守在斯皮特黑德海峡，并留有 15 艘战列舰监视布雷斯特，那里正有比英军多出一倍的敌舰准备破围而出，支援进攻爱尔兰和不列颠的行动。

地中海已经成了法国内湖。不列颠政府命令杰维斯全面撤退，这让不列颠此前的战事投入付诸流水，贸易领域深受其害。海军被迫撤回船舰、医院、仓储和基地。它还得把陆军部队从科西嘉岛带出来，把零星散布在这个区域的贸易商一并撤离。结果任务变得越发艰难，杰维斯麾下一名海军少将被吓得精神崩溃，带着舰队三分之一的力量逃回英国了。杰维斯带着舰队余部前往里斯本。他把从敌区撤退不列颠士兵和平民的棘手任务交给了纳尔逊。

纳尔逊一分钟都没有浪费。杰维斯和海军部给了他无数赞誉和鼓励，并让他自主行事。12 月的一次事件最能彰显他的领导能力。纳尔逊把自己的将旗转移到舰队中最精良的护卫舰“智慧女神”号（La Minerve，38）上，这是一艘交由纳尔逊弟子乔治·科伯恩指挥的法国战舰。“智慧女神”号和 HMS“布兰奇”号（Blanche，32）重入地中海，前往厄尔巴岛（Elba）把最后一部分不列颠陆军带出来。途中这两艘不列颠战舰遭遇两艘西班牙护卫舰，两艘敌舰均被俘获。不过第二天 400

他们被更多的西班牙战舰攻击，其中还包括两艘战列舰。“智慧女神”号跑开了，但“布兰奇”号发现自己陷在一支西班牙护航队之中，必须自力更生杀出重围。等“布兰奇”号抵达厄尔巴岛时，“智慧女神”号早已带着其他 12 艘小型不列颠船舰候在那儿了。据“布兰奇”号的一位船员说，“纳尔逊登舰，并下令舰长召集所有人进入战斗岗位，及至我们在火炮前面列好队，他造访了所有甲板，并且和我们一一握手，告诉我们他十分庆幸我们从敌军手中逃了出来”。[9]

这是纳尔逊鼓舞人心的领导力的一个早期例证，正是这份领导力让纳尔逊升入伟大人物云集的“万神殿”。他要“布兰奇”号做的事还没完。[10]她被派去侦查土伦的法军动向，及至她返回厄尔巴岛时舰上船员却发生了哗变。这艘船上矛盾重重。首先是舰长和麾下军职人员有过激烈的争吵，他把其中 7 人关了起来。纳尔逊认为舰长的状态不适合指挥一艘战舰。这名舰长还因和舵手、2 名见习生、7 名水手发生性关系而被送上军事法庭。威廉·霍瑟姆（Henry Hotham）被暂时任命为“布兰奇”号的舰长。结果霍瑟姆上船宣布任职的时候，船员们强烈反对。一帮士官告诉霍瑟姆，船员们觉得他是“达姆鞑靼人”（dam'd tartar)，不会为其效力。反叛者控制住船头的臼炮——其霰弹足以横扫整个甲板——并用撬棍和其他工具武装自己。

霍瑟姆和他的军职人员僵持在“布兰奇”号的甲板上，对抗一触即发，纳尔逊必须有所行动。他先派了一名“智慧女神”号的副官前去警示船员们，如果继续抵抗霍瑟姆，他们当中三分之一的人将被判处绞刑。结果这加剧了他们的反抗决心。副官离船，纳尔逊准备正面镇压这场叛乱。

他任由他们激愤沸腾了半个小时。前面曾说过，纳尔逊个人与船员们之间是有交情的。有了这个前提，他大胆决定直接和这群愤怒而绝望的船员交涉。他登上“布兰奇”号，让反抗者说明原因。等他们说了以后，据其中一人后来的回忆，纳尔逊说：“伙计们，你们敢留在‘布兰奇’号上，就已经是海军所有护卫舰中最了不起的船员了。你们用这艘护卫舰俘获了两艘性能优于自己的护卫舰，现在却用她来造反。如果舰长霍瑟姆有任何亏待你们的地方，给我写信，到时候我挺你们。”

经此，叛乱平息。此次事件尤为引人注目，它比纳尔逊生平其他所有著名事件都更有示范意义。 401

他以自己的一腔赤诚统领部下。他还必须培养自己的英雄品质并将之运用起来，如同演员一样把后甲板当作自己的舞台。不过除此之外，他费尽心力与麾下军职人员和水手们建立起长久牢固的联系，这才是他的领导风格，并且让他的成就远超同辈。他记得自己每一个水手的名字，亲自下到甲板中和他们一一握手。他以一个将官从未有过的方式赢得了信任和人心。时值不列颠从地中海大撤退，纳尔逊的这些品质在惨淡氛围的最前沿大放光彩。

据乔治·科伯恩回忆，这段时光中纳尔逊变得“极为刚毅无畏，尽展其才，日后面临重大时刻时所要求的高贵品质，自此生发”。不仅如此，准将纳尔逊“还保有一颗永不衰减的仁慈心肠”。[11]

注释

1. Naish，p. 230

2. Knight, *Pursuit*, p. 205
3. Nicolas, vol. II, p. 69
4. Naish, p. 281
5. Knight, *Pursuit*, p. 204
6. Raigersfeld, p. 36
7. Frederick Chamier, *Life of a Sailor* (*1850*), p. 19
8. Naish, p. 307
9. Knight, *Pursuit*, p. 210
10. 同上书, pp. 214 – 215
11. 同上书, p. 218

第 37 章

火炼真金（1797～1798 年）

不要担心战术上的调动，奋力去完成它们就是了。[1]

——纳尔逊勋爵对见习军官托马斯·科克兰（Thomas Cochrane）所言

402

1797 年 2 月 13 日，“智慧女神”号发现了杰维斯舰队。纳尔逊已从厄尔巴岛返回，沿途经过土伦和卡塔赫纳。他得知敌军联合舰队正在海上。穿行直布罗陀海峡时他还被两艘战列舰追击过。纳尔逊连同随行的副官卡尔弗豪斯（Culverhouse）和哈迪在回来后登上 HMS“胜利”号，其中哈迪不久前被西班牙舰队俘虏过。他们告知约翰·杰维斯爵士西班牙大军的规模和状况，以及他们的目的地——加的斯。纳尔逊回到了他的旗舰 HMS“舰长”号上。

西班牙舰队由海军上将堂·何塞·德·科尔多瓦（Don José de Cordoba）统率，有 27 艘战列舰，其中“至圣三位一体”号（Santisima Trinidad）载有 130 门火炮，还有 6 艘载 112 门、2 艘 80 门炮的船，其余舰搭载 74 门。舰队目标是前往布雷斯特与法军舰队会合，之后发动对英入侵。不过科尔多瓦首先得护送一些装载水银——铸造银币的重要原料——的船舰前往加的斯。已有数艘英吉利海峡舰队的船舰前来支援杰维斯，他现在已经掌握了 15 艘战列舰。

杰维斯迫切希望拦截并摧毁这支敌军。尽管科尔多瓦兵力占优，但仍极力避免与杰维斯一战。他明白自己的队伍没法和演练精熟、技艺高超的不列颠水手争锋。

圣瓦伦丁节这天清晨，雾气蒙蒙。杰维斯负责侦察的护卫舰比对手厉害，先行察觉了敌人踪迹。等到科尔多瓦发觉杰维斯向自己靠近时，为时已晚，但杰维斯并不清楚对方有多少船。一大早，庞大的西班牙舰队的桅杆仿佛森林一样茂密，一名军职人员描述巨大的敌舰“是一群庞然大物，犹如雾中的比切峭壁”。[2]

“约翰爵士，对方有 8 艘战列舰。”舰队副官告知司令官。

“很好，副官。”杰维斯答道。

403 “有 20 艘战列舰，约翰爵士。”没多久指挥官说道。

“很好，副官。”

“有 25 艘战列舰，约翰爵士。”

“很好，副官。”

“有 27 艘战列舰，约翰爵士。”

“够了，副官，”杰维斯说道，“不用再说了。事已至此，就算有 50 艘，我也能挺得住。”

不列颠的船队在数量上被严重压制，不过杰维斯清楚自己是有好几项优势的。他“对麾下将士们的技艺、勇气和纪律充满自信，乐于指挥他们”。他对自己率领的“优秀的家伙们”——船舰、水手以及最重要的，他的精英舰长们——颇为自豪。他同时也明白，“此刻的英格兰急需一场胜利”。[3] 12 月，多亏恶劣的天气，以及爱德华·珀柳（Edward Pellew）驾着 64 门炮的“不懈”号（Indefatigable）冒险拼搏，英方才挫败了敌人试图从布雷斯特入侵爱尔兰的行动。封锁舰队正在斯皮特黑德躲避糟糕的天气。国内士气低迷。为了能打胜仗，杰维斯什么险都愿意冒。

10 点 57 分，杰维斯发出“就地排出战列阵形”的信号。不列颠舰队列阵的速度让科尔多瓦目瞪口呆，他的水手还达不到不列颠的水准，短暂的时间完全不够西班牙人把战列阵形排好。结果他们的阵形出现裂口，一边是排列混乱的 18 艘战舰，404 另一边是杰奎因·莫雷诺（Joaquin Moreno）率领的 9 艘战舰。11 点 26 分，杰维斯发出“舰队司令将穿过敌军战线”的信号。杰维斯准备从科尔多瓦舰队中闯过去，把对方那道裂口尽可能撑大。

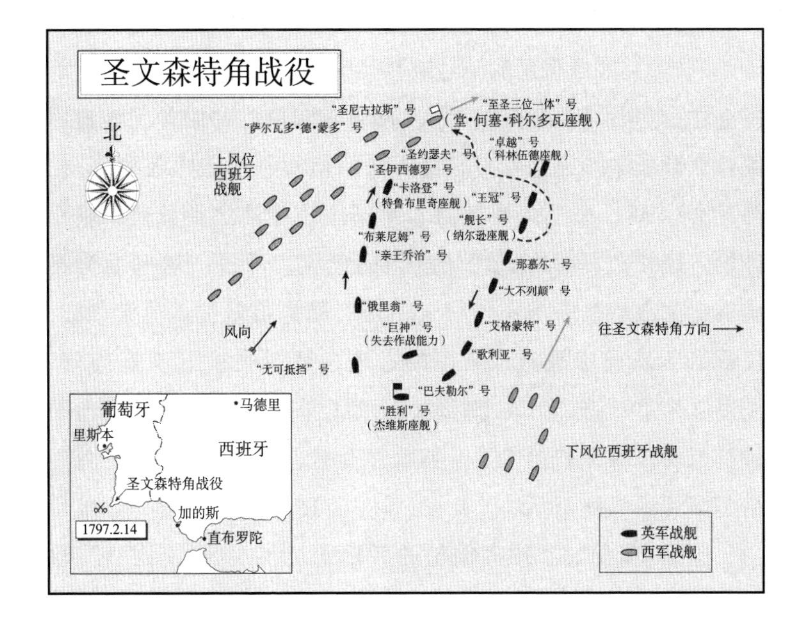

这是一步险棋。两侧都是数量可观的西班牙战舰群，不列颠战舰要从中间航行过去。11 点 30 分，英军前锋特鲁布里奇

的 HMS“卡洛登”号（74）带头穿过敌军阵线，并向下风位的莫雷诺分队开火。12 点 8 分，杰维斯发信号给特鲁布里奇，让他掉头追击科尔多瓦所在的更大的战舰群。不列颠战线余部将跟着掉头，随特鲁布里奇的船行动。

特鲁布里奇预料到了杰维斯的命令，杰维斯旗令还没打出，他的回复令旗就已经准备好了。杰维斯的旗令副官甫一升起令旗，“卡洛登”号立即掉头。这是一个相当聪明的战术动作。“快看特鲁布里奇！”杰维斯大喊道，“他调转战舰前去击敌，如同英格兰人都在看着他一般，就像他们看着上帝一样！以我对他的了解，指挥官，以上帝的名义，不久西班牙人也会这么看他的。”[4]

“布莱尼姆”号（Blenheim，90）、“亲王乔治”号（Prince George，90）和“俄里翁”号（74）等数艘皇家战舰紧随特鲁布里奇之后。轮到“巨神”号（Colossus）掉头的时候，她遭到莫雷诺分队的袭击。在莫雷诺 112 门炮旗舰的轰炸之下，“巨神”号（74）失去战斗能力。西军这一决然之举危及了整个计划。现在英军面临战线被割裂的危险。不过“胜利”号把莫雷诺的战舰从头到尾扫射了一通，局势被稳住。尽管如此，莫雷诺还是成功阻断了英军的进攻。英军战线成了 U 字形，左侧正在追击敌军，右侧和敌军战线平行，朝着相反方向航行。但西军余部被拦住了，英军领头的 5 艘战舰很快就会打到科尔多瓦的战舰群。

12 点 51 分，杰维斯向他的后军司令——“大不列颠”号（100）上的查尔斯·汤普森（Charles Thompson）打出旗令：“占据合适位置相互支援，等敌人迎面过来后交手。”他的意思是让排在阵尾的那些战舰放弃战列阵形，直接加入战斗。因为如果科尔多瓦前去攻击英军阵尾或者往东面与莫雷诺会合，形势就会很危险。但汤普森没看懂当时的战场形势，所以没理解命令。

杰维斯之所以敢和敌人硬碰硬，是因为他对座下舰长都很了解，时常与他们讨论海战策略的细微之处。最重要的是他们明白杰维斯的心思，知道司令官对自己的预期，知道自己在多大程度上可以自主行事。杰维斯刚打出旗令抑或在打出旗令之前（此处记载不统一），纳尔逊就令他的旗舰舰长——纽约人拉尔夫·米勒，带领“舰长”号穿过阵线攻击西班牙战列舰群。

“舰长”号沿着一条宽弧离开本军阵线。她从 HMS“王冠”号（Diadem）和“卓越”号（Excellent）中间穿过，然后向西军冲去。当她驶近 5 艘西班牙巨兽时，这艘 74 炮战舰显得很渺小，巨兽中有当时世界上最大的战舰“至圣三位一体”号。“舰长”号遭到敌人的狂轰滥炸，不过她也同样还以颜色。据拉尔夫·米勒说，“舰长”号的突然袭击起到了阻止西军先锋与莫雷诺分队会合的功效。

正当“舰长”号与西班牙战舰交手的时候，特鲁布里奇也行至敌军阵前。纳尔逊的老朋友——HMS“卓越”号（64）上的卡斯伯特·科林伍德投入战斗。不列颠战舰的火炮发射速率压过了西班牙战舰在数量和体积上的优势。3 小时近战中，纳尔逊心爱的 68 磅臼炮每两分半钟就能轰击敌人一次。[5]“舰长”号 32 磅加农炮每四分半钟就能发射一轮舷炮。

这种火炮发射速率对水手体力要求苛刻。不过不列颠战舰的船员经年累月都在训练和战斗，他们足以应付战斗的需求，且能持续数个小时发射火炮，这是不列颠舰队的一项压倒性优势。而西班牙这边，有经验的海员很少，许多都是强征来的从没出过海的旱鸭子。

“舰长”号和“卡洛登”号深陷敌阵，等着舰队余部赶来。在敌舰猛烈轰击之下她们已经丧失行动能力。皇家战舰“亲王乔治”号和“俄里翁”号继续猛攻西班牙先锋，HMS“布莱尼姆”号为“舰长”号分担了压力。下午2点15分，科林伍德的“卓越”号（74）加入战斗，这艘船身相对较小的战舰用一连串的舷炮快射，迫使“萨尔瓦多·德·蒙多”号（Salvador del Mundo，112）降旗投降。科林伍德继续出击，与“圣伊西德罗”号（San Isidro，74）近战10分钟后迫使对方投降，当时双方贴得非常近，人甚至能从一艘船跳到另一艘船上。之后他从“舰长”号和她的两名对手——“圣尼古拉斯”号（San Nicolas，80）和“圣约瑟夫”号（San Josef，112）——当中穿行而过，并在相距仅10码的时候给了西班牙人一轮舷炮，此轮炮击让两艘敌舰一下就陷入了麻烦。随后“卓越”号剑锋直指正被“俄里翁”号和“布莱尼姆”号围攻的“至圣三位一体”号。长期操练的效果正在显现。在一艘护卫舰上观战的陆军上校约翰·德林克沃特（John Drinkwater）后来回忆说，“不列颠的火力优势把敌舰的体积和数量优势完全压制”，很容易就看出西班牙人不久就要被打垮了。一艘瘦小的不列颠74炮战舰胜过了一艘112炮战舰。

406 纳尔逊已经无法继续战斗。他非凡瞩目的阻截行动拦住了西军，不过“舰长”号也因此而被敌人连续轰击了数小时。她的舵轮报废，船桅损坏严重，索具、帆桁和帆布均已支离破碎。科林伍德凶威赫赫的舷炮为她提供了机会。“舰长”号撞向“圣尼古拉斯”号船尾，这样她的吊锚架——即船头的木桩——就靠到西班牙战舰船尾的楼台，她的船首斜桅顶到了敌舰后桅上。一名水手爬上“圣尼古拉斯”号楼台，砸碎了一扇窗户。纳尔逊大喊一声“不成功，便成仁!”便带着他的海军陆战队和水手冲上了西班牙战舰。他们一路打上了后甲板，只见从船尾斜桅登舰的副官爱德华·贝里已经控制住了艉楼甲板。

随后纳尔逊继续往“圣尼古拉斯”号的艏楼杀去，那里楔入了体积更大的“圣约瑟夫”号。西班牙一级战舰上的水手们用枪俯射不列颠登舰部队。不过大局已定。“圣约瑟夫”号早已严重损坏，舰载人员（包括舰队司令）或死或伤，此刻还在被“圣乔治”号（St George）轰击。纳尔逊刚开始往“圣约瑟夫”号上攀爬，西班牙军官就投降了。纳尔逊到后甲板上接收每一名投降的西班牙军职人员的佩剑。之后纳尔逊又登临“胜利”号。此时他的军装破烂不堪，皮肤也被硝烟熏黑了。“舰队司令官抱住我，说不知道该怎么感谢我才好，他讲了很多让我欣喜振奋的话。”

此举意义非凡。自1513年以来，还从未有纳尔逊这个衔级的军官在战斗最激烈的时候登临敌舰，但纳尔逊以他一贯的速度和勇气做到了。他因此享誉世界，成了海军的头面人物，并且成就了他的历史地位。战斗中其他表现英勇的人物——特鲁布里奇、科林伍德以及“俄里翁”号舰长詹姆斯·索马里兹（James Saumarez），也被他的光芒盖住了。

当日，杰维斯在文森特角打了一场大胜仗。他的舰队击败了在数量上两倍于自己的巨型舰队。此役他俘获4艘战舰和3000船员，杀敌1000余人。更甚者，在杰维斯——战后受封圣文森特伯爵——封锁之下，西班牙舰队把自己困在了加的斯。杰维斯，或者说日后为人熟知的圣文森特伯爵，在犯下众多战术失误的情况下还是克敌制胜了，最明显的一点失误就是没有及时命令特鲁布里奇掉头，以致许多战舰没能迅速投入战斗。

圣文森特把自己的胜利归功于战术之外的东西。18 世纪晚期的“科学”派海军将领试图把战术理论套用到混乱的战场，圣文森特和这些人不同。他曾说过，“霍克大人在土伦之战时离开战列线、夺取‘波德尔’号，他的这一做法削弱了我对战术的依恋”。在他眼中，霍克咄咄逼人、冒险行事的精神比自己上级固守僵化的形式主义战术高明得多。在死守规矩的舰队司令官的带领下，战列线对战让海战陷入僵局。即便是思想前卫、思维灵活的司令官，也认为战术是海战胜败与否的决定性因素。

407

圣文森特遇到了可能一辈子只有一次的机会，他抓住了，并且充分利用了起来。品质优秀的不列颠水手和才能卓越的舰长、将官是他所有谋划的依托。前者毋庸置疑，后者要比说的差一些。圣文森特期待并鼓励他的舰长们自主行事。战斗中有非凡表现的三名军官——特鲁布里奇、纳尔逊和科林伍德*——为他效力已久。尤其是纳尔逊，受圣文森特指挥的 13 个月中一直被鼓励独立行动，并且得到亲自实践的机会。交战这天并无不同，圣文森特无法控制战斗，不过他相信他的高级军官们能预料到自己的计划、读懂战局走势并果断行动。他希望他们独立思考，依照战术共识做出判断。实际上，他那三位杰出指挥官的表现还超出了他的预期。他们能有此次的表现，依赖于此前的讨论、信件往来以及相互间了解各自才能的具体经历，同样也依

* 圣文森特还挑出了“胜利”号上的波士顿人本杰明·哈洛韦尔、詹姆斯·索马里兹和少将威廉·帕克。

赖于一些无形的东西——通过时间建立起来的交情和信任。从战术家层面来说，豪、胡德和罗德尼要远超圣文森特；从舰队司令的实战能力来说，圣文森特强过他们所有人。

纳尔逊对战场形势的解读极为透彻。他揣摩出舰队司令官的意图，并以高超的技艺果决行动，俘获 2 艘敌舰的成就更明显地表露出他内心的旺盛斗志以及彻底决出胜负的刚毅。此战让他成为一个传奇人物。在这之后，每个在他麾下效力过的水手都或多或少感受到了这种英雄魅力。

纳尔逊很快就成为传奇人物。他对这场战斗的描述主宰了出版物的报道，牢牢吸引了公众注意力。他懂得如何经营名誉，这愈加壮大了他的声威。名声、英雄气概以及传奇事迹将对他之后的生涯产生关键作用。

在目前的形势下，还有任务需要执行。纳尔逊率领“舰长”号和其他 6 艘战列舰返回厄尔巴岛，撤离卫戍部队并护送弗里曼特尔的护卫舰队伍离开地中海。他此时的身份是海军少将霍雷肖·纳尔逊爵士。任务完成后已没有任何不列颠战舰部署在地中海上，这种情形自斯图亚特王朝以来还是第一次出现。他返回加的斯参加封锁行动，结果发现海军正面临危机。 408

1797 年 4 月和 5 月，哗变席卷海军舰队，严重程度为 1649 年之后所未见。3 月，豪就收到英吉利海峡舰队水手们的请愿书。整个 3 月关于军中不满情绪的流言持续传出，此情形一直延续到了 4 月。4 月 16 日，海军上将布里德波特爵士（Admiral Lord Bridport）下令停驻在斯皮特黑德的舰队出海。而所有战舰都拒绝起锚，人们的不满主要集中在薪水和环境上。工资从 1652 年以后就没涨过。船员们抱怨的还有供给食物的质量、伤病员的待遇。许多军职人员都对自己的船员非常同情，哗变——其实质不仅仅是罢工——的进行过程还是非常平和良好的。4 月 23 日，船员接到皇家赦免令。事情转到立法层面交由议会处理，局面愈加糟糕。5 月 7 日，一场新的哗变爆发，海军上将柯尔博伊斯（Admiral Colpoys）下令向 HMS“伦敦”号上的哗变者开火。此时哗变者已经控制了整支舰队，并将 100 多名他们憎恶的军官驱逐出舰。主导哗变的是海军的中坚力量——士官群体，他们有能力约束号令手下船员，并将他们的要求以合理的方式清楚表达出来。

5 月 12 日，诺尔的船发生哗变。斯皮特黑德的事态正往好的方向发展，豪亲自和哗变者代表交涉。5 月 15 日他设宴招待他们，并保证满足他们的所有要求，包括遣散众多不受欢迎的军官。但诺尔哗变的事态则严重得多。船员提出了更高的要求：对军官的否决权、预付薪水、延长假期并赦免所有逃兵。正在负责封锁荷兰海军的北海舰队也加入了他们的阵营。这场哗变行动的头目们非常冷酷，船员被禁止与陆地联系，同时他们也试图封锁泰晤士河。沮丧不安的水手们从核心领导人员手中夺取了控制权，封锁行动于 6 月中旬结束了。

此时的不列颠人民正惊恐不已。埃德蒙·伯克（Edmund Burke）在斯皮特黑德哗变闹得最激烈的时候写道：“我们唯一的希望就是向敌人投降……至于我国的海军，早已和他们的严明纪律一样荡然无存了。”哗变发生之前，2 月就有 1500 名法国人在 3 艘护卫舰的护送下于威尔士东南部海岸菲什加德（Fishguard）登陆。法国人很容易就被击溃了，但不列颠的神圣疆界遭受侵犯，此事引发了恐慌，银行发生挤兑，各处战事形势相当不妙，英国经济备受摧残。接踵而至的哗变更是让局面变得一团糟，整个国家人心惶惶。这是不列颠现代史上最糟

409

糕的时期之一。

在陆上的人看来，海军辜负了国家，它的光辉岁月已成过往。不过圣文森特舰队的情况还没有这么糟。纳尔逊认为整件事中“沥青杰克”① 表现得不错：“哗变……是我听闻过的最有男子气概的事，而不列颠水手的男子气概无穷无尽。”[6] 自从英吉利海峡舰队的战舰加入加的斯封锁行动之后，哗变被带入圣文森特舰队。新到的战舰船员胆子大、不服管，这种风气蔓延至整个舰队。海军最宝贵的财产——历经千百年搭建起来的严明纪律——到了崩溃的边缘。

圣文森特斥责了军职人员，尤其是情形最坏的船舰上的那些人，认为他们成了恶习缠身的纨绔子弟。“我担心的不是水手”，他说，他厌恶的是松懈的军职人员。和以前一样，他惩罚抗命者时毫不手软，整支舰队都能见到绞刑和鞭刑。还有其他的恢复秩序的方式。HMS“忒修斯”号（Theseus）是形势最严峻的船舰之一，船员公然抗命，舰长胆小怯弱，被一圈全副武装的海军陆战队队员围住，船舰被第一副官以威吓手段控制。圣文森特派纳尔逊和米勒前去夺回她的控制权。他们带了“舰长”号的见习军官和“阿伽门农”号的老兵过去。没出两个星期就恢复了纪律。下甲板的人在纳尔逊的舱室里留了一封信：“纳尔逊将军战无不胜、米勒舰长受上帝保佑，我们感谢他们安置的那些军职人员，我们非常开心和满意，我们愿意洒尽每一滴热血支持他们，‘忒修斯’号之名必将永垂不朽，与‘舰长’号并肩而立。”[7]

恢复秩序的最佳方式自然是不论白天黑夜都让将士们保持忙碌的状态，圣文森特用的就是这个办法。纳尔逊受命领导紧

① Jack Tar，对水手的别称。——译者注

挨着加的斯外围的近岸分队，而远海上的战列舰不停地操练战术机动。圣文森特清楚，由于水手懒散太久，英吉利海峡舰队中的麻烦积重难返。即便秩序恢复，士气依旧低迷，每名舰长也都清楚自己的船员们反复无常的天性。

就算在这种氛围之下，纳尔逊这颗明星仍在上升。他亲自指挥小艇袭击西班牙的炮艇，自己也差点在肉搏战中丧命。这件事本身并不怎么重要，不过它让纳尔逊在公众心中的英雄形象更加牢固，而且最重要的是不列颠水手们也这么想。7 月，他被选任袭击西班牙运宝船的指挥官，对方正隐蔽在圣克鲁斯·德·特内里费（Santa Cruz de Tenerife）。行动还和以往一样以失败告终，纳尔逊在战斗最激烈的时候依旧与手下并肩作战。他的手臂在登陆时受伤，之后被切除。

410

圣文森特还是以铁一般的纪律和无休止的事务统领舰队，纳尔逊则有些不同。在副官或见习军官可以执行小艇作战以及带领两栖式攻击的情况下，没有任何理由需要一名海军少将亲自上阵拼杀。不过当时长官无力统御部下，众人信心低落，舰队军心由此散乱，纳尔逊决定以身作则，亲自带领水手、海军陆战队队员作战以提振军心。他迅速成为海军的定心丸。

4 年多后，纳尔逊第一次返回不列颠。离开时他是一名平凡无奇的舰长，而回来时已成了国家英雄。战功，还有身经百战留下的伤痕，让他成为当时国内最知名的人物之一。

1798 年 4 月，他重返封锁行动，坐镇 HMS “前卫” 号（74）。坎珀当战役（Camperdown）的大获全胜让海军重振声威。海军上将邓肯爵士（Admiral Lord Duncan）共 16 艘战列舰的北海舰队正对特塞尔的荷军实施封锁，不久前舰队中才发生过哗变。敌军舰队也是 16 艘战列舰，他们趁邓肯在雅茅斯补给食物时冲出封锁圈。邓肯的战舰迅速赶往荷兰海岸，发现一字排开的敌军正急驰着返回他们的基地。英军处于上风位，但行进的方向对荷军有利，他们的战舰吃水更浅，能够航行到浅滩地带避开邓肯的追击。“我发出信号，驶向下风位，”邓肯写道，“击破敌军战线，然后每艘战舰从下风向与自己对面的敌舰交战，这样一来我军一侧是他们，另一侧是陆地，不论哪边都在迅速逼近。”没等所有战舰到齐，也没有排出战列线，他直接下令发动攻击。他的战舰分成两支数目不等的分队朝着荷军牢固的战线攻去，他们击破对方战线并封死了退路。

邓肯用上了“光荣的 6 月 1 日海战”中豪曾尝试过的战术机动，它为纯理论家们所推崇。战斗过程血腥惨烈，不过最后邓肯俘获了 3 名荷军将领、9 艘战列舰和 3 艘护卫舰。

此等彻底且具有英雄色彩的胜利颇为罕见，在哗变引发混乱与恐慌后，它重振了海军威严。以此为契机，圣保罗大教堂举行了一场盛况空前的庆功盛典，庆祝自“光荣的 6 月 1 日海战”起的一连串海军大捷。身着红色上衣的士兵沿街排列，把成群结队的人们和海军游行队伍隔开。游行队伍包括乐队、海军陆战队、水手的纵队、搭载海军将领的马车，最引人注目的是装有被俘法军与荷军军旗的载炮马车。国王由佩戴国剑（sword of state）的海军部第一海务大臣接引着穿过教堂中殿，敌军军旗被隆重地停放在教堂之中。不列颠此前尚未有过真正意义上的胜利游行以及国家圣殿，但眼下国人盼望着能有一场国庆盛典，同时政府也觉得有必要和大革命后法国的伪宗教军队在士气上并驾齐驱，甚至超过他们。

411

这场以爱国热情为主题的狂放盛宴恰好发生在不列颠前景一片黯淡的时候。1797 ~ 1798 年的这个冬天，拿破仑一直在法国北部进行入侵不列颠的准备。奥地利已经退出战争，除非皇家海军在地中海提供支援，否则它不会重新参战。一时流言四起，说土伦有一支由弗朗索瓦·保罗·布吕埃斯（François Paul Brueys）率领的法军舰队正整装待发。拿破仑意欲何为？目标是爱尔兰，还是英格兰？他会冲出圣文森特的封锁圈，甚至前往希腊，乃至更为诡异地经黎凡特奔向印度？种种可能让白厅（Whitehall）中的议员们惶惑不安。

现在不列颠面临着艰难抉择。如果战舰返回中海（Middle Sea），那么法国人发动入侵时英吉利海峡舰队就无法获得必不可少的支援力量。最后英国决定冒险向地中海派遣一支小型分队。纳尔逊受命前往，他坐镇“前卫”号（舰长是爱德华·贝里），队中还有亚历山大·鲍尔（Alexander Ball）指挥的“亚历山大”号（Alexander，74）、索马里兹指挥的“俄里翁”号以及3艘护卫舰。此番派遣任务可谓困难艰巨，直布罗陀以东没有任何一处友方港口，没有可以停驻修补和补充供给的基地，不过皇家海军中没有任何人比纳尔逊更熟悉这片海域。

然而纳尔逊出师不利。“前卫”号遭遇风暴，损失了所有船桅，后来靠“亚历山大”号的精湛技艺才得以在撒丁岛的礁石中幸存下来。“前卫”号必须在撒丁岛的海湾中进行修补。与此同时，拿破仑率领13艘战列舰和搭载着48662名士兵的280艘运兵船离开了土伦。纳尔逊很晚才了解到这个情况，他耽搁了很久，而且负责侦察的护卫舰也没了。6月7日，托马斯·特鲁布里奇带领10艘74炮战舰和1艘50炮战舰增援纳尔逊。

纳尔逊此时统率的是一支精锐部队，其中既有胡德也有圣文森特的门徒。这些舰长成长于美洲战争，是那一代人中最优秀的代表。他们平均年龄39岁，14名舰长中有7人在桑特群岛之战中战斗过。其中詹姆斯·索马里兹当时是HMS“罗素”号（Russell）的舰长。罗德尼击破敌军战线时，时年25岁的索马里兹随即带着自己的战舰离开本军战线，驶往德·格拉斯的上风位。他是当时围困“巴黎”号的协助者之一。他在圣文森特角战役中也和纳尔逊一样，没等命令下来就自主行事，只是没有纳尔逊那么引人注目罢了。 412

纳尔逊曾和本杰明、哈洛韦尔（“雨燕”号）、托马斯·福利（“歌利亚”号，Goliath）以及戴维奇·古尔德（Davidge Gould，“大胆”号，Audacious）在土伦、科西嘉、里窝那一同服役过。不久前他曾在圣克鲁斯指挥过特鲁布里奇（“卡洛登”号）、塞缪尔·胡德（“泽勒斯”号，Zealous）、托马斯·汤姆逊（“利安德”号，Leander，唯一的50炮战舰）以及米勒（“忒修斯”号）。索马里兹和鲍尔从最开始就和他在一起，并且早已是成名宿将。纳尔逊对其他舰长还不了解。托马斯·路易斯（Thomas Louis，“弥诺陶洛斯”号，Minotaur）经历颇丰，此外约翰·佩顿（John Peyton，“防御”号）、亨利·达比（Henry Darby，“柏勒洛丰”号）和乔治·韦斯科特（George Westcott，“庄严”号，Majestic）也是如此。圣文森特把这支队伍托付给纳尔逊时说道：“所有战舰的性能都很好，军职人员、船员以及任命的舰长亦是如此，我相信，任何希望他们做到的事情，他们都能做到。”

他们唯一要做的就是寻找法军踪迹并将之击败。不过拿破仑到底在哪里呢？

“我们的分队规模不大，”纳尔逊的旗舰舰长贝里写道，“所以必须以紧密队形航行，因此所能覆盖的范围非常有限。另外舰队司令没有护卫舰可供派出侦察，天气雾蒙蒙的，所以发现敌人的机会非常有限。”[8]

当船队沿意大利海岸线向南航行时，纳尔逊陆续听到法军已经占领马耳他的传言，那是地中海东部的一处战略要地。这个时候他认定拿破仑的目标要么是西西里岛，要么是埃及，其中埃及的可能性最大。一旦控制住埃及，法国将获得无可计量的财富，掌控地中海东部地区，届时在欧洲谁也挡不住他，英属印度也可能受到威胁。纳尔逊心中盘算着所有的可能性。他决定来一次军旅生涯中最大的豪赌。他发出信号，让“那些我无比信任的舰长”到“前卫”号上，他们是索马里兹、特鲁布里奇、达比和鲍尔。他们进行了商讨，然后纳尔逊做出一项重大决定——前往亚历山大港（Alexandria），赶在法军数量庞大的小型舰队登陆埃及之前在海上击毁他们。

这样的决定让纳尔逊背负了巨大的压力。意大利的不列颠领事提醒他说，整个欧洲的命运以及埃及的安危都落在他的肩上。纳尔逊出海追寻踪迹难觅的法军舰队，身后背负着万众期盼。

6 月 29 日，他抵达亚历山大港，一决雌雄的时候到了。

注释

1. Sugden, *Nelson: sword*, pp. 312 - 313
2. Rodger, *Command*, p. 439
3. Crimmin, p. 334
4. White, 1797, p. 69
5. Knight, *Pursuit*, p. 226
6. Rodger, *Command*, p. 450
7. Naish, p. 326
8. Knight, *Pursuit*, pp. 282 - 283

第 38 章

尼罗河
(1798 年 6 月 30 日~8 月 2 日)

明日此时，我要么爵位加身，要么躺在威斯敏斯特大教堂里。

——纳尔逊，1798 年 8 月 1 日

纳尔逊分队发现亚历山大港是一片惬意和平的景象，丝毫没有感觉到危险的逼近。此地一艘法军战舰都没有，也没有显示出任何他们要来的迹象。拿破仑还在地中海某个地方自由行动，只是没有人知道他在哪儿。如果放跑了拿破仑，纳尔逊就会面临毁灭性的后果。

6 月 30 日，纳尔逊下令起锚，出海继续追捕法军。他把土耳其、克里特岛以及希腊附近海域都仔仔细细搜索了一遍，寻找法军踪迹。7 月 20 日，他抵达西西里的锡拉库萨(Syracuse)，那不勒斯的斐迪南四世同意纳尔逊将这里用作暂时的基地。这是不列颠人在地中海唯一一处能使用的地盘。舰队用了 6 天时间补充新鲜食物和淡水，然后出发，继续追捕。他们重新回到了地中海东部。

纳尔逊不知道的是，拿破仑在 6 月 31 日，即自己离开亚历山大港的第二天，已经抵达了亚历山大港。

离开锡拉库萨两天后，纳尔逊舰队进入希腊的科隆湾（Bay of Coron），在那里他终于确定拿破仑已经到了埃及。此时为时已晚：法军陆军应当早已登岸，战列舰亦折返回国了。纳尔逊唯一能做的就是亡羊补牢，实施封锁行动。

纳尔逊称自己的舰队是“光耀汪洋的最精良分队”。[1]“完全同意，”索马里兹在他的日记中写道，“我深信，从没有其他哪支舰队能超过我们。”[2]1798年夏天追击拿破仑时，纳尔逊对麾下舰长们的驾驭被视为领导者应学习的典范。舰长贝里写道，在整个追击过程中，纳尔逊会把所有舰长召集到他的旗舰上，“将自己想到的不同的进攻模式，以及他认为最好的方案，都完整地阐述给他们”。[3]据贝里所言，纳尔逊把自己的想法阐述得非常透彻，所以他的方案公布之后不需要任何其他的附加指示。

414

不过纳尔逊召集全体舰长的记录只有一次。他如此兴师动众，不可能只是为了在这场舰长会议上概述自己的战术方案，他应该做了一些更细微、更有成效的事。他自有一套方式和周围所有部下建立牢固关系。与自己信任的舰长在一起时——1798年在他身边的舰长大多数都是顶尖人物——他更倾向于讨论而非直接下达指令。数名舰长熟知他和他的行事方式。巡弋途中，他努力和老资历舰长詹姆斯·索马里兹增进关系，有时整天都和对方在一起。他还花了很多时间在天资卓越的亚历山大·鲍尔身上。

所有舰长，不论是否和纳尔逊一起战斗过，都早闻其威名，他们熟知他在圣文森特战役中的作为，他如何做出自己的判断并冒着巨大的个人风险和专业操作上的风险将之实施到底，知道他多次身先士卒、冲在战斗的最前线，因此他们明白自己也要做到凶悍、主动、勇敢。另外他们也清楚，纳尔逊的目标是全歼敌军，而非看上去漂亮的战术性胜利。圣文森特战役中他登临敌舰时大喊“不成功，便成仁！”这就是他英勇的标准。

经过对航海技术和战术的广泛讨论后，他们理解了纳尔逊的意图。他的前辈们，如罗德尼与豪，试图从微观层面指挥战斗，几位有过亲身经历的舰长看到了这种领导方式的局限。纳尔逊不想那样打，他身为舰队司令官的一个显著特点就是他简化了战术，让不列颠战舰靠到对手近身的地方，剩下的则交给战舰的火炮处理，这是他从威廉·洛克那里学到的制胜之道。他清楚战斗刚开始的时候最为关键，要出其不意地寻衅敌军，迫使对方转入守势。他知道绝大部分舰长都同意他的看法。他们是海军中最顶尖的军官，他们指挥的船员训练完备、战力卓绝。他们唯一需要的就是随机应变的勇气、如其所愿地自由战斗以及对身边袍泽心意相通的信任。

纳尔逊没有用把所有舰长召集到一起的方式表述自己的意图打算，他会采用一对一或者小范围讨论的方式，且通常选在晚餐的时候进行。他身具魅力，思想开放。这非常重要，谈话以非正式的形式进行，基于友情、相互尊重和平等。可以说，纳尔逊那些声名更为显赫的前辈都不是让人觉得愉悦的人，霍克、罗德尼、豪和圣文森特，这些司令官脾气暴躁、难以取悦，而且大都沉默寡言，只和自己偏爱的一小撮舰长有交情。即便是获得胜利的中队和舰队，其中也弥漫着内部不和及严重猜忌。结果往往就是，颇具天分的军官只能缄口不言，像傻瓜一样听命于平庸的舰队司令。纳尔逊的分队则异常团结。

415

得益于科林·怀特（Colin White）[4]的近作，我们现在可以了解纳尔逊是以其他的方式传达自己的打算的。他一艘船一艘船地与舰长们就自己的《通用命令手册》（*Public Order Book*）进行沟通，这当中写了他自己的战术思考。后世发现的达比舰长的《尼罗河袖珍手册》（*Nile Pocket Book*）向我们展露了纳尔逊的领导风格。达比抄录了纳尔逊的要点说明并附上了自己的注释。个人友谊和详细的书面说明——这些是纳尔逊领导力的基石。

8 月 1 日，分队抵达亚历山大港。法军运兵船正停泊于此，士兵已经下船，此景令人沮丧。鲍尔和哈洛韦尔继续开进亚历山大港港口，查探对方动态。胡德和弗里率舰侦察东面 30 英里处的阿布基尔湾。下午 2 点 30 分，他们向分队余部发出信号，表示他们终于看到了猎物：正停驻在海湾中的 13 艘法军战列舰。

1782 年，布吕埃斯作为一名年轻军官参与了圣基茨的护卫舰湾之战，当时胡德窃取了德·格拉斯的锚地，并让自己的战舰抛锚守御海湾。现在换由布吕埃斯站到了胡德当初的绝妙位置上。他的战舰呈直线阵形抛锚排列，先锋部分的第一艘战舰紧靠浅滩，舰队左侧是大片浅滩。此刻是下午，时间偏近日落，所以法军舰队司令放心地认为这一天不列颠方面不会再有任何动作了。总之他是不希望开战的，因为许多水手此时正在岸上寻觅食物。

纳尔逊和布吕埃斯想法不同。他知道对方很难对付，此时天色已晚，自己又对“必须仰赖的水手不了解”，他本不会在这个时候发动进攻。他的战舰散得很开，总长约为 10 英里或者 12 英里，不过就在快到下午 3 点的时候，他发出信号让舰队向阿布基尔湾行进。

“看到敌人之后大家高兴坏了，似乎分队的每个人都变得容光焕发”，贝里如此回忆。[5]不列颠战舰争相赶往战场。下午 4 点 22 分，纳尔逊发出信号，让所有船舰准备好从船尾抛锚。纳尔逊在搜捕过程中早已把这项命令添加到自己的旗号手册中，因为他预料到可能会如此时一般出现抛锚之后再交战的情形。纳尔逊升起这个旗令是在清晰地告知舰长们，他希望他们靠近对面敌舰抛锚，然后在那个位置开战。至于具体怎么做则交给舰长们自己决定。从某种程度上来说，他还发明了一套靠灯笼辨别敌友的方法，以避免夜间作战时自己人向自己人开火。5 点 30 分，他发出信号，以最方便可行的方式组成纵列战线。弗里率先就位，比其他人都快，这也是他运气好，因为他有由法国人绘制的此处浅滩的精准地图。

往法军靠近的时候，弗里发现法军队首战舰“战士”号（Guerrier，74）的前面有让自己绕过去的空间，这让他可以从靠近浅滩的那一侧发动攻击。他笃定法军的左舷炮没有准备好，因为他们根本不可能考虑到英军敢冒险行驶到离浅滩这么近的地方。所以他依靠自己的直觉开始了行动。他从“战士”号和浅滩之间挤了过去，在此过程中还扫射了这艘法军战舰，然后从船尾抛锚，把“歌利亚”号停在法军第二艘战舰“征服”号（Conquérant，74）对面，猛攻对方未及防御的一侧。随后加入战斗的是胡德的“泽勒斯”号。他虽然害怕“泽勒斯”号或者“歌利亚”号随时可能搁浅，不过最后还是跟着弗里绕过了法军阵头，途中也扫射了“战士”号。他在“战士”号左侧船头附近抛锚。其余不列颠战舰进入战场时不必再担心敌军阵头的这两艘战舰，因为她们已经被轰得支离破碎。

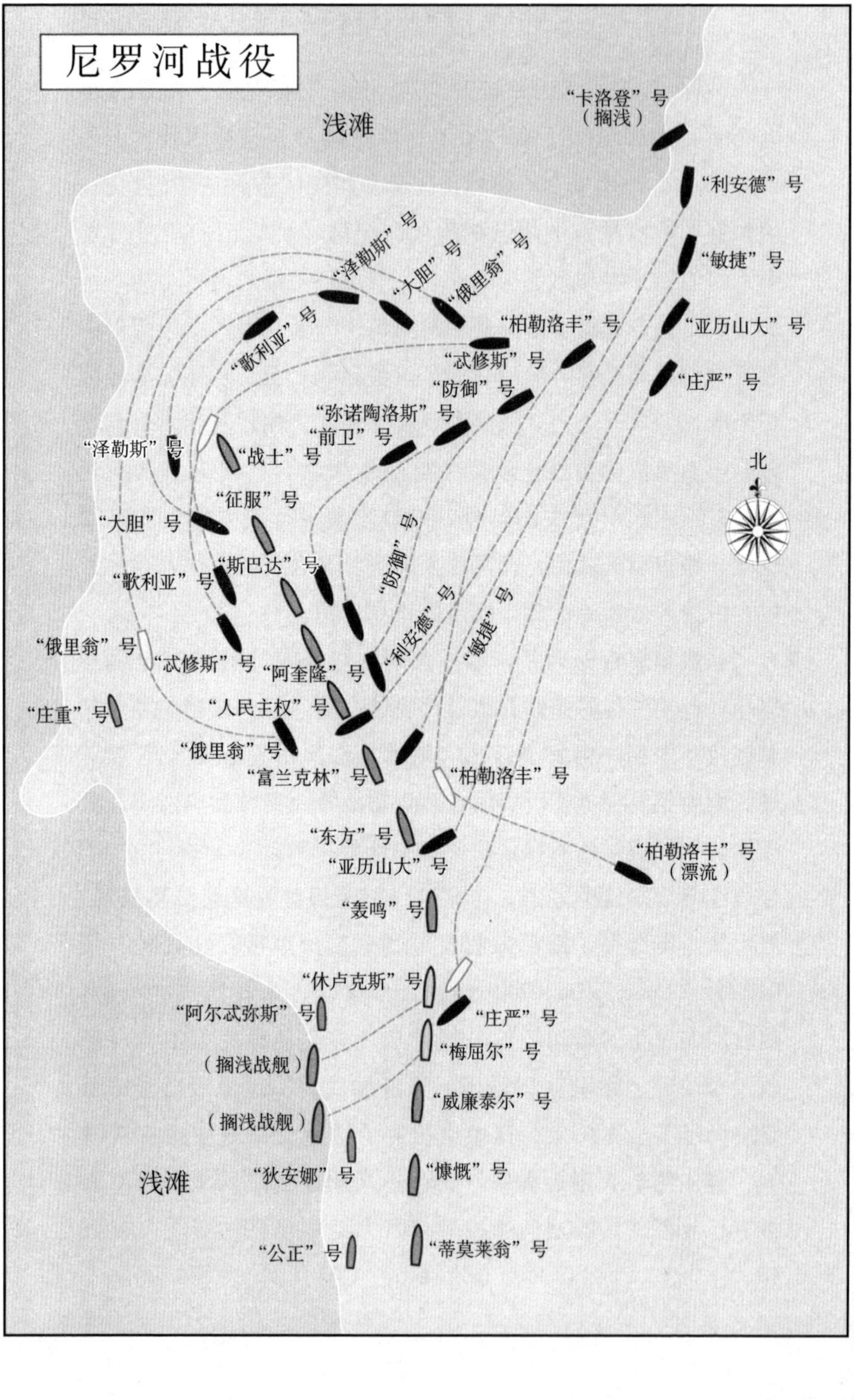

尼罗河战役

浅滩

“卡洛登”号（搁浅）

“利安德”号

“敏捷”号

“亚历山大”号

“庄严”号

“泽勒斯”号

“大胆”号

“俄里翁”号

“歌利亚”号

“柏勒洛丰”号

“忒修斯”号

“防御”号

“弥诺陶洛斯”号

“前卫”号

“泽勒斯”号

“战士”号

北

“征服”号

“大胆”号

“斯巴达”号

“防御”号

“歌利亚”号

“利安德”号

“敏捷”号

“俄里翁”号

“忒修斯”号

“阿奎隆”号

“人民主权”号

“庄重”号

“俄里翁”号

“富兰克林”号

“柏勒洛丰”号

“东方”号

“亚历山大”号

“柏勒洛丰”号（漂流）

“轰鸣”号

“休卢克斯”号

“阿尔忒弥斯”号

“庄严”号

（搁浅战舰）

“梅屈尔”号

“威廉泰尔”号

（搁浅战舰）

浅滩

“狄安娜”号

“慷慨”号

“公正”号

“蒂莫莱翁”号

驾驶“大胆”号的达维奇·古尔德的行动还远算不上“大胆”，他抛锚在“歌利亚”号和“征服”号之间靠浅滩的一侧。接着是索马里兹的“俄里翁”号。他同样绕过法军阵头，紧贴着浅滩从弗里和胡德身边经过，途中还击沉了一艘法军护卫舰。他随后在“人民主权”号（Peuple Souverain，74）船尾和“富兰克林”号（Franklin，80）之间抛锚。之后是米勒带着“忒修斯”号从弗里和胡德之间穿过。当她们仅隔着10码穿行而过时，不列颠战舰上的水手们大声呼喝呐喊。据英军的一名舰长说，当时法军发出一阵微弱的呼喝声以示回击，结果不列颠战舰上响起震天响的嘲笑声，狠狠削弱了法国人的士气。米勒抛锚在第三艘和第四艘法军战舰——“斯巴达”号（Spartiate，74）和“阿奎隆”号（Aquilon，74）——之间。

此时已有5艘英军战舰穿行至法军近岸一侧，这令法军惊骇不已。纳尔逊知道从右舷发动进攻的时候到了，这样可以对敌军阵线形成双面夹击。“前卫”号在“斯巴达”号和“阿奎隆”号的右侧抛锚。“斯巴达”号成了第一艘被夹击的法军战舰，不过夹击很快就结束了，因为米勒误解了意思，慷慨地把这艘敌舰留给了他的舰队司令，然后继续前行与“阿奎隆”号交手。跟在纳尔逊“前卫”号后面的是托马斯·路易斯的“弥诺陶洛斯”号，他从“前卫”号外侧经过，然后在一个可以同时轰击“斯巴达”号和“阿奎隆”号的位置抛锚。约翰·佩顿的“防御”号和纳尔逊、路易斯呈交叠之势抛锚，在这个位置她可以同时瞄准“阿奎隆”号和“人民主权”号（74）。 418

晚上7点，太阳刚沉入地平线，达比的“柏勒洛丰”号到了法军旗舰“东方”号（Orient，120）附近，后者是当时世界上最大的船，同时的“庄严”号找上了“轰鸣”号

（Tonnant，80）。这些不列颠战舰发现自己的火力被压制，他们的位置也不利。如果两艘不列颠74炮战舰能在绝佳位置抛锚的话，她们还是有机会和法军的巨型战列舰对阵的。达比应当停在“东方”号船首附近，这样她就可以轰击敌人，敌人却无法回击，不过他靠近对方的时候把事情搞砸了，结果发现自己的船舷正对着法军巨舰的船舷。威斯克没做好战术机动，从他原本选择的对手身边穿了过去，结果“庄严”号的船首斜桅撞上了“休卢克斯”号（Heureux，74）。“柏勒洛丰”号被“东方”号冷酷无情的舷炮轰断了船桅，同时“富兰克林”号也在轰击她，负伤的达比被迫下令切断锚绳，好让她从敌人毁灭性的密集炮火中滑行离开，对方此时已不间断地轰击了半个小时。“庄严”号紧紧地楔入“休卢克斯”号，舰上的火炮无法瞄准敌人。相反，她遭敌人残酷反击，包括舰长在内伤亡惨重，船桅尽毁。HMS“卡洛登”号尚未进入战斗就搁浅了。

对纳尔逊而言，此刻已是危急关头。不过幸运的是，8点钟时，亚历山大·鲍尔和本杰明·哈洛韦尔从亚历山大港赶到了阿布基尔湾。胡德说，落到“卡洛登”号头上的倒霉事其实是一件幸事，因为它警示了在一片漆黑中陆续进入战场的其他英格兰战舰。“亚历山大”号停在了“东方”号船尾位置，同时“敏捷”号停在了她的船首处。稍后，晚上9点，托马斯·汤普森把“利安德”号带到“人民主权”号和“富兰克林”号（80）之间的位置，当下行的索马里兹与“富兰克林”号交手时，他可以从这个绝佳位置扫射对方船尾。不列颠战舰遇上的种种好运，恰恰显示出此次行动对每艘战舰及其舰长而言是多么复杂。20吨重的巨型锚索需要一队身形健硕的水手才能将其从船头拽到船尾。从船尾抛锚，意味着一艘顺风航行的船舰要在准确位置停船，同时还要稳住航向以保持舷炮对准对手，不能摆到其他方向。锚索上装了弹簧，这样在有需要的时候可以把战舰拉到不同的角度。

船员的任务相当艰巨。船锚必须在非常精准的时刻下落，在同一时间，瞭望员要以迅疾之势收尽船帆，然后快速下到火炮那里，而且这些事情都得顶着敌人的炮火在黑暗中完成，每一个错误都要付出高昂的代价。"柏勒洛丰"号和"庄严"号没能经受住考验，结果船桅尽毁，许多人丧命。弗里在法军近岸一侧开辟出通道可谓精彩绝伦，但他没能抓住准确时机抛锚，结果发现自己停在了敌方阵线的第二艘和第三艘战舰之间，而非原本计划的与第一艘战舰并排的位置。古尔德在第一艘和第二艘战舰之间抛锚的时候，这两艘战舰已经几乎被打残了。

419

不过那些抛锚位置恰到好处的战舰所占据的对敌优势是无可辩驳的。米勒的位置就停得非常漂亮。汤普森发觉很难选择"利安德"号的有利位置。靠 50 门火炮，她根本无法和对方的战列舰对抗。然而在后来选择的抛锚位置，汤普森能够直射"富兰克林"号船首，加农炮炮弹轰入后穿过整个火炮甲板再从船尾飞出，继续带着巨大的杀伤力撞入"东方"号船首。

本杰明·哈洛韦尔是那些看明白需要如何行动并照之去做的舰长中的一员。他冲着"东方"号驶去并停在她的后舷方向，在那个位置他可以同时轰击敌军旗舰和"富兰克林"号，对方的火炮还无法还击。他的瞭望员收起船帆，然后返回火炮处。若在这些步骤完成之前就开火，将会导致灾难性的后果，所以他们必须顶着敌军的炮火一步步完成上述步骤，然后战舰才能找对方算账。哈洛韦尔的“敏捷”号于晚上8点3抛锚，8点5分开始炮击。

一支分队要实施这样的战术，需要训练完备、技艺高超的水手经过磨合之后通力协作才有可能实现。达比在《尼罗河袖珍手册》中披露，纳尔逊早就针对此种情境制定了指令，尤其规定了需要从船尾抛锚时船舰该如何行动。尼罗河战役是不列颠水手的航海技术、力量和意志力的最佳证明。战斗开始阶段繁复的战术机动完成之后，船员们毫不留情地出手轰击。

等到晚上10点30分，不列颠水手的优势已一览无遗。不到两个半小时，整个敌军先锋就被彻底击溃，船桅尽毁。“战士”号、“征服”号、“斯巴达”号以及“阿奎隆”号被俘获，“人民主权”号切断锚绳后搁浅了，“富兰克林”号也到了投降的边缘。绝大多数不列颠战舰进入战场时果断而又机智，其中表现最好的战舰把自己停在了可以扫射对手的位置。其猛攻让法军惊慌失措，压得他们无力抵抗。正因如此，英军以前所未有的飞快速度解决了6艘敌舰。胡德描述他攻击“战士”号时写道：“6点钟刚过不久，我着手指挥火炮向她的船首轰击，此时两舰之间的距离比手枪射程还短，轰击组织得非常精准，以致大约7分钟后她的前桅就落入水中，当时太阳快落到地平线了……10分钟后主桅和后桅相继落水。”

420 晚上10点30分，纳尔逊前额被击伤，之后被带到船下面的伤员舱，人们以为他快要死了。他坚持排在负伤的属下们后面，直到军医留意到他。后来医生发现他受的是轻伤，于是将士们把这位已经脑震荡、有些眩晕的舰队司令带到了面包房。不过此事已经无关紧要了，战局已定。

晚上9点时，“亚历山大”号上有人竭力把易燃物扔进了

"东方"号船尾的窗户里。火烧了起来，并从敌军舰队司令官的舱室蔓延至整艘旗舰。"东方"号努力扑灭火情，却遭到两艘无休止轰击的英军战舰阻拦。"敏捷"号炮兵装填了子母弹，火势蔓延到哪儿他们就瞄准哪儿，以阻止法军靠近火焰。9 点 15 分，火势已经到了无法扑灭的地步。战场上的开炮声停止了，众舰等着那震撼一刻的到来。

晚上 9 点 37 分，那一刻来了。一场世界末日般的大爆炸将整个战场都照得通明。"东方"号焦黑的碎片像雨一样落到附近船舰上。爆炸声震耳欲聋，紧接着是一片寂静。没多久，炮火继续轰鸣。

原先在"东方"号前面的法军战舰已经全部被俘，后面的"轰鸣"号、"休卢克斯"号以及"梅屈尔"号（Mercure，74）切断了锚绳。约莫午夜时分，炮击再次停止。将士们精疲力竭，席地而坐。破晓之前纳尔逊下令集结。他派出小艇，传令状况尚且良好的战舰——"歌利亚"号、"忒修斯"号、"利安德"号和"大胆"号——攻击法军后军。只有古尔德没能遵守命令。"轰鸣"号船桅尽损，但拒绝投降。"休卢克斯"号、"梅屈尔"号还有"蒂莫莱翁"号（Timoléon，74）搁浅。

13 艘法军战列舰仅 2 艘——"威廉泰尔"号（Guillaume Tell，80）和"慷慨"号（Généreux，74）——逃出生天。这场大捷震撼人心，毫无疑问是不列颠海战史上最伟大的胜利。一夜的疯狂屠戮之后，法国人丧失了最大的战果——地中海的全部控制权。多亏了纳尔逊，皇家海军再度统御地中海，获得了占据此地带来的战略优势和经济优势。拿破仑和他的陆军被困在了埃及。

这场胜仗扭转了欧洲局势。法国不再所向披靡，其海军的威望尽失。地中海的其他势力——奥地利、俄国、葡萄牙、那不勒斯和土耳其——有了底气，加入不列颠组成新的反法同盟。回看不列颠国内，一整个夏天民众都在挂念纳尔逊分队的命运，等到捷报终于传回国内，人们欣喜至极。纳尔逊被加封为“尼罗河的纳尔逊男爵”，并成为一时无双的全民偶像。

421 大战刚结束时，纳尔逊发现自己和友方基地离得比较远，而他磨损严重的战舰亟须修补，同时他也需要看守好自己的战利品。战后第一天，詹姆斯·索马里兹把其他舰长都召集到自己的船上，他们决定组成“尼罗河俱乐部”（Nile Club），并送给纳尔逊一把剑作为礼物。据他们说，这是为了感谢他“迅捷的决断和无畏的指挥”。作为回应，纳尔逊称麾下舰长是自己的“至亲袍泽”（band of brothers），这引自莎士比亚《亨利五世》中一场亨利五世的演说。他指挥的人是海军中最优秀的，他们年轻（平均年龄比对阵的法军小 10 岁）、久经战阵而且满怀激情。除了少数例外，他的至亲袍泽都立下了令他自豪的功勋。

尼罗河战役把皇家海军最优秀的方面都展现了出来。舰长们战意汹涌而又保持理智。法军守御阵线的战斗堪称英勇，只是他们的纪律和技艺赶不上不列颠水手。纳尔逊在战斗过程中做不了什么，不过正如他的舰长们所认定的那样，是他的领导确保了这场胜利。在一段繁重累人、时不时让他满心焦虑的追击之后，他将他的精英分队带到了阿布基尔湾。途中他一直都在激励军官和水手的士气。将士们看到抛锚停驻的敌军，知道战斗来临时所表现出的欢呼雀跃，便足以说明这一点。

在那个时候，舰队司令官们基本都会认为此时天色太晚而选择等待。很少有指挥官在看到敌舰抛锚停驻、处在无法攻取的位置之后还会认真严肃地发起进攻。纳尔逊的英勇大胆激发出他的“至亲袍泽”及其属下的潜能。他信任他们，而他们则希望达成他的期待。对于他期待他们表现出的作战气势和作战方式，他们了然于心。他没有以下达详细的作战指令，不停地发出信号的方式把事情弄得过于复杂。纳尔逊在查看战斗结果时写道：“显然‘胜利’已不足以描绘此刻的情景。”

注释

1. Knight, *Pursuit*, p. 277
2. 同上书, p. 286
3. Nicolas, vol. III, p. 49
4. White, *Nelson: the admiral*, pp. 25ff
5. Nicolas, vol. III, p. 49

第 39 章

战争与和平（1798 ~ 1803 年）

422

……我笃信，相比于放任敌军不管的军官，我们的国家会更快原谅那些主动进攻敌军的军官。

——霍雷肖·纳尔逊

1799 年 4 月 15 日，法国海军中将厄斯塔什·布吕克斯（Eustache Bruix）率领 19 艘战舰出了布雷斯特，驶进浓浓的海雾之中。亚历山大·胡德（Alexander Hood）——布里德波特子爵、英吉利海峡舰队司令、声名更盛的塞缪尔·胡德的兄弟——当时正在韦桑岛附近执行封锁行动，不过他的封锁圈过于松散，无法侦察和拦截布吕克斯。邻近费罗尔时有 5 艘西班牙战列舰加入法军分队，之后一同往南向加的斯进发。

不列颠人再度陷入恐慌。布吕克斯准备去哪儿？他有可能是准备和加的斯的西班牙主力舰队会合，也有可能是去地中海制造事端，为埃及的拿破仑军队减轻压力。更坏的情形是，这可能是一个障眼法：布吕克斯可能会掉头折返，入侵爱尔兰或不列颠。

皇家海军的海军中将基斯勋爵正以 15 艘战舰封锁加的斯的 28 艘西班牙战舰。他在数量上被严重压制，不过听闻布吕克斯正在自由行动后，他依然列出战列线阻止两支庞大的舰队会合。但法军司令继续前行并进入地中海，试图在那里与一支大型西班牙舰队会合。

基斯出击追敌。尼罗河战役之后，皇家海军恢复了以往在中海（Middle Sea）的地位，不过这个地位并不稳固。拿破仑正在埃及，法军占据着马耳他以及大半个意大利。不列颠在海上战线拉得过长，因此想着把自己的微弱优势最大限度地利用起来，而布吕克斯的法西舰队对他们形成了数量压制。尼罗河战役之后，纳尔逊成为梅诺卡岛东部的高层军官。自 1798 年 9 月起，他的任务就成了支援那不勒斯和西西里的国王斐迪南四世抵抗法国人。纳尔逊的战列舰有 2 艘在黎凡特海域帮助奥斯曼人阻挡拿破仑对叙利亚的进攻，还有 3 艘在封锁马耳他，这项行动颇耗时日，形势胶着且花费高昂。

423

地中海战区政治和军事方面的具体事务异常复杂，纳尔逊深陷其中。现在不列颠人面临着第二次被彻底扫出地中海的危险。无人知晓布吕克斯的打算，他可能前往埃及，或者援助马耳他抗击英军，也有可能只是在牵制对方。

不列颠人没有料到，土伦才是布吕克斯的目的地，他于 5 月 14 日抵达此地。基斯到了梅诺卡岛之后得知了布吕克斯的动向。正当 5 月 27 日布吕克斯掉头前往卡塔赫纳、与西班牙舰队在约定地点会合的同时，基斯匆忙赶往土伦，在热那亚沿海搜寻法军但徒劳无功。等到这位不列颠司令得知布吕克斯已经和西班牙人会合后——联军战列舰总数达到 43 艘——他又转身去防守梅诺卡岛，他推断这里可能是敌军的目标。

基斯召集所有不列颠军队同他一道防守梅诺卡岛。不过纳尔逊拒绝接受这个命令，他认为自己洞悉地中海局势，并且自圣文森特战役和尼罗河战役之后，他对自己的能力极为自信。他做好了抗命的准备。1799 年夏天，他推断最需要自己这支稀疏兵力的地方是意大利沿海，此时紧要任务是在巴勒莫守护不列颠的坚定盟友——斐迪南四世。除此之外，纳尔逊心中更重要的就是马耳他的得失。中海的命运就系于此岛，封锁马耳他岛上的法军对于增加不列颠的利益至关重要，所以封锁一分钟也不能停。他准备带着仅有的少量战舰向数量远超自己的法军舰队发动自杀式袭击，不让敌人成为地中海的主人。

纳尔逊比较幸运，因为西班牙船舰的糟糕状况以及布吕克斯自身的恐惧，支援马耳他以为拿破仑在埃及减轻压力的计划受阻。布吕克斯率领着浩浩荡荡的无敌舰队出了地中海，他的目标是赢得英吉利海峡的控制权。他于 8 月抵达布雷斯特，身后沮丧的基斯和他隔着一个星期的路程。

整件事情是对皇家海军的一种羞辱。法西无敌舰队已经严重威胁到不列颠在地中海来之不易的地位，而且几乎就要把英国本土舰队逐出英吉利海峡。第一海务大臣斯宾塞勋爵必须夺回海军事务的控制权，尤其是此时布雷斯特还挤满了虎视眈眈的敌军战列舰。斯宾塞一直以来都坚决主张严密封锁法国海岸线，不过他遭到了海军内部的抵制。英吉利海峡舰队指挥官、海军上将布里德波特时年 73 岁，让他服从号令很难。他排斥驻军韦桑岛附近、持续封锁布雷斯特以及其他法国港口的严苛做法——毫无疑问，这是海军中最繁重而又无利可图的任务。布里德波特声称紧密封锁是做不到的，入冬后分队的船舰数量越来越少，与此同时布里德波特却舒服地待在干燥的陆地上。封锁行动没能阻止敌舰进出布雷斯特，这也并非全是年迈司令官的错：1799 年的海军力量过于分散，各处驻防点都很缺船舰。

424

矛盾正在整个海军中酝酿升级。海军部对纳尔逊大为光火，号令已经无法管束他了。这位英雄人物自得地夸耀自己绝不遵循基斯防守梅诺卡岛的命令，宣称是他最终拯救了斐迪南和马耳他。纳尔逊说，如果是他主持大局，他会追击并击溃整个法西联合舰队。更糟糕的是，纳尔逊认定本应由自己接替圣文森特任地中海总司令，结果基斯却坐上了这个位子，纳尔逊为此生了很久的气。

1800 年年初马耳他之围时，两个人又碰到了一起。纳尔逊竭力抓捕“慷慨”号（74），那是尼罗河战役中幸存的两艘战舰之一。一个月后，到了 3 月，最后一艘法军战舰“威廉泰尔”号被俘。当时纳尔逊并不在场：他似乎不再花时间待在海上，并且当他出海悠游时还带上了威廉爵士和正怀着纳尔逊孩子的汉密尔顿女士。他的声誉落入了低谷。国内的官员和大臣们对他和艾玛·汉密尔顿（Emma Hamilton）的情事十分气愤，并且认为他越来越粗心懈怠、好战凶残。纳尔逊向基斯申请回国，基斯同意了，但没给他乘坐战舰回国的荣誉待遇。纳尔逊擅自从马耳他封锁圈中抽调出 3 艘战列舰驶到里窝那，然后自己带着旅伴汉密尔顿一家从那里走陆路回国。

一年后海军以征服者的身份重回阿布基尔湾。基斯是两栖作战的大师，而纳尔逊不具备这项才能。海军和陆军在土耳其演练过登陆行动，此举意义重大。陆军登陆埃及，彻底击败了法军。

回看本国海域，斯宾塞认定只有一个人能肃清英吉利海峡舰队中所渗入的不良习气和懒散态度，那个人就是圣文森特伯爵。

舰队听闻他要到来很是惊恐。布里德波特在自己的餐桌上举杯：“但愿地中海舰队的那套规矩永远不要出现在英吉利海峡舰队。”[1]至于圣文森特，他的医生建议他不要接手总司令的位子，但他说国王还有国家需要他这么做，“不列颠海军要求

425

他这么做”。[2]

英吉利海峡舰队的军职人员和水手习惯了想什么时候离开就什么时候离开，舰队司令和舰长经常把指挥权交给副官然后自己到岸上享受款待。圣文森特自然不会受人欢迎，他把这些都禁止了。他把地中海舰队的铁律用在他们身上，以期尽可能严密地封锁布雷斯特，一如近 40 年前霍克所做的那样。

想封死法国的大西洋海岸线，得有严苛的秩序，有食物、水和酒的正常供给。即便在状况最好的时候，韦桑岛也不是一个好待的地方，在此驻防的军职人员和水手没有任何喘息的机会。船舰在敌方海域中磨损，水手生病、抱怨不休，军官心如死灰，不再有任何期待。所以毫不奇怪，没有舰队司令喜欢这些，所以他们都想尽一切可能从陆地上遥遥指挥。在圣文森特的统辖之下，分队白天被派去布雷斯特危险的礁石和浅滩附近巡逻，晚上换到韦桑岛周围。任何人都没有休整的机会，只能不停地监视和驾船机动。需要连续进行抢风航行的时候，圣文森特的望远镜会一直对准舰队的战舰，确保舰长们不论白天黑夜都出现在甲板上。哪个舰长要是未能达到圣文森特严苛标准，就只有上帝能救他了。

战舰出海一次一般会持续 6 个月，所有修缮事宜都在海上进行，只有遇到紧急情况他们才允许入港，而且停留时间非常有限。圣文森特对属下们期待甚高，相应地，他也非常关注他们的健康状况。为预防坏血病，他任何时候都不允许断了柠檬汁的供应。自此柠檬汁不再仅仅是生病后用作治疗的手段。为了解决潮湿问题，他们用热砂擦洗（而非用水冲洗）船上的下层甲板，并且给寝具通风。更为根本的是，水手可以接种疫苗。

1800 年 5 月至 9 月，舰队需要送回医院治疗的仅 16 人。

圣文森特说，水手们良好的健康状况是他最大的成就。英吉利海峡舰队重新回到了霍克在任时的状态。而在地中海，优秀的军官们积极应对挑战，平庸者的斗志被压垮。圣文森特对软弱的态度是，“擦掉‘不能’这两个字，写上‘尝试’”。[3]经此种种，法国和西班牙海军被遏制住了。

但这项行动的代价是高昂的。“漫长迟缓的两个月，”一名恼火的舰长写道，“我们的耐心得到了磨炼，像身上套着绳索的猪一样来来回回地慢慢走。”[4]几个月的时间内，军官们背负着巨大的压力，但最终他们的航海技术被提升到了极致。虽然有些船舰触礁沉海，但经过测绘，海军对险恶莫测的法军海岸线逐渐有了精准的了解，事故大大减少。 426

圣文森特麾下有一部分舰长是海军中最差劲的，也有一部分是最优秀的，后者包括圣文森特角战役和尼罗河战役中的英雄人物。托马斯·特鲁布里奇——另一个坚定奉行严明纪律的人——担任舰队副官。詹姆斯·索马里兹受命指挥大约 8 艘战列舰，驻守在离布雷斯特港口仅 2 英里的地方。分队司令官必须在强劲的海流和东南风中穿过此处的暗礁与峭壁，这是最艰难的任务，能做到的舰长寥寥无几。索马里兹面容憔悴，看上去像“产过卵的鲱鱼”。[5]圣文森特写道，“有你在那里，如同把布雷斯特的钥匙放进了我的口袋，我尽可安心酣睡”。

比起它所有的优点，皇家海军需要反复的电击才不会跌入麻木状态。行事有条不紊的基斯勋爵重新恢复了不列颠在地中海的力量。圣文森特再度拉起不列颠最重要的一条防线——对法封锁圈。1800 年年末，一项新威胁冒出头来，不列颠对法国和西班牙港口的封锁波及了波罗的海周边国家，她们被阻隔在自己的市场之外。丹麦试图维护中立国的权利，于是派遣战舰执行护航任务。1800 年 8 月，不列颠战舰以回击相威胁，终止了丹麦的抗议行动，丹麦人根本不是实力正往巅峰迈进的皇家海军的对手。

不过年底时情势变了，沙皇保罗一世（Tsar Paul）因不列颠占领马耳他而与之决裂。他向丹麦、瑞典和普鲁士施压，让它们加入“武装中立联盟”，准备在深海打击不列颠人的傲慢气焰，宣示中立国的贸易权利。这些国家的海军联合起来有将近 100 艘战列舰，对不列颠构成了严重威胁。如果她们破开不列颠封锁圈，法国海军就能从波罗的海获得大量重要补给物资。重振活力的法国海军将会全面瓦解不列颠现行的战争策略。海军上将海德·帕克*受命破坏这个联盟。

427 帕克被视为波罗的海专家，不过他年事已高，且行事优柔寡断。圣文森特正是想摆脱这个古怪又不靠谱的高级将领才举荐他去执行破坏联盟的任务。但形势的发展未如其所愿，圣文森特突然被任命为第一海务大臣并再次成为帕克的上司。不久前刚晋升海军中将的纳尔逊勋爵被派去参与这个至关重要的任务，以增加胜算。他和汉密尔顿的恋情广为人知，而且他明显表露出对她的痴迷，因此人们认为纳尔逊已经彻底转移了注意力，变得不可靠了。

海军受命行进至哥本哈根，准备迫使丹麦人让步或者摧毁他们的舰队，然后帕克和纳尔逊再进攻俄国海军，如有必要，也对瑞典施以恫吓。海军必须加快步伐。

等到 3 月 7 日纳尔逊在雅茅斯加入舰队时，他心里已经盘

---

* 他的父亲海德·帕克爵士是 1780 年马提尼克战役中罗德尼舰队的后军司令官。

算好如何击败北方联盟了。而帕克正在筹备一场舞会，这位 64 岁的舰队司令官刚刚迎娶了一位 18 岁的姑娘，并不急着赶去波罗的海。等到远航要开始时，帕克却不让纳尔逊查看重要情报。他们还在战略制定上产生了分歧，舰队司令准备等敌人自己冒出来，纳尔逊则希望直接前往喀琅施塔得（Kronstadt），重创挑起这场事端的俄国人，帕克认为这样风险太大。他们还在是从大贝耳特海峡（Great Belt）还是丹麦海口（Sound of Denmark）进入波罗的海的问题上浪费了更多时间。就在帕克多番拖延的同时，丹麦人已经组织起了自己的防御力量。

正面进攻哥本哈根的想法把帕克吓坏了。进攻部队将进入国王海峡（King's Channel），这是一条狭长的带状水域，水深较浅，位于名为中央高地（Middle Ground）的大片浅滩和哥本哈根港口之间。海峡靠城市的一侧排列着丹麦战舰、浮动炮台和堡垒。最终，领军进攻的机会分给了纳尔逊，这个任务比尼罗河那次更为艰难。

"能指挥这样一群卓越不凡的同伴实在是我的运气"，纳尔逊在回忆他的舰长时这样说道。[6]托马斯·福利在他的旗舰 HMS"大象"号（Elephant）上担任舰长，老朋友托马斯·福利曼特尔、托马斯·汤普森和乔治·默里（George Murray）也在此舰供职。其他优秀的舰长被分配在其他船舰上，包括 6 艘 74 炮战舰、3 艘 64 炮战舰、1 艘 54 炮战舰、1 艘 50 炮战舰、5 艘护卫舰、4 艘史鲁普船、2 艘火船，还有许多装载了火炮的布里格帆船以及将起到重要作用的 7 艘轰炸船，一旦战列舰击破防线，就将由它们摧毁丹麦人的船坞。帕克留了 6 艘最大的战舰从北面逼近哥本哈根。

纳尔逊几乎没有时间整合队伍。3 月 30 日夜里，他乘着

428 小艇去霍兰德海渊（Hollander Deep）侦察地形并在浅水处留下浮标作为警示标志。第二天他带着自己最亲近的舰长们登上帕克的旗舰并概述了自己的计划。一艘船先行进入海峡，在一艘预先确定好的丹麦战舰或者相同体积的浮动炮台对面抛锚，然后开火；第二艘船从第一艘船的外侧经过，然后在下个目标附近抛锚并开火。如此重复，船舰将顺着敌人的阵线铺下去。护卫舰将与丹麦防线的北面部分交手，同时布里格炮船和1艘护卫舰将扫射敌军阵线南端。一旦解决了海岸防线，不列颠陆军将占领三王冠堡垒（Tre Kroner），之后轰炸船开始轰炸城市和船坞。一名在场者回忆说："纳尔逊勋爵精力充沛的形象令人印象深刻，（他）一直在舱室里来回踱步，看不出一丝惊慌或者优柔寡断的样子。"[7]

翌日他们放置了更多标识危险区域的警示标志。他和心腹属下在"亚马逊"号（Amazon）护卫舰上开了会，然后亲自划船在船舰之间穿梭，用他"刺耳"缓慢的诺福克腔调大声宣布指令。[8]之后他设宴招待麾下所有舰长，并在进餐时不断提振他们的斗志，因为这支分队的确非常紧张不安，引航员和航海长都不敢奢望自己真能穿过那些浅滩。

第二天所发生的意外证实了他们的担忧。那些率先进入海峡的船舰在中央高地上搁浅，经过仔细安排的方案没多久就被打乱了。纳尔逊只得亲自指挥，引领"大象"号穿行海峡中部区域。尽管如此，和纳尔逊希望的情形比起来，引航员接引的船舰与丹麦战舰还离得太远。

11点45分，所有不列颠战舰（包括那些搁浅的）都进入战斗，即便射程较长，丹麦人还是被轰惨了。不过英方早已料到丹麦人的抵抗会非常凶残，漂浮的炮台很难克制。与圣文森特角战役的西班牙水手以及尼罗河战役的法国水手比起来，丹麦人战斗的理由更切实具体：他们是在为自己的家人和家园而战。他们可以在战斗中途获得补给和增援，这在远离陆地的海战中基本是不可能的。但不列颠海军的炮火还是为己方争得了主动权。12 点 45 分，在英军发射了 40 轮舷炮之后，多数丹麦战舰失去了作战能力。

海德·帕克爵士此时待在距此 5 英里的地方，丹麦人的抵抗让他烦躁焦虑。他在下午 1 点 15 分打出旗号：“行动停止。”事后帕克解释说他当时是担心纳尔逊陷入困境，所以才发出信号以给对方撤退的机会，这样纳尔逊就不必担心会遭到军事法庭的审判而声名受损，何况纳尔逊可以自由选择服从或者不服从，但这是借口。命令就是命令，不是建议。

429

正在攻打堡垒的护卫舰看到了旗号并且遵令而行。“纳尔逊会怎么看我们？”他们的指挥官诘问。[9]纳尔逊的副指挥官看到了信号，不过他把这个重复出现的旗令藏到了一张船帆后面，并且继续升着近身作战的旗令。纳尔逊看到后表示认同。“你知道的，弗里，”他说，“我只剩一只眼睛，所以有些时候我有权看不见一些东西。”然后他把望远镜放在右眼上说：“我真的没有看到那个旗令。”

如果纳尔逊遵从了那个旗令，或者舰长们选择遵从帕克而不是他的指令，哥本哈根之战就会成为史上最严重的海战灾难。事实上，下午 2 点时丹麦战舰基本都被摧毁了。托马斯·福利曼特尔写道，他从没有在海战中见到过像发生在丹麦战舰上那样血腥的屠戮。纳尔逊说那是一场大屠杀：“任何正常人看到那个场景都不会高兴。”但纳尔逊还算不上已经击败了丹麦人，他们的炮台还在轰击，对最北面的不列颠战舰造成了严重的破坏，并给英军带来巨大伤亡。不仅如此，纳尔逊有包括旗舰在内的数艘船舰搁浅。他其实仅有一点微弱的优势。

纳尔逊之后的举动是最有争议的。他写了一封信给丹麦王储。“纳尔逊勋爵收到过指示，如果丹麦放弃抵抗，英国就会饶了她”，他接着写道，如果丹麦人仍旧开炮，他将别无选择，只有在不救出丹麦俘虏的情况下直接放火烧了浮动炮台。王储同意休战。纳尔逊继续写信说，如果丹麦和大不列颠宣布和平，那将是“他有史以来的最大成就”。

机敏的思维使纳尔逊成功摆脱了眼下的困境。他得以把破损的船舰撤出敌军堡垒的射击范围，让搁浅的船只重新下水，最重要的是，他能够保住到手的战利品。此役 2 艘敌舰被击沉，1 艘爆炸，12 艘被俘。被俘船只中有 11 艘被焚，还有 1 艘用来送受伤人员回国。纳尔逊麾下的高级军官和他的朋友将此举视为“政治上的大师之作”。他扭转了弱势地位。他的英勇早已得到证明，现在他又为自己赢得了足智多谋、极具政治勇气的美名。他的决心和人格力量奠定了这场胜利，并讨回了自己的威名。

帕克派纳尔逊到岸上和谈，以为自己赢得谨慎行事的名誉。谈判受阻后，轰炸船被带到可以轰击哥本哈根的位置。丹麦担心自己如果支持不列颠就会遭到俄国的报复，和谈不成的症结就在此。而没过几天这个威胁就不复存在了，沙皇遇刺使丹麦有了寻求和平的自由。纳尔逊继续追击瑞典海军，后者慌忙返回港口。帕克不同意他继续深入波罗的海。然而此时政府和圣文森特都已厌倦了帕克，于是命令他回国。纳尔逊成为舰队司令官并晋封子爵。6 月时大局已定，形势对不列颠十分有利。纳尔逊和舰队于 7 月 1 号抵达雅茅斯。哥本哈根之战乱象从生，并不值得庆贺，不过它的重要性不容否认——不列颠需要排除法国，独占波罗的海的海军补给品。

就在同时，另一名经历了尼罗河战役的老将正显露出新一代不列颠海军将领的非凡气概。詹姆斯·索马里兹在此前已晋升海军少将，负责加的斯封锁行动。7月6日，带着6艘战列舰的索马里兹进入直布罗陀附近的阿尔赫西拉斯（Algeciras），向3艘有西班牙火炮堡垒保护的法军战列舰发起攻击。这次进攻颇有纳尔逊的风采，只是索马里兹没有纳尔逊的好运。风向和潮汐都和他的进攻方向相反，这场被称为第一次阿尔赫西拉斯之战的战斗就这么结束了。英军损失了1艘船，其余船舰破损严重。索马里兹退到直布罗陀进行紧急修补。7月12日，西班牙一支由5艘战列舰（另加1艘法军战列舰）组成的队伍抵达此地，准备护送法军前往加的斯。索马里兹再次迎难而上发动进攻。

当夜的战斗后来被称为第二次阿尔赫西拉斯之战，索马里兹的5艘战列舰对阵法西联军的9艘战列舰。他派出阵中速度最快的“非凡”号（Superb，74）率先接敌。“非凡”号抢到敌军分队的后路朝着“真实卡洛斯”号（Real Carlos，112）发射了3轮舷炮。令“非凡”号舰长理查德·基茨（Richard Keats）欣喜的是，“真实卡洛斯”号陷入惊慌之中并误朝和她并肩的“埃梅内希尔多”号（Hermenegildo，112）开炮。“埃梅内希尔多”号开炮回击，以为“真实卡洛斯”号是不列颠战舰，接着其他敌舰也开始朝他们以为的“非凡”号开火，而真正的“非凡”号则顺着敌军阵线前进，在短暂交锋之后俘虏了“圣安东尼奥”号（San Antonio，74），任由法西联军在黑暗和硝烟中互射。“真实卡洛斯”号着了火，而且当“埃梅内希尔多”号移过来扫射她的船尾时两者撞到了一起，这两艘西班牙海上巨兽之后都发生了爆炸，造成无数死伤。

刚吃败仗没多久，索马里兹就大胜一场，公众对海军又燃起了巨大的希望。海军在一系列行动中——从持续数月的沉闷的封锁行动到第二次阿尔赫西拉斯之战这样光荣且干净利落的交锋——证明了自己的非凡气魄。1801 年的哥本哈根之战展现了海军的残酷无情。索马里兹获胜之后，西班牙下令本国战舰从布雷斯特撤回，自此西班牙和法国的关系开始趋于冷淡。10 月，不列颠和法国开始进行和平谈判，双方于 1802 年 3 月签订《亚眠和约》（Peace of Amiens）。

431

但是两国的和平关系并未延续多长时间。1803 年 3 月，法军横扫意大利，不列颠数条阵线受到威胁。如果拿破仑控制了意大利，他就能再次瞄准地中海东部并对埃及和印度施以重击。与此同时，拿破仑正在布伦集结规模庞大的陆军准备入侵英格兰。守护国土的重任被托付给了不列颠海军将领们。基斯统领北海舰队。康沃利斯勋爵负责指挥封锁布雷斯特，他是一个年迈阴沉但尽职尽责的海军将领。舰队一如在圣文森特执掌时那样纪律严明、能力强大、组织完善。康沃利斯就候在韦桑岛附近等待开战的那一天。卡斯伯特·科林伍德受命打理繁重的岸上事务。爱德华·珀柳封锁费罗尔。纳尔逊勋爵则受命指挥地中海舰队封锁土伦。

理论上，如此声势浩大地部署能兵强将以抵御拿破仑似为天才之举；但实际上，和平时期的海军饱受折磨。圣文森特伯爵是一名伟大的海军将领，却在行政上表现拙劣，他认定海军委员会是腐败和浪费的聚集之地。他对船坞以及在那里工作的人也持如此观感，并且开始了一系列针对行政人员和合同商的政治迫害。第一海务大臣强行推动新的经济策略，他和许多军人一样，认为行政者只知道如何花钱，但不懂得该把钱花在什么上面。被圣文森特视为骗子的人与海军的合同全部作废。

结果在和平时期，海军行政体系内部斗了起来，船坞和仓库中干系重大的工作彻底中断。等到战事重起时，舰队司令们发现自己的舰队缺乏船和补给，只能通过强行征兵、配额供应和输送囚犯的方式补充船员。

地中海的形势尤其糟糕，不列颠一进入和平时期，这里的舰队就疏于打理了。舰队中船舰腐朽且亟待修补，供给线沉通不畅，水手们士气低沉、饥肠辘辘且受困于疾病。纳尔逊于 1803 年被派往地中海时，接手的就是这样的舰队。他抵达朴次茅斯后发现自己的旗舰 HMS“胜利”号“相当混乱”，船上只有一半的水手，及至船上满员时，船员中“尽是各式各样的囚犯，有些是被警察逮捕的，还有些是从监狱里出来的，不一而足。说白了，卷帆、收帆、掌舵，没一样有人会”。[10]更糟糕的是，她可能不再是纳尔逊的旗舰，因为康沃利斯勋爵有优先选择权。

432

“胜利”号缓慢地驶向约定地点与康沃利斯会合，同行的还有 HMS“安菲翁”号（Amphion，32）。但是纳尔逊一直看不到英吉利海峡舰队的影子，这使他愈加恼火。他换乘到一艘护卫舰上急匆匆地前去与自己的舰队会合。等到“胜利”号找到康沃利斯的时候，勋爵却根本不想要这艘船以及随行的“安菲翁”号。纳尔逊给前首相写了一封饱含愤懑之情的信，说他知道自己尽快赶到地中海有多么重要，不过“我能用的只有上级长官给我的这些工具”。[11]

注释

1. Crimmin, p. 341
2. 同上
3. Rodger, *Command*, p. 465
4. Hoffman, p. 201
5. A. B. Sainsbury, 'Saumarez, James, first Baron de Saumarez', *ODNB*
6. White, *Nelson: new letters*, no. 288
7. Knight, *Pursuit*, p. 373
8. 同上书, p. 374
9. White, *Nelson: the admiral*, p. 69
10. 同上书, p. 459
11. Knight, *Pursuit*, pp. 459 – 460

第40章

追击（1803~1805年）

波拿巴总是吹牛，说我们的舰队一直待在海上会筋疲力尽……不过我猜他现在应该知道，如果君主们真能听到实话的话，他的舰队在一个晚上所受的折磨，要超过我们一年所受的苦。[1]

——霍雷肖·纳尔逊，1805年3月14日

1803年8月1日，HMS“胜利”号赶上了地中海舰队，随后纳尔逊就把他的将旗从狭窄的护卫舰“安菲翁”号上转移到了舰载100门炮的大木船上。他将在这艘大木船上度过接下来两年的时光。

担任地中海司令将会考验纳尔逊的领导才能所能达到的极限。战略层面上，有无休止的事务纠缠着他，其中最重要的就是把法军舰队封死在土伦，以免他们冲出包围圈后大举入侵英格兰或者再次攻击埃及。除此之外还有其他忧心的事情，一支浩浩荡荡由炮艇组成的舰队正在马赛和热那亚集结，没有人知道他们的目的地是哪儿，撒丁岛、西西里或者伯罗奔尼撒（Peloponnese）都有可能。同时，法军陆军正威吓整个意大利和巴尔干半岛（the Balkans），海盗肆虐海上，英国贸易受到干扰。

这些只是不列颠在地中海所面临的一小部分难题。对总司令而言，更糟糕的是舰队的现状令人心忧，船舰腐烂朽坏，船员吃不饱、身体差。这支负责在加的斯至黎凡特一线树立不列颠威权的舰队，共有 11 艘战列舰、约 15 艘护卫舰，其中数艘战列舰状况不佳。由于该地区——从直布罗陀到马耳他——唯一一处不列颠基地远在数百英里之外（1802 年时梅诺卡岛已经还给西班牙），舰队的首要任务——封锁土伦——变得愈加复杂艰难。给一支眼看着就要散架的舰队供应补给，还要让它保持良好的战备状态，这在行政层面来看简直就是噩梦。对海军而言，地中海几乎从来没有这样重要过，想管辖好这里更是近乎无望。

434

纳尔逊事必躬亲，每个难题都认真解决，数年在中海担任总司令的历练让他能够得当地处理这些事务。当务之急是找到一处基地，在这件事上，法军声势骇人的小型炮艇舰队反而帮了英国人。得益于一位不列颠海军军官的测绘成果，纳尔逊在撒丁岛附近的马达莱纳群岛（Maddalena Islands）中觅得一处锚地，不列颠人将之命名为阿金库尔海口（Agincourt Sound）。那里离土伦有 200 英里，不过可以定期送来淡水、牛肉、羊肉、家禽、蔬菜和洋葱等补给。阿金库尔海口后来成为不列颠舰队的一处常设基地。拜法国人的威胁所赐，撒丁人允许纳尔逊长期使用该港，尽管他还得在外交上下更多工夫以使该交易一直有效。要是没有这处海口，纳尔逊根本无法在任何靠近土伦的地方行动。

阿金库尔海口是不列颠舰队在地中海西部建立霸权的第一步，接下来就是丝毫不能松懈的组织工作。纳尔逊知道，要想得到水手的心，必须先得到他的胃。他亲自监管舰队的食物供应："我们必须给水手们好的东西，绝不能在这上面斤斤计较，要关心他们是否真的拿到了供给。"对他而言，重要的不仅是数量，还有质量。他把所有军官召集到一起，然后让他们从海军部配给的军粮和本地出产的东西中随机抽取样品。军官们必须亲自品尝菜单上的东西，然后决定哪些东西对属下们来说是最好的。国内运来的补给远远不足。该地又没有商人愿意接受到伦敦才能兑现的票据，于是纳尔逊坚持用现金购买供给品。

更令人心烦的是，在拿破仑施压之下，当地势力不能与皇家海军做生意。纳尔逊迎来一名由国内派来经办舰队物资需求的办事人，他名叫理查德·福特（Richard Ford），他在地中海四处搜寻补给，成为舰队不可或缺的重要人物。食物和海军物资从北海海岸、亚得里亚海、马耳他、叙利亚以及更遥远的黑海运过来。福特把附近的不列颠派驻人员和商人充分调动起来，货船匆忙往返于陆地和舰队之间，带来各式各样的补给物资。纳尔逊曾经把一支舰队运转时的情形和一块表进行比较：各部件和谐运转时一切都很好，不过一旦哪个运行部件停止运转就会导致"整个机器出错"。[2]他仔细检查船舰的账簿，杜绝任何浪费或不经济的做法。任何关乎船员健康和舒适的细微事务他都不会忽视，可能他刚刚还在订购成千上万个从西班牙运来的橙子，下一刻又开始比较不同的裤子和格恩西（Guernsey）夹克之间的优劣。"这些是总司令应该关注的事情"，他说。 435

"所有军队事务中最重要的事情就是士兵的健康，"[3]纳尔逊对一位内科医生写道，"而且你会同意我的看法：让军官确保士兵们身体健康容易，让内科医生治愈他们的疾病就难了。"他在马耳他设立了一所医院，并坚持其中要有一座花园。海上巡弋的分队时刻都在与坏血病做斗争，1803～1805年，坏血病几乎绝迹，这要归功于纳尔逊，他花了很多力气四处搜寻柑橘属水果，确保它们供应顺畅。“船员如此健康的舰队我还是第一次遇到，”一年后他汇报时说，“毫不夸张地说，队中一个严重的病号也没有。”[4]

还有一项成就比确保柠檬和新鲜食物供应更具深远意义，那就是纳尔逊对医生这一职业的态度。长久以来，随舰军医在海军中处境糟糕，他们没有自己的制服，不能使用军官室，而且薪水很低。纳尔逊努力改变这些境况，他把增进健康与卫生方面的广泛职责交予医务人员，舰队中的内外科医生因此对他忠心耿耿，并带来立竿见影的效果。“船员的健康程度史无前例，”纳尔逊写道，“并且我们心情愉快、精神饱满，我要是法军舰队司令的话，就不敢挡住我们任何一艘战舰的去路。”[5]

纳尔逊小心细致地经营舰队。不过他最渴求的是击败法国海军并将之彻底摧毁。他绷紧了每一根神经，随时准备应战，虽然从目前的情况看来战斗还不太可能发生。纳尔逊执行封锁任务的船舰停驻在土伦附近的利翁湾（Gulf of Lion），饱受密史脱拉风（Mistral）和累范特风（Levanter）的折磨。西北风呼啸着穿过阿尔卑斯山（Alps）、比利牛斯山（Pyrenees）和法国中央高原（Massif Central）的山谷和小道，风力一阵强过一阵，最高风速达到每小时60英里。这就是刮起来无休无止且异常干燥的密史脱拉风，停在利翁湾里的船最受其摧残，它们成了八级大风和骤起风暴的牺牲品。累范特风带着汹涌绵延的波浪和雨水从东边吹来。几个月之后，一阵阵无休止的狂风和突然降临的狂烈风暴对纳尔逊的船舰造成了严重的磨损。

密史脱拉风和累范特风让海上生活变得苦不堪言，也导致英军无法近距离封锁土伦。瞭望人可以从港口高处的山峰上监察不列颠船舰的动向，英国船舰被吹离驻地的情况被对方了解得一清二楚。总之，纳尔逊并不偏好霍克、圣文森特以及康沃利斯那样的严密封锁，他最希望引出法军然后迎头痛击。因此他必须保持战备状态，但同时也要保持耐心。

每周的演练照常进行。敌人丝毫没有要移动的迹象，这让封锁行动变得漫长而又乏味，所有人都心情郁闷。纳尔逊让舰队一直处于活跃的状态，竭力打破单调的节奏，以从密史脱拉风的缓慢折磨中挣脱出来。舰队会驻扎在土伦附近合适的基地，同时也会在地中海西部海盆附近游弋。护卫舰——纳尔逊称之为舰队的眼睛——一直驻守在土伦附近汇报敌军动向。阿金库尔海口可作短暂喘息之地。 436

纳尔逊亲自参与舰队日常的方方面面，十分忙碌。同时他还把心思投入战术安排。为此，他设法弄到了该地区所有锚地的精确地图，并让麾下舰长们仔细研究。如果能把土伦舰队赶进一处海湾或者海口的话，抛锚战将不可避免，于是他针对这种情况下达了命令。但最重要的是，他每天都记录天气日志。封锁行动已超过 12 个月，这样一份关于天气循环周期的信息概略极具价值。纳尔逊正在学着如何读懂地中海。

纳尔逊在后甲板上来回踱步，时而陷入深思，时而和他的旗舰舰长托马斯·哈迪亲密交谈。他和舰队的军职人员保持联系，在“胜利”号上设宴款待他们。这样可使战士们感受他的全部魅力，他也可以借此了解麾下年轻人，把自己的战术知识传授给他们。两年多的时间里，舰长们对司令官逐渐演进的战斗预案熟稔于心，也清楚他对他们的期待是什么。

“我这儿没什么可以说的，”他在给艾玛·汉密尔顿的信中写道，“和很久之前与你讲过的一样，每天所发生的事都是重复的，唯一的区别就是新到的信件和报纸。周围的面孔是一样的，谈话也是一样的。”[6]累月的等待让纳尔逊渐感摧折。“一成不变，一天接着一天，一月接着一月——冬季的大风永不止息”，所有人都备受折磨。[7]纳尔逊深明长期离岸的危险性。封锁期间他一次都没有离开过“胜利”号，而且他挑选的用来修整的锚地附近没有任何寻欢之地。

时间一长，水手们渐渐陷入颓靡。无聊厌倦而滋生的事端——醉酒、吵架和抗令——倍增，相应的惩戒也成倍出现。护卫舰上的生活更快活一些，因为他们至少有搜集情报、护航、近距离巡逻土伦等任务要忙。战列舰上的生活就比较艰难，船舰长久停驻一地，还要被猛烈的海风终日拂扫。纳尔逊组织了各式各样的娱乐活动以缓解沉闷的气氛。乐队每天都会演奏，他还鼓励业余戏剧表演，让船员们开怀大笑。

437

1804 年 12 月西班牙终于与法国结盟，战略形势随之发生变化。现在拿破仑有 102 艘战列舰供其支配，而皇家海军仅有 83 艘可以使用，前者准备一劳永逸地解决不列颠。实际上，拿破仑的入侵大军并不准备占领不列颠。大群训练完备的士兵将挺进伦敦，彻底摧毁那里的船坞，在梅德韦、朴次茅斯、普利茅斯亦是如此。不列颠将再也不是海上强国，她贸易国的身份也将随之被毁。到时不列颠就将被他的陆军打回中世纪的状态，然后法国人再渡过英吉利海峡回国。

拿破仑方面存在的问题是，他的船舰分散在数不清的港口里，而这些港口处于不列颠自土伦至北海的封锁圈覆盖之下。不过参照最近的历史，在合适的天气状况下法军是可以突破布雷斯特和土伦的封锁圈的。历史还告诉人们，进攻不列颠种植蔗糖的岛屿和殖民地有助于牵制不列颠海军的封锁圈，因为英军的战舰部署过于分散。如果法国海军各部能合到一处，把力量全部集中到多佛海峡，只消几个小时拿破仑就能把他的陆军运到不列颠。

1805 年有望成为他彻底摧毁主要敌人的一年。

没有英国人明白拿破仑心里在盘算什么。1805 年 1 月 19 日，纳尔逊的 2 艘护卫舰全速赶至阿金库尔海口，告知他法国海军中将皮埃尔·查尔斯·维尔纳夫（Pierre Charles Villeneuve）已经率领一支庞大的舰队离开了土伦，纳尔逊此时只能猜测拿破仑的计划。7 天后纳尔逊接到消息，那支离开土伦的舰队正在亚历山大港，有 11 艘战列舰以及数舰随行的护卫舰。尽管绝大部分船舰已经顶着密史脱拉风服役数年，状态欠佳，纳尔逊还是迅速率队出发了。

纳尔逊优秀的舰长、军官和水手弥补了船舰破旧这一硬件上的劣势。他对他们的评价甚至高于 1798 年时与他同行的"至亲袍泽"。船员们训练后正值巅峰状态，亟待一战。舰长们都是最拔尖的人才。其中包括本杰明·哈洛韦尔和托马斯·哈迪，两位都是经历过尼罗河战役的老将。还有"非凡"号和理查德·基茨，1801 年，这艘船及其舰长与船员曾单枪匹马对阵法西联合分队。纳尔逊分队还有威廉·帕克，他是海军中最优秀的护卫舰舰长之一。两年多的时间里，纳尔逊已经创建起属于自己的完美队伍。

然而，地中海东部没有任何法国人出没的迹象。纳尔逊过分执迷于拿破仑对东方的野心并因此判断失误，不过法军舰队也没往西边去。一直到 2 月底重回撒丁岛时纳尔逊才得知，因

438

为缺少有经验的水手，状态糟糕的船舰遇上大风，维尔纳夫已经返回了土伦。纳尔逊收到汇报称维尔纳夫做好了再次出海的准备，于是他给法国对手设了个套。他率领舰队前往巴塞罗那沿海水域，然后偷偷溜回撒丁岛，只留下护卫舰监视海面动静。纳尔逊笃信，这将迫使维尔纳夫前往马略卡岛然后落入圈套。不过这个计谋被一艘拉古萨的商船给搅黄了。维尔纳夫往马略卡岛北面而去，避开了纳尔逊和他负责侦察的护卫舰。4月8日，法军舰队穿过直布罗陀海峡，第二天它遇上了西班牙舰队。

纳尔逊仍旧认定敌人会往东去，4月一天天过去，却一点法军的消息都没有，他变得非常紧张。维尔纳夫有可能正往英格兰驶去，这些忧虑折磨着纳尔逊，让他睡得不好，吃得也少，而且出现发烧的症状。遇上暴风雨天气，他会整夜待在甲板上看护自己的舰队，这让他浑身都湿透了。到了4月19日，HMS“亚马逊”号汇报说有人看到维尔纳夫正在离开地中海。此时纳尔逊已经落后数百英里，时间上晚了法军一个月。他一路斩风破浪，花了两个星期时间赶到直布罗陀，然后又花了一个星期赶到拉各斯湾。在那里，他却发现法西舰队并未北上，因此对方肯定是在西印度群岛。

纳尔逊下一步该如何行动？法军舰队可能正在攻击不列颠殖民地，真是这样的话他的任务就是追击对方。不过万一这是一个圈套呢？拿破仑可能是在利用土伦舰队诱使不列颠战舰离开本土海域，以便发动入侵。还可能有另外一支不列颠舰队正在追击维尔纳夫。纳尔逊必须根据自己掌握的事实做出判断。他最后决定追击维尔纳夫，以己方11艘不列颠战舰对阵对方18艘船舰。

6月4日，舰队抵达巴巴多斯，追捕行动开始。根据十分有限的情报，舰队决定前往特立尼达拉岛（Trinidad）。6月10日，不列颠舰队到了蒙特色拉特岛（Montserrat）附近。纳尔逊已经基本赶上了他的猎物，他期待着一场大战。距他仅150英里远的是安圭拉岛（Anguilla），维尔纳夫的舰队正停在那里。法军舰队司令收到了纳尔逊正迅速逼近的警报。维尔纳夫在此前的从军生涯中和皇家海军有过多次交手，基本都吃了败仗。在美洲海域，他曾随法国皇家海军在马提尼克战役中抗击罗德尼、在切萨皮克湾战役中抗击格雷夫斯、在圣基茨战役中抗击胡德，之后在桑特群岛之战中再次对阵罗德尼。大革命期间，法国海军其他贵族军官均遭清洗，维尔纳夫则表明了自己在意识形态上的可靠性。他亲眼见证了纳尔逊在1798年8月精彩绝伦的表现，尼罗河战役中他是后路分队指挥官。他不想再遇到这个灾星，于是扬帆往欧洲进发，去为拿破仑的宏伟计划出力。

439

法国皇帝所设战略之要义是把他的船舰从土伦、加的斯、费罗尔、罗什福尔和布雷斯特集合到一起，然后将它们带到英吉利海峡，协助14万人的精锐部队入侵不列颠。维尔纳夫的任务是在西印度群岛引开不列颠各路封锁分队，他本应等候布雷斯特舰队来与自己会合。不过皇帝聪明反被聪明误。新任第一海务大臣巴勒姆大人（Lord Barham，即以前的查尔斯·米德尔顿爵士）说，封锁布雷斯特是“所有进攻行动得以开始的核心动力”。他与安森、霍克的理念是一致的：掌控了西海路，海军实力便可达到鼎盛。皇家海军已感疲乏的封锁船舰仍旧在原地坚守，布雷斯特舰队无法出海。此时维尔纳夫接到的命令是先和费罗尔的船舰会合，然后解除不列颠对布雷斯特的封锁，之后再前往布伦护送皇帝和他的大军横渡英吉利海峡。

纳尔逊率领自己的船舰回渡大西洋，前往直布罗陀。这是整个行动中最考验人的部分。风力减弱、补给不足困扰着英军，不过纳尔逊不容许士气衰颓。两年多的时间里，他与饱受恶劣天气折磨的船舰坚守在土伦附近，并带领疲乏困顿的将士们前往亚历山大，继而再至撒丁岛、穿过大西洋、再返回西印度群岛保护这里免受法军劫掠，这是领导能力和舰队管理上的巨大成功。

纳尔逊派出一艘史鲁普船向海军部进行汇报。途中它发现维尔纳夫正前往费罗尔，而非纳尔逊预计的加的斯。这项至关重要的情报被带到了新任第一海务大臣巴勒姆那里，他立刻察觉到其中重大的战略意义。法军兵锋所指根本就不在埃及，他们是想往北和西班牙人会合，这预示着法国人将要入侵英格兰。他下令罗什福尔附近的封锁分队前往费罗尔，海军中将罗伯特·考尔德爵士（Sir Robert Calder）正率领 15 艘战列舰在那里候着维尔纳夫。7 月 22 日考尔德拦截住法西舰队。那天下午他们在一片浓雾中交战，翌日双方继续交火。考尔德俘获 2 艘西班牙战舰，维尔纳夫则进入了费罗尔。可怜的考尔德因为没能彻底分出胜负而遭到新闻界的粗鲁指责，并被召回国内述职。只有在考尔德被“及时”调职后，我们才得以看清他在阻挠拿破仑方面起到的作用。

因为拿破仑本想进行秘密登陆，打英方一个措手不及，所以维尔纳夫本应在广袤的大西洋中突然出现并搅乱皇家海军。他应该把布雷斯特舰队从围困中解救出来，然后为帝国海军扫清路上的所有障碍，并为迅速穿过英吉利海峡的拿破仑提供庇护。但现在的问题是，所有人都知道了维尔纳夫的行踪。纳尔

440

逊穿越大西洋时，一路都在追他，而且考尔德已经成功阻挠了他解救布雷斯特舰队。

现在维尔纳夫清楚地看到了现实，在他和拿破仑之间是强大的皇家海军本土舰队，他背后还受到纳尔逊威胁。他知道原先的计划已经泡汤了，于是向加的斯进发。当他往南航行时，纳尔逊正在北上，差那么一点他们就撞上了。之后纳尔逊和考尔德于布雷斯特沿海的康沃利斯会师。不列颠的门户牢牢关闭并插上了插销。

8 月 18 日，纳尔逊回到英格兰时受到了英雄般的欢迎。8 月 23 日，拿破仑狠狠咒骂了自己的海军，然后离开了布伦。入侵威胁解除了。

纳尔逊在不列颠待了不到一个月的时间。两年多来他一直在盘算着如何彻底击败拿破仑的海军，现在他准备好了。

1780 年身处西印度群岛时，纳尔逊有一次发烧了，在威廉·康沃利斯的照料下才恢复了健康。1804 年 12 月，他写信给海军上将康沃利斯，重提那时他们的谈话："我觉得我从您那里感受到的一些情感，对我的海军生涯有巨大的帮助——只要和法国人一直战斗下去，我们总能把对方打垮。"他此时正是以这种志在必得的精神感染着他的舰队。他告诉舰长们，他得尽自己所能把舰队带到敌人那里，越近越好、越快越好，这是他的职责。"我可以清楚感觉到，那些我有幸做他们指挥官的海军舰队司令官和舰长能自行补上我没能打出的旗令，因为他们非常清楚，我的目标是打一场彻底决出胜负的近身战，所以我一个字都不需要多说。"

1805 年 9 月，他开始关注更细节性的东西。10 日那天，他用指尖在前首相西德茅斯勋爵（Lord Sidmouth）的桌子上简要演示了自己的计划。“罗德尼在敌军阵线上破开了一个缺口，”他说，“我将破开两个。”

人们一直以为纳尔逊指的是罗德尼著名的大捷桑特群岛之战，不过这个看法肯定错了。在那次战役中，罗德尼在敌军阵线上破开了两处缺口，纳尔逊应该是知道的。他指的应是1780年罗德尼在马提尼克附近输掉的那场战役。罗德尼本打算集中力量攻击对方阵线的某一处，以瓦解法军阵形。他的旗舰确实冲过了敌军阵线，可是后面一艘战舰都没有跟上来。此时，1805年，纳尔逊正谋划着类似的方案。他准备分两路进攻法西联合舰队，每路打头的是舰队中体积最大的重火力战舰。在关键节点处他将部署大量火力极为凶悍的不列颠战舰，

441 它们在轰开敌军阵线后将从上风位转到敌方舰队的背风位置。这用的是当初豪在“光荣的6月1日海战”和邓肯在坎珀当战役中开创的打法。

纳尔逊向舰长理查德·基茨阐述了他的方案。“你觉得这个方案如何？”他问道。[8]基茨逊狂放大胆的想法惊得说不出话。战斗开始时，每路最前面的战舰在抵达敌舰身边之前会遭到毁灭性的轰击。“我来告诉你我是怎么想的，”纳尔逊自问自答，“我觉得这么做出其不意，能搅乱敌军阵脚。他们不知道我们准备怎么打。战斗场面将会极其混乱，这也正是我想要的。”他最希望达到的目标就是全歼敌军。为此他花了数年的时间观察法军和西军。他知道，一旦他的战舰开到了对方近身处并封死退路，皇家海军的火炮将势不可挡。他称自己的战斗预案为“纳尔逊之触”（Nelson Touch）。

他担心自己执行此计划为时已晚，为此而焦躁不安。科林伍德和卡尔德带领的一支不列颠中队正候在加的斯附近，监察

法军动静。军官和水手中的许多人也和他一样焦躁。“纳尔逊勋爵还会再出现在我们这儿吗?”[9]爱德华·科德林顿（Edward Codrington）写道，他是“俄里翁”号（74）的舰长。“我急切地希望他会，这样我这辈子就有机会看到这位总司令如何在现状允许的情况下，竭尽所能把原本艰难且令人厌烦的军中生活变得受人欢迎，而且他总是率先垂范、提振众人的精气神，这是眼下不可或缺的。”

纳尔逊对新加入的这支加的斯舰队了解并不多，他只认识一小撮舰长。托马斯·福利曼特尔（“海神”号，Neptune，98）、海军中将科林伍德（“君权”号，Royal Sovereign，100）、托马斯·路易斯（“老人星”号，Canopus，80）、爱德华·贝里（令他放心的“阿伽门农”号），这些是他的老朋友，还有另外三人在过去两年里和他一起在地中海待过。“安菲翁”号（32）舰长威廉·何斯德（William Hoste）自 1794 年起就跟随纳尔逊出海了，那时他是“阿伽门农”号上的一名见习军官。另外一位护卫舰舰长亨利·布莱克伍德（Henry Blackwood，“欧律阿鲁斯”号，Euryalus，36），在 1800 年阿布基尔湾之战中驾着“威廉泰尔”号对法军最后一艘幸存战舰穷追不舍，给纳尔逊留下了非常深刻的印象。司令官爱惜地把这位年轻舰长视为真正的“纳尔逊战将”——一名深受他战斗精神和战术风格熏陶的军官。

他还不认识其他舰长，也没有多少时间调教他们。甫一抵达，他就撤回近距离封锁加的斯的战列舰，而把他的护卫舰留在了那里并由他信任的亨利·布莱克伍德负责统领。HMS“胜利”号成为舰队的中枢重地，坐镇此舰的是纳尔逊，他急切会见了新入麾下的舰长，鼓励他们重创敌人。

442 纳尔逊的出现令整支舰队都振奋不已，众人对胜利充满信心。为了了解那些舰长，他在旗舰上款待他们。“火星”号舰长（Mars，74）乔治·达夫（George Duff）从未见过纳尔逊，但刚打过照面没多久他就被这位小个子司令官深深吸引住了，“他真是和蔼友善，让我们觉得不论他下达什么样的命令，我们都会欣然照办”。

欢快愉悦的晚宴派对是纳尔逊最偏爱的感情交流途径。没有哪个海军将领能像纳尔逊那样亲近下属，舰长们欣然接纳了纳尔逊的战斗计划，他们渴望着能给法国海军致命一击。

纳尔逊把得到的回复归纳为：“新奇、独一无二、简洁！”关键便是简洁。纳尔逊曾说过他期待的不是“豪勋爵式的胜利”。他此话的意思是，老一辈海军将领们沉迷于高明的花招。他们希望以具体入微的方式指挥舰队战斗，这种不切实际的想法把交战过程搞得过于复杂。“光荣的6月1日海战”中豪表现很好，不过他没能发动起整支舰队一起击垮敌军。1805年，像老一辈将领一样，纳尔逊也乐于阐释计划中所使用的战斗技术。不过他很清楚，自己最重要的任务是提振信心，让众人渴望与敌一战。他信任自己的舰长和水手。

需要特别注意的是，纳尔逊舰队中只有5位舰长曾在舰队作战中统领过战舰，其他舰长还需要接受训练，不过他们眼下有了一个最好的指导者。要想方案奏效，不列颠战舰就必须快速切入战场。在尼罗河时，水手们必须冒着敌人的炮火在战舰高处待到最后一刻。舰长必须维持舰上的纪律，到达敌舰近身之前绝不开火。他们得有一颗冷静的头脑，因为战斗开始后舰长会站在后甲板上。他将独自一人暴露在那里，带领战舰开到敌舰20码以内的范围。

纳尔逊非常清楚，在骤风暴雨般的战场上会有舰长惊慌失措、吓得没法做决定。他们会指望总司令打出旗令，然而战场上硝烟四处弥漫，期待一般都会化为泡影。他也明白，有些舰长缺乏读懂战局形势的战术意识。对此他有一条明确的指令："如果遇到旗令看不清、看不懂的情况，有一个办法总归不会太错，就是让自己的战舰和敌人并肩而立。"[10]

为了百分百确保每艘战舰都能快速主动地投入战斗，纳尔逊给护卫舰舰长亨利·布莱克伍德下了密令。布莱克伍德后来回忆纳尔逊是如何给他权限"不限形式地使用他（纳尔逊）的名号，向任何排在战列线最末的战舰下达我觉得最合适的作战命令"。纳尔逊懂得明智地分派权力，而非无差别地胡乱分派。他相信布莱克伍德对此方案的理解要超过部分战列舰舰长，并且更能推动它的实现。如果布莱克伍德发现任何战列舰正在犹豫是否执行命令，他会命令舰长们用各自能想到的最好办法迅速切入战场。

443

10 月 19 日，维尔纳夫遵从拿破仑的命令驶往意大利。纳尔逊从布莱克伍德那里得到消息后，当即发出信号下令全面追击。他从东南面直扑直布罗陀海峡，准备切断维尔纳夫前往地中海的去路。虽然当时的实际情况是，不列颠以 27 艘战列舰对阵维尔纳夫的 33 艘。不列颠水手们焦虑地过了一夜，因为他们担心联合舰队虚晃一枪后又会掉头溜往加的斯。

拂晓时分，舰长科林伍德被欢呼声和舱口水手的喧哗声吵醒。他的属下们争相眺望敌军舰队，等待已久的战斗终于在这个早晨到来了。据"胜利"号的一名水手回忆，从船头看去敌军如同一片森林。维尔纳夫发出排列战列线的信号。

法西联军遇敌时试图施行精巧的战术动作却徒劳无功。面对大西洋汹涌的波涛、轻微的海风，法国和西班牙战舰发觉要列出命令要求的阵形十分艰难。对不列颠来说，做到这一点要容易一些。6 点 15 分，纳尔逊命令舰队分成两支分队。6 点 30 分，他发出信号：准备战斗、逼近敌军。排列战列线时，顺序就依照各艘战舰当时所处位置自然而成。

8 点，法西联合舰队仍旧没有完成战术机动。而分列两排的皇家海军已然逼近联军。维尔纳夫命令舰队所有战舰顺风掉头，转到相反的方向。也就是说，原先的后路变成先锋，原先的先锋变成后路，同时也意味着舰队将前往安全地带，即朝加的斯进发。这个新下达的战术命令导致舰队陷入一片混乱。战线中有些战舰挤成一团，还有一些露出了空当，成了英军下手的目标。法西联军的战列线凸成了新月形状。

不列颠战舰已经到了离法西联军 5 英里远的地方，水手们收拾船舰准备战斗。他们卸下隔断舱室的壁板，把装备堆垛到一起。船员们的吊床被挂到舷边变成防护材料，牲畜和不必要的物品从船两侧倾倒入海。战舰上的小艇降到水面上拖在大船后面，以免战斗时轰裂的小艇碎片变成伤人的致命凶器。水手们赤膊上阵，用发带包住额头，防止汗水流入眼睛同时保护耳朵。

444

一般来说，交战前都得做这些事。真正让这天早晨与众不同的是，两军的距离在很久之后才慢慢拉近。自两支舰队发现彼此到交战，长达 6 小时的间隔漫长拖沓、让人极不自在，但这留给 3 万名水手足够的时间去默想即将到来的漫天炮火。纳尔逊写了一篇祈祷文，还写了遗言和遗嘱文件。他向护卫舰舰长们下达了最后指令，驾着“胜利”号在队伍中来回鼓舞士气，强调他们未靠近敌人之前绝对不可以开炮。

对属下们来说，准备战舰的例行工作完成之后，最好能找些分散注意力的事情。他们可以在这段时间吃一顿有冷肉和葡萄酒的餐饭。乐队在艉楼甲板上演奏《橡树之心》《主宰吧，大不列颠!》和其他爱国主题的海军歌曲。水手在做最后的准备。一艘船上的水手还跳起了角笛舞。维尔纳夫在他的后甲板上祭起帝国鹰旗，并和麾下军官举行了一场仪式，再次宣读忠于皇帝的誓言。

10 点 50 分，纳尔逊给科林伍德打出信号："传我号令，穿过敌军阵线，阻止他们前往加的斯。"11 点 40 分，他以一套新用的旗令系统向舰队逐字拼出他的命令："英格兰期盼人人都恪尽职守。"不久，他升起自己最爱用的一项旗令："在更近的距离与敌交战。"11 点 50 分，布莱克伍德传令排在战线第三位的弗里曼特尔，告诉他纳尔逊将抢风掉头驶向敌军先锋，不过之后会转向右侧，在维尔纳夫战列线的第 13 艘或第 14 艘战舰处切断敌军阵线。

11 点 56 分，第一炮打响了。特拉法尔加战役正式开始。

注释

1. Nicolas，vol. VI，p. 359
2. Sugden，*Nelson*：*sword of Albion*，p. 673
3. Nicolas，vol. V，p. 437
4. 同上书，vol. V，p. 198
5. Sugden，*Nelson*：*sword of Albion*，p. 699
6. Morrison，vol. II，p. 234
7. Nicolas，vol. VI，p. 156
8. 同上书，vol. VII，p. 241n
9. Bourchier，vol. I，p. 43
10. Nicolas，vol. VII，pp. 90－91

第41章

大战（1805年10月21日）

445

先取得胜利，然后尽一切可能扩大战果。

——霍雷肖·纳尔逊

不列颠战舰悬挂翼帆，以两列分队向法西联合舰队挺进。这些翼帆悬挂在常规船帆旁边，其用意在于延展船帆面积，提升船舰在微风中的速度。

尽管如此，纳尔逊的战舰还是行进缓慢。两队纵列打头的战舰——纳尔逊的“胜利”号和科林伍德的“君权”号——遭受敌军舷炮轰击。“君权”号朝着法西阵线潜行，途中7艘战舰向她轰击，其间只有为了制造硝烟隐匿自己行踪时她才会开炮。

此时我们将视线从战舰和将士们身上稍稍移开一会儿，在正式战斗尚未打响之际，可以看到数量庞大的火力装置一英寸一英寸地进入致命的攻击范围之内。陆地上从未有过此等庞大的火力配备，如果把滑铁卢战役（Waterloo）军队所有的加农炮和特拉法尔加战役中两支舰队的火炮加到一起，陆军火力仅占两者总合的7%。[1]仅“胜利”号的火炮总量就相当于1815年威灵顿公爵（Duke of Wellington）所拥有的火炮总数的67%。

在纳尔逊抵达维尔纳夫所在的敌军中央之前，科林伍德先行赶到了联合舰队后路分队的队首。“快看科林伍德这个英勇果敢的伙计是如何带着他的战舰进入战斗的”，身在“胜利”号后甲板上的纳尔逊说道。[2] 皮埃尔·塞尔瓦勒（Pierre Servaux）是“激情”号（Fougueux，74）上的一名军职人员，他回忆说自己的战舰在“君权”号缓慢接近时发射了100轮舷炮，轰击距离越来越短。跟在科林伍德后面的HMS“贝尔岛”号（Belleisle）在开炮前就有50人阵亡，她接近敌军时所有船员一言不发地守在火炮旁边。船上唯一的说话声就是舰长和航海长之间的对话。

12点10分，科林伍德的猎物近在咫尺，他终于开炮轰击。“然后她给了我们一轮舷炮，对方有55门火炮和臼炮， 447 炮弹狂风骤雨般急速飞来，有大有小，还有火枪子弹，”塞尔瓦勒写道，“我以为‘激情’号被轰成粉末一样的碎渣了。”[3] 接着，“君权”号穿行敌军阵线时扫射了“圣安娜”号（Santa Ana，112）船尾，数十发加农炮炮弹横扫这艘西班牙战舰的整个火炮甲板。敌方有14门火炮在那一轮舷炮猛击之下失去了作战能力。“纳尔逊肯定很想看到这一切!”科林伍德兴奋地大声呼喊。[4]

毫无疑问，英军的战斗方案十分大胆。不过这意味着纳尔逊那些庞大的战舰得一艘接着一艘进入战场。当天刮的微风更增加了这个做法的危险性。科林伍德越过了敌军战线，可到了另一侧后他只能孤军奋战。这时轮到“激情”号报仇了。敌军的加农炮炮弹砸进“君权”号船尾，在她拥挤的火炮甲板上掀起一片腥风血雨，给船舰造成重创。“君权”号的船舵和操舵器被毁，后桅坠落在甲板上，索具和船帆被冰雹一般的炮弹破坏。“君权”号的火炮陷入了沉寂，她升旗请求支援。

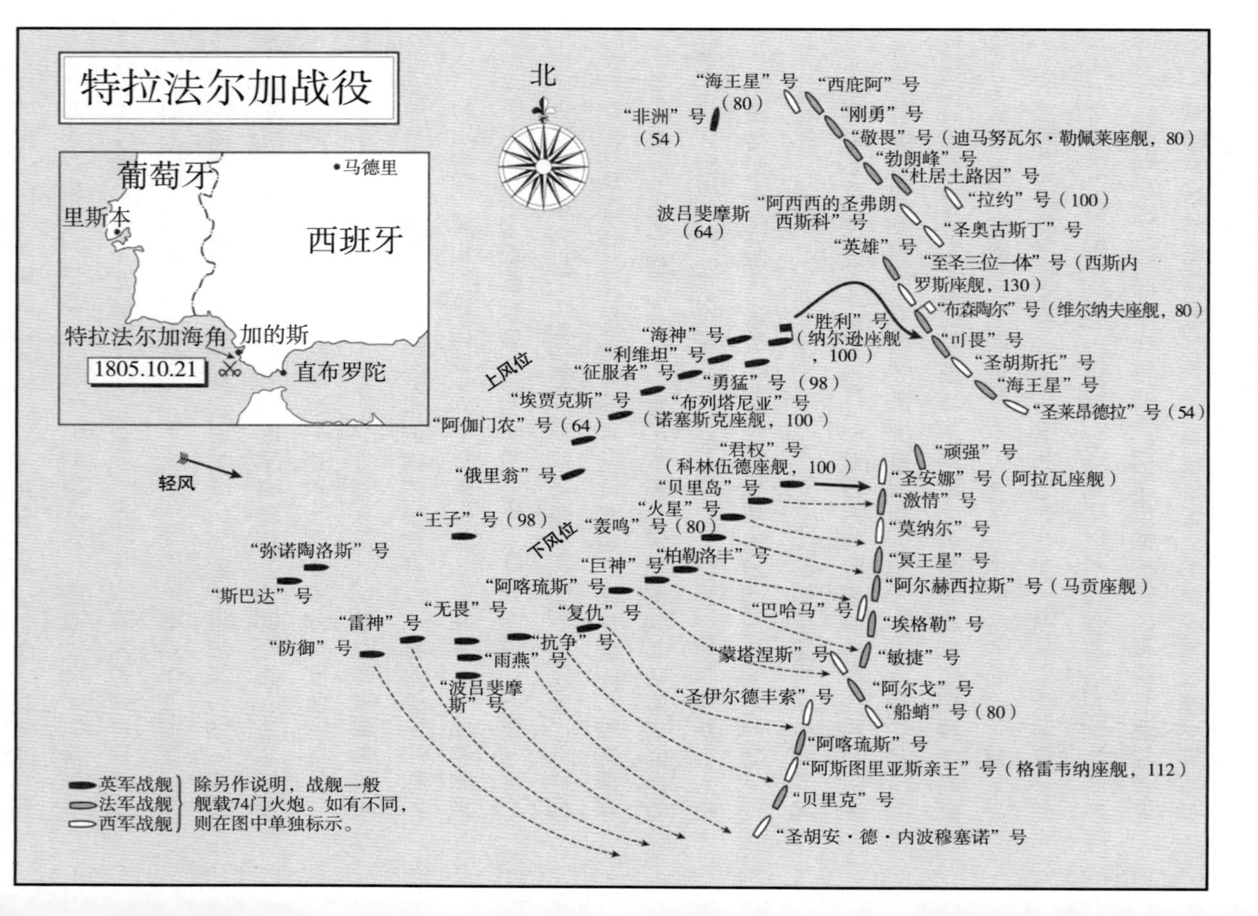

特拉法尔加战役
葡萄牙
•马德里
里斯本
西班牙
特拉法尔加海角
加的斯
1805.10.21
直布罗陀
北
轻风
上风位
下风位
“海王星”号（80）
“西庇阿”号
“非洲”号（54）
“刚勇”号
“敬畏”号（迪马努瓦尔·勒佩莱座舰，80）
“勃朗峰”号
“杜居士路因”号
“拉约”号（100）
波吕斐摩斯（64）
“阿西西的圣弗朗西斯科”号
“圣奥古斯丁”号
“英雄”号
“至圣三位一体”号（西斯内罗斯座舰，130）
“布森陶尔”号（维尔纳夫座舰，80）
“胜利”号（纳尔逊座舰，100）
“可畏”号
“圣胡斯托”号
“海王星”号
“圣莱昂德拉”号（54）
“海神”号
“利维坦”号
“征服者”号
“勇猛”号（98）
“埃贾克斯”号
“布列塔尼亚”号（诺塞斯克座舰，100）
“阿伽门农”号（64）
“俄里翁”号
“君权”号（科林伍德座舰，100）
“顽强”号
“圣安娜”号（阿拉瓦座舰）
“贝里岛”号
“激情”号
“火星”号
“王子”号（98）
“轰鸣”号（80）
“莫纳尔”号
“弥诺陶洛斯”号
“柏勒洛丰”号
“冥王星”号
“巨神”号
“阿喀琉斯”号
“阿尔赫西拉斯”号（马贡座舰）
“斯巴达”号
“巴哈马”号
“无畏”号
“复仇”号
“雷神”号
“埃格勒”号
“防御”号
“抗争”号
“雨燕”号
“蒙塔涅斯”号
“敏捷”号
“波吕斐摩斯”号
“阿尔戈”号
“圣伊尔德丰索”号
“船蛸”号（80）
“阿喀琉斯”号
“阿斯图里亚斯亲王”号（格雷韦纳座舰，112）
“贝里克”号
“圣胡安·德·内波穆塞诺”号
英军战舰
法军战舰
西军战舰
除另作说明，战舰一般舰载74门火炮。如有不同，则在图中单独标示。

遭受重击的“圣安娜”号也获得机会施以回击，其舷炮炮击致使“君权”号一侧翘出了水面，翼帆和升降索也悉数被毁。这艘不列颠战舰孤身遥悬于敌军阵线另一侧。5艘敌舰正围攻着她。见习军官乔治·卡斯尔（George Castle）从船尾一处炮口望出去，“别无他物，只有法国人和西班牙人围着我们，从四面八方对着我们开炮”。[5]

但“君权”号的水手们乃是坚毅的战士，舰队司令官科林伍德下到地狱般惨烈的火炮甲板上鼓舞部下，与他们一同操作火炮。一刻钟后，“圣安娜”号在重击之下投降。

纳尔逊率领自己的分队朝法军先锋开去，然后顺着敌军阵线下行直至找到维尔纳夫的旗舰。“胜利”号在开炮之前被法军先锋疯狂轰击。20分钟后，她的船帆上满是窟窿，船桅和帆桁遭受重创，舵轮也被轰成碎片。下层火炮甲板巨人般的舵杆必须要40名水手才能操控。屠戮场面惊怖骇人。深受纳尔逊信任的秘书约翰·斯科特（John Scott）身体被切成两半，他的接替者转眼间也阵亡了。有8名海军士兵被同一发炮弹收割了性命。等到“胜利”号开炮的时候，船上已有50多人牺牲。

敌舰排列得非常紧密，似乎“胜利”号得自己撞开一条路才能越过战线。她的舵盘报废，索具和船帆支离破碎，要完成战术动作不是一件轻松的事。直到12点35分她才在维尔纳夫的旗舰“布森陶尔”号（Bucentaure，80）船尾处找到了空隙。 448

“胜利”号68磅的船首臼炮朝着“布森陶尔”号拥挤的后甲板发射了一枚实心炮弹并射出了500发火枪子弹，然后一轮完整的舷炮扫射了敌舰船尾。火炮发射前装了比平时多2倍甚至3倍的炮弹，轰击时声势骇人，而且发射时距离如此之近，以致站在后甲板上的军官们都被对方船尾的木屑溅到了。

首轮袭击让大约400名法国人和20门火炮退出了战斗，不过“胜利”号随即发现有2艘庞大的法军战舰在法军阵线另一侧候着自己。她遭到“可畏”号（74）和“海王星”号（80）攻击，不列颠旗舰和前者缠在了一起。它们贴得太近了，以至于“胜利”号的火炮已经抵到了“可畏”号的船身。不列颠火炮装载3倍数量的炮弹贴身平射，轰击敌舰腹部。

“可畏”号的舰长和船员们是敌军舰队中的顶尖之属，舰长卢卡斯（Lucas）与手下们演练过登舰技艺，士兵和水手们武装到了牙齿，他们配备了火枪，手枪、军刀，还有手榴弹。法军战舰上的炮兵们弃守炮位，成群集结到甲板上向“胜利”号发起登舰行动。“胜利”号上层甲板上的人几乎被敌人全部射死，只剩船首臼炮死守阵线，陷入绝境。

“君权”号和“胜利”号给敌军阵线两下铁锤式的暴击。两艘船都是顶着重重困难进击到那个位置的。现在它们必须在剩余战舰进入战斗前顶住敌人的凶残攻击。

“君权”号孤身奋战了15～20分钟——尽管身处炮火中央的船员们所感觉的时间要比这长多了——后科林伍德分队的其他战舰才进入战斗。HMS“贝尔岛”号的舷炮喷涌着轰向倒霉的“圣安娜”号，接着是悍勇的“激情”号。后者被数艘不列颠战舰猛烈轰炸，1小时后其船桅、索具和船帆的碎渣铺了厚厚一层。船上此时起了火，任何试图扑灭火势的人都遭到漫天弹雨压制。“激情”号继续开炮，但英军开炮的速度更快，消灭了她大部分炮手。和“贝尔岛”号的对决接近尾声时，这艘法国战舰上一半的船员或死或伤，甲板上唯一剩下的就是那面迎风飘扬的战旗仍然昂然不屈。

科林伍德分队的战舰一艘接着一艘加入战斗。HMS“火星”

号没有沿着“君权”号的脚步，而是转向南行。法军战舰“冥王星”号（Pluton，74）离开她的位置与这艘不列颠战舰交手。HMS“轰鸣”号（Tonnant，80）挨着她留下的空隙穿过，并用自己的左舷炮攻击“莫纳尔卡”号（Monarca，74）、右舷炮攻击“阿尔赫西拉斯”号（Algésiras，74）。“柏勒洛丰”号和“埃格勒”号（Aigle，74）缠住了。“柏勒洛丰”号向“埃格勒”号发射的舷炮轮数如此之多，以致法军炮兵被迫离开下层甲板。而他们刚出现在上层甲板，却发现“柏勒洛丰”号的火炮正仰起炮口要攻击他们。“当（‘埃格勒’号）摆脱和我们的纠缠时，面对我们的扫射她一枪都没有回击，因为她的右舷被彻底打残了。”[6]就在和“埃格勒”号紧紧缠着的同时，“柏勒洛丰”号还腾出手来向“莫纳尔卡”号开火。

449

战斗进行到这个时候，数艘不列颠战舰不得不同时和不止一个对手交战。不到一个小时，敌军多艘战舰被打残，伤亡十分惨重。“柏勒洛丰”号和“巴哈马”号（Bahama）、“蒙塔涅斯”号（Montanes）、“敏捷”号和“埃格勒”号等74炮战舰进行了搏斗。HMS“巨神”号（74）和“敏捷”号交战一个半小时，和“巴哈马”号交战了两个小时。HMS“复仇”号（74）在12点50分加入战斗。她在科林伍德最先侵入敌军战线处以南1英里的地方破开了对方阵线。当时西班牙战舰“阿斯图里亚斯亲王”号（Principe de Asturias，112）的船首斜桅撞上她的艉楼，200名西班牙士兵和水手已经准备好登舰作战。在“复仇”号的臼炮和一排海军士兵压制他们的同时，船上的巨炮还在和另外两艘敌舰交战。纳尔逊试图以船舰数量优势压垮敌军后路，不过由于风力轻微，科林伍德分队只有小部分战舰加入了战斗，结果他们反而成了在数量上被压制的一方。

北面，“勇猛”号（Téméraire）赶上来之后，“胜利”号才从“可畏”号登舰部队手中被救出。“勇猛”号从法军的“海王星”号和“可畏”号当中穿过敌军阵线，扫射攻打“胜利”号的敌舰。“可畏”号恰好陷在两艘火力强悍的不列颠战舰之间，因此再也没有登舰作战的可能了。接着是不列颠这边的“海神”号，她在锁定“至圣三位一体”号（130）前已经攻打过两艘敌舰。此时刚过下午 1 点，维尔纳夫旗舰两侧均有一部分阵线已经因陷入激烈混战而溃散。

特拉法尔加战役打得异常血腥凶残。英军两条阵线中打头阵的 14 艘战舰遭受敌人无数重击。大部分战斗是由这些战舰完成的，它们和数量上超过自己的对手挨得非常近——近到双方可以透过敞开的炮口互相咒骂并用手枪对射。正如纳尔逊所清楚的，不论法国人和西班牙人战斗多么英勇、机动多么娴熟，英军火力都能把他们压得死死的。同时他也清楚，在这项优势得以施展之前，第一批不列颠战舰必将付出巨大代价。下午1 点15 分，距离“胜利”号破开敌阵大约半小时之后，纳尔逊被“可畏”号后桅顶上的狙击手射穿了肩膀。

450 舰队司令被抬到伤员舱。之后几个小时他意识尚且清醒，还能跟进战斗进程。“啊，‘胜利’号！‘胜利’号！看你把我可怜的脑袋搅和成了什么样！”他低声说道。他说这话时“胜利”号刚发射了一轮舷炮，整艘船猛地一震。

纳尔逊被射伤后仅半小时，第一艘敌舰就投降了。维尔纳夫的旗舰“布森陶尔”号——最了不得的战利品——在一排轰击者的猛攻下被迫投降。随后不列颠战舰团团围住了“至圣三位一体”号。下午 1 点 55 分，表现英勇的“激情”号终于投降，“勇猛”号一轮舷炮打哑了她剩余的火炮。

纳尔逊相信皇家海军会恪守传说中的严明纪律，战斗初始阶段的状况显然证明他是对的。法国人和西班牙人并非泛泛之辈，这是肯定的。但不列颠人超越其他所有海军的地方不仅在于他们的纪律，更在于他们面对如此血腥惨烈的战斗时，即使面对恐惧却依旧保持这份纪律的能力。

后来一名法国水手说操控不列颠火炮的肯定是恶魔，因为他们重新装填和发射的速度竟如此之快。不列颠水手以坚韧的决心一刻不停地艰苦工作，他们的脸和赤裸胸膛上汗如雨下的样子可能确实像极了恶魔。炮弹发射后，他们马上把湿海绵伸进去扑灭火星，再迅速塞进弹药筒、加农炮炮弹和填塞物，然后全体组员将之夯实。他们把大炮拉回就位，使之准备好大发凶威。然后新一轮舷炮呼啸而出，炮身猛然后顿。

法军水手无力跟上敌人的发射频率，而且一艘不列颠战舰发射的舷炮轮数越多，对手的回击就愈加艰难。每次炮击之后，法国和西班牙舰队的炮员们都极为疲乏，因此发射下一轮舷炮时会慢得多。结果所有炮员不是被屠杀就是成了残废，火炮也被轰离了座轨。遭到不列颠战舰近距离连续轰炸时，整层火炮甲板的人都可能弃船逃跑，只剩一小撮负伤的倒霉蛋。

“扫射”是一个合适的词。密密麻麻的铁弹进入没有防护的船首或船尾，然后顺着整条火炮甲板弹跳飞掠，场景如地狱般惨烈。近距离战斗时，舰炮长会减少火药的装填量。如果火药太多，炮弹会直接打穿敌舰飞出去。少装填一些火药可以使炮弹冲力减弱，运气好的话它穿破对面船身后会继续弹跳，最大限度地杀戮敌人。“复仇”号第二副官描述了自己战舰的遭遇：

> 炮弹从第三层下层甲板右侧炮口的前方射进来，击中

451

> 那门火炮（32磅）并撞出很大一道凹痕；随后它变换方向以垂直角度击中前桅，桅杆被挖掉很大一块；然后它再次换成水平方向，割下一位名叫格林（Green）的年轻见习军官的头颅；此时右舷前方第一门火炮的滑车处在最前位置，在那里刚装填好火炮的7名水手筋疲力尽，结果全被炮弹杀死，尸体几乎成了两半。之后炮弹以水平方向击中船侧，位置刚好在吃水线上面，上方紧挨着的就是一门火炮的炮尾。[7]

像特拉法尔加战役这样胶着无序的混战，其场面和声响终其一生都会萦绕在参与者的脑海中。见习军官卡斯尔写道，“英勇水手们肢体破碎的样子令人骇然，有些人脑袋的一半被轰没了，还有些人内脏已被捣烂，正躺在甲板上奄奄一息。后甲板和艉楼是杀戮最猛烈的地方”。[8]

对双方成千上万名水手而言，这场战斗犹如炼狱。火炮甲板成了熏得乌黑、硝烟弥漫的火炉。正在战斗的船员因为踩到曾在饭桌上一起吃饭的同伴的鲜血和内脏而滑倒。此等情形下继续操控火炮需要极大的勇气。一名军官指出，战斗的副作用——暂时性失聪和因浓密硝烟造成的无法视物——是有帮助的，因为这些把他们和同伴垂死时的声音和画面隔绝开来。所有人都必须保持自己头脑清醒，填弹、拖动炮身、发射、拖动炮身、填弹……纹丝不乱地一遍遍重复这一机械式节奏。

在喧嚣声和战斗的致命节奏麻木感官之前，最难熬的就是进入战场的过程。这个时候大部分船员除了保持静默以外无事可做。保罗·哈里斯·尼古拉斯（Paul Harris Nicolas）——“贝尔岛”号上一名16岁的海军副官——回忆说，向敌军阵线进发时战舰上一片死寂。[9]只听见炮弹从头顶呼啸飞过的声音和水手被加农炮炮弹击中后的惨叫声，有人的头被整个炸飞了，舰长扑倒在甲板上，但又重新站起。“身边血淋淋的尸体触目惊心，”尼可拉斯回忆道，“耳边充斥着伤员的尖叫声和垂死之人的呻吟。”男孩试图像其他许多人那样躺下，但坚定地站在后甲板上、以身示范的上级副官驱散了他心中的恐惧，让他也敢于同样站立着。“我的经历就是一个明证，暴露在敌军炮火下时指挥官们的榜样作用是多么不可或缺，尤其是在这种艰难处境持续了将近30分钟，其间我们还无法回击之时。” 452

后甲板是整艘战舰上最危险的地方，因为它是每个狙击手和臼炮手的射击目标，但在那个暴露的位置上指挥属下作战，对军官们而言——交战双方均如此——是关乎军威的要事。他们为舰上其余人员定下了基调。其他驻守在火炮甲板上的军官担负着激励士气的责任。战舰破开敌军阵线时科林伍德若无其事地在后甲板上吃着苹果，他还会把属下们聚集在一起度过战斗中的艰难时刻。好的军官会在形势吃紧的时候给船员们搭把手。

差的军官既无法激扬属下的勇气，也无法让他们专心做事。威廉·罗宾逊写过一名只有十二三岁的见习军官的事情。男孩习惯站在炮架上，对自己手下的水手们又踢又揍。他在后甲板上被子母弹射杀时身体支离破碎，“内脏四散粘黏在左舷上”。船员们毫无怜惜：“感谢上帝，我们终于摆脱这个小暴君了。”[10]

军职人员在维系士气上有一定作用，至于他们能否做到这一点则取决于战斗爆发之前他所赢得的尊重。不过打到激烈之时也有其他因素发挥作用。一名水手写道，负责火炮的人能保持原位，一部分原因是慑于驻守在舱口的海军士兵，不过主要还是害怕被伙伴们安上懦夫之名。“我们唯一真实的信条……

就是勇敢、畅快地战斗，把自己的事情做到最好。”[11]有时见习军官为了振奋精神会领着属下们高呼。但大部分人还是被战斗吓蒙了，他们根本无法接受同伴的死亡。

英勇的个人事迹有很多。“轰鸣”号后甲板上一名正在操控火炮的船员大脚趾被射穿，就剩一块皮还和脚连着。[12]“他看向自己的脚趾，然后看着他的火炮，接着又看回脚趾。最后他拿出小折刀给同伴——‘杰克，帮我把那块皮割掉。’‘不，’另一个人说，‘到下面医生那儿去吧，伙计。’‘妈的，我才不好意思为了这点小事就下去找他呢，只管给我把它割了，不过是一块皮罢了。’”

纳尔逊告诉过麾下舰长们，他的职责是尽自己所能，以最有利的方式将他们带入战场。时机是一切的关键，一旦在合适的时间到达合适的地点，舰队司令就可以放心地让将士们顺着数代人积累下来的技术、纪律和韧性见机行事了。一如我们已经知悉的，船员们训练得十分完备，视纪律为生死攸关的大事。

453 不过在此之外，更重要的是他们知道自己会赢，知道自己比敌人强悍，像特拉法尔加这样惊怖骇人的战役中，这份信心自行转变成了力量。不列颠水手养成了逢战必胜的心态，他们有自己的传说，有一部数代人口口相传的历史。他们知道皇家海军在世界上无人可敌。

尽管如此，这场战役却是由其中一小部分战舰打赢的，它们弥补了其他战舰的军官们不如人意的表现。特拉法尔加战役中，部分阵亡英军死于自己人的误射。酿此祸事的舰长们接近战场时突然热血上头，不分敌我地开火射击。其他战舰则受困于糟糕的航行能力，花了很长时间才加入混战，在战斗中起效甚微。纳尔逊分队中，皇家战舰“胜利”号和“勇猛”号有282人伤亡，在它们后面加入战斗的9艘战舰伤亡总计才219

人。科林伍德分队中阵亡、伤残的情况要分布得均匀一些，至少前面的8艘战舰是这样的，而相对来说，HMS“阿喀琉斯”号后面的9艘战舰只损失了很少的人。

法军和西军水手奋战的英勇程度超乎英军所有人的想象，联合舰队中许多战舰一直战斗到船桅全部倾折、几乎没有任何火炮可供他们怒然发射。“可畏”号舰长卢卡斯写道，战舰“已经如此支离破碎，以至于它看上去就像一堆凌乱的残骸”。[13]这艘战舰的643名船员中，有300人阵亡，222人负伤。“就我所知，船上没有一样东西没被炮弹割裂开”，她的舰长如此回忆。及至她投降时，甲板上到处都是被屠戮的船员、船桅残骸和木头碎片，舰载火炮全部报废，6部水泵中4部被毁，所有内部阶梯都碎掉了。

纳尔逊在特拉法尔加战役中走了一步险棋，他在仅有微风的情况下分两队发起进攻。众战舰以英尺为单位向敌军阵线挪动，途中暴露在扫射的炮口之下。不过舰队司令太了解他的敌人了。联合舰队的船员们没有信心，对自己的长官感到失望，缺乏炮击演练，在战斗经验上处于劣势。法军和西军的炮手准头很差，而且开炮时用的还是老式火绳，相比之下英军用的却是燧发器。这一点在1805年10月21日至关重要。猛烈的大西洋海浪使得战舰摇晃起伏，经验更胜一筹的不列颠舰炮长能够精确控制发射时间，所以他们的火炮可以直射敌军船身或甲板。法军和西军炮手则没有此种控制手段，火绳燃烧时慢得让人心焦，使得开火命令和火绳点燃弹药筒之间产生了时间差。如果船摇晃得厉害，舷炮就可能射太高飞上了天或者射进海里成了废炮。这已经够糟糕了，不过更糟的是，当两艘法舰或西舰试图从两侧轰击中间那艘英舰时，炮弹经常会越过英舰误伤友军。 454

数小时战斗后，充当攻城槌的领头英舰已经成了漂浮的残骸。HMS“火星”号船尾遭受多艘敌舰扫射，舰长阵亡，船桅断折，她漂流着离开了战场。尽管如此，这艘受破坏最严重的英舰的伤亡人数还是远低于对方战舰。“火星”号 615 名舰员中有 29 人阵亡、69 人负伤。10 艘不列颠战舰的伤亡率在 10% ~20%，仅有 2 艘战舰的伤亡率超过 20%，* 15 艘战舰伤亡率低于 10%。

相比之下，联合舰队的数字就触目惊心了。维尔纳夫舰队有 18 艘战舰阵亡比例超过 20%，其中 9 艘伤亡率达三分之一及以上。联合舰队中 8 名舰长、2 名舰队司令官战死，而英军方面为 1 名舰队司令官、2 名舰长战死。皇家海军船员们的战意愈加高涨，并能够继续保持战舰正常运转。最重要的是，每隔一段时间就有一艘新的战舰抵达并加入战斗，英军的压力越来越小。随着战斗愈加陷入混乱，战舰和同伴之间失去联系，联合舰队的船员们斗志越发低落。

一众缺乏战术意识的军官辜负了联合舰队中那些普通的水手们。维尔纳夫早先就预料到了纳尔逊的战斗方案，他试图用 12 艘战舰列出一支“观察中队”来应对纳尔逊。这将是一支可以快速行动的储备力量，一旦战线某处情况危急就会前去支援。

不过真到要用它的时候，观察中队丝毫不像法军阵线的一支机动力量，它反而晃晃悠悠加入了后路军。与纳尔逊相似，维尔纳夫给予麾下舰长自主权，让他们自行决定以何种方式在

* HMS“柏勒洛丰”号有舰员 522 人，其中 28 人阵亡，127 人负伤。HMS“巨神”号舰员有 571 人，其中 40 人阵亡，160 人负伤。这两艘的伤亡比例都约为三分之一。HMS“胜利”号的 821 名舰员中有 159 人或死或伤，大约是整体人数的五分之一。

何时战斗。战役初始阶段，维尔纳夫发出信号要求船舰来支援他。如果他们能依照这个命令行事的话，“胜利”号以及后面一艘接着一艘进入战场的英舰就会被团团包围，这样纳尔逊对中军的大胆进攻就会遭到逆转。不过维尔纳夫被自己的舰长们无视了，他们固执地守住自己的阵位，使战斗陷入混战局面。455除非联合舰队能相互协作，以某种方式组织反击，否则这种情形下不列颠总能占住优势。

然而，联合舰队中没有任何一个舰长或舰队司令认得清战场局势。法军先锋延误时机，没能掉头支援它后面遭遇猛攻的战舰。下午 1 点 45 分，海军少将迪马努瓦尔（Dumanoir）下令分队掉头。这一实战案例再次说明了为什么复杂的操作在战斗中难以运用起来。因为有时一艘船会碰上另外一艘，这让其他船舰花了很久时间掉头，从而给了英军时间，利用少数几艘可用的战舰临时列出战列阵形，阻挡迪马努瓦尔反攻破损的英军战舰。迪马努瓦尔远距离轰击被英军俘获的西班牙战舰，志得意满。

维尔纳夫指出了他的舰队和英军舰队之间的一个主要差异：“对任何其他国家而言，没了纳尔逊这样的指挥官都是无可挽回的损失，不过加的斯附近的这支英军舰队中，每一名舰长都是纳尔逊。”

临终前，躺在舱室床上的纳尔逊听到麾下水手们的欢呼声，他问这是什么意思。人们告诉他，每当不列颠战舰俘获一艘敌舰他们就会欢呼一次。下午 2 点 35 分，舰长哈迪下来探看他的舰队司令，纳尔逊粗声道：“哈迪，打得怎么样了？”

“非常好，勋爵，”哈迪回复道，“我们已经俘获了 12 艘或 14 艘敌舰……”

下午 3 点 25 分哈迪再次出现，并报告说已有 14 艘或 15

艘战舰投降。“那是不错，”纳尔逊沙哑着声音说，“不过我指望能有 20 艘呢。”

纳尔逊没能等到最终数字就死了。他的舰队俘获了维尔纳夫 33 艘战列舰中的 18 艘。没有一艘英方船舰被击沉或摧毁。连同纳尔逊在内英方有 458 人阵亡，1208 人受伤。法军有 2218 人阵亡，1155 人负伤，4000 人被俘。西班牙方面有 1025 人阵亡，1383 人负伤，4000 人沦为囚犯。

11 月 4 日，随迪马努瓦尔逃走的 4 艘法军战舰在奥特格尔角（Cape Ortegal）附近被俘，特拉法尔加战役彻底决出了胜负。

射击一停止，因战斗而产生的麻木恍惚就涌了上来。那是恐怖的时刻。正如舰长科德林顿回忆的：“我曾警示过我的军职人员，和战斗之后的疲乏、焦躁、心理压力比起来，战斗本身算不了什么。”[14]副官尼古拉斯描述战斗结束后的“贝尔岛”号说：“上层甲板一片混乱恐怖的样子。船桅、帆桁、帆布、缆绳和残骸碎片散得到处都是，每一处都覆盖着血液和破碎的尸骸，没有什么场景比这更吓人了，如此巨量的木屑碎渣，让人感觉像是置身散布木楔的造船间。”[15]威廉·罗宾逊回忆道，船员和军官蹒跚着在船上各处询问他们同伴的下落。

456

之后他们不得不把同伴们的尸体抛入海中。纳尔逊逝世的消息传到了船员们那里，罗宾逊写道：“他受人尊崇，在其麾下作战，每个人都相信自己必能迎来胜利。”[16]“君权”号的一名水手回忆说，从未与这位伟大的司令官谋面让他既难过又庆幸，难过是因为纳尔逊是一位国家英雄，庆幸是因为他无法理解为什么坚强的“杰克”们会呜咽得如此厉害，用他的话说就跟“软蛤蟆”似的。他觉得吊诡：“上帝保佑！伙计们打仗的时候跟恶魔一样，坐下来却哭得跟小姑娘似的！”[17]因为他从未感受过纳尔逊的魔力。

这是最能彰显纪律的时刻，尤其是10月21日的夜晚。一场飓风正在酝酿，还处在炮弹休克和耳聋之中、又畅饮了朗姆酒的船员们着手修补船舰，苦干了一整夜。他们从舷边取回自己吊床的时候（之前它们被堆在这里防御敌军炮弹）发现上面布满了窟窿。

特拉法尔加战役使得不列颠成为绝对的海洋霸主，不过并非战舰铸就了皇家海军的伟大。1805年，战役开始前，海军正处于低谷。圣文森特卸任第一海务大臣之后，几乎没有正在服役的战舰，能用的船舰状况也十分糟糕。

铸就皇家海军之伟大的是那些操控舰队的人，这些人上至舰队司令，下至船上的年轻孩子。只要掌握了航海技术和火炮射击这些基础要素，其他的事情水到渠成。皇家海军在特拉法尔加证明了自己的不可战胜，不仅是因为法军和西军水手已经在港口里受尽了煎熬，也因为英军船员在这些港口外面一刻不停地辛苦工作。经年累月的封锁任务让皇家海军的水手们变得坚毅，他们的技艺得到磨砺，被打造成训练有素的整体。团队合作、纪律、勇气，这些让皇家海军超越了世界上其他任何一支战斗力量。把这一点阐述得最生动详细的莫过于维尔纳夫旗舰舰长的回忆了：

> 最令我吃惊的是他们在战斗结束后的举动。当时刮起了大风，英军立刻开始秩序井然地收缩船帆、卷起顶帆，似乎他们的战舰根本没有经历过一场生死恶战。我们都惊呆了，困惑于英格兰水手到底是由什么制成的。我们所有的水手不是醉了就是残废，而我们这些军官拿他们一点办法也没有。我们从未见识过如此干净利落的行船动作，我

457

永远不会忘记他们。[18]

注释

1. Sugden, *Nelson: sword of Albion*, p. 794
2. Fraser, *Sailors*, p. 249
3. Fraser, *Enemy*, pp. 213 - 214
4. Fraser, *Sailors*, p. 249
5. *Times*, 1912 年 10 月 21 日
6. Rodger, *Command*, p. 451
7. Lieutenant P. J. Pickernoll，见于 *The Nelson Dispatch* (Journal of the Nelson Society), vol. VI, part 10 (April 1999)
8. *Times*, 1912 年 10 月 21 日
9. Adkins, *Trafalgar*, pp. 114 - 115
10. Robinson, pp. 56 - 57
11. Leech, p. 134
12. Adkins, *Trafalgar*, p. 163
13. 同上书, pp. 150 - 151
14. Bourchier, vol. I, pp. 72 - 73
15. Adkins, *Trafalgar*, p. 220
16. Robinson, p. 49
17. Fraser, *Sailors*, p. 259
18. Dillon, vol. II, p. 52

Ⅳ

称霸、抗争和衰落

1805 ~ 2013 年

简　介

461

“我们正在担心您，长官”，一位海军士兵对刚被从海里捞上来的舰长爱德华·金罗斯（Edward Kinross）说道。1941年，他们的驱逐舰（destroyer）在克里特岛附近被纳粹德国空军（Luftwaffe）炸沉。90名生还者已经抓着残骸和救生艇漂流了数个小时，而且隔一段时间就会有德国飞机飞过来进行低空扫射。金罗斯是最后一批被救者。“早饭前畅快地游个泳是再好不过了”，金罗斯用音调短促的口音回复道，他正走过甲板为浑身湿透且负着伤的属下们振奋精神。

金罗斯是一位典型的不列颠海军舰长——坚忍、有威信、低调、活泼机智。当然，他只是诺埃尔·科沃德（Noël Coward）在自己1942年的电影《与祖国同在》（*In Which We Serve*）中创造的角色。科沃德撰写了剧本并亲自饰演金罗斯，这个人物的原型是他的密友——舰长路易斯·蒙巴顿勋爵（Lord Louis Mountbatten），他的驱逐舰在克里特岛战役中被击沉。

甲板下面，代表“沥青杰克”的角色是操伦敦腔的二等水兵（Ordinary Seaman）“矮个子”布莱克，由约翰·米尔斯（John Mills）出演。救上金罗斯后，一名海军士兵议论说他们可能会被带到亚历山大港去。“参加海军，见识世界。”他带着鼻音说道。“在我看来，那里会是另一个世界。”“矮个子”振奋地反驳。当时驱逐舰正遭受新一轮空中轰炸，因而没过一会儿他就兴味索然了，因为战舰正遭受轰炸自己却只能干坐着。“打起精神来，想想纳尔逊”，军士长（Chief Petty Officer）沃尔特·哈迪（Walter Hardy）以他英格兰西境的口音粗声说道，令人听着安心。“是啊，看看他什么下场”，“矮个子”回道，引得周围一片哄笑。

约翰·布尔（John Bull）是一个融合了很多元素的人物。“沥青杰克”给了他面对逆境时的乐观精神和直率的说话方式，海军军官给了他坚毅沉着，以及面对危机时的沉着冷静和自律，此外还有少许俗气。

当国家正在生死存亡的边缘挣扎时，像《与祖国同在》这样表现海军军官和士兵的电影振奋人心。电影开头有一行字：“这是关于一艘船的故事……”但它其实包含了更多的东西，正如《纽约时报》（*The New York Times*）的影评人博斯利·克劳瑟（Bosley Crowther）所指出的，《与祖国同在》“是在完整地表达遭遇艰难时的民族勇气”。影片聚焦于虚构的HMS“托琳”号（Torrin）上的船员，不过它意在回顾不列颠海军激荡人心的全部历史，以及民众被四面围困时海军在国家防御中所扮演的堡垒角色。这一永恒的精神被克劳瑟识别了出来：“它抓住了一艘生命力强盛的战列舰所带给人们的‘感觉’——她掠过海水的船身、大型机关炮的重击声、战斗和平静场景的穿插搭配和舰桥上井然的秩序。”只要稍微改一下用词，他其实就是在讲述基伯龙湾或尼罗河战役中的不列颠水手。

462

身处这场全面战争中心处的皇家海军被架得很高，它象征着几百年来逆势抗争的努力和不列颠岛的独立。民众自发的支持对海军而言是恩赐，不过也可能是负担。不夸张地说，人们期盼着海军创造奇迹，这可以被称为“特拉法尔加综合征”

或者“无敌舰队奇迹”，即相信海军总能完成决定胜负的一击并挽救整个国家。另一部二战时期的海军主义宣传电影《乘风破浪》（*Ships With Wings*）中，有人怀疑飞机是否能从一艘被炸烂的航空母舰上起飞，一名准尉以一句“纳尔逊把‘不可能’这个词踢出了我们的信号手册”让他离任。特拉法尔加的魔力同样也在影响着敌人。1916 年日德兰半岛战役后，伟大的德国海军将领赖因哈德·舍尔（Reinhard Scheer）写道：“英格兰舰队有一项优势，它有数百年的光荣传统，这让他们每个人都因辉煌的过去而怀有一种优越感。”

难怪伟大的海事小说家们——重要的有舰长弗雷德里克·马里亚特（Frederick Marryat）、C. S. 福里斯特（C. S. Forester）和帕特里克·奥布莱恩（Patrick O'Brian）——都聚焦于1794 年至 1815 年这段时间。自拿破仑战争之后入伍的军官都不得不活在黄金一代的阴影之下。特拉法尔加战役还助长了一种观点，认为一场大战中只要所向披靡的舰队控制住海洋就能确保胜利。

海军所要达成的期望远不止于此，她披上了战无不胜的光环，是国家防御的柱石、帝国的根基。海军军官成为不列颠特色的一种特定象征，涉及国民性格如此之多的面向，打破了不同阶级之间的壁垒。整个 19 世纪，从贵族阶层和士绅中选取军官的规模前所未见。从威廉四世到威廉亲王，塑造了坚韧、自我牺牲和尽忠职守等国民性格的海军吸引了一代又一代的王公。19 世纪的海军军官是一个优越乃至高贵的群体，参加海军成了时髦的事情，并得到社会认可。尽管如此，其专业方面的高标准仍旧在贵族化过程中延续了下来。不列颠战舰上不容妥协的自律和定时定点的日常惯例是长久积累而成的，贵族的

463

闲情逸致与它们并行不悖。那是一种组合奇异的价值观：有上流社会的做派却又有条不紊，温文尔雅却又有技术能力，崇尚个人主义却又形成集体组织。

在战时，尤其是一场保卫祖国的战争中，海军服役者的身份同国民身份意识交织在一起。从军官到普通海军士兵都是如此。《与祖国同在》中的军士长哈迪——正如他的名字所暗示的——是中下层阶级中一位有社会地位和爱国精神的柱石型人物。

将海军身份认同推进国民生活中心的不只是海军的历史及其举国性的伟大事迹。海军将士能成为国民美德的典型承载者，亦有海军文化的帮助。皇家海军[①]中，坚毅沉着是一项基本要求。经年累月待在海上，恶劣天气和持续不断的危险让船员们变得沉默寡言，有话必须说的时候也都简洁直率。在狭窄的空间里必须要压抑情绪，对战斗中的重大进展和恐怖残酷也需要一视同仁。在不朽的南极探险（1910～1912 年）中，舰长斯科特（Scott）和奥兹（Oates）、上尉布洛尔斯（Blowers）和士官埃文斯（Evans）为海军立下很高的行事标准，让这个传说愈加坚实可信。国家面临绝境时，沉默寡言、坚定刚毅且尽最大努力完成艰难工作的不列颠水手给予了人们安慰。世界性大战中有非常多英勇和自我牺牲的真实例子，它们可以和过去的传说相提并论。1940 年荧幕上冷静威严的军官和愉悦坚韧的水手，将民众和海军的优良传统连到了一起。

不过这并非不列颠真实的样子，而是他们希望成为的样子。海军成为阳刚威猛和爱国精神的典范，在战时确实如此，

---

① 此处原文为 Senior Service，乃皇家海军的绰号。——译者注

而英国现在又正处于衰颓时期，因此这一事实显得更加重要。20 世纪 50 年代一列电影都在颂扬海军：《威震大西洋》(*Above Usthe Waves*)、《血拼大西洋》(*The Battle of the River Plate*)、《轻舟英雄》(*Cockleshell Heroes*)、《沧海无情》(*The Cruel Sea*)、《无可抱怨》(*Gift Horse*) 和《击沉"俾斯麦"号!》(*Sink the Bismarck!*)。海军还成为国民身份意识中其他方面的象征。一艘战舰上的船员们在远离祖国的地方，手中资源有限，得靠团结协作和聪明的头脑才能平安无事，这是一个很有力量的场景。如果说 1945 年之后不列颠元气枯竭，变为衰颓中的世界强国，海军则提供了一种对付衰退的方式。皇家海军习惯了杀出一条血路脱离困境，这是国家需要重新学习的技能。这种关于创造性和个性的理念胜过了单纯的金钱和表面力量，它在詹姆斯·邦德（James Bond）身上得到了最精彩的展现。请注意，他是皇家海军后备队（Royal Naval Reserve）的一名指挥官，和其他现实或虚构的伟大海军英雄一样，他话不多，但只要说话都恰如其分。 464

海军一度是男子气概和行为处事的标准。从一定程度上说，所有武装部队对他们保护的人民都有这样的效用。不过，海军却是大英帝国由盛转衰的时代中人们生活的绝对中心，正因如此它才会对国民性格的塑造产生如此深远的影响。它属于一个我们已经失去的世界。

第 12 部分

权力

第 42 章

信仰（1805～1842 年）

466

> 不管发生什么事情，英格兰的职责就是夺取并守住领导权。
>
> ——托马斯·哈迪爵士，第一海务大臣

“记住纳尔逊。”这一旗语是舰长威廉·霍斯特（William Hoste）在 1811 年 3 月 13 日升起来的，当时他的 4 艘护卫舰分队（2 艘 38 门，2 艘 32 门）正遭遇 6 艘法国和威尼斯护卫舰的攻击（4 艘 40 门，2 艘 32 门）。当时英军正在守御位于克罗地亚斯普利特（Split）附近的利萨岛（Lissa），双方在争夺亚得里亚海的控制权。

霍斯特还是个孩子的时候就在 HMS“阿伽门农”号上跟随纳尔逊出海了，那里是培育年轻军官最好的地方之一。眼下，他对面是实力远超自己的法国部队，其船舷边挤满了陆军士兵。他的信号是在向皇家海军的武神求助，借其威名为自己被围困的手下们振奋精神。

法国－威尼斯分队的司令官贝尔纳·迪布迪厄（Bernard Dubourdieu）进攻时用的是地地道道的不列颠路数。他让舰队分成两条纵列，顺风逼近，并下令不到霍斯特战舰近旁不得开火。他把法国和意大利士兵集结到旗舰“钟爱”号（Favorite,

40）的船头，这个地方正逼近霍斯特旗舰HMS“安菲翁”号（32）的船尾。正当他们准备跃上这艘不列颠护卫舰的时候，霍斯特一声令下，“安菲翁”号甲板上一门榴弹炮开火，里面装有750颗火枪子弹，仅一发就扫清了登舰部队，迪布迪厄和他所有的军官都死于这发炮弹。

迪布迪厄原本计划利用自己的火力优势包围英军，他战死之后指挥权由他的副指挥官接手，不过霍斯特再次做好了准备。他的队伍忽然间一起掉头，往反方向驶去。敌军被他的灵活机动打乱了阵脚，“钟爱”号撞上岩石，其余法国－威尼斯战舰继续追击猎物。“达纳埃”号（Danaé，40）攻打HMS“窝拉疑”号（Volage，22），尽管火力占优，这艘法军战舰却被英军的臼炮击退了。霍斯特的“安菲翁”号一侧遭到法军“弗洛尔”号（Flore）袭击，另一侧遭到威尼斯战舰“柏洛娜”号（Bellona）袭击。一轮迅疾的互射之后法军战舰投降。霍斯特没有松懈，他快速绕过“弗洛尔”号，继续朝着威尼斯战舰扫射，直至对方也宣布投降。另一处的HMS“活跃”号（Active，38）迫使“科罗娜”号（Corona）降旗。

467

霍斯特聪明机智的战术机动彻底摧毁了敌人，他是皇家海军经验最丰富的护卫舰舰长之一，而且熟悉亚得里亚海。从1808年6月开始，他仅凭“安菲翁”号和一艘史鲁普船就主宰了这片美丽的海域。1808年6月23日至1809年圣诞节，他在出海航行以及实施截断远航船的行动中俘获并摧毁了218艘敌船，其中大部分是贸易船只和炮艇；他还端掉了沿达尔马提亚（Dalmatia）海岸线分布的信号站。

经利萨岛一役，亚得里亚海成了他的囊中之物。1814年，他向蒙特内哥罗（Montenegro）的卡塔罗（Cattaro）和拉古萨两地的法军发起进攻。两座城市都位于山下，他调动起水手们的勇武之力和专业技能，把重炮和臼炮拉上了对常人而言根本无法到达的山峰上，法国卫戍部队被迫投降。

一艘不列颠护卫舰凭一己之力就震慑了一整片海岸线。它能够破坏当地贸易活动，极大地阻滞了地面军队的移动。随着战事的发展，海上控制权的益处开始在陆地上显现。及至西班牙奋起反抗法国霸权，不列颠趁机猛攻拿破仑的欧洲帝国。海军可以输送武器和补给，它能以其搭载的少量武装困住敌军大量的地面部队，还可以决定从哪里下手进攻。

特拉法尔加战役后，海军得以专注于劫掠贸易、干扰敌人通信。军中早已有一大批积极主动、技艺精湛的护卫舰舵长，其中最广为人知的是科克兰勋爵，他卓越超凡的航海技术和狡黠机智滋养了从舰长弗雷德里克·马里亚特（他与科克兰一同服役）到 C. S. 福里斯特和帕特里克·奥布莱恩等一众作家。从史鲁普船“疾驰”号（Speedy，14）到护卫舰“傲慢”号（Impérieuse，40），科克兰以超凡计谋和大胆进攻迅速夺下数百艘船作为战利品，并劫掠港口，发动定点清除行动。1805年至 1815 年，海军在法国和荷兰两大帝国攻城略地，让成长中的不列颠帝国日益壮大，其中的要地有开普殖民地（Cape Colony）、锡兰（Ceylon）、塞拉利昂、多巴哥岛、特立尼达拉岛、爪哇、马尔代夫群岛（the Maldives）、毛里求斯（Mauritius）、塞舌尔群岛（the Seychelles）、赫里戈兰（Heligoland）和马耳他。

这些之所以成为可能，是因为法军舰队已被毁于特拉法尔加。拿破仑现有的战列舰都被严密地封锁在港口里。不列颠战舰的损耗数目成为其海洋霸权的有力见证：1803 年至 1805 年间，317艘战舰中有223艘因为海滨和海上因素遇险而亡。天气和敌方海岸线的背风岸比法国海军更加危险。至1810年，不列颠取得海上控制权，布雷斯特被弃置。在没有敌国大型舰队的情况下，她的护卫舰可以不受阻碍地漫游海上，不列颠贸易商依凭海军对世界海洋的主宰权畅通无阻。在盟友丹麦和普鲁士的帮助下，波罗的海是拿破仑尚可遏制不列颠海上优势的地域。1807年，海军向哥本哈根发动进攻，阻止丹麦海军依照拿破仑的意旨行事。9月2～5日，不列颠舰队以大炮和康格里夫火箭炮（Congreve rockets）轰炸哥本哈根。城市毁坏严重，丹麦人有条件投降，整支丹麦－挪威舰队都被交给了英军。动词“哥本哈根式袭击”（Copenhagenise）自此进入军事词典，意思是对港口中的敌国海军进行先发制人的重击。

海军彻底封锁住了拿破仑控制的欧洲。拿破仑施以反击，他掌控下的国家被要求禁止进口不列颠商人售卖的商品。这一被称为“大陆封锁”（Continental System）的政策旨在通过反封锁手段击垮不列颠经济。不列颠的回应是，除非悬挂联合王国国旗（Union Flag），否则任何与欧洲国家进行贸易的船舰都会被禁止。枢密令（Orders in Council）准许海军叫停并搜查任何与之遭遇的中立国船舰。1806年，皇帝迫使普鲁士关闭对英港口，不列颠海军则扣押了700艘普鲁士商船作为回应。欧洲因为缺少来自世界各地的进口物品而遭遇饥荒，工业也处于停滞，经济濒临崩溃。不列颠则正相反，她在商业和工业上出现空前的爆炸式增长。利用海军在世界海洋和欧洲海岸的霸权，它可以靠走私获得任何想要的东西。不列颠商人掌控了欧洲贸易。

这一霸权统治引得不列颠人四处树敌，其中最重要的是美利坚合众国。不列颠的专横霸道触怒了美国人：英国欺压她的水手，搜查她的船舰，而且禁止其与欧洲大陆的贸易往来。作为贸易国家的美国也像法国、普鲁士、荷兰和丹麦一样正面临着毁灭的命运。1812 年，不列颠与美国宣战。

大西洋上，美国护卫舰舰长在航行和战斗上完胜他们的对手不列颠，不过他们的胜利未能阻止皇家海军对美国大西洋海岸线实施禁运。总之，1812 年之战对于海军无关紧要，其大部分兵力正集中在欧洲。1814 年法国破产，她的海外帝国烟消云散，经济大为受挫。“如果有人想要了解这场战争的历史，”威灵顿公爵说，“我会告诉他们，是我们的海上霸权给了我维系陆军的力量，而敌人则无法做到这一点。”[1]海军把法国死死掐住，同时联盟陆军对拿破仑帝国施以雷霆之击。在更早的战事，比如西班牙王位继承战争中，也是海军霸权铺展开通向胜利的道路；但这是一段漫长的跋涉。

469

1815 年 7 月 15 日，拿破仑登临“柏勒洛丰”号，这艘船曾参与过封锁艾克斯水道（Aix Roads）的行动。舰长吃惊地发现自己是在接受一位皇帝的投降。那是有象征意义的，因为拿破仑正向一艘参与过漫长而又枯燥乏味的封锁大西洋海岸行动的不列颠战舰投降。

世界上已经没有可与皇家海军一战的舰队了。至 1817 年，不列颠仅 13 艘战列舰还在执行任务。著名的战列舰，例如“勇猛”号和“柏勒洛丰”号，被派作他用。它们成了监狱船、新兵被分派船舰之前暂时住宿的收容船、警戒船以及食物补给仓库。海军力量的主体部分是由护卫舰、史鲁普船、炮舰和布里格帆船组成的 8 支中队：北美中队、南美中队、西印度中队、西部地中海分队、东部地中海分队、西非分队、开普殖民地分队和东印度分队。

不列颠站在了成为一个伟大帝国的开端上。回看1763年，不列颠打赢了一场欧洲大战，然后立即转移目光着手建立全球帝国。那时，在猝然释放的自信心作用下，海军战舰被派到世界各地守护殖民地，之后20年里该计划的种种愚蠢之处暴露无遗。不列颠之所以会失去她的美洲帝国，很大程度上是因为欧洲大陆上的敌人在欧洲海域的战列舰数量远超于她。在战术上影响不大的韦桑岛战役反而可能是历史上意味深长的海战之一。这场战役之后不列颠失去了欧洲西部海域的控制权，这意味着不列颠是在被敌人用匕首抵着自己心脏的情形下参加美国独立战争的。加之海军没能阻止武器从欧洲出口到北美，不列颠最终失去了她的第一个帝国。

那是惨痛的教训，在之后的战争中海军的头等大事就成了守护本土海域并在紧邻欧洲大陆的战斗中击败敌人。一个令人瞩目也值得强调的事实是，1782年的桑特群岛之战是1944年以前不列颠主力舰队在欧洲海域及地中海以外进行的最后一场战斗。 470

然而这段时间里，不列颠建立了世界上前所未有的大帝国，主力舰队一直都停留在欧洲海域，守卫不列颠不受侵袭，在殖民地对头的家门口击败抑或威吓他们。威廉·霍斯特和托马斯·科克兰的后继者——广布于护卫舰、布里格帆船和炮舰上的指挥官和舰长——在没有战列舰舰队帮助的情况下承担了建造帝国的艰苦工作。小型船舰能随心所欲地在世界范围内活动乃是拜海军在欧洲海域的主宰地位所赐。1807年对哥本哈根的野蛮轰炸也指明了未来的方向。派遣皇家海军炸平主要城市和船坞所产生的威胁，是不列颠在建造她的第二个帝国时手中最有威力的武器。

作为一支灵活的战斗部队，皇家海军让不列颠有能力介入任何被政治家看中的地方。1816 年，已是海军上将埃克斯茅斯勋爵（Lord Exmouth）的爱德华·珀柳（Edward Pellew）以 6 艘战列舰、4 艘护卫舰和大量轰炸船对阿尔及尔进行了长达 7 小时的轰击，为被屠杀的 200 名基督徒渔民报仇。攻击摧毁了整支阿尔及尔舰队。海军中将爱德华·科德林顿在 1827 年介入希腊独立战争，他的舰队有来自不列颠、俄国和法国的 10 艘战列舰、10 艘护卫舰、4 艘布里格帆船和 2 艘斯库纳帆船（schooner）[①]。他在纳瓦里诺岛战役（Navarino）中彻底消灭了拥有 78 艘船舰的奥斯曼舰队。十多年后，1840 年，不列颠地中海舰队向阿卡（Acre）倾泻了 48000 轮炮弹，这次的敌人是埃及的帕夏（pasha）穆罕默德·阿里（Mehemet Ali），阿里从奥斯曼帝国夺走了叙利亚。凶残的轰炸在击中埃及人的弹药库后结束，1100 名士兵死亡，大部分城镇被毁。

这些事件宣示了不列颠的海军力量，让所有人相信它没有衰败枯萎。不过它所做的远不止给那些走了错路、触怒不列颠的统治者立规矩。不列颠在希腊独立战争中的介入是有必要的，其旨在阻止俄国在爱琴海（Aegean）获得一处海军基地。1840 年，不列颠支持奥斯曼帝国对抗穆罕默德·阿里的行动，一定程度上是在警示俄国和法国远离不列颠的地盘。俄国人已经向奥斯曼施以援手，回报是暂时性占领君士坦丁堡——这将动摇不列颠在地中海的地位。法国人支持阿里，而且埃及人日

① 纵帆船，有两根及以上船桅，前桅最短。——译者注

益增长的影响力对英属印度是一个显而易见的威胁。

在阿卡击败埃及人的意义远不止支援奥斯曼人那么简单。471 外交大臣帕默斯顿勋爵（Lord Palmerston）直率地警示他国内的朋友和政敌："……所有那些有城镇在深海战舰射击范围之内的国家，当和我们有任何不同意见时，他们都会记起……1840年……不列颠舰队在叙利亚海岸的行动。"[2]

这话背后体现出的是一个非同凡响的霸权国家。皇家海军是不列颠依照自身利益重新安排世界秩序的利器。有时这利器会被公然示人，比如阿尔及尔、纳瓦里诺岛和阿卡，而更多时候它是隐伏的。拉丁美洲为了从西班牙和葡萄牙那里获得解放而苦苦挣扎，其间皇家海军的南美中队是可以左右局势走向的强大力量。虽然没有正面介入，但它让西班牙和葡萄牙船舰无法自由行动。"只有英格兰——海洋的霸主，才能护佑我们不被欧洲联合军队反攻"，拉丁美洲的解放者西蒙·玻利瓦尔（Simon Bolivar）如此说道。1825年，在塔霍河（Tagus）的不列颠战舰劝说葡萄牙接受古巴独立，这样不列颠不仅能在贸易方面获得颇为可观的收益，而且还占据了道德高地，因为这个国家支持自由政府、立宪政府抗击独裁统治和老弱的帝国。不列颠的干涉有着显而易见的理由，以法律治理并获得人民支持的国家是很好的贸易伙伴，反自由的专制政权对做生意来说是不稳定且有风险的。

在满足她的需要时，自身是君主立宪政体的不列颠会把自己塑造成自由的拥护者。皇家海军以它的火炮和遍及全世界的行动力强化本国的外交地位，这一点在1831年至1833年葡萄牙立宪派和专制派夺权期间显得最为清晰，当时一支由海军上将威廉·帕克（William Parker）率领的小型战列舰中队停留在葡萄牙海岸附近。[3]

帕克是纳尔逊麾下一名杰出的护卫舰舰长，他在葡萄牙沿岸以圆滑老练的手腕和外交技巧自主行事，未开一炮就将事态向不列颠有利的方面推进。不必展示自己会带来严重后果的封锁或者把城镇炸成瓦砾的能力，皇家海军只要在他国海岸线稍微露面就足以影响岸上的事情了。

不列颠想要的是一个可以安全贸易的世界，顺从的、具有合法性的政府对达成这个目标至关重要。不过不列颠也决心结束奴隶制，并具备将之实现的实力。几百年来，不列颠海军和其他的国家海军一样在保护着本国的奴隶贸易。蔗糖是巨大财富的基础，是工业化的燃料，奴隶则是蔗糖贸易的发动机。不过当不列颠在 1807 年废除奴隶制时，她还投身到废止奴隶贸易的行动中，美国也在同年禁止进口奴隶。1810 年，不列颠与葡萄牙签署了一项坚决禁止奴隶贸易的协议，其后她和西班牙、法国、荷兰和瑞典也签订了类似条约。最后巴西也于 1831 年推行了禁令。

472

数十年中，海军在西非海岸线花大力气消灭奴隶贸易，那是一个艰巨且耗费高昂的任务。1807 年，在反对拿破仑的战争打得最激烈的时候，海军只能分出 1 艘护卫舰和 1 艘史鲁普船巡逻西非海岸。1815 年后，维护条约、推行禁令的禁奴中队（Preventative Squadron）成立。从 1819 年开始，中队把基地设在塞拉利昂的弗里敦（Freetown），以阿森松岛（Ascension Island）和开普敦作为补给基地和医院。1818 年乔治·科利尔爵士（Sir George Collier）接管中队时只有 2 艘船，在其努力下 1821 年增至 6 艘，不过 10 年后中队还是只有 7 艘船。

但即使对非洲海岸实行最彻底的封锁，也不足以终止奴隶贸易。不列颠或许算得上海上君王，不过没有哪个大国会忍受不列颠全力施展自己的力量，成为国际海域不可挑战的监管者。战时，交战国宣称有权利叫停并搜查敌国船舰，甚至是搭载敌国货物的中立国船舰。那项权利是不列颠制海权的基石，不过即使是在战时，这种做法也触怒了中立国并造成了不列颠和其他国家的冲突，最为显著的就是1801年与丹麦和俄国、1812年和美国之间的矛盾。和平时期，不列颠不能像交战时期那样随意搜查他国船舰，即使对方是一个破坏他们本国法律的奴隶贩子也不行，那将会激化成战争行为。

不列颠战舰只能叫停悬挂着不列颠国旗的贩奴船。一个未曾言明的事实是，依照国际法，贩奴船属于海盗船，不过其他国家不会同意将海洋执法的独断权交予皇家海军。海洋国家的多数政治家和统治者笃信，不列颠是借扫荡奴隶贸易掩盖其独霸海洋的企图。一个替代解决方案是不列颠和其他海洋国家签署条约，授权双方在协商好的地理区域中，在特定的情况下可行使搜查权。不列颠在1817年与葡萄牙和西班牙签署条约（以巨额贿金作为交换），接下来，1824年与瑞典，1826年与巴西，1831年与法国、丹麦、撒丁岛、汉萨同盟和那不勒斯陆续签订了条约。

这是一个繁重累人、令人沮丧的任务。船员们被蚊子和热带病折磨，这些还只是刚开始遇到的问题。奴隶贸易的禁令使得走私奴隶的回报异常之高，一艘搭载800名奴隶的船可以让贩卖者净赚6万英镑。禁奴中队必须巡逻3000英里的海岸线，其沿途满是水道、河口和沼泽地。贩卖者数量巨大，海军处于劣势，而且贩奴船速度快、火力强，他们用上了所有合法对策

473

和卑鄙手段来迷惑海军，把舰长们拖入无休无止的法律争端当中。如果一名贩奴者被抓住，那么海军指挥官还得把他带到塞拉利昂，在由不列颠裁判官和贩奴者本国法官组成的法庭受审，然后才能没收这艘船。大部分在不列颠强迫之下禁止贩奴的国家并不真正热心于推行他们写在纸上的承诺。很多时候法官是腐败的。海军战舰的指挥官时刻面临着引发外交争端以及因破坏的罪名导致自己被起诉的风险。

法律难题严重阻碍了执法行动。依照条约，皇家海军只能逮捕并搜查搭载奴隶的船舰，而贩卖者为了逃避法律制裁会把他们的俘虏扔下船。悬挂星条旗的船舰是不被搜查的，因为不列颠和美国未能达成互相停船接受搜查的条约，于是贩奴船纷纷悬挂起美国国旗。这算是某种战争行为了，只不过比赤裸裸的生死交战要更复杂、更消磨意志。

禁奴中队是新一代霍斯特们的受训之地。年轻舰长学会了猎捕和追击敌人的技艺。它培养起了巡洋舰指挥官所需要的狡猾与耐心。执行封锁任务所需的顽强意志、如霍斯特一般杰出的巡洋舰舰长所应具备的直觉与灵感，击退贩奴者的任务要求把这些能力融为一体。

并非所有舰长都是坚定的废奴主义者。有些人是支持奴隶贸易的，不过他们所有人都遵从神圣的职业精神，将自己献身于抗击奴隶制度。他们的船舰必须体积小、轻捷且配置轻火力。双桅的斯库纳帆船、布里格帆船和布里根廷帆船（brigantine）[①] 符合上述要求。护卫舰侦察浅水区域时会太显眼，而贩奴船就潜藏在这里装载那些不幸被他们俘虏的人；另

① 一种双桅帆船，前桅配置横帆，主桅配置纵帆。——译者注

外，护卫舰在开阔海域追击时太慢了。领头巡逻的舰长、指挥官和副官们必须独立思考、足智多谋，一则关于一艘卓越战舰以及驾驶她的英勇船员们的故事很好地说明了这一点。

1829年1月，HMS“黑小丑”号（Black Joke）追击西班牙贩奴船“海军上将”号（El Almirante）长达31小时。[4]这艘不列颠布里格帆船曾是一艘巴西贩奴船。她是巴尔的摩飞剪船（Baltimore clipper）①，旧名“恩里克塔”号（Henriqueta），[5]曾6次远航横渡大西洋，搭载过3000名奴隶，赚了8万英镑。474 1827年9月她被HMS“西比尔”号（Sybille）俘获后，由于航速极快而被重新命名后留在海军效力。“黑小丑”号枢轴上安有一门18磅火炮，另外还有一门12磅臼炮，船员57人。1829年，她的对手有14门炮，船员80人。“黑小丑”号的指挥官亨利·唐斯（Henry Downes）上尉连夜追击这艘体积更大、火力更强的船，直到风停时才开始交战，“黑小丑”号用船桨划行进入射击范围。80分钟后，“海军上将”号上包括舰长和军官在内的15名船员死亡，13人负伤。道恩斯让466名奴隶获得自由。

从1828年1月到次年俘获“海军上将”号，“黑小丑”号追击并捕获了3艘贩奴船，一共让1018名奴隶获得自由。她的对手全比这艘英舰大得多，且搭载更多火炮。对中队其他船舰来说速度太快而难以赶上的贩奴船，“黑小丑”号能穷追不舍并与之战斗。4年中，她俘获21艘贩奴船，上面搭载的男人、女人和小孩总计超过7000人。

另一则（其他还有很多）发生在非洲西海岸的英勇事例是

① 19世纪美国制造的高速帆船。——译者注

HMS“秃鹰”号（Buzzard's）俘获“威武”号（El Formidable），后者有18门炮，而前者只有3门。这艘皇家海军布里格帆船用船桨划行，追击庞大的西班牙贩奴船长达7小时后，与之交战45分钟。之后不列颠水手成功登上贩奴船，将其占领并释放了超过700名奴隶。指挥这艘布里格帆船的年轻上尉得到很高的赞誉，他的长官向正在好望角的海军少将禀报：“‘威武’号曾是这里最一流的船舰，而且我觉得自己可以补充一点，那就是在这条海岸线上还没有过比这一次实力差距更大、抵抗更顽强、将士更冷静更勇敢的战斗。”[6]

参与这类服役可以挣得美好前程和财富，不过那是充满艰险的任务。海军面临着疾病和贪婪凶恶的贩奴者的威胁，那些贩奴者会为了挣钱而杀人。贩奴船中囚奴的困苦境况甚至连老练的水手们也无法承受。1831年当“黑小丑”号追击并登上“水手”号（Marinerito）时，已有许多囚奴死于战斗，不久又有26人死去。107名获救者在费尔南多波岛（Fernando Po）登陆时“因为恐惧、拥挤和缺衣少食而生病”，没过几周就有60人死去。

几个月后，“黑小丑”号和“菲尔·罗莎蒙德”号（Fair Rosamond）把两艘贩奴船撵进位于今天尼日利亚（Nigeria）的邦尼河（River Bonny）。上尉拉姆齐（Lieutenant Ramsey）汇报说：“追击途中，我看到他们从船上往下扔奴隶，奴隶的脚踝被铐在一起，他们就这么任由奴隶在水里或沉或浮。”最后，超过150人因此被淹死。贩奴者被带到塞拉利昂的法庭时，直至两名幸存者作证，庭上的人们才相信他们犯了贩卖黑奴的罪。

475

不列颠民众对“黑小丑”号和“秃鹰”号这类建立功勋

的船舰追捧不已。不列颠著名海战中巡洋舰指挥官展现出的狡猾、判断力和航海技术，都是在追捕贩奴船时所需要的。军官和船员必须手持短剑和手枪向更大的敌舰发起登舰作战，一如他们的先辈们在古典风帆海战中所做的那样。

“以贼捉贼。”[7]海军军官如此评述“黑小丑”号这样的船，它是一艘美国制造的飞剪船，比起护卫舰、史鲁普船和10炮布里格帆船，它追捕其他飞剪船时要更轻松。她被称为“奴隶贩子的噩梦、非洲压迫者的灾难”。[8]人们在1832年的一次检查中发现她的船板腐烂，于是下令将她焚毁，这显然罔顾她在一场追赶中打败2艘崭新布里格帆船的事实。中队水手和被释放的奴隶们为她悼念，他们曾向准将弗雷德里克·沃伦（Frederick Warren）请愿使其免受大火之灾。在上任准将弗朗西斯·奥古斯塔斯·科利尔（Francis Augustus Collier）麾下时，1828年至1830年间捕获到的10艘贩奴船中有5艘都是她的功劳，之后两年中她捕获的贩奴船比中队其余船舰加起来都要多。

这场战争漫长、拖沓，且可以想见是无法打赢的。每年有6万人遭绑架并被送到大西洋另一端当一辈子的劳役。与此相对的，海军的禁奴中队——从1819年的5艘船到1832年的16艘再到1844年的21艘——只能竭力抓获其中很小的一部分。1829年是收获特别大的一年，当年有5350人重获自由。1810年至1849年间，海军释放了11.6万名奴隶，也是在这段时间，有100万人或是死于运输途中，或是在奴役中度过余生。

更令人敬佩的是，即便在这种状况下皇家海军也未放弃这项行动，更没有象征性地做做样子。禁奴运动是皇家海军史上最光辉的篇章之一。国家在伤及自身利益的情况下仍旧要铲除昭然无隐的恶事，禁奴运动是此类事情中的明证。正是得益于海军的顽强坚持，他们为一场终将无法取胜的战斗奋战多年，这方面的抗争才始终未曾停息，最终迫使其他国家积极执行禁令。

帕默斯顿勋爵尽自己所能为这些无畏者提供帮助。1835年，他迫使其他海洋国家接受，如果船上没有奴隶却发现了镣铐，或者船只装载了超出船员需求量很多的食物，那么这艘船就可以被扣押并罚没。这给了巡逻者追捕贩奴船更为灵活的空间，也消除了奴贩子在快要被抓住时扔奴隶下船的动机。

476

与帕默斯顿勋爵积极的外交行动相配合，禁奴中队的船舰数量也有所增加。不列颠开始更有效地运用自己的海军实力。许多国家，尤其是那些依赖奴隶劳动力的国家，都不愿意采取措施停止人口贩卖。1839 年，葡萄牙拒绝和不列颠续签禁奴条约。帕默斯顿通过一项法律以示回应。他允许搜查、扣押以及罚没葡萄牙船舰的海军军官可免于刑罚。愤怒的外交官和议员说这等同于宣战，帕默斯顿却觉得没问题，如果葡萄牙想打仗那她会有一场仗打的。“那太好了，她有几处殖民都非常适合我们。”帕默斯顿说。皇家海军会对葡萄牙施以狠手，葡萄牙人清楚这一点。

19 世纪中叶，国际奴隶贸易的罪魁祸首是巴西，绝大部分受奴役者被运到了那里。1845 年，首相罗伯特·皮尔（Robert Peel）通过一项法案，允许不列颠战舰叫停并搜查巴西船只，几若两国已经开战。双方的敌意本就十分明显，但 4 年后帕默斯顿又派遣了一支中队前往巴西海域搜查并逮捕贩奴船。此举激怒了里约热内卢（Rio de Janeiro）政府，皇家海军不但在海上逮捕贩奴者，甚至在巴西内陆水道亦是如此。贩奴船遭到海军少将巴林顿·雷诺兹（Barrington Reynolds）的无情追捕，船即使停在港湾里也被焚毁。这显然已经触犯了巴西主权，是南美版的阿卡轰炸，即皇家海军可以免受惩罚的警告行为。帕默斯顿说一个国家很少会因为不涉私利的原因而放弃有利润的东西：“信仰几乎从未被践行，除非有某种形式的强制力……”[9]如果巴西选择出击，他知道巴西人将不得不让步投降。在这种情况下，皇家海军是一支无懈可击的军事力量，“我们中队通过海事行动，在几周时间就完成了外交照会与多年谈判未能做到的事”。[10]

1850年，仅有11艘贩奴船竭力躲过了海军在巴西的巡逻，但之后还是被俘获了。至1853年，巴西几乎不再有任何奴隶进口贸易。皇家海军轰炸了奴隶贸易中心拉各斯。1862年，林肯允许皇家海军叫停并搜查美国船舰，哈瓦那的美洲最后一处奴隶市场也在不列颠的施压下于1869年关闭。从不起眼之处开始，禁奴中队和不列颠可观的海军力量终结了西非奴隶贸易。之后海军把注意力转向非洲东海岸的奴隶制。

“黑小丑”号刚被焚毁，西非中队就收到一艘崭新的战舰——HMS“冥王星”号，一艘365吨的木制明轮蒸汽机船（paddle steamer）。海军部从1793年起就开始试验蒸汽驱动的船舰，直到1821年才有一艘蒸汽船在海军中被当作拖船使用。葡萄牙内战期间，当时停驻在对方沿海的海军上将帕克（Parker）就是靠定期航行的蒸汽油轮与海军部保持联系的。“冥王星”号属于第一代可用于战争的蒸汽船，她的体型足够搭载4门32磅火炮。明轮船永远不可能取代风帆战舰，它们那一对外轮直径有27英尺，巨轮以及舷侧相应突出的部分占据太多空间，无法安设有威力的舷炮组合。这些船多数时候是用风帆航行以节省煤炭。“冥王星”号赋予禁奴中队的优势

477

是，她可以顺利通过水湾和河道并在无风的时候追击贩奴船，没有任何风帆船舰能做到这些。

发动机已然出现了。不过在19世纪30年代、40年代以及之后很长一段时间里，皇家海军还是一支风帆海军。

但不列颠对海洋霸权和蒸汽动力的结合正在改变世界。新式科技让皇家海军可以通达发展中各国的主要河网，使他们可以在远离公海的地方有用武之地。1824年至1826年间，不列颠炮艇上行至缅甸（Burma）的伊洛瓦底江（Irrawady River），一直开到曼德勒（Mandalay）。

HMS“蛇发女怪”号（Gorgon），1837年

478 海军的船舰由明轮蒸汽拖船“戴安娜”号（Diana）拖着逆河而上。1846年，查尔斯·霍瑟姆爵士（Charles Hotham）的中队强渡巴拉那河（River Paraná），一路穿过阿根廷直抵亚松森（Asunción），此地位于被陆地包围的巴拉圭（Paraguay）。中队此行旨在打开该地区的贸易，这些是风帆战船根本不可能办到的壮举，蒸汽征服了潮汐、风和浅滩。

在第一次鸦片战争（1839～1842年）中，新式动力得到了最为充分的体现。这场与中国的冲突始于1839年，当时两广总督林则徐扣押了价值200万英镑的鸦片，这些鸦片是不列颠贸易商从印度非法进口到中国的。不列颠政府坚持中国政府应当赔偿贸易商，中方拒绝，战争开始。海军上将威廉·帕克带领2艘战列舰、7艘小些的战舰、1艘测绘船舰和22艘运兵船抵达澳门，一到那里他就被泥沼困住了。

帕克的小型舰队中有4艘蒸汽船，其中“复仇女神”号（Nemesis）乃首艘以铁质船身打造的明轮护卫舰，是伯肯黑德钢铁厂（Birkenhead Iron Works）为东印度公司所建造的。她是世界上第一艘铁制战舰，也是第一艘绕过好望角的蒸汽船。不过她的主要优势在于吃水浅，因此可以穿行中国内陆水道。

这彻底改变了海上战争，蒸汽动力为皇家海军打开了河流世界的大门。明轮汽船可能无法搭载强火力，但它们可以拖曳海军声威赫赫的战列舰。帕克抵达之前，“复仇女神”号就已经显示了她的惊人潜力。1841年1月，海军攻打虎门，狭长的海峡布满建有防御工事的岛屿，守卫着这条香港与广东之间的水道。1841年的头几个月，不列颠远征队向虎门炮台发动两栖攻势。

需要征服的第一座岛屿是有一高一低两处炮台防卫的穿鼻岛（Chuenpee）。“复仇女神”号和另一艘蒸汽船轰击高层炮台，同时风帆战舰轰炸底层炮台，一小时后两处炮台均宣布投降。之后“复仇女神”号以火箭炮攻打一支由15艘舢板组成的舰队。“只见‘复仇女神’号第一发火箭弹就射入那艘大舢板……它几乎立刻就被巨大的爆炸炸飞了，船上所有人都被送去了永恒世界，而且它的碎骸如同火山喷射般落下来。”[11]

“复仇女神”号是一件开拓性的现代武器，她好比用来砸开坚果的大锤。中国人再也无法假装自己可以抵挡如此强大的力量。新任两广总督琦善同意广东开埠通商，向不列颠支付 479 600 万英镑并割让香港。不过皇帝拒绝承认他会被野蛮人打败，琦善被罢职，其答应的条件被宣告无效。不列颠继续开战，这一次他们将直击中华帝国的心脏。

海军测绘官绘制了水道图。中国炮台被中队狂猛的火炮完全压制。水手们以他们的悍勇拖着重火炮从侧翼包抄中国防御地点——就像霍斯特 19 世纪 10 年代占领卡塔罗和拉古萨的高地那样。设有 200 门火炮的舟山炮台被横扫，镇海的大型防御工事被炸得片甲不留。不列颠和印度军队由蒸汽船带着进至内陆城市宁波并将之占领，宁波成为帕克的基地。

海军在冬季测绘了长江。帕克收到 10 艘新的蒸汽船以供春季行动时使用。1842 年 5 月，他们进入长江。蒸汽船紧系在战列舰旁边，这是一种强大骇人的新式武器，结合了新式船舰的蒸汽动力和旧式战船的舷炮，它轰开了上海的大门。蒸汽船得以让地面部队和海军部队在关键地点登陆，包抄中国阵地并摧毁沿岸炮台。6 月 19 日上海陷落，这是人们所能想到的最波澜壮阔的海军轰炸与两栖进攻行动。

之后远征队又沿着长江上行了 170 英里。战舰可以穿透内陆进至如此遥远的地方已经超乎人们的想象。现在一切都真真切切地发生了，尽管中国朝廷拒绝承认野蛮人的入侵。7 月 21 日，帕克的队伍在镇江附近抛锚，那里是京杭大运河与长江的交汇处。血腥的巷战之后镇江被占领。帕克此时攻打南京的目标已经很明确了。意义更为重大的是，不列颠中队横跨京杭大运河，这是中国人输送食物的重要通道。经济瘫痪，粮食储存很快就会耗尽，大帝国行将崩溃。

最终，中国皇帝面对现实。依照《南京条约》，中国支付425万英镑战争赔款。广州、福州、宁波、上海和厦门开埠通商，不列颠得到了香港。至此，中国被迫全面暴露于不列颠式自由贸易之下。

轰炸阿卡显示出近海城市已在海军的威胁范围之内。第一次鸦片战争将皇家海军带入内陆。一位早期的香港总督说，不列颠对中国的入侵“是距离最远的军事行动，从世界史来看，在同一半球上超越了亚历山大和恺撒（Caesar）远征，在不同半球上超越了科尔特斯（Cortes）和皮萨罗（Pizarro）”。[12]这番夸张的说法背后隐藏着一个真相：不论好坏，皇家海军已经成为一支改变世界的力量。

480

注释

1. Davies, *Fighting*, p. 181
2. Lambert, ‘Shield of Empire’, p. 171
3. 关于 Parker 请参阅 Lambert, *Admirals*
4. London Gazette, 17 April 1829, p. 710
5. Tinnie, ‘Slaving Brig Henriqueta’
6. *United Service Magazine*, vol. 27, 1838, p. 519
7. Leonard, *Western Coast*, p. 173
8. 同上书, p. 171
9. Bethell, p. 344
10. Ryan, ‘Price’, p. 253
11. Hall and Bernard, p. 126
12. Graham, *China Station*, p. viii

第43章

呼风唤雨（1842～1860年）

481

> 北美和俄国的平原是我们的玉米地，芝加哥和敖德萨（Odessa）是我们的谷仓，加拿大和波罗的海地区是我们获取木料的森林，澳大利亚有我们的绵羊牧场，阿根廷和西部大草原有我们的牛群，秘鲁送来她的白银，南非和澳大利亚的黄金涌向伦敦，印度教教徒和中国人为我们种植茶叶，而我们所有的咖啡、蔗糖和香料种植园都在东印度群岛。西班牙和法国是我们的葡萄园，而地中海则是我们的果园。[1]
>
> ——W. S. 杰万斯（W. S. Jevans）

权力会以不同的伪装示人。很少有国家能达到不列颠在1849年后的20年里所达到的高度。那并非以积聚的疆土或者所辖的人口来衡量的政治权力。不能单纯从规模的角度来判断帝国是否达到了顶峰，皇家海军亦是如此。不列颠所掌控的权力远非如此。

不列颠人世世代代的贸易和殖民活动都以不同的方式受到庇护。自古以来，不列颠周围海域就为本国君主宣示所有。17世纪《航海条例》就是以把外国竞争者赶出殖民地的办法来培育不列颠贸易事业的。议会投票设立关税以保护国内产品，尤其是农产品。不过打败拿破仑后所有这些限制都被一扫而空，不列颠甚至不再坚持海上疆界这一神圣概念：现在她鼓吹的是所有海洋的绝对自由。1805 年，不列颠免除了外国人在不列颠海域必须向皇家旗帜致礼这一陈旧、挑衅的顽固做法。1849 年，《航海条例》废除，帝国全面实行不受任何约束的自由贸易。

此时本国海军力量用于保护维系海上贸易的绝对自由。为了让她的宣言完美实现，不列颠豪迈地舍弃了本国强大海军的 482 一块基石。1854 年，克里米亚战争（Crimean War）伊始，不列颠和法国同意不扣押载有敌国货物的中立国船舰，同时也不会授权私掠船抓捕敌国船舰。1856 年《巴黎宣言》（Declaration of Paris）签订之后，这份双边协议成为海商法的一部分。这是不列颠海权史上具有象征意义的一刻，它标志着海军的根本性转变。起初不列颠能获得海上统治权是靠严密的封锁行动以及叫停、搜查、扣押敌国与中立国航船的交战国权利。在克里米亚战争中，不列颠对维护贸易自由的关注甚于自身海上力量的施展，而且《谷物法》（Corn Laws）废除后她需要依靠俄国的谷物，所以更不能让战争阻碍通商。这个决定一劳永逸地解决了数百年来的私战问题。不列颠海上力量的兴起始于私掠行动，现在它有能力将之舍弃了。更重要的是，不列颠舰长和船员再也不会为谋求惊人财富而巡逻海上，洗劫满载货物的敌国商船，他们为荣誉、责任、爱国和薪水而战斗。

不列颠的商业改革和海事改革旨在把海洋变成每个人都获得安全和利润的地方。他们到处为不列颠商品开辟市场，并且保证不列颠能进口到便宜的外国货物，其中最重要的就是工业扩张所需的原料和粮食。

当然，除非整套运行体系是对自己有利的，否则没有哪个国家会开辟这条道路。19 世纪中叶，不列颠已是世界第一的工业强国，即当时常说的世界工厂（workshop of the world）。伦敦城成为全球经济的中心。由不列颠贷款支撑的政体遍布全球，决定着数百万人的经济命运。航线特许证明从伦敦发放，掮客在这里经办保险金，各种外币在此流通，这里还有买卖全球货物的证券交易所（Stock Exchange）。由不列颠的资本和工程师修建的铁路横贯彼时闭绝不通的大片陆地，他们还在铺设绵延数千英里的海底电缆以连通遥远的大陆。1815 年至 1880 年间，投往海外的资本中 80% 都流向了帝国以外的国家。不列颠建造和拥有的船舰搭载着整个世界的产品。不列颠的威权与自由贸易紧密相连。具备此等工业实力和金融实力，谁还需要形式化的政治权威呢？

483 对皇家海军来说，不论它行至何处，其强大的实力都足以左右当地的政治气候。19 世纪中叶，不列颠不准备再占领和控制新的疆土，除了可做海军基地的便捷的一小块地方。它最需要的是可以输出工业品和资本的市场。“我们唯一想要的就是贸易，”帕默斯顿宣称，“而且土地并非贸易所需，我们可以在属于其他民族的地盘上开展商业活动。占有土地就会涉及民事和军事方面的常设编制与责任。”[2]

不列颠炮艇轰平了所有因政府或挡道官员而产生的阻隔自由贸易的政治樊篱，那是一种无须时常展现出来的力量。只要不列颠海军略有动作、调一艘炮艇逼近就足以使人们神经紧张。那些被不列颠人判定为海盗的势力会被彻底从海上扫除干净。海军水文测绘者为贸易者们打开了海图上尚未标示的海域，海军的炮艇则负责保护他们。

海军警戒守备让身处任何一个大洲的不列颠商人和投资者都可以自信地从事贸易活动，并阻止外国政府妨碍他们的生意。没有任何国家能避开不列颠的自由贸易体系：那是它们为独立和不被干涉内政所付出的代价。像中国和日本这样试图以闭关形式维护独立的国家，都在炮艇无可抵挡的劝说之下被迫加入全球化体系。

19 世纪中叶，皇家海军驻扎在本土海域之外的船舰有 129 艘。它们的分布情况折射出不列颠的利益多寡所在。其中 31 艘部署在所有区域中最重要的一处——地中海。东印度群岛和中国海域总计 25 艘。禁奴巡逻队伍需要 27 艘，还有另外 10 艘停驻在好望角。价值极高的南美贸易由 14 艘战舰负责保护，西印度群岛 10 艘。太平洋上的不列颠战舰有 12 艘。支撑这套部署体系的是海军主要的海外基地：直布罗陀、马耳他、哈利法克斯、百慕大、安提瓜、牙买加、里约热内卢、布宜诺斯艾利斯、开普敦、亚丁（Aden）、毛里求斯、亭可马里（Trincomalee）、孟买（Bombay）、新加坡、悉尼、香港、三明治群岛（the Sandwich Islands）、瓦尔帕莱索（Valparaiso）以及它们之间的驻地，比如阿森松岛、圣赫勒拿岛（St Helena）、福克兰群岛和马尔代夫群岛。

以少量战舰——而且是小型战舰——皇家海军就足以覆盖全球。在中国海域和其他地区，像法国、美国这样的其他海洋大国都得依赖不列颠海军。不列颠 19 世纪中叶的海事策略集中在利用国家影响力打开全世界的贸易大门，方式是通过海洋 484 与江河上的坚船利炮而非陆地士兵。虽然有一些限制，此策略还是获得了极大成功。其着力点在本国影响力而非高压威吓，即便 19 世纪 40 年代和 50 年代在中国海域以及 19 世纪 60 年代在日本施展武力的行为也是从这个角度出发的。尽管有时甚至针对实力强大的国家，海军还会做出实施终极制裁的暗示，但海军很少再全力出手威压他国。19 世纪 50 年代，帕默斯顿清楚地发表过以下激烈言论："美国的海军还不足以让我们忧惧，而且我想告诉他们的是，即使他们诉诸私掠行动，尽管并非我们所愿，我们还是会焚毁他们所有的沿海城镇作为回击。"[3]还有一次，他提出，让不列颠陆军在南部州登陆、煽动奴隶叛变也是可能的。这不过是虚张声势而已，丝毫没有真正实现的可能，不过无论如何这一虚张声势还是有效果的。美国内战期间，一艘美国海军战舰叫停了不列颠邮轮"特伦特"号（Trent），并逮捕了船上两名美国南部联邦的代理人。在由此引发的风波中，连一向主张和平的不列颠政治家理查德·科布登（Richard Cobden）也警告美国议员查尔斯·萨姆纳（Charles Sumner）："在英格兰，我们有一支随时待命的舰队，其破坏力超过世界上任何一支海军军队。"[4]萨姆纳向林肯及其内阁读了这封信，最终南部联邦的人交由不列颠羁押。

让皇家海军的"破坏力"成为全球政治的有力工具，并不需要时常施展它。在不列颠影响力的鼎盛时期，这通常是无须言明的事实。海军扮演的重要角色之一就是在地球的偏远角落"亮出旗帜"。

不列颠能在世界范围内施展霸权而无虞，依靠的是某些可靠基础。和以前一样，保持本土绝对安全是它获得成功的关键所在，换言之，就是彻底控制住英吉利海峡和西海路。

这意味着英国要主宰蒸汽时代。1845 年，HMS"埃贾克斯"号（Ajax）的速度达到了 7 节。1809 年，HMS"埃贾克斯"号建成时是一艘 74 炮战舰，不过此时这艘发展至成熟阶段的战舰被安上了一架用于带动螺旋桨的引擎。自此以后，新建护卫舰均为螺旋桨船，“埃贾克斯”号是第一艘安装螺旋桨的战列舰。螺旋桨改变了战列舰层面的比拼。明轮汽船无法安装完整的舷炮，永远不是精良的老式木制战列舰的对手。而螺旋桨安装在船尾的水下部分，不会妨碍到舷炮。不过因为要腾出空间给引擎，这使“埃贾克斯”号的武器装备要减少至 60 门大口径火炮。她还被精简为单层甲板，撤去了包铜和船桅，代之以应急帆索。“埃贾克斯”号此时成了一艘封锁用船，一座守卫海岸线的移动炮台。皇家海军依旧控制着英吉利海峡。

485

不过海军的优势很快消弭。一如它们在亘古延续的竞争中经常表现的那样，法国海军在掌控新技术方面超过了皇家海军。1847 年，法国海军订购了世界上第一艘专门建造的蒸汽动力战列舰——“拿破仑”号（Napoléon，90）。她于 1850 年 5 月下水，两年后进入服役期。

致使恐慌扩散的还不仅仅是英法之间在战舰方面的差距被缩短。19 世纪 40 年代不列颠对法关系恶化。1848 年，拿破仑的侄子路易－拿破仑·波拿巴（Louis-Napoleon Bonaparte）被选为法国总统（1851 年政变后他成为独裁者，一年后成为皇帝拿破仑三世），形势变得尤为糟糕。这位波拿巴家族的新人雄心超迈，想要重新统一欧洲并将法国霸权延展至全世界，重现拿破仑时代的“无上荣耀”。不过在他达此目标之前，法国海军必须尽最大可能向不列颠本土海域施加压力以遏制不列颠。他取得了开门红。19 世纪 40 年代中期，法国完成了在瑟堡的防御工事，此港口成为其在英吉利海峡中的第一处战列舰基地，同时也是一处为入侵行动准备的军火库。这是不列颠疆域自 1805 年后遭遇的最严重的威胁，而且正如法国人所希望的，这一举动搅乱了不列颠的军事规划并深刻改变了战略形势。更糟的是，“拿破仑”号取代了行动迟缓的封锁船，比如年迈的“埃贾克斯”号。和优秀的波拿巴家族成员以及任何一个优秀的法国人一样，路易·拿破仑最渴望的就是为几百年来皇家海军所施加的屈辱报仇雪恨。

海军部不得不做出应对。这是一场输不起的竞赛。

仅在“拿破仑”号惊艳世界的 3 个月后，皇家海军的 HMS“阿伽门农”号（91）下水。注意，她比“拿破仑”号多了 1 门炮。1853 年 HMS“威灵顿公爵”号（Duke of Wellington）下水，体量是 HMS“胜利”号的两倍，舰载 131 门火炮，速度 10 节，成为世界上最厉害的战列舰。她代表了战列舰的巅峰。

这些船与霍克、豪或纳尔逊时期的荣耀战舰非常相似。对外行人来说，唯一的不同就是主桅前面凸起的烟囱以及为了放置引擎而加长的船身。法国人新建了 10 艘木制蒸汽战列舰并改装了 28 艘旧船。当时人们认为，只要保持住她的海上霸权，不列颠就不会被超越。因此皇家海军新造了 18 艘木制蒸汽战列舰并改装了 41 艘旧船。

皇家海军的实力必须不低于法俄两国海军联合之后的力量，这就是所谓的“两强标准”（two power standard）。最重要的是，它必须重申对英吉利海峡的控制权。不列颠建立了一支以波特兰半岛和奥尔德尼岛（Alderney）——就位于瑟堡外面的英属海峡群岛中——为基地的汽船舰队以应对瑟堡的威胁，一声令下它们就能把此处的法军基地夷为平地。海军在其他地方继续保持警戒。在革命的 1848 年，不知疲倦的威廉·帕克正统领着地中海舰队，他被委以重任，在不稳定和暴力蔓延欧

486

HMS“威灵顿公爵”号

洲各处的数月之中保卫不列颠的利益。当他的舰队获得增援时，法国人感受到了冒犯。“就应该是这样，”帕克说，“我方大型战舰的出现已经有了希望中的效果，而且我非常肯定，没什么比大方地陈列三甲板战舰更能让我们的邻居们保持安静了。”[5]

危险的是法国正处于动荡之中。这场革命可能促使她派遣海军干涉意大利事务。为了牵制法国人，帕克必须摆出随时可以开战的样子。重中之重是他得安排好留守保护不列颠财产和贸易的船舰。完成此事后，他率领舰队前往达达尼尔海峡（the Dardanelles）附近的贝西卡湾（Besika Bay）。他前往彼处是要支援奥斯曼人对抗俄国和奥匈帝国（Austro-Hungarian Empire）。这支舰队又一次令觊觎不列颠利益的大国们望而却步。

帕克的目的达成。然而，他这趟不列颠火力巡行却没有到达尽头，下一站是萨拉米斯湾（Salamis Bay）。1847 年，一群反犹太暴徒闯进堂·帕西菲科（Don Pacifico）在雅典（Athens）的住宅并毁坏他的财物。堂·帕西菲科拥有犹太血统，当时他是葡萄牙驻雅典领事，同时还是一名不列颠公民。希腊政府拒绝补偿他，不过他得到帕默斯顿勋爵的全力支持，帕默斯顿命令海军扣押与帕西菲科所要求的赔偿价值相等的希腊资产。帕克的战舰对比雷埃夫斯（Piraeus）实施封锁并抓捕了希腊战舰和商船。此举引发了三大海上强国之间的紧张局势。法国与俄国大臣激烈反对不列颠人的做法。

487

但皇家海军终归是所向披靡的。帕默斯顿在全国内乃至世界范围内遭受责难，他被指责把超强的海军力量用在琐碎微小的事情上。帕默斯顿却认为这些指责没有道理。古罗马帝国的公民不论身处何处都免受专断对待，“不列颠国民亦是如此，不论身处哪片土地，他都确信英格兰的监察目光和强壮手臂能保护他免受不公正和屈辱的待遇”。

这是一条激动人心的宣言。而且随着蒸汽炮艇被添入皇家海军的军火库，这还是一条有可靠凭证的宣言。蒸汽动力很大的一个优势在于它能把战列舰带到紧靠陆地的地方，从这里战列舰可以封锁港口和轰炸城市、港口、道路和堡垒。这是风帆时代未曾听闻过的作战方式，那时风、潮汐还有危险的背风海岸使原位停留很难实现。

新的海战方式在克里米亚战争中呈现于世人面前。世人记住的是这场战争中陆军虽然失败但十分英勇的表现、护士的同情心和将领们所犯的巨大错误。不过这也是一场深刻影响不列颠帝国发展进程的战争。从海军层面理解这一点最为清晰透彻。

这场战争最先是在波罗的海而非克里米亚（Crimea）开始的。1854 年 6 月 22 日，不列颠汽船轰炸博马尔森德（Bomarsund），那是阿兰群岛（Åland archipelago）的一处堡垒。查尔斯·卢卡斯（Charles Lucas）是第一个获授维多利亚十字勋章（Victoria Cross）的人，当时一枚已经点燃引信的炸弹落在了单桅汽船 HMS“海克拉”号（Hecla）的甲板上，他迅速把引信嗤嗤作响的炸弹扔下了船。英军和法军在 7 月重新返回，轰炸这座堡垒直至其投降，并将其拆毁。此后的战争形态初现端倪。

之所以这么说，是因为之后进行的不是两支舰队之间的海上交战。在黑海战场，不列颠以炮船和火箭船攻打敖德萨。9 月，海军用 20 艘汽船拖曳 52 艘船舰，以此方式让 5 万名不列颠士兵登陆克里米亚。这是一次非同凡响的两栖行动，是第一次由汽船引导的此类行动，它不仅展示了汽船跨海运输陆军部队并使之顺畅登陆的价值，更彰显了不列颠私人海上力量举足轻重的作用，因为大部分运兵船和补给船都是雇来的商船。

陆军朝着塞瓦斯托波尔（Sebastopol）进发。10 月 17 日，联合海军在崭新的蒸汽战列舰 HMS“阿伽门农”号的带领下进攻这座城市的港口。许多老式的风帆战列舰靠绑在身侧的明轮汽船提供动力。尽管轰炸行动因那些被击沉的俄国战舰而遭受阻挠，但俄国黑海舰队在损失 4 艘三甲板战舰、12 艘 84 炮战舰和 4 艘护卫舰后已经失去了作战能力。 488

从此刻开始，克里米亚战争的海事部分将由吃水浅、装备了火炮和迫击炮的小艇主宰，它们可以凭借蒸汽动力到达紧邻敌方防御工事的地方，然后对其进行轰炸直至其投降。回到不列颠本土后，为了推动这种新的战斗模式，人们大批量建造了156艘炮艇。第一批炮艇搭载了一门69磅火炮、一门32磅火炮和两门24磅榴弹炮。

年末，英法两国的蒸汽炮艇挺进刻赤（Kerch），那是守卫亚速海（Sea of Azov）的门户。俄国人因为惧于这些狰狞凶恶的武器而弃守刻赤，盟军进入亚速海。炮艇威吓海上，关闭沿海道路并停止所有航运。此举旨在阻断克里米亚的俄国陆军从顿河（River Don）获得补给。行动获得了成功，塞瓦斯托波尔被迫于1855年9月9日投降。一个月后，金伯恩（Kinburn）的俄国堡垒遭到共计8000人的陆军部队的攻打，同时还被海上的炮舰和迫击炮舰轰炸，此地位于第聂伯河（Dnieper）河口。战列舰驶入河口之后用强大的舷炮凶猛轰炸堡垒，一直打到敌人投降。

法国人再次站在了新技术的最前沿。他们的海军把三艘新式进攻性船舰带到了黑海。“熔岩”号（Lave）、“雷鸣”号（Tonnante）和“毁灭”号（Dévastation）是平底的、吃水浅的移动炮台。火炮平台由汽船拖曳到指定位置后就将轰炸岸上目标。这些外观丑陋、性能实用的船舰被戏称为“肥皂盒”，建造时完全没有考虑其航行能力。不过它们的出现是革命性的。它们是第一批覆盖了铁甲的战舰。不列颠人自己就订购了5艘。

回看波罗的海，海军原本的壮伟目标是要轰炸圣彼得堡（St Petersburg），不过要抵达那里得先解决掉芬兰湾（Gulf of Finland）沿线排列的堡垒，当中最坚固强大的堡垒就是排在末尾的喀琅施塔得。在准备这个艰巨的作战任务时，联合海军攻打了守卫赫尔辛基（Helsinki）入口的瑞典堡岛

(Sveaborg)。两天时间里，盟军用 1000 门火炮向这座堡垒发射了 2 万发炮弹。

轰炸瑞典堡是攻打喀琅施塔得的预演。盟军的进攻力量是由 250 艘蒸汽炮艇和包括迫击炮艇、火箭炮发射器和移动铠甲炮台等其他 100 艘船舰组成的。1856 年的“伟大武器”计划乃是现代海战的先驱。从海滨轰炸陆地目标的做法在皇家海军中由来已久：先是 17 世纪的布雷克和本博，然后是 18 世纪的肖维尔和弗农，接着是 19 世纪早期的纳尔逊和埃克斯茅斯。而现在，这种战法已经到了登峰造极的程度。大型舰队作战已经让位于蒸汽驱动船舰对城市和港口的致命袭击。俄国人尝到了其中的滋味，并且再也不堪忍受。“伟大武器”尚未抵达喀琅施塔得，他们就结束了战争。

489

1856 年的“圣乔治日”，维多利亚女王乘着皇家游艇“维多利亚与艾尔伯特”号（Victoria and Albert）在斯皮特黑德附近检阅了波罗的海舰队。伟大武器没能向世界宣示其毁灭性的威力。这是另一件美事。巨大无比的三甲板战列舰看上去依旧雄伟壮观，她在 4 月明媚的阳光下旗帜飘扬的样子更凸显了这一点。不过所有人的目光都注视着以先进技术建造的崭新炮舰。置身于装扮艳丽的海上巨物当中，它们犹如落在了一群鲸鱼里的米诺鱼。新旧同列，对比鲜明。“炮艇，”《泰晤士报》的记者写道，“样子谈不上优雅，却能够轻松地在水上穿行，转向敏捷，它们看上去木讷而果断，带着点恶作剧的意味。”[6]

皇家游艇沿着 2 78 艘船舰排成的两列队伍行进检阅。巨舰“威灵顿公爵”号鸣响第一发礼炮，随后余舰纷纷鸣炮。队伍中有 22 艘螺旋推进式战列舰，20 艘螺旋形护卫舰和轻型护卫舰（corvette），18 艘明轮汽船，4 座浮动炮台，2 艘储存火药和炮弹的船，1 艘医疗船，1 艘浮动工船，160 艘炮艇，50 艘迫击炮艇。此外，还单独有 1 艘远离大部队的风帆护卫舰。

从某种程度上说，此刻展示的是一支现代海军。实用性优先于优美外观。随着战事的推进，风帆时代宣告结束（在换代的过程中船舰还会继续使用风力），克里米亚战争终了时这一点毫无争议。为对俄战争而大批量制造的炮艇被部署到世界各地。它们成为殖民扩张的中坚力量。

体量较小的炮艇是不列颠控制世界的关键力量。不列颠的陆军司令官、外交官、驻外领事和商人都依赖它们解决当地纠纷。仅 1858 年，经请求后派遣炮艇前往的地区就有纽芬兰渔场、牙买加、巴拿马、洪都拉斯、维拉克鲁斯（Vera Cruz）、巴西、科里亚莫利亚群岛（the Kooria Mooria Islands）、温哥华（Vancouver）、摩洛哥、亚历山大港、赞比西河（the Zambezi，应利文斯通博士［Dr Livingstone］请求）、昔兰尼（Cyrene，在大英博物馆的要求下前往保护那里的考古学家）、沙捞越（Sarawak）、婆罗洲和新西兰。炮艇还被用于第二次鸦片战争（1856 ~ 1860 年）、镇压 1857 年至 1858 年的印度叛变以及 1865 年的牙买加起义。炮艇是大英帝国 19 世纪 60 年代以后迅猛扩张的急先锋。它对全世界发号施令，维持全球贸易秩序——更准确地说，是遵循不列颠主张的秩序。1863 年，皇家海军炮艇轰炸鹿儿岛（Kagoshima），以迫使日本与西方通商。

490

在数以百计的炮艇作战行动中，1875 年的一次行动可以作为例子。西非中队得到消息，一艘商用斯库纳帆船被刚果河（River Congo）上的海盗抓住了，且船员悉数被杀。准将威廉·休伊特（William Hewett）爵士转到一艘炮艇上沿河上行。

他要求当地首领交出凶手，对方拒绝了。休伊特放下话，他还会回来并焚毁刚果河河口往上 40 英里内的每一个村庄，直至对方交出嫌犯。

休伊特说到做到。炮艇炮轰了一大片河岸，随后海军军队群射灌木丛，为大队海军官兵穿越这片植被开路。这样一来总有一个村庄会暴露，海军士兵和水手将烧毁这里的房舍和独木舟，找回从商船掳走的东西（据说每个村庄都有）。这样的行动在一个接一个村庄中重复。之后休伊特抵达邦巴（Bomba），他在那里和 7 位国王举行了一场谈判，对方明确“表示自己欣然接受海军已经完成的事情，而且声明，在这条河流往来的贸易者们财物性命都不会遭遇威胁，该流域的商业活动必会振兴”。[7]类似的事情遍布非洲和东南亚。

与此同时，巡洋舰为不列颠贸易者们守护着海上航道，确保维系帝国存亡的动脉时刻畅通。支撑这些行动的是 38 处遍布世界各地的海军基地以及装煤港。

不列颠海军以此保证海面畅通，并将弱小国家硬拉进全球贸易体系。这确实是英国力量的体现，不过需要注意的是其中亦有局限。不列颠陆军兵力太少，无力应付大型作战，克里米亚战争向全世界揭示了它的不足。正如 1865 年时帕默斯顿提到的：“海上航船无法阻止地面军队。”此话或许多余，不过这确实是痴迷于海军的不列颠人需要时刻放在心上的。不列颠以海上武力重新塑造世界的做法仅限于海上和弱国的大型河流，即便是最鼎盛的时候，不列颠也无法在欧洲的中心地带维护自己的利益。 491

不过当时毕竟是一个海洋与河流贸易占据主流的时代，作为全球性海洋国家和贸易国家的不列颠罕有敌手。不列颠政治家和驻外领事得以在各种各样的环境中依照不列颠的利益塑造世界格局。比如 1860 年，意大利统一运动中的加里波第（Garibaldi）红衫军（Red Shirts）从热那亚到西西里岛再到那不勒斯，就是靠皇家海军船舰为他们提供了有力掩护。

很少有哪支军队能够与这股浩大势力抗衡。特拉法尔加战役之后的护卫舰，追击贩奴船的布里格帆船，可以炸毁任何一个敌国的港口并深入到任何一片大陆内几百英里，* 这些小型船舰组成的舰队之所以能够横行无忌、取得一锤定音的影响力，依靠的是一支所向披靡的战列舰舰队。只要皇家海军愿意，它就能对敌人实施禁海政策并封锁其港口。1914 年以前，任何一个大国在这种情况下都不会冒险与不列颠对敌。皇家海军是有史以来最具威慑力的军队之一。

在一次模拟进攻南海城堡（Southsea Castle）的行动中，炮艇行动的评估结果令数以千计的观众瞠目结舌。评估结果再次印证了皇家海军在全球范围内的霸权，而且轰炸城堡旨在向法国宣示，只要英国皇家海军愿意，南海城堡就是瑟堡的前车之鉴。不过这也引出一些棘手的问题。在众多观察者看来，风帆时代的幽暗黄昏意味着不列颠海上第一大国的地位即将终结。皇家海军曾经较对手拥有许多优势：她有充沛人力运行其数目庞大的舰队，有众多在船舰制造方面超越对手的国有和私有船坞，船员和船长有卓越的航海技术，有超绝的大舰队作战战术并且精通短距离火炮攻击。

而蒸汽动力导致这些优势消弭于无形。木制战列舰遇上法

---

* 比如炮艇能够挺进 400 多英里到达尼日尔（Niger）解决纠纷。他们也可沿长江上行 500 英里。

海军上将乔治·布里奇斯·罗德尼勋爵。能言善辩的罗德尼被他同时代的人和历史学家所厌恶的程度，和被二者所颂扬的程度几乎相当。他取得的胜利很难被忽视；他的失败让海军和整个国家陷入了危险。

英雄纳尔逊。1797 年 7 月 3 日，在封锁加的斯行动中，海军少将霍雷肖·纳尔逊率领士兵袭击了一艘西班牙炮艇。在当年 2 月的圣文森特角的战役中，纳尔逊率领士兵登上两艘敌船的壮举为他赢得了经久不衰的声名。

HMS“胜利”号的火炮甲板和火炮甲板上悬挂的吊床。水手都会有类似的经历：除了要开炮，其他时候火炮都不会被推到甲板外。剩下的时间里水手们的起居空间非常暗，通风也很差。

参与特拉法尔加战役的军官称赞尼古拉斯·波科克的画作非常真实地描绘了大战之后的混乱和其带来的破坏。

《海上的星期六之夜》，作者乔治·克鲁克香克。水手们齐聚餐桌旁畅饮欢宴。欢乐的氛围有克鲁克香克的典型特点，毫无疑问它也是理想化的。但是画作很好地捕捉了船上生活的狭窄感——个人物品不得不与军事装备争夺收纳空间。

1841 年 1 月 7 日，代表当时最高技术水平的蒸汽动力军舰 HMS“复仇女神”号摧毁清朝军用舢板。这样的船将海军的覆盖范围从海洋延伸至内陆的河道。

HMS“战士”号，现被改造为一座停靠在朴茨茅斯的博物馆。

HMS “不屈”号。她于 1881 年开始服役，是当时世界上最先进的战列舰。

海军上将约翰·费舍尔。费舍尔张扬的性格，以及他对皇家海军的改革带来的冲击无论是在他的全盛期还是在今天，都引发了历史学家的大量关注以及各种不同观点的产生。

HMS“无畏”号。这艘船永久改变了海战。

HMS“皇家橡树”号。它是1910~1914年服役的新一代超级无畏舰。它参与了日德兰半岛战役。1939年，在U–47潜艇发动的一次最大胆的攻击行动中，“皇家橡树”号在斯卡帕湾被击沉。（左图）

很多与这张类似的照片让海军上将戴维·贝蒂在第一次大战期间成为媒体时代的明星。在这张照片里，贝蒂的帽子微微倾斜，十分时尚，量身定做的制服和贵族作派的傲慢表明了他蔑视权威的态度，以及他坚持自己（华丽张扬）风格的决心。（右图）

20 世纪 20 年代，训练中位于战列线先锋位置的 HMS“退敌”号。

斯帕蒂文托角战役，1940 年 11 月 27 日。意大利战机投掷的炸弹掉落在 HMS“皇家方舟”号的船尾处。

在撒丁岛的最南端，敌机投掷的炸弹擦身而过，它激起的水柱几乎令 HMS“皇家橡树”号沉没。（左图）

针对一艘已经下潜的 U 型潜艇，强尼·沃克的属下从 HMS“燕八哥”号的船尾投掷了一连串的深水炸弹。经过 10 小时的捕猎，沃克的船把 U-264 逼上了水面，这也是第二护航队在 1944 年 1~2 月著名的巡逻任务中击沉的第六艘潜艇。（右图）

HMS“燕八哥”号上戏剧性的一幕。强尼·沃克从他的 Asdic 操作员处获得“回声 180 度，2000 码，长官”的报告后，他开始耐心地等待。沃克右手还捏着一块匆忙之中拿起的三明治。

HMS“胜利”号、HMS“皇家方舟”号和HMS“赫尔墨斯”号。

海军上校弗雷德里克·约翰·沃克获得过巴斯勋章和四枚杰出服役勋章。这处在利物浦皮尔海德的沃克的雕塑在1998年由菲利普亲王揭幕。

国加农榴弹炮（Paixhan guns）[①] 的开花弹时不堪一击。追逐先进技术并建造铁甲战列舰的竞赛已经开始。此事令皇家海军忧虑。法国人和以前一样继续处于领先位置，看情形他们似乎真能搭起一座横贯英吉利海峡的“蒸汽铁桥”。不列颠的港口和城市在数十年的安然无虞后似乎突然变得脆弱不堪。　492

1858 年，情报传来，说法国海军正在建造世界上第一艘装甲战列舰“光荣”号（La Gloir），忧虑演变成了恐慌。12 厘米厚的巨型铁板连接上 43 厘米厚的木板，一起被安到木制船身上。她的速度达到了 11 节。有了装甲以后，她能免受敌人火炮的伤害，并能安装 36 门 163 毫米火炮——这是当时最大口径的海军火炮。因为“光荣”号和她的姊妹战舰——“无敌”号和“诺曼底”号（Normandie），法国海军有了主宰英吉利海峡进而终结不列颠海上霸权的机会。

在维护世界性海洋帝国的同时还得保证本土岛屿的防御，现代不列颠的军事谋略家和政治家不得不经常面对这样的难题。1859 年，人们确信拿破仑三世正在计划入侵英国。肩负着全球性任务的海军和陆军是否有能力守卫本土疆域，令人疑虑。

应对计划之一是建造一连串的沿海堡垒，即所谓的“帕默斯顿堡垒”（Palmerston Follies）。另一个办法是在法国人眼皮底下，于奥尔德尼岛建造一座基地。不过最有价值的还是创建常设水手储备机制。不列颠海军队伍一直都是靠战时从队伍庞大的商船船队中强制征兵拉起来的。这套体系或许蛮横粗

① 由法国将军亨利－约瑟夫·佩克桑（Henri-Joseph Paixhans）于 1822 年至 1823 年设计而成，法国海军称之为“Canon-obusier”，即加农榴弹炮。——译者注

暴，不过它让国家有了压制对手的优势。19 世纪时海军力量一定程度上依赖于不列颠强大的工业，同时也依赖于储备的大量战舰和专业海员。皇家海军后备队（Royal Naval Reserve, RNR）在《1859 年海军储备法案》（The Naval Reserve Act of 1859）的推行下诞生。水手和渔民每年有一个月会到停驻在海滨的训练船上接受火炮训练。战时，RNR 队员会被征召编入舰队和储备船舰。1862 年，RNR 征召对象扩大到商船船队军官。RNR 是 1859 年入侵恐慌留下的宝贵遗产，历久不朽，而帕默斯顿的堡垒除了成为风景如画的历史奇观外再无他用。而其他针对法国入侵的措施更是壮观撼人。

1860 年 8 月，“光荣”号开始服役。12 月不列颠亮出反击武器。HMS“武士”号（Warrior）舰载 40 门重炮，速度达到 14.3 节。此外，她的体量几乎是“光荣”号的两倍，她的排水量为 9180 吨，后者为 5630 吨；长度为 420 英尺，后者为 255.5 英尺。“武士”号在构造上确实远超“光荣”号。这艘不列颠战列舰和她的法国对手一样也有铁制装甲，而且她装甲之下的船身还是铁制的，而非“光荣”号那样的木制的。她是当时世界上最强悍的战舰，而且是在令人咋舌的极短时间里以高昂代价建造出来的。她订购于 1859 年 5 月，1860 年 12 月下水，并于 1861 年 8 月开始服役。10 月，她的部分装甲接受了 29 发高达 200 磅的炮弹的轰击。装甲通过了测试。不列颠继续掌握英吉利海峡控制权。她的战列舰舰队仍旧无人可撄其锋。

493

通过对俄的全面战争、对法的长期军备战，不列颠已彻底击败她在海上的两个主要对手。

虽然法国人不断创新，不过英国人总能在很短的时间内拿出更胜一筹的设计。皇家海军在丧失传统优势的同时又积累了新的优势。不列颠是当时世界上最富有的国家，是无可争议的制造业领头羊。她的钢铁工业无人可比。更重要的是，她的商船制造工业远远领先于任何一个对手，当布鲁内尔（Brunel）的“大西方”号（Great Western，1838 年）、“大不列颠”号（Great Britain，1843 年）和“大东方”号（Great Eastern，1858 年）下水的时候，她们都是当时世界上体量最大、技术最先进的船舰。一如从前，商船业的境况与皇家海军的状态紧密相连。直至 19 世纪末，海上航行的船舰有 80% 产自不列颠。拥有这等工业水平，任何势力都不可能替代皇家海军的地位。

金钱、炮弹和钢铁——这就是当时海上实力的关键所在。

注释

1. W. S. Jevans, *The Coal Question* (1866), p. 331
2. Hyam, p. 54
3. 同上书, p. 65
4. Semmel, *Liberalism*, pp. 74ff
5. Lambert, *Admirals*, p. 233
6. *Times*, 1856 年 8 月 24 日
7. *Grey River Argus*, 1876 年 2 月 4 日

第44章

军备竞赛（1860~1899年）

494

> 不列颠掌握着如此庞大的一支海军，主动对战舰进行重大改造并不符合她的利益……除非迫不得已。
>
> ——海军上将鲍德温·韦克·沃克
>
> (Baldwin Wake Walker)

1863年3月，当约翰·“杰基”·费舍尔（John ‘Jackie’ Fisher）以舰炮副官身份登临HMS“武士”号时，他想必已经清楚，这艘令全世界敬畏的战舰将很快被淘汰。她从1861年8月1日开始服役。大约半世纪之后，他自己留给后人的遗产——具有革命意义的1908年HMS“无畏”号，到1914年就已被更快、更强大的战列舰取代。

这是一个各国海军之间疯狂竞争的时代，原本先进的战列舰下水没多久就跟不上时代潮流了。新技术的更迭以及各式现代武器层叠林立的武器库促使军事战术一直在迅疾变化。这个勇武的新时代预示着不列颠的海上霸主地位即将终结。

没有人比杰基·费舍尔更了解这些事情了。他成为“武士”号舰炮副官时年仅22岁，是海军中最被看重的年轻军官之一。9年前的1854年，13岁的他作为一名军校学员被分派到HMS“加尔各答”号（Calcutta）上，那是一艘完全由风帆驱动的 84 炮战列舰。是年迈的海军上将威廉·帕克推荐了这个男孩，前者是"光荣的 6 月 1 日海战"的老兵、纳尔逊的门徒之一。生活在纳尔逊以及之前时代的水手对"加尔各答"号应当不会陌生。她是一艘木制战船，两层纵通式火炮甲板，720 名船员中大部分人就在这两层甲板上战斗和休寝。用鞭子打人的情况仍旧普遍，每日例行工作与 17 世纪时相差无几。等到费舍尔从第一海务大臣任上辞职的时候，船舰已经改用燃油作燃料，潜艇和飞机正成为作战舰队的主要威胁。

费舍尔横跨了风帆时代和航空母舰时代。他是最后一批依年龄大小来安排相应训练，且所有训练都在海上进行的军校学员。克里米亚战争中他在新式明轮战列舰 HMS"阿伽门农"号上服役，第二次鸦片战争时他在蒸汽式轻型护卫舰、蒸汽型护卫舰和螺旋桨式小型战舰上待过，并从中习得皇家海军的行事方式。1861 年，他参加了副官考试。他的火炮和航海术拿了优等，航海术更是拿了有史以来最高分。

495

之后副官费舍尔进入了海军最主要的火炮训练基地——朴次茅斯港的 HMS"卓越"号，这艘船正在进行新式装甲的重型海军火炮轰击实验。* 之后他从那里去了"武士"号。不过一年后他又回到"卓越"号上——这里更适合他的脾性和个人志趣。相比于海上，费舍尔更倾向于待在港口里。他是一个擅长动脑的军官，把自己的心思倾注在当下的海军问题上。克里米亚战争之后，不列颠在 19 世纪尚未打过任何一场大型战争，很少有机会在激烈的战斗中检验新式军备和武器。但其他

* HMS"卓越"号是费舍尔的精神家园，这艘住宿船牵系着往日的回忆——他少年时加入的 HMS"加尔各答"号。

国家的海军有机会在战争中磨砺自己的武器。美国内战以及1866年意大利海军与奥匈帝国海军之间的利萨岛战役当中就出现了铁甲战舰间的相互拼杀。皇家海军仅仅是在一旁观摩学习。随着19世纪60年代慢慢过去，加上各式新武器的出现，“武士”号的装甲显然已经不够看了。因为缺少战争的检验，所以试验、训练和教习更加受到重视。

在“卓越”号上当火炮教员时，费舍尔变成了一位富有魅力的讲演者，这在他日后的生涯中将发挥出巨大作用。在这一技术革命迅疾发生的时代，海军正需要这种有内心渴求的军官，能把他们的想法向上反映给将官、向下传达给新生代军校学员。

这位年轻上尉对一种新的海战形式颇为着迷：水下武器。眼下看来，水下武器将对崭新的铁甲战舰构成致命威胁。

水雷和鱼雷才刚刚诞生，不过别国海军已经朝着把它们发展成有效武器的方向大步迈进。克里米亚战争中俄国人使用了远程引爆水雷，不过收效甚微。美国内战时南部联邦已经在试验触发式水雷和竿式鱼雷，这些武器由小艇和一艘简陋潜艇（H. L. Hunley，“汉利”号）负责推着它们撞向敌军船舰。英格兰工程师罗伯特·怀特海德（Robert Whitehead）正在研制一种自航式鱼雷，不过他是在克罗地亚为奥地利海军效力的。1869年，约翰·费舍尔参访普鲁士海军基地威廉港（Wilhelmshaven）。普鲁士的海军力量名声不显，不过在崛起为欧洲强国的同时，他们的海上力量亦在迅猛增强。威廉港在水下作战方面已经取得了处于领先地位的成果。费舍尔写了一份报告递呈海军部，并着手准备一篇以电动力鱼雷为主题的论文。海军部擢升他为中校并把他派到了驻华舰队，这令其颇为

496

懊恼。

对思维活跃的费舍尔而言，在海上服役是一件非常枯燥乏味的事情。他将自己作为一艘战列舰副司令的角色描绘成“上层女仆”——换句话说，他要负责管理各种各样的日常琐事。尽管如此，他还是想方设法继续学习和实验。他发明并安装了一套可以让枪炮官同时发射舷炮和其他火炮的电力系统。他还研制出一种新式瞄准器，同时自行设计鱼雷，并以之为主题写了一篇论文。他阅读最新的海事科技著作，还以书信方式与国内高层军官建立联系。对费舍尔而言，在远离祖国的参战船舰上服役就是浪费时间。他从自己潜艇作战的研究中窥见了未来的方向。这番深刻洞察让英国人的自满情绪尽皆消散：不列颠霸权的主要推动力——作战舰队——将很快成为历史。

年轻的杰基·费舍尔虽远在中国海域，但他在国内的声名并未因此而受影响。1871 年，海军军械总监（Director of Naval Ordnance）建议军官应当学习操控鱼雷。此事需要一名对这项新技术“极为精擅”的指导员，而且他还要能以充沛的热情与才干传授自己的知识。唯一人选就是上尉费舍尔，他正急切地想从驻华舰队回国。之后他成为“卓越”号上鱼雷与水雷训练的领头人，可谓得其所哉。1872 年，他让一艘废旧的老船——曾是四级战舰的“弗农”号（Vernon）——停止运行，并将其改成了鱼雷训练舰。他从怀特海德处订购鱼雷，并进行精彩华丽的讲演——其中一些演讲还吸引了高级军官、政客和记者到席。位于朴次茅斯的 HMS“弗农”号训练场于 1876 年从“卓越”号那里独立出来。皇家海军开始着手筹备鱼雷艇，这是一种近距离向敌方战列舰发射鱼雷的隐蔽型攻击船舰。1874 年，费舍尔晋升上校，成为皇家海军中的知名人物。

不过费舍尔要想在海军中继续晋升的话，他必须再度出497海。1876年，他接手指挥HMS“柏勒洛丰”号，这艘战舰是驻北美舰队的旗舰。它于1865年下水，其设计消除了“武士”号明显暴露的问题。与“武士”号一样，“柏勒洛丰”号既有完整的风帆设置，也有一台强大的蒸汽发动机。她看上去像初始的不列颠装甲战舰，不过要更短，也可以说是更为粗短。不过最重要的差别还在于火炮数量以及它们的排列方式。

这艘新式战舰标志着全长式舷炮布局时代的结束。“柏勒洛丰”号火炮数量减少，不过更重，而且集中于船身中部有装甲守护的炮位上。缩减体积后她的海上航行性能要优于“武士”号，此外她的装甲也更厚。本章所述及的许多战舰都是技术革命迅疾发生中的某一个环节，在惊艳世界的亮相之后很快就被淘汰，“柏勒洛丰”号亦是如此。19世纪60年代末期，战舰设计者们的目标就是在装甲炮塔上安置极为沉重的重炮。

USS“监控”号（Monitor）此前首次安装了可以360度旋转的炮塔，不过她无法进行远洋航行。炮塔使得战舰身形不稳，况且坚固程度足以承受其重炮后坐力的船舰很少。皇家海军认为炮塔在近岸轰炸中不可或缺。1864年，HMS“君权”号（121）下层甲板以上部分的船桅被削去，船身得到加固，上层甲板安装了4座炮塔、每座2门重炮。这是一次实验，是在为更多船舰安装炮塔探路，之后HMS“君王”号（Monarch）和HMS“舰长”号被改装。其中，后者的干舷高度非常低，配有全套风帆和2座炮塔。她是一艘具有革命性意义的战舰，建成之初就备受争议。

1870年9月，她在菲尼斯特雷角附近遭到腾起的浪头拍击。即使天气最理想的时候，“舰长”号上层甲板离海浪也不怎么远，天气不好的时候海浪几乎可以将之吞没。这时高耸的船桅以及索具帮不上忙，它们让船更加不稳。船舰开始危险地向右倾倒。汹涌的海浪愈加猛烈，刚过午夜船就覆没了。船上仅18人生还，480人消逝于风雨如磐的海上。

海军没有因为这个悲剧气馁。1871年，HMS“毁灭”号（Devastation）下水。与先驱战舰一样，她的干舷也很低，并且也配备了2座炮塔。值得注意的是，她没有船桅和索具。她是海上第一艘没有船帆的主力舰。这是皇家海军又一艘真正具有革命性意义的战舰。她的2座炮塔各有一门重达35吨、可发射700磅炮弹的12英寸火炮。它们是当时最强大的舰载火炮。这艘印在“英格兰荣耀”牌（England's Glory）火柴盒上的战舰，炮塔装甲厚达14英寸。

498

当费舍尔接掌“柏勒洛丰”号时，她已经过时了。出于必要的考虑，皇家海军得有各种形制和大小的战舰。“毁灭”号下水的时候，“武士”号才刚下水10年，但后者看起来仿佛已经是另一个时代的产物了。时代变化如此迅疾，皇家海军不得不维持各个时代、各种性能的战舰。19世纪70年代，费舍尔做过数艘战舰的舰长：HMS“赫拉克勒斯”号（1868年下水）、HMS“刚勇”号（Valorous，产于1851年，明轮护卫舰）、HMS“帕拉斯”号（Pallas，中置炮塔装甲舰，产于1865年）和HMS“北安普顿”号（Northampton，崭新的装甲巡洋舰，舰上搭载鱼雷）。

皇家海军正处于快速变革的状态。因此，在年代、性能和航渡等方面各不相同的战舰被纳于一支舰队之下的事情毫不稀奇。协调如此混杂的舰队对海军将官而言十分困难，他们很多人是从风帆时代中成长起来的。* 确实，快速变革的不仅仅是战舰。维多利亚海军的将士们正在努力适应新事物给他们带来的挑战。

现在运行舰队的水手已经和先辈们大为不同。首先他们喝的酒少了。1825 年朗姆酒供应量减半，1850 年继续削减，1831 年啤酒供应全面停止。至 19 世纪中叶，“沥青杰克”已被刻画成守护这个国家的堡垒屏障。在吉尔伯特（Gilbert）和沙利文（Sullivan）的轻喜歌剧《HMS“宾纳福”号》（*HMS Pinafore*，1878 年）中，他们被称颂为自由斗士：

> 不列颠水手忠实信仰，
> 又如山中的鸟儿般自由；
> 他时刻准备用坚实的拳头，
> 抵御世界上的专制！

得益于肉罐头和蔬菜罐头，“沥青杰克”们的伙食得到不可估量的改进。海军服役的状况也得到了改观。海军不再从商船船员中强征人手，而且被招募者服役 10 年后能拿到更好的薪水，20 年后能有退休金。他们还有定期的岸上休假，处罚条例也变得宽松。鞭打行为越来越少见。从 1871 年起在和平

---

* 杰弗里·霍恩比（Geoffrey Hornby）是海军将领中的一个特例，他在海军从风帆时代转向蒸汽时代的过程中起到了缓和作用。霍恩比大半生都是在维多利亚海军时代度过的，是一个被严重忽视的人物，安德鲁·兰伯特（Andrew Lambert）在《海军将领》（*Admirals*）一书中对其一生有相当精彩的描述。

时期禁止鞭打，1879 年起鞭打被全面禁止。

运行舰队的水手们是自愿服役的，而且都是专业的海军人员。制服的引进体现了这一点。新入伍的人会先到海军在本土港口的某处木制训练场接受训练，之后再出海。与以往任何时候相比，现在皇家海军的水手都营养更好、薪水更高且更受信任。他们看上去不再那么危险和堕落，已然成为国民形象——快乐水手（Jolly Jack Tar）的标志。从依照水手服样式做成的男婴装就能看出他们在大众的印象中已是何等安全可靠。

499

与当时的时代风气一样，海军正规人员的队伍中有各色人等。一部分人，比如杰基·费舍尔，热衷于掌握新式技术，在钢铁和蒸汽的缤纷新世界里如鱼得水。不过军官阶层的绝大部分人完全是受风帆木船、32 磅长炮和气势磅礴的战列舰的吸引而加入海军的。对他们而言，那支由纳尔逊统率的海军才是"真正的"海军。他们还以科林伍德、霍斯特、科克兰和珀柳为绅士派勇者的模范。庄严光荣的木制战舰才是他们心中憧憬的战舰，其中有纳尔逊所渴求的东西：用磨石擦洗过的甲板、整齐盘绕的缆绳、每一件东西和每一个人都各就其位。但现在已经不是那个英雄辈出的时代了。

皇家海军已经发生了变化，社会上等人士争相涌入。19 世纪，未来军官人选招自统治阶级、上流社会和上层中产阶级。威廉四世曾是海军专职军官，维多利亚女王的儿子阿尔弗雷德亲王（Prince Alfred）在 1858 年以 14 岁的年纪加入海军，并于 1866 年被任命为舰长。1914 年巴腾堡亲王路易斯（Prince Louis of Battenberg）就任第一海务大臣，后来他的儿子路易斯·蒙巴顿勋爵（Lord Louis Mountbatten）也就任过这个职务（1954～1959 年），他们都是照着符合习俗的职业路线行进的。维多利亚女王的孙子——阿尔伯特·维克多亲王（Prince Albert Victor）和乔治亲王（Prince George，即后来的乔治五世，George Ⅴ）曾加入用作军官学院训练船的HMS“布列塔尼亚”号。这位未来的国王指挥过一艘鱼雷艇、一艘炮艇和一艘巡洋舰。日德兰战役中，他的儿子大卫（David，即后来的乔治六世，George Ⅵ）是HMS“科林伍德”号（Collingwood）的中尉，掌管“A”炮塔。

从克里米亚战争结束至第一次世界大战开始之间这段漫长的和平时期里，军官们梦想着成为下一个纳尔逊或者科克兰，只不过那时海上无仗可打。那些赢得荣耀与勋章的人——仅列数例，费舍尔、查尔斯·贝雷斯福德勋爵（Lord Charles Beresford）、亚瑟·威尔逊（Arthur Wilson）、约翰·杰利科（John Jellicoe）、大卫·比蒂（David Beatty）——是在陆地以及河口地带取得战功的。还有一些身处帝国偏远闭塞的前哨站的军官，他们在炮艇对抗行动中博得声名。但这些冲突中很少需要非凡的航海技术。

本土海域、地中海、美洲、南非和驻华舰队中的许多军官唯一能做的事就是把船舰打理得纤尘不染。确实如此，海军在500 19世纪最后几十年里对整洁的环境近乎痴迷。烽烟不起的温和日子里，军官们既然无法在战列线上一较高下，于是就比谁的战舰更干净、更利索。有些舰长把铰链上的水密门卸下来拿到下面机舱里抛光。门重新装上之后闪闪发亮，不过再也没法防水了。分外注重船舰清洁的舰长不喜欢现代海军，他们更喜欢靠船帆航行，因为用煤会让船脏兮兮的，而且他们出于同样的考虑最大限度地对火炮演练进行压缩。莫名其妙的是，霍克和纳尔逊的严明纪律突然被用在了对装饰品和铜器的苛刻挑剔上。

1868年，还是一名年轻见习军官的珀西·斯科特（Percy Scott）第一次出海远航。行经印度洋时一名新任指挥官来到航船上，珀西对他做了一番描述。[1]这位军官把很多时间花在自己的穿着打扮上，每次从舱室里出来他都是“一道优美的风景”。他浑身上下纤尘不染、光洁亮丽，手指上戴满了金戒指。他希望这艘船舰看上去和他一样优美。船桅和横杆上的黑色部分都被刮去，然后整个被刷成淡黄色。“这是惯例，”斯科特回忆说，“指挥官会花费一半的薪水购买涂料用来装饰女王陛下的船舰，这是晋升的唯一路子。”[2]斯科特所在航船的后甲板布满了雕饰和金边，舱口用来防水的围板被加上椴木面子，火炮托架做了法式抛光。更有甚者，连炮弹也被涂成了蓝色，其顶端涂白，表面还涂有金色圈。“在我们期待的战斗里我们显然不可能把这些炮弹放进炮膛，这一情况的出现只是因为我们无仗可打。”将官视察一艘战舰时，评判这艘船和船上军官的标准就是整洁程度和秩序；直到1903年火炮射击才被纳入将官评估内容。现代战列舰上的水手们还和从前一样要操练弯刀（cutlass），而现代火炮依旧是用以肉眼加准星的方式瞄准，一如纳尔逊时代的长炮。火炮射击练习通常是先瞄准100码开外的峭壁然后进行任意轰炸。

军官们严守海军刻板僵化的习惯，但某种程度上也因培养个人癖好而得以缓和，这是皇家海军高层军官的特点，亦是特权。19世纪的鼎盛之时，许多舰长会各自设定着装要求。有些舰长喜欢让手下军官佩戴大簇金色穗带，还有些偏好简洁朴素的风格。可能一位海军将领戴着白色圆顶硬礼帽（billy cockhat），另一位则戴着白色大礼帽（topper）。1870年阿尔弗雷德亲王任 HMS“伽拉忒亚”号（Galatea）护卫舰舰长时，准许其副官查尔斯·贝雷斯福德勋爵在后甲板上养一头象。[3]任地中海总司令时，阿尔弗雷德在自己的旗舰上养了一头名为布伦（Bruin）的棕熊。布伦喜欢冲着年轻的见习军官们吹口哨，还会游到其他停驻在港口的船舰上，吓唬那些不知情的水手。

501

阅读 19 世纪皇家海军军官所记述的往事时经常能感受到，许多军官笃信他们是漂流到了错误的时代。一个旧式海军出身的舰长[4]在战舰入港时下令收帆落锚，结果他惊讶地发现船还在继续前进，扯断了锚索并且搁浅，全是因为他把停止引擎的命令给忘了。“上帝啊，”他大喊道，“我忘了我们还有引擎。”1863 年，查尔斯·贝雷斯福德勋爵被调离宏伟的三甲板 HMS“柏勒洛丰”号时颇为不满，因为这艘船有黄金时代战舰的味道，他被调到了装甲舰 HMS“防御”号。[5]“我不喜欢‘防御’号，我觉得她是艘糟糕的船。以前在‘柏勒洛丰’号上，她的甲板洁净无瑕，装饰闪闪发亮，那里的人热情而骄傲，现在我却沦落到一个邋遢、笨拙的白锡壶里。”费舍尔记得自己和一位年长的海军将领讲述鱼雷的时候，只得到这样的回应：“我出海的时候那里并没有鱼雷，而且我也不觉得现在那些恶徒会用上你说的这些怪物。”[6]

1881 年，费舍尔被派到海军最新式、最具革命性意义的战舰 HMS“不屈”号（Inflexible）上。[7]包括费舍尔本人也认为，“不屈”号可说是完美地平衡了旧式与新式战舰的特点。她有船桅和索具，所以看上去令人亲切。不过在其他方面她是高度现代化的。考虑到费舍尔对电力和潜艇作战的关注，这艘战舰想必相当令人满意。船上面有了电力照明（战舰上首次出现）、探照灯和鱼雷发射管。她的防御核心是船身中间的堡式装甲区，那里保护着弹药库、锅炉和引擎。装甲区 75 英尺宽、110 英尺长，12 英寸厚的装甲里面是 11 英寸的柚木，然后里面又是一层 12 英寸的装甲和 6 英寸的柚木，最里面还有数层船壳板。此等装甲设置在皇家海军史上空前绝后，当时任何火炮都无法穿透它。

不过重点还是在船的浮力上。“不屈”号比多数战舰更宽、更短。同时船上堆垛的武器火力巨大。她的两座连体炮塔安装了 2 门 16 英寸的前装式膛线炮，每门重达 80 吨。炮塔外面有液压泵为其填弹。鱼雷从水下鱼雷管以活塞式发射，然后靠空气压缩马达在水下推进。这是一艘极度复杂的战舰，感到眼花缭乱的水手会在里面迷路，她需要一个费舍尔这样掌握着专业技术又明晰现代海战的人，引领她驶向外面的世界。 502

基本上海军装甲舰的火炮都没有发射过。建造它们是为了达到震慑效果，维系不列颠的巅峰地位。和皇家海军众多新发明的战舰一样，“不屈”号下水是为了对付他国某艘特定的战舰。这次是意大利的两艘同型战舰“卡约·杜伊利奥”号（Caio Duilio）和“恩里科·丹多洛”号（Enrico Dandolo）。“不屈”号隶属地中海舰队，旨在向地中海地区的众多对手宣示皇家海军的实力。1882 年，费舍尔的战舰负责护送造访法属里维埃拉（Riviera）的维多利亚女王。当年晚些时候她获得轰击敌人的罕见机会，目标是亚历山大港。1881 年，埃及民族主义者因反对西方势力对本国的影响而发动起义。这对不列颠而言是无法接受的，她不能失去新开辟的苏伊士运河的控制权。英吉利海峡舰队的战列舰被调往地中海，与那里的舰队会合。1882 年 7 月 11 日，海军对亚历山大港沿岸防御工事进行了 10 个小时的轰炸，这是 1856 年至 1914 年间不列颠舰队的唯一一次作战行动。尽管速率较慢，“不屈”号火炮的表现还是不错的。

轰炸行动起到了作用。现代装甲战舰舷低炮重，这一设计是用来封锁敌境和近岸作战的，不过它们在海战中威力如何呢？袭击亚历山大港时，不列颠火炮的准度较差。对火炮演习有足够重视的军官很少。对像费舍尔这样的火炮专家而言，这一情况十分糟糕。这些现代战列舰上体积庞大、火力威猛的新炮在发射时声震苍穹、气势骇人，不过海上波浪汹涌，战斗时机动多变，可能就连近在咫尺的目标它们也无法射中。

糟糕的事还不仅于此。1884 年，《蓓尔美街报》（*Pall Mall Gazette*）的编辑 W. T. 斯特德（W. T. Stead）发表了一系列名为《海军的真相》（*The Truth About the Navy*）的文章。[8]他在文章中“披露”了当时海军最重要的几处缺陷，并将其归咎于和平时期国防预算的裁减。公众群情汹涌，骚动之下政府被迫慷慨解囊，调拨了 550 万英镑给海军。

斯泰德能写出那篇轰动性的报告，是因为他和一名高级军官进行了秘密交谈。约翰·费舍尔从 HMS“不屈”号离任后负责掌管他心爱的 HMS“卓越”号。以海军为基石，费舍尔开始涉足政界。他聚拢了一批关注海军状况以及对政府的海军预算拨款不满的年轻军官。斯泰德是他们连通不列颠公众的渠道，不列颠公众和先辈们一样，仍旧是狂热的海军主义者。

一直以来，人们理所当然地以为皇家海军就是无敌的。现在有人告诉他们不列颠的海上防御正处于一团混乱之中。克里503 米亚战争之后不列颠帝国扩张到了无与伦比的程度，而联结帝国散布各处的疆域的正是海军。它维持海上航道畅通，守卫由不列颠建立的全球贸易体系。同时它还堵死了不列颠本土与欧洲的往来门户，使这个国家能作为一个世界强国安然行事，不必像以前那样忧惧横渡英吉利海峡和狭海而来的入侵大军。世界贸易的咽喉——唐斯锚地、直布罗陀、苏伊士运河、好望角和新加坡——全都在不列颠掌控之下。所以，问题在哪儿？

从根本上说，权力带来了恐惧。不列颠对海军的依赖程度前所未有。1846 年时议院已经废除了玉米的保护性关税，不列颠农民不得不参与世界市场的竞争，劳动力从乡野村郊迁移到了迅速扩张的工业城镇。如果没有进口食物，国家就会陷入饥荒。如果失去海上控制权，她就会贫穷。不列颠站在了一个令人颇感不安的位置上，而且民众们也意识到不列颠和她的大帝国是脆弱的，或许比地球上任何一个国家都要脆弱。费舍尔有言："如果我们的海军被击败，我们需要担心的不是外敌入侵，而是饥荒。"[9]几十年来，不列颠能保持海上统治权以及帝国增长，很大程度上是因为欧洲正忙于内部问题，并且欧洲内外都还没有一支真正意义上的海上力量。现在的形势仍是缓和的。不过随着各国在发展殖民地和建造战舰上奋起直追，缓和形势行将结束。

如果不列颠在北部海域的战舰没有足以碾压法国、俄国和德国的优势，那么她将无法保障本土海域的安全，而这是她建造庞大帝国的基础。不过，她同样还要保持本国海军力量在地中海、南非、印度洋、中国海域以及美洲沿海的统治地位。失去其中任何一环都会导致整个系统瓦解。如此看来，不列颠的海军力量在任何地方都必须占据优势，否则她会全盘皆输。

在数代人中都未曾出现的海军主义狂热正在抬头。费舍尔达到了自己的目的，这是一个关于如何操控人心的有益教训。

对如何搭建海军自身的供应网络，费舍尔也是行家里手。1886 年，他就任海军军械总监，任上最大的贡献是从陆军那里夺过了海军军备的控制权。他引入速射火炮对付鱼雷艇和商掠船。费舍尔对新式技术激情洋溢，是一个更乐于坐办公室、站上讲台和监督实验的官员，所以这个职务正适合他，而且眼下时机亦佳。《蓓尔美街报》引发的争议重塑了公众在之后 10 年里的注意力。当时法俄两国的地中海舰队合二为一，在整个 504 帝国版图中引发持续恐慌，其中不列颠利益受法俄威胁最大的地区是土耳其、波斯、阿富汗和中国。

不列颠方面对此的回应必然是狂欢式的军费开销和船舰建造。1889 年《海防法案》（Naval Defence Act）正式确立“两强标准”：依照法律要求，皇家海军的舰队规模不得低于世界上规模第二大海军与第三大海军的总和。不列颠首先着手建造了 10 艘在火炮与速度方面超过世界上任何船舰的新式战列舰。另外还建造了 42 艘保护贸易与通信的巡洋舰，订购了 18 艘护卫舰队的鱼雷炮艇。耗资总计 2150 万英镑。

费舍尔就是在这样的大背景下晋升为将官的。1890 年，他获授少将军衔。1891 年至 1892 年，他是朴次茅斯的少将监造官，《海防评估》发布后他订购了一批新式战列舰，并负责监督其中部分战舰的建造。得益于他的积极投入和对细节的把控，新舰以额定预算在规定时间内建造完毕。不过他在朴次茅斯期间最瞩目的功绩是建造了一艘先驱式战舰——HMS“君 505 权”号。她又大又快，而且高干舷使她看上去比先前刚完工不久的战舰更为威风壮观。这个特质造就了君权级（Royal Sovereign Class）远洋战列舰。她最引人注目的地方要数纵向安置在巴贝特（babettes）——敞开式装甲的旋转炮塔——上

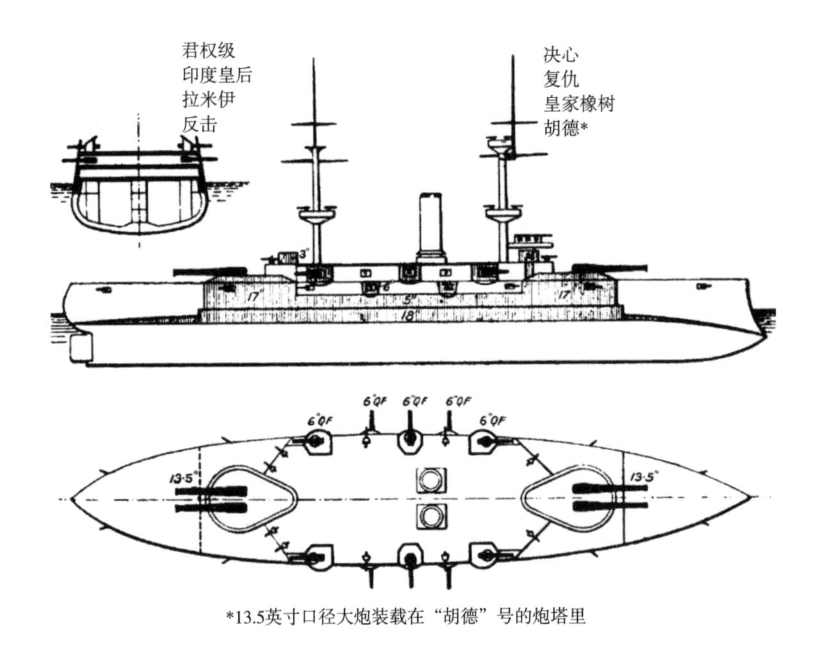

*13.5英寸口径大炮装载在“胡德”号的炮塔里

君权级战列舰

的 4 门 13.5 英寸巨型大炮。她还安装了与鱼雷艇、巡洋舰战斗的 10 门 6 英寸速射炮，还有 6 根鱼雷管。

1894 年，费舍尔升到了第三海务大臣的位子。他负责的是采购和设备，这都是他爱干的工作。和职业生涯中大多数时候一样，他还是把注意力集中于未来的威胁上。这在 19 世纪 90 年代具体所指的就是法国鱼雷艇所构成的威胁，英吉利海峡对面正在大批量建造这种船舰。在他的监督下海军设计并建造了一种新型战舰——鱼雷艇驱逐舰（torpedo-boat destroyer），亦即通常所说的驱逐舰。驱逐舰能追得上鱼雷艇，舰上安装了攻击鱼雷艇的速射炮，而且它们的活动范围足以覆盖它们所要保护的舰队。

行文至此，我们一直将费舍尔视为技术专家，一名关注海军装备构造甚于航海技术及战场战术的新生代军官。不过约翰·费舍尔还有另一面，他的这一面令同时代的人赞叹不已，令此后的史学家们充满兴趣。从某些方面来说，约翰·费舍尔就是后维多利亚时代皇家海军的活化身。他的气魄和激情犹如出自纳尔逊、帕克和霍斯特——庇护海军的英雄人物——时代的海军。他既有英国绅士的谦和优雅，又有不列颠帝国巅峰时期一名高级将领傲慢的自信。

不过，约翰·费舍尔不仅如此，他的很多行事方式还都不同于同时代大部分军官。他能十分决然地抛舍过去，并且带着身为技术专家的欢欣迎接未来。他是海军中的独行侠，不惧离经叛道的想法并善于接纳创新。他很早就学会了如何获得高层官员的青睐，并在后辈军官中培养自己的追随者。费舍尔能接触到海军部和陆军部（War Office）以外的政客以及记者，并通过他们连通公众。他能发表传奇般的演讲，其观点有理有据、逻辑清晰、热情洋溢，能让批评者缄口、赞同者拜服。对追随者们而言，他仿佛会催眠术；但对海军中的有些人而言，他就是一个极其讨人厌的政客，他们憎恨他的浮夸，而且随着费舍尔的官位越来越高，他们认为他对海军用心不纯。费舍尔使海军分成了两个阵营——要么对他着迷，要么憎恨他的魄力。

506 不过他的魅力是毋庸置疑的。

因此，让他代表不列颠参加 1899 年第一次海牙和平会议（Hague Peace Convention）是一个非常有趣的决定。费舍尔在 1894 年被授爵，1896 年晋升海军中将并被调回海上担任北美舰队总司令。之后他被召回，作为不列颠的海事代表参与会议。会议由俄国人提议召开，旨在尝试暂停世界大国之间耗费巨大的军备竞赛。从那些会议中我们可以一窥费舍尔的性格和行事方式。正式会议上他仿佛是最新式武器和技术的万事通。私下会晤时他则利用自身魅力和性格力量达成其他目的。费舍尔跳舞时的活力与优雅是众所周知的，他在和平会议无休止的社交活动中大出风头。和其他代表讨论时他显得和蔼可亲，但他在私下交谈的时候则会讲一些公众场合根本不可能发表的大胆言论，给每一个会晤者都留下了深刻印象。他说，不列颠是世界上最重要的海上强国，以后还将继续如此，其海军军费上不封顶。

危若累卵的不仅是不列颠的国威，还有费舍尔自身信念的最核心根基。他不是一个战斗型的军官，而且他讨厌战争。他预见到使用 20 世纪技术的战争将是十分恐怖的。他很清楚，自己一直在深度参与这 40 年的军备竞赛，而且他还会继续求之若渴地探索所有科技战的新进展。

将和平与大决战阻隔开的唯一力量就是皇家海军。

这是费舍尔眼中世界格局的中心所在。至少在不列颠，有很多人认同他这种观点。庞大的皇家海军维持和平局势的唯一依凭就是威慑力。这是一项近乎神圣的职责。费舍尔一心想要赢得军备竞赛就是这个原因。只有在技术上遥遥领先并铸造起一座威吓骇人的武器库，皇家海军才能继续维持世界秩序、阻止战争。贸易、商业和通信全都仰赖于海军的海上控制权，否则就是毫无秩序的混乱局面。“我希望的不是战争，我希望的是和平！”费舍尔告诉 W. T. 斯泰德，“这才是我希望把海军推上至高地位的原因。”[10]

注释

1. Scott，pp. 28ff
2. 同上
3. Massie，pp. 376 – 377
4. Beresford，vol. I，p. 49
5. 同上书，p. 41
6. Fisher，vol. 1，p. 172
7. 关于“不屈”号请参阅 Brown，*Warrior*，pp. 65ff；Beeler，pp. 122ff；Padfield，pp. 84ff；Massie，pp. 419ff
8. *BND*，pp. 604ff
9. Kennedy，p. 237
10. Mackay，p. 223

第 45 章

濒临险境（1899～1914 年）

他迈着黑豹一般稳健、富有韵律的脚步巡视走动。当后甲板为之一震时，所有人的手也都跟着一震。当他出现在甲板上时，大家口口相传，“小心，杰克来了。”[1]

——一名下级军官描述费舍尔

费舍尔所构筑的世界正遭受攻击。1890 年美国海军上校阿尔弗雷德·T. 马汉（Captain Alfred T. Mahan）出版了《海权对历史的影响:》（*The Influence of Seapower Upon History*: *1660－1783*）一书。马汉在美国海军服役的生涯并不愉快。他受到排挤，而且讨厌时髦的蒸汽船，内心是一个学者而非海军军官。他的命运在 1885 年有了转机，当时他被任命为海军战争学院（Naval War College）的讲师。他这本有名的著作就是根据他在那里的授课内容写成的。

马汉并不只是单单描述了不列颠成为海上大国的过程，他进行了更为深入的研究。在他的叙述背后是一套宏观的理论。他所提出的东西乃是历史规律。

马汉认为，人类历史上所有大帝国的秘密都在于控制海洋。那些最成功的国家在和平时期主宰海洋，为它们的贸易赢得自由和安全；在战争时期它们监督中立国航船，把敌国逐出海面。在马汉看来，作为贸易国家的不列颠能缔造出伟大帝国与功绩，其源头是皇家海军——更确切地说，是皇家海军的强大舰队。

至1890年，越来越多的国家向往成为殖民国家并确立本国的世界地位。马汉的著作告诉它们，依照“历史规律”，只有当它们成为颇具分量的海上强国之后才可能达成上述目标。而与之相伴的就是大帝国的倾颓。西班牙帝国和葡萄牙帝国曾拥有制海权，当它们失去制海权后他们拥有的一切也随之消逝。迦太基人和拿破仑从未掌握过制海权——所以他们的帝国都只是昙花一现。历史上众多帝国的盛衰浮沉便是国家之间为争夺海洋控制权而竞争的自然结果，而且其中的确蕴含着自然法则：不列颠确已崛起为霸主，不过她也会失去领先地位，并被后来者取代。对制海权的争夺贯穿整个人类历史，虽隐微而不可察，却决定列国之命运。

508

《海权对历史的影响》大获成功，火遍全球。德国皇帝迫切地仔细研习其中精义。他希望德国成为一个世界大国，而根据他从马汉那里学来的知识，要做到这一点，德国必须建造一支超越皇家海军的主力舰队。依照马汉提出的历史规律，两个国家的海军不可能和平共处，其中一方必然要号令另一方。

此书在日本的影响力也毫不逊色，日本本身也怀有称霸亚洲的野心。日本人早已建起一支实力卓越的舰队。他们的战列舰和火炮是由不列颠工程师建造的，他们的军官也是由皇家海军的指导员训练的。马汉的观点在美国亦为众人所知，他们对海外扩张的呼声日益高涨。除了俄国、法国、意大利、德国、奥地利、日本和美国等已经掌握了大规模海军的国家，瑞典、土耳其、智利、阿根廷和巴西也建造了规模较小的海军。

此番海军至上主义热潮的再度复苏并不完全是因为阿尔弗雷德·马汉，不过他的书理清了制海权的理论所在并点明了其紧迫性。他将是否拥有海军这件事上升到了事关国家生死存亡的层面。

皇家海军目光所及之处，所有国家都在兴建海军，于是它选择建造更大、更精良的战舰以作应对。马汉的著作同样也影响到了不列颠民众的观念。政界人士已经在讨论不列颠帝国不可避免的衰退。1893 年海军同盟会（Navy League）成立，旨在监护本国最大的资产并敦促政客们保持本国海军相对于他国的领先地位。人们认为，不能维持两强标准的不列颠将遭遇灾难。届时，帝国崩塌，食物进口将听凭他人支配，国民的生存之本岌岌可危。

1894 年，君权级战列舰因新一轮舰艇建造热潮的兴起而被替换。取而代之的是当时世界上体量最大、战力最强悍的庄严级（Majestic class）战列舰，其由三胀式蒸汽机驱动，速度达到 17 节。新兴的海军力量纷纷以其为蓝本建造战舰。不列颠在这个领域仍旧领先，不过其优势已越来越小。

海牙和平会议后不久，费舍尔就接到了战区海军最令人向往的职务任命。他被任命为地中海总司令。他严重缺乏海上服役经历，而想要爬到海军顶层的话这一环肯定免不了。 509

这是一支举足轻重的海外舰队，和胡德、圣文森特、纳尔逊、科林伍德以及众多其他前任者一样，费舍尔清楚他必须毫不犹豫地给地中海舰队打上自己的烙印。他保持着同纳尔逊时代完全一样的训练和纪律，海军为此而自豪。费舍尔将训练和纪律视为理所当然，他希望麾下军官能做到的事情要远超漂亮的日常训练和耗时耗力的洁癖。“他来之前，军官圈子里的谈论话题……大多只限于清洁装饰和铜器这样的事情……他来之后，这些都被弃置，取而代之的是战术、战略、火炮、鱼雷战、封锁行动等方面的持续争论。这是一场真真切切的复兴，而且它影响到了海军的每一位军官。”[2]

对那些在战术上颇有造诣的论文，费舍尔会给予奖励。他发表激励人心的演讲并鼓励下级军官与自己交流他们的想法。对许多军官而言，费舍尔无疑是一个相当令人生畏的人；不过对那些想找到某个问题的解决办法、有一些新想法的年轻人而言，他是一个有感召力的人。他的副司令查尔斯·贝雷斯福德勋爵是他的老战友，其公众形象丝毫不逊于费舍尔。两个人都有着暴躁、喜怒无常的性格。

有些人眼中的费舍尔是一个鼓舞人心的领导者，总有很多新点子，而且宽容接纳新锐观点；而在另一些人眼中，他是一个颠覆了旧秩序的暴君。但他确实表现出分裂的两种面貌。他脾气火爆，会公然藐视那些没能达到他标准抑或没能跟上他活跃思维的高级军官。从这个角度来看，费舍尔更像罗德尼、圣文森特而非胡德、纳尔逊。

不过在20世纪之初，费舍尔在执掌地中海舰队期间改变了人们的海战战术思维，这一点没有任何争议。费舍尔相信，现代舰队战术的核心要义当为速度和精准的远距离火炮射击。二者是互相关联的。鱼雷技术的进步使得其有效攻击范围增至3000码，而且海军还在继续试验以扩大鱼雷射程。战列舰必须在它们的攻击范围之外战斗。舰队必须保持机动并采用非正统阵形，以免成为鱼雷艇和远距火炮的活靶子。离敌军舰队太近则船舰会变成鱼雷的牺牲品，离得太远又无法真正伤及敌军。20世纪初，人们遇到了进退两难的战术难题。

对皇家海军而言，仅仅掌握更大、更精良的战舰是不够 510 的。它得向世人展示，它的火炮拥有比其他国家的火炮更远的射程。这并非易事。12英寸的巨炮射距很长，但无法精准地瞄准目标。小一点的炮用上望远瞄准镜后在2000～3000码内可以相当精准。及至费舍尔地中海任期将尽时，火炮正在进行5000码移动靶射击测试，他刚来的时候这一数字还是2000码。舰队战舰先前的速度是12节，中途还经常发生故障，现在英舰速度一般都保持在15节，而且很少出现故障。

费舍尔视线中不仅有外国海军，他还能从地中海操控国内媒体。他和贝雷斯福德设法通过记者阿诺德·怀特（Arnold White）宣传他们认为皇家海军仍缺少战舰的想法。这是一步险棋，但费舍尔和贝雷斯福德成功了。费舍尔由此得了一个麻烦制造者的名声。之后他和贝雷斯福德彻底闹翻。事情的起因是一次贝雷斯福德的战舰停驻马耳他时出现了混乱，费舍尔命令他像一个“真正的水手那样”重回海上。这是一次手法卑劣的公然侮辱，贝雷斯福德对此耿耿于怀。

1902年，费舍尔重回不列颠国内。这年他60岁，正担心自己会不会无缘第一海务大臣的位子。尽管他有过对抗海军部的行为，费舍尔还是被任命为第二海务大臣，负责皇家海军的人事事务。

费舍尔花了很大力气弥合现代海军的技术层面与实际作战层面之间的隔阂，20世纪初期两者间还存在一条深深的鸿沟。工程军官被航海军官鄙视为低等的“油猢狲”。费舍尔决心禁绝此类势利行为。他要求所有军官都要接受技术训练，而且工程军官也要有出海的机会。在费舍尔的改革下，所有军官学员，不论他们以后是做工程师还是指挥官，在22岁之前都要一起受训。未来的军官除了要掌握传统教育中文法、历史、航海术和船艺等门类的基础知识，还要掌握数学、工程学、电力和科学的基础知识。

军校生在13岁时进入奥斯本（Osborne）海军学院，开始他们海军生涯的起点，两年后他们进入海军的训练所再受训两年。数十年中，军校生都是在已不再航行的老式木制战列舰HMS“布列塔尼亚”号上第一次感受到海上生活的。现在“布列塔尼亚”号已经成了一艘“石船”——达特茅斯的一座巨型建筑物。从“布列塔尼亚”出来之后他们会被派到实战511训练船上，然后接受考核。考核分数将决定一名军校生在资历名单上的位置，考得最好的人晋升最快。

对一个把生涯中如此多的时间倾注在训练技术军官上的人而言，这是一个重要成就，但这一政策也备受争议。两大分支的军官队伍应当合在一起受训的想法遭到许多军官反对，在他们心目中，技术和工程根本无法与传统军官技能中的船艺、航海术、旗语、火炮发射和战场战术相媲美。更让他们感到惊骇的是，工程师未来有望成为舰长甚至将官。而让他们觉得最糟的一点是，费舍尔的改革使得技术军官（warrant officer）拥有了成为中尉及以上级别军官（commissioned officer）的资格。这是辛苦付出的中产阶级对时髦花哨、渴慕纳尔逊风范的绅士派军官的一次胜利。

费舍尔充满吸引力的性格在为他获得了众多支持者的同时也树立了同样多的敌人。查尔斯·贝雷斯福德勋爵成为费舍尔改革反对派阵营的领头人。贝雷斯福德认为第一海务大臣的位子应该是自己的，而唯一挡住他去路的人就是他的敌人、自己的老上级——费舍尔。不过费舍尔有一帮实力强大的朋友，其中最重量级的就是爱德华七世（Edward Ⅶ）。1904年费舍尔走到了其生涯的巅峰：他被任命为第一海务大臣。这是一个能够从根本上重整海军的职位，不过他的任期到 1906 年就结束了，这意味着留给他的时间十分紧迫。

新任第一大臣借助“鱼池”[1] 的力量施展作为，那是他在整个职业生涯中逐渐聚拢起来的一群军官。他们和他一样渴求技术进步，同时亦有将之实现的才能。早在主事海军的火炮学校时，费舍尔就聚拢了两名卓越的军官——珀西·斯科特和约翰·杰利科。斯科特是海军的第一火炮专家。在“卓越”号上任职、海军军械委员会内工作以及航行海上的这些时间里，他的发明提升了舰载火炮的发射速率和精准度。他虽才干超卓却难以相处，在这一点斯科特和他的头儿是一样的。费舍尔专门为他新设打靶训练督查员一职。在职期间，他将海军火炮的有效射程扩增至 1 万码，即超过了 5.5 英里，没有哪个炮手能看那么远。于是斯科特又发明了强大的望远瞄准镜，并将其放置在高耸的前桅上。下方炮塔里的炮手们不再负责瞄准，而是由驻守在船桅上的枪炮官向他们下达指令。他们将火炮瞄准目标，一轮齐射之后，根据瞭望者们观察到的炮弹在 5 英里外的入水位置再调整发射角度。斯科特保留了自己发明的专利权并且从维克斯（Vickers）和世界各国海军部那里挣了不少钱。费舍尔在海军军械处的时候，杰利科是他的助手，也是一位了不起的行政官员、火炮专家和满载荣誉的海军英雄。费舍尔将其引入“鱼池”，任命他为海军军械处总监。 512

费舍尔在海军部任职期间独具慧眼地发掘了海军中最优秀、

① fishpond，意为“鱼池”，因为费舍尔的英文名写作“Fisher”，意为“渔夫”。——译者注

最有前途的技术专家。“鱼池”的“鱼”不仅限于“卓越”号，还包括费舍尔主事地中海时那些经他鼓励大胆发声、提出设想的军官，他们亦为费舍尔的魅力所倾倒。亨利·奥利弗（Henry Oliver）被拉入与费舍尔之间的交流时，还是 HMS“庄严”号的一名领航员。1903 年，费舍尔把创立航海学院的任务交给了奥利弗。亨利·杰克逊（Henry Jackson）是无线电技术的先驱人物，精通鱼雷和电力设备，还是皇家学会（Royal Society）会员。费舍尔任命他为第三海务大臣。当新任第一海务大臣还是地中海总司令时，雷金纳德·培根（Reginald Bacon）关于鱼雷的专业知识就已经给费舍尔留下了深刻印象。培根很快就升到了上校军衔，并担任海军部订购的第一艘潜艇的审查长。

当时政府正在削减开支。费舍尔需要在缩减海军开支的同时，继续维持不列颠的统治地位。他做好了迎接挑战的准备，并早已制定好了改造海军的方案。

海军中将约翰·费舍尔爵士

同时他发现国际局势正处于急剧变化之中。俄国输掉了与不列颠盟友日本之间的一场海战。而不列颠则与法国签署了“英法协约”（Entente Cordiale）。这意味着不列颠在波罗的海和太平洋（俄国）、本土海域和非洲（法国）以及地中海（俄、法两国）将不再受到两大对手的威胁。眼下威胁来自德国，对方正在快速兴建舰队。德皇威廉（Kaiser Wilhelm）眼红皇家海军已经很久了，而且他对其威力有过亲身体验：他曾随祖母维多利亚女王一起在怀特岛的奥斯本庄园（Osborne House）消暑度夏，其间迷上了昂扬威猛的不列颠皇家海军。他在祖母的海军中被封为荣誉上将。年少时的激情转变成执念，他渴望胜过甚至击败不列颠海军。1890 年不列颠割让赫里戈兰给德国以交换桑给巴尔岛（Zanzibar）时，德意志帝国海军实力的增长就已有目共睹。赫里戈兰自 1814 年后一直由不列颠占领，其扼守着当时普鲁士以及日后的德国在威廉港的海军主基地，因此有着极高的战略价值。德皇的雄心是要把德国海军力量向全球扩张，而且有传言说他正打算把摩洛哥的一处装煤港占为己有。1905 年，德国试图破坏法国在摩洛哥的影响力，两大欧洲强国已经走到了开战的边缘。 513

费舍尔对外表明了自己的意图，如果真的开战，他会像 1807 年皇家海军对待丹麦人那样对待德国人，即在毫无征兆的情况下就把德国人的舰队摧毁于港口之中。他向波罗的海派遣了不列颠战舰。德国海军还没有强大到能够面对此等挑战的程度。费舍尔宣称：“炸沉敌国舰队就是最好的开战宣言！”[3] 国王觉得费舍尔疯了。他还是像往常一样不可捉摸而又咄咄逼人地向外界释放自己的信号和意图。他在世人面前的形象如同好战的现代版纳尔逊。

但在费舍尔看来，把纳尔逊的战术机动以现代方式完美地演绎出来，就是一场极其精妙复杂的战争博弈。占据技术优势、建造前所未有的雄壮战舰并将之展示给全世界乃是现代海军博弈的重要环节。因为威慑力只有在国家之间濒临开战且两国都不准备退缩时才会有效。费舍尔按照他的“3R 和 3H”原则统御皇家海军：在行政上他必须“冷酷（ruthless）、无情（relentless）、不屈不挠（remorseless）”，[4]在战斗时“率先出击（hit first）、强力出击（hit hard）、持续出击（keep on hitting）”。[5]

63 岁的费舍尔惊世骇俗的能耐丝毫未减。他迅速卖掉了 90 艘战舰并把其他 64 艘归为储备战舰。他说，许多老旧船舰“力量太弱无法战斗，速度又太慢来不及逃跑”。成为战略储备的战舰将由少数专业人员负责操控，与以往任何储备舰队相比，他们能以快得多的速度让船舰重新投入使用。

514

早在 1903 年，皇家海军自愿后备役（Royal Naval Volunteer Reserve，RNVR）就已成立，并允许岸上已有工作的人接受战时舰队服役训练。RNR 和 RNVR 为海军提供了可在战时到舰队上服役的大量储备船员和军官。皇家辅助舰队（Royal Fleet Auxiliary，RFA）成立于 1905 年，旨在依靠平民驾驶的运煤船为本土或境外舰队延续航行时间。之后在 1910 年，RNR 成立了拖网渔船分队（Trawler Section），一旦欧洲开战，这支渔船舰队可以机动执行扫雷任务。

这些改革让费舍尔得以重新部署皇家海军的全球力量分布。地中海舰队从 12 艘战列舰减少至 8 艘，驻华舰队有 5 艘战列舰被召回，南大西洋中队撤销，北美巡洋舰中队被改成了训练中队。英吉利海峡舰队改名为大西洋舰队，并在编入速度最快的战列舰和巡洋舰后迁至直布罗陀。本土舰队成为新的英吉利海峡舰队，它囊括了海军中最精良的战列舰和驱逐舰、新造的潜艇以及鱼雷艇，是一支战力骇人的强大力量，同时还有数目庞大的储备舰队为其支援，其基地设在泰晤士河河口比以往口的诺尔。换言之，德国乃其兵锋所指。

在本土海域之外，费舍尔强调不列颠需要一支高度机动的舰队。无论何时何地，一旦需要该舰队就能被调配前往。大西洋舰队乃是这一系统的关键所在，它能在本土、地中海和西海路遭受威胁时迅速做出反应。费舍尔精简后的海军已经做好了战斗的准备。他坚信，如果自己不先出手阻止，则在北欧必有一战。

费舍尔从海军强国的角度对不列颠未来走向的估测多有激进之处，海军内外许多人都为此愤然。贝雷斯福德是他敌对阵营的首领，费舍尔的这位重要对手抨击其大量废弃战舰的做法，认为这样会使本国贸易失去保护。贝雷斯福德领头反对召回战列舰至本国海域，因为这不符合不列颠世界第一海军和国际警察的身份。费舍尔照旧没有理会这些批评。不列颠仍旧掌控着唐斯港、直布罗陀、苏伊士运河、好望角和新加坡。任何一艘在大洋上航行的航船都必然要从不列颠的海上关卡经过。

最令贝雷斯福德难堪的事情是 1905 年费舍尔升任海军元帅（Admiral of the Fleet），此次晋升意味着费舍尔在达到规定的退休年龄之后仍能继续担任第一海务大臣。现在，除非贝雷斯福德能把费舍尔挤走，否则他永远坐不上头把交椅。同时这也意味着改革将继续深入，成为一种常态。 515

一如既往，费舍尔深信新技术可以颠覆已有的全部战略构想。杰克逊和培根正负责订购一艘可以进行远洋航行的新式潜艇。在费舍尔看来，此事远比火炮的进步重要，从他还是狂傲自大的年轻人时起，他就一直在预示这一点。1905 年时他说，数年之后，出现在英吉利海峡以及地中海西部的任何一支战斗舰队都不再安全，因为不列颠潜艇可以把它们统统葬送海底。第一海务大臣希望能有上百艘潜艇，然后潜艇就能取代战列舰成为主宰狭海的主要力量。费舍尔写道："我钟情的潜艇能让英格兰海上力量在现在的基础上扩大 7 倍。"[6]

"就说我们目前所知的战列舰，它们还有什么用?"费舍尔问道，"什么用都没有！它们唯一的功用——根本性的安全防御——已经没有了，一去不复返了！"[7]

不过眼下这个世界，尤其是不列颠，还没有准备好把战列舰送进废品厂。在此之前，海军还是需要一种战列舰能够把远距火炮和船舰的速度结合起来。费舍尔成立了一个设计委员会，负责研制能够装载 12 英寸大炮，同时航速达到 21 节的新式战列舰，还有同样装载 12 英寸大炮但航速能达到 25.5 节的巡洋舰。

HMS"无敌"号（Invincible）和她的两艘姊妹舰 HMS"不屈"号、HMS"不懈"号（Indomitable）于 1906 年开始建造，1908 年开始服役。它们是第一批战列巡洋舰（battle cruiser)，其体积和火力与战列舰相同，不过速度上快很多。它的出现旨在遏制那些战时攻击不列颠巨大贸易路线网络的快速装甲巡洋舰。它们满足了费舍尔对经济实用的要求：战列巡洋舰数量更少，性能更好，速度更快，可以替代数量大、体积小、速度慢且散布全球的巡洋舰。他称"无敌"号是"我在大海上的格雷伊猎犬（greyhound)"。

不过另一艘时常和费舍尔的名字联系在一起的战舰令上述几艘都黯然失色，那就是海战史上最有名的战舰——HMS

“无畏”号（Dreadnought）。

显而易见，光有战列巡洋舰是不够的。费舍尔知道，战争一旦打响，英国在波罗的海或北海与德国必有一战。而且德国海军正在建造一支强大的主力舰队。费舍尔的设计委员会还研究了新近发生在黄海（Yellow Sea）和对马海峡（Tsushima）的海战。这两次战斗都发生在 1905 年日俄战争期间。不列颠海军界视对马海峡之战为特拉法尔加战役后意义最为重大的海战，而两场战斗之间已经相隔 99 年半。这场战役展现了一个关于技术和战术的新世界。日本帝国海军（Imperial Japanese Navy）运用无线电报和测距仪在相隔 6000 码的地方轰炸俄国舰队，测距仪由格拉斯哥光学工程公司巴尔与斯特劳德（Barr and Stroud）设计并安装。战斗开始时，俄国海军有 8 艘战列舰、3 艘近岸战列舰、8 艘巡洋舰和 9 艘驱逐舰。及至战斗结束，7 艘战列舰和 14 艘其他战舰被击沉，7 艘战舰被俘，剩下的 6 艘战舰失去作战能力，4380 名俄国水手阵亡，另有 5917 名被俘。日军仅损失 3 艘鱼雷艇和 117 名水手。

516

日军的巨大胜利表明，今后海上战役的决定者将是能够远距离发射重炮的战列舰。对马海峡之战中的皇家海军观察员告知费舍尔的委员会，在日军 12 英寸火炮实施精准的毁灭性轰击的同时，船上的 10 英寸火炮显得黯然失色。就一艘现代战列舰所应满足的确切要求，设计委员会的专家们进行了辩论和交流，其最后的成果就是 HMS“无畏”号。

她于 1905 年 10 月 2 日开始建造，1906 年 2 月 10 日下水，并在建造后的第 366 天开始在海上试航。这件事本身就足以证明不列颠惊人的工业能力，不列颠威慑诸国的一大要义就是她能在极短时间内造出比对手更好的战舰。更何况新战舰乃是一艘利维坦式海上巨兽，因而她的建造速度愈加震撼人心。HMS“阿伽门农”号是“无畏”号的直系先驱，其排水量为17683吨，配备4门12英寸舰炮和10门9.2英寸舰炮，航速可达18节。新舰的排水量为18120吨。而她最具创新色彩的部分是航速和火力。她是第一艘由蒸汽轮机驱动的战舰，因此航速达到21.6节。她的5座炮塔上每座搭载了2门12英寸舰炮，穿甲弹最大射距为17990码。“无畏”号一轮舷炮可有8门舰炮发射，同时它拥有6门舰尾炮和4门舰首炮。舰炮发射速率为每分钟2轮。舰上没有任何轻型舰炮，以节省空间留给作为辅助火力的27门3英寸速射炮。她还是世界上第一艘“全重型火炮战列舰”（all-big-gun battleship），意即她的主炮塔是清一色的12英寸舰炮而非不同尺寸舰炮的混合。她能快速追上世界上任何一支舰队，并将其战舰打得毫无还手之力。

不过炮弹要是不能击中目标，这座凶悍的炮台就全无用处。现代战舰的移动速度相当快，其战斗时相隔的距离也是前所未有的远，而且它们的舰炮可以快速发射。测定一艘敌舰的位置本已非常困难，而等“无畏”号的炮弹飞行了16000码之后，目标可能早就移到其他位置了。影响炮弹飞行的变量有很多——船舰的纵横摇动、行进速度和风向，甚至是弹舱的温度。战斗时敌我位置在大面积海域上迅速变换，枪炮官需要一种能够推断敌舰可靠距离和速度的办法。“无畏”号及其后继战舰的巨型前桅为枪炮官提供了鸟瞰海面的视野，他们可以从高耸的指挥塔上用光学测距仪获取数据，然后交给船上的计算系统。

517

在1912年之后的无畏舰上，这些数据会绘制在机械计算器德雷尔火控台（Dreyer Fire Control Table）上。它是一张庞大的铁桌子，由年轻而又才华横溢的枪炮官弗雷德里克·查尔斯·德雷尔中校（Commander Frederic Charles Dreyer）设计，看上去像海瑟·鲁滨孙（Heath Robinson）想象出来的古怪玩意儿。这架设备是由刻度盘、钟式表盘、罗盘、滚筒和一台打字机组成的，由移动游标、轮轴、手柄和自行车链条控制其移动的部分运转。它被安置在船腹深处的发射台中，与装甲甲板隔得很远。影响远距火炮射击的变量数不胜数，所以它工作时需要大量信息。其中一部分来自本舰仪表：无畏舰的速度和方位、风向和风速、船身的纵横摇动等。此外还需要目标战舰的信息。德梅里克（dumaresq）机械计算器根据观测人员提供的数据计算敌舰的速度和航向，此机器的发明者是澳大利亚人约翰·索马里兹·德梅里克（John Saumarez Dumaresq），他曾是 HMS“布列塔尼亚”号上的一名军校生。珀西·斯科特发明的维克斯钟（Vickers Range Clock）会根据德梅里克计算器得出的数据计算目标射距。

所有这些信息都会绘制在德雷尔火控台上。它会预测一艘无畏舰炮弹接触目标时敌舰所在的位置。发射指挥官（Fire Directing Officer）根据这个信息传令炮塔按照怎样的角度升起和瞄准舰炮，巨型舰炮就此对准了目标船舰，随后他通过电子系统开炮。高处指挥塔上的人负责报告炮弹射击位置。如果击中敌舰，说明整套系统计算正确；如果没有击中，就由瞭望人把炮弹入水时激起白色浪花的位置汇报给德雷尔火控台的操作人员，然后整套系统依此做出相应调整。

“无畏”号就是一个体积庞大、火力威猛的浮动计算机，是当时世界上技术最先进的战争武器。信息在整艘战舰上嗡嗡传递着，从“无畏”号高耸塔桅上的测距仪操作员、瞭望人到下方的发射台，然后再到炮塔和吃水线以下的弹舱。在上端的舰桥上，518 计算者会在处理信息之后给出船舰为配合舰炮发射所应做的移动，然后这些指令会传到最下面的引擎室，那里将依令行事。

信息同样也在舰队中不停穿梭，旗舰会向其他战舰传递关于目标敌舰的指令。这样一套系统需要很多由专业人员组成的队伍。操作员围着德雷尔火控台进行计算，然后把信息传到需要的地方。在船舰遭受轰炸时，他们必须加紧工作。这套方案还不够完美，需要不停改进。德雷尔火控台确实是有严重缺陷的，而且与模拟电脑（analogue computer）阿戈尔表盘（Argo Clock）相比它是被优先选择的。但研制出的这套系统终究成了海战史上的一个关键时刻。不列颠最聪明的军官与最领先的电气工程公司在一架先进武器上协同合作，电子作战时代已然到来。

“无畏”号标志着真正意义上的战舰设计的革命。她外形极为庞大，尽管缺少了以前战舰优雅的高耸建筑，但仍有着奇异的造型。甫一出世，她就让世界上所有其他战舰都显得过时了。其影响如此之甚，以至于后来所有巨炮战列舰都被称为无畏舰，所有落后于她的小型战舰都被称为前无畏舰。世界各国海军都在建造他们自己的无畏舰，军备竞赛再度兴起。

1908 年，德国海军开始建造 9 艘无畏舰。皇家海军在同一年建造了 11 艘，然后第二年又订购了 4 艘，第三年又订了 4 艘。截至 1910 年，不列颠已有 22 艘无畏舰，德国有 13 艘。1912 年的《德国海军法案》（German Naval Law）设想德国将建造一支由 33 艘战列舰和战列巡洋舰组成的舰队。当时，匈牙利已有 4 艘无畏舰；意大利有 4 艘，另有 2 艘在建。

这可谓不列颠最糟的噩梦，意味着她的海上主宰地位就此终结。本土海域的皇家海军甚至都可能面临数量上的劣势，她遍布全球的军力被迫撤回。面对惊慌失措的媒体和政治活动，不列颠的无畏舰造得越来越大、速度越来越快。俄里翁级（Orion class）超级无畏舰排水量22000吨，配10门13.5英寸舰炮。1912年订制的伊丽莎白女王级（Queen Elizabeth class）排水量27500吨，配8门15英寸舰炮，航速24节，舰上还载有高射炮——这是战事到来的前兆。此时德国海军已经退出海军军备竞赛。1914年，不列颠本土舰队已拥有22艘无畏舰、14艘战列巡洋舰、22艘前无畏舰以及160艘巡洋舰和驱逐舰。这场野蛮粗暴的军备竞赛源于不列颠与德国彼此间的不信任，它把国家推向了战争的边缘。在基尔运河（Kiel Canal）开工后，事态变得愈加糟糕，这条运河将于1914年完工，届时德国无畏舰就能避开不列颠方面的所有封锁，从威廉港进入波罗的海。

519

无畏舰和战列巡洋舰并非费舍尔海军研制的新事物的全部。有了不列颠D级潜艇以后，皇家海军走在了潜艇发展的最前端。它们安装了柴油发动机，潜入水下时使用的电力发动机、无线电，使其活动范围超过了以往任何潜艇，并让潜艇首次成为具有攻击性的远洋武器。

D级潜艇的原型HMS D-1是在严格保密下设计、建造和下水的。1910年，D-1在一年一度的军事演习中离开了她在戈斯波特（Gosport）布洛克豪斯堡（Fort Blockhouse）的基地，然后在苏格兰科伦赛岛附近以鱼雷成功命中2艘目标船舰。D-1不像“无畏”号那样广为人知，不过她预示了20世纪一种新作战方式的到来。

1910年，时年69岁的费舍尔卸任，一年前他已成为贵族。他彻底改变了皇家海军，但也使得海军自罗德尼时代出现的内部分裂愈加严重。贝雷斯福德一直在利用媒体、保守党

（Conservative Party）和海军中自己的派系使费舍尔遭到批评，并在暗中破坏他的根基，最终迫使他提前退出。

退休并未减弱他的活力，甚至其权力都没有受到太大影响，他是海军部第一大臣温斯顿·丘吉尔（Winston Churchill）的秘密顾问。几乎没有人能掌控海军如此之长的时间，并让其进行深刻变革。

费舍尔的名字会一直和HMS“无畏”号联系在一起。尽管她的服役生涯平凡无奇，且被新生代无畏舰取代，不过她仍旧是最有名的下水船舰之一。很久以来，不列颠船舰设计的宗旨在于超越对手，“无畏”号标志着这一历史传统的终结。可以说，这一传统自雷德沃尔德的萨顿胡船就开始了，其中包括许多标志性的船舰：阿尔弗雷德的长船、亨利五世的“上帝恩典”号、亨利八世的“伟大哈利”号、伊丽莎白盖伦帆船“无畏”号、“海上君王”号和HMS“武士”号。费舍尔漫长的海军生涯中，一系列先进战舰确保了不列颠能够继续享有海上控制权，而“无畏”号是此番努力所达到的顶点。

注释

1. Marder（ed.），vol. I，p. 102
2. Mackay，p. 39
3. 同上书，pp. 219 – 220
4. 同上书，p. 285
5. Sumida，p. 146
6. N. A. Lambert，p. 83
7. 同上书，p. 107

第 13 部分

帝国黄昏

第 46 章

因果相循（1914～1916 年）

522　在德国海军中将马克西米利安·冯·施佩（Maximilian von Spee）眼中，敌人就是呆立的靶子。他的舰队刚刚完成一场针对英国商船和燃煤补给站的猎杀之旅，战果颇丰。一个月前，他在智利海岸的科罗内尔（Coronel）击沉了 2 艘由克里斯托弗·克拉多克爵士（Sir Christopher Cradock）指挥的英国巡洋舰。返航途中，施佩决定在 12 月 8 日突袭斯坦利港（Port Stanley），摧毁那里的电报站和 SS[①]“大不列颠”号（Great Britain）。“大不列颠”号曾是著名设计师布鲁内尔（Brunel）引领时代的杰作，但此时已经显得巨大、笨重且不合时宜，只能停泊在斯坦利港为英国战舰与商船补给燃煤。

1914 年 12 月 8 日清晨，气势汹汹的德国东亚舰队（German East Asia）以 2 艘装甲舰、3 艘轻型巡洋舰的阵容驶向斯坦利港，却在途中突然遭遇密集猛烈的炮火袭击。只见 HMS“老人星”号（Canopus）正从一座山后向他们发起突袭。这艘火力强大的前无畏舰如同一座巨型炮台。同时，有着独特尖顶式桅杆的英国战列巡洋舰也出现在德国人视野之中，这让原本胜券在握的德军备感压力。

① Steam Ship，蒸汽轮船。下文统一保留，不再译出。——译者注

这支不列颠中队共有2艘战列巡洋舰、3艘装甲巡洋舰和2艘轻型巡洋舰，当时正停泊在斯坦利港补充燃煤，而施佩对此全然不知情，他完全没想到他们竟会在南大西洋附近露面。德军战舰迅速向周围海面撤离。在战舰加快速度的同时，海军中将多福顿·斯特迪（Doveton Sturdee）下令麾下将士去吃早饭。舰队中的装甲巡洋舰HMS“肯特”号出列追击敌军。斯特迪镇定自若，他相信以自己的速度完全可以逮住敌人。

10点英军舰队从斯坦利港出发，斯特迪坐镇战列巡洋舰的原型——HMS“无敌”号，同行的还有HMS“不屈”号、2艘装甲巡洋舰和1艘轻型巡洋舰。他们与施佩的舰队相距15英里。为了让小吨位船舰跟得上队伍，斯特迪仅以18节的速度从容前进。即便如此，他们还是赶上了德军。德军船舰因长期在海上航行，发动机早已严重磨损。

12点20分，斯特迪的2艘巡洋战舰提速至25节，率先发起冲锋。13点，“无敌”号在16000码的射程处炮击德军。施佩下令以装甲舰抵挡英军，掩护轻型战舰先行撤退。而斯特迪早就准备了后手，他派出自己的装甲舰追击逃跑的敌军。13点20分至14点5分，“无敌”号与“不屈”号平行排列，在13000～16000码射程内轮番轰击对方的装甲舰。海面上渐渐弥漫起浓重的硝烟，甚至吞没了整个德军舰队。双方的距离也开始拉大。14点45分至15点30分，双方都在竭力争夺距离优势：德军拼命逃跑，英军紧咬不放。在追逐中，英军火炮始终保持在10000～15000码的射程内，德军无法对其猎杀者造成类似的伤害。

斯特迪全力以赴，力求歼敌。“不屈”号率先冲出弥漫的硝烟，以短短12000码的距离重击敌军。战斗进行到16点4

分时，SMS[①]“沙恩霍斯特”号（Scharnhorst）的烟囱被炸毁，船身开始下沉，最终于16点17分沉没。随后2艘巨型战列巡洋舰猛轰SMS“格奈泽瑙”号（Gneisenau），直至其于17点30分葬身海底。与此同时，不列颠装甲巡洋舰已经追上了德军中队余部。截至21点23分，德军2艘战舰被击沉，2艘战舰逃脱——轻型驱逐舰SMS“德累斯顿”号（Dresden）和1艘辅助舰。

被击沉的4艘德军船舰上共计2086名水兵，事后仅215人获救，而“沙恩霍斯特”号上包括施佩中将在内的全体船员无一生还。战斗中，虽然英军发射的1174发炮弹只有74发命中目标，但这已足以使其大获全胜。伤亡方面，英军船舰仅受轻微损伤，且只有19人阵亡。福克兰群岛一役，费舍尔的战列巡洋舰及其火力控制系统声名大噪，斯特迪也因此次胜利为人们所熟知。

此次大捷离不开费舍尔勋爵的运筹帷幄。1914年10月30日，费舍尔再次受命担任第一海务大臣，之后他立即开始布置陷阱围捕施佩。他将“无敌”号、“不屈”号调出本土舰队实施追捕，匆忙之中，尚未进入战备状态的两艘战舰只得带着工人一起出发，在途中完成准备工作。直至12月8日，斯特迪方才抵达福克兰群岛。

将巡洋战舰调离本土舰队，不顾一切强令造船厂完成战舰的准备工作，从这些行动中可以一窥约翰·费舍尔鲜明的行事风格。自费舍尔离任后，海军部就不是什么使人感到愉快的地

---

① Seiner Majestat Schiff，意为“德皇陛下的舰艇”，为德意志帝国海军舰艇的缩写。下文统一保留，不再译出。——译者注

方，在他1910年卸任到1914年回归的这段时间，海军部里走马观花地换了三任第一海务大臣，这很大程度上都是拜费舍尔所赐。他通过一批听命于自己的初级军官和老部下来推行自己的主张，并将海军部牢牢掌控在自己手中。对于海军的作战计划，费舍尔向来乾纲独断。贝雷斯福德就曾强烈批评费希尔没能建立起一个体制健全的海军参谋部。但是费舍尔想要的就是一支完全听命于自己的海军。在费舍尔卸任第一海务大臣期间，他用潜艇、驱逐舰和鱼雷艇保卫英国本土的“小舰队防御”理念虽然不被其继任者们认同，但仍然为温斯顿·丘吉尔所采纳。 524

战争开始三个月后，公众和政府都迫切期待一位锐意进取、敢作敢为的将领带领皇家海军扭转颓势。时年73岁的约翰·费舍尔的回归乃众望所归，人们认为他的新思想能够振奋皇家海军。

几百年来皇家海军在英国人心目中一直处于举世无敌的地位。1914的夏天和秋天，人们深信皇家海军会在北海给野心勃勃的德国人致命一击，阻止战势的蔓延。

战事伊始，不列颠大舰队（British Grand Fleet）由约翰·杰利科爵士统领，其基地迁至奥克尼群岛的斯卡帕湾（Scapa Flow）。舰队奉命监视驻扎在威廉港和赫里戈兰湾（Bight of Heligoland）的德国公海舰队（Hochseeflotte，亦称German High Seas Fleet），并寻觅战机给德国人以重创。此外，还有潜艇、驱逐舰和鱼雷舰在哈里奇港外巡逻戒备，预备拦截公海舰队出海。这些部署不仅使英国远征军在8月安全渡过了英吉利海峡，还为新建的海上补给线提供防卫。

德国公海舰队自然不会与英军在英吉利海峡正面交战，而是意图突围至北大西洋后破坏那里的英国重要海上航线。照此情形，两军在北海必有一战。在突围之前，德国港口遭到英军严密封锁，而盟军却可以畅通无阻地从殖民地和其他各地获取大量人力、物资和食物。

德国人在破坏英国全球网络方面取得一个不错的开局。战列巡洋舰SMS“戈本”号（Goeben）轻松躲避了英国海军的威胁并进入达达尼尔海峡安全区，此举削弱了英国海军在地中海的神圣威望。土耳其在“戈本”号成功突围后加入德国阵营。德国巡洋舰SMS“埃姆登”号（Emden）在印度洋进行着破坏活动，她震慑不列颠贸易航线，轰炸马德拉斯（Madras）并劫掠槟榔屿（Penang），仅在9月“埃姆登”号就俘虏和击沉了17艘英国商船。SMS“哥尼斯堡”号（Königsberg）在桑给巴尔岛战役（1914年9月20日）中击沉HMS“飞马”号（Pegasus）。西印度群岛贸易路线和殖民地受到SMS“卡尔斯鲁厄”号（Karlsruhe）的威胁，并且施佩和他强大的舰队也一直在外游弋。

回看本土海域，两国海军都渴望进行一场决定性的战斗。目前看来，德国海军无畏舰数量太少，还不足以放手一战。德国人知道他们首先要做的应该是拖垮皇家海军，并逐渐通过一系列小规模行动缩小双方实力差距，直至德国海军拥有与皇家海军相称的火力。战争伊始，双方的巡洋舰、潜艇和驱逐舰就驶入北海发动袭击，以试探对方的实力。

8月，两位英国官员认为他们已经发现了德国海防的一处薄弱环节。准将罗杰·凯斯指挥的潜艇巡逻队和准将雷金纳德·蒂里特（Reginald Tyrwhitt）指挥的驱逐舰队伍，均以哈里奇为基地在赫里戈兰湾附近游弋。他们在那里发现德国驱逐舰巡逻队有一套固定的路线，每晚巡洋舰会护送它们外出，第二天早上再护送其入港。这两位英国海军准将的计划是先用潜艇将驱逐舰引诱出海，然后在海上用英国驱逐舰和潜艇进行伏击，这将横扫赫里戈兰湾的德意志海军力量。

这个大胆的计划于8月28日付诸实施，不过行动并不像先前想象的那么简单。英军的伏击陷入混乱，随后德国巡洋舰加入战斗。对哈里奇的部队来说幸运的是，杰利科爵士已经把大舰队中的战列巡洋舰抽调出来交由大卫·比蒂统领并在远处支援自己。比蒂在40英里外通过无线电跟踪战斗进程，11点30分，他清楚意识到哈里奇舰队遇到了麻烦。然而任务还没有完成，此时已经开始涨潮了，这意味着更大的德国军舰可以加入战斗。

大卫·比蒂需要抉择。支援本国驱逐舰和潜艇乃是他的首要任务，但德国海岸到处都是潜艇、鱼雷、鱼雷艇，说不定还有无畏舰，他真要让皇家海军最精良的战列巡洋舰去冒这个险吗？参与行动的一位英国驱逐舰军官描述了接下来的场景："像大象从一群狗中踏过一样，我们从容地径直向前挺进，'雄狮'号（比蒂的旗舰）、'玛丽女王'号（Queen Mary）、'皇家公主'号（Princess Royal）、'无敌'号及'新西兰'号（New Zealand）……这支舰队看起来多么强大，令人振奋。"[1]

比蒂扭转了战局。德国海军损失了3艘轻型巡洋舰、2艘鱼雷艇及1艘驱逐舰，712名海军士兵阵亡，多艘战舰严重受损。皇家海军未损失任何战舰，仅35人阵亡。赫里戈兰湾战役是皇家海军在德国公海舰队眼皮底下获得的一场重大胜利。526 皇家海军的胆识震惊了德意志帝国海军（Kaiserliche Marine，英文名为Imperial German Navy）和德皇，并让所有人牢牢记住了皇家海军的锐气。

事实上，整个行动并没有计划好。正是比蒂的大胆干预才避免了这次冒险演变为灾难。该战表明，皇家海军对德国海军的情报搜集是有缺陷的，前者的作战能力也被人高估。事态愈加糟糕了。德国 U 型潜艇和布雷舰于 9 月开始发动攻势，9 月 22 日，英舰“阿布基尔”号（Aboukir）、“霍格”号（Hogue）和“克雷西”号（Cressy）在荷兰被U-9击沉。随后，杰利科只得将大舰队转移至爱尔兰，斯卡帕湾的潜艇防御能力正在进行提升。10 月 27 日，超级无畏舰 HMS“大胆”号在多尼戈尔（Donegal）被德国水雷炸毁。皇家海军实力逐渐被削弱，面对未知的 U 型潜艇和水雷伏击的威胁，战士们的战斗信念开始崩溃，自信满满的皇家海军变得紧张不安、惧怕风险。

德国战列巡洋舰分队——第一侦察分队（the First Scouting Group）——在这些成功战斗的鼓舞下，在北海愈加活跃。它们于 11 月 3 日炮轰雅茅斯，试图引大舰队出战，皇家海军的威望陡然下降。

政府和公众急切盼望着能有另一场特拉法尔加大捷，约翰·费舍尔肩负起重任。和他曾经的构想一样，英国海军战略的首要目的是让英国船舰能继续在世界各大洋上安全航行。到年底时这个目标基本达成。正如我们所看到的，他首先在福克兰群岛战役中彻底消灭了主要威胁——施佩的东亚分队。取得惊人战绩的德军铁血战舰“埃姆登”号被澳大利亚皇家海军“悉尼”号（Sydney）巡洋舰击沉。“哥尼斯堡”号被英国海军封锁在坦桑尼亚的鲁菲吉河（Rufiji River），然而她的巨炮依旧犀利。无奈之下，英国海军派出两艘底舷装甲舰（monitor）——“默西”号（Mersey）和“塞文”号。它们是一种小巧、经不住海上风浪且吃水浅的新式战舰，其搭载的火炮是从战列舰上取下来的，属于火力极为可观的远距离舰炮。当“哥尼斯堡”号已经进入“默西”号和“塞文”号射程时，后两者却还在前者的射程之外，两艘英舰在一架观测飞机的引导下开始进行轰炸。最后“哥尼斯堡”号舰长凿沉了这艘伤痕累累的战舰。“卡尔斯鲁厄”号在奔袭巴巴多斯的途中由于内部爆炸而毁坏。福克兰群岛战役最后的幸存者“德累斯顿”号在智利马萨铁拉岛（Más a Tierra）被两艘英国轻型巡洋舰堵住了去路，不过它最后还是逃出了重围。

1914年年末，英国人已将德国人的活动范围限制在北海一带。出手的时候到了。

527

费舍尔经验老到，他知道那种能够加速战争结束的决定性战役是不可能出现的。像基伯龙湾和特拉法尔加那样的大捷都是经历了漫长艰辛的过程后才取得的。不论海上战役本身赢得多么彻底，都很少能对陆地上的主要战役形成决定性影响。毕竟，拿破仑是在纳尔逊取得光辉胜利的10年后才彻底溃败的。

大舰队在北海以最佳阵位进行部署，从容封锁德意志帝国海军。如果在北海南部寻求战斗，它无疑将被卷入德国人布下的天罗地网。为阻止皇家海军实施近距离封锁，德国海军在北海南部部署了密密麻麻的水雷和潜艇。很明显，在赫里戈兰开战对英军而言不切实际。

费舍尔在考虑一些大舰队决战以外的事情。只要他能继续担任第一海务大臣的职务，他就会下令建造596艘新战舰。其中包括5艘战列巡洋舰、56艘驱逐舰及65艘潜艇，还有不起眼的扫雷艇、45艘底舷装甲舰和260艘登陆艇。但这只是费舍尔计划的一个引子。这支庞大的舰队将在波罗的海围歼德国海军主力。大舰队不应仅仅作为一支震慑并封锁德意志帝国海军于港口之内的力量，波罗的海是唯一可以对德国海军产生决定性影响的地方。

这个计划标新立异，让人耳目一新。但正如费舍尔以往的套路一样，该计划难以快速实现，甚至根本无法实现。但丘吉尔对此兴奋不已，这项可作诱饵的重要海军行动能让皇家海军从好战的冒险中摆脱出来。

难道费舍尔真打算让皇家海军将力量投入波罗的海吗？显然不会。稳定的舰队建造计划将会给德国海军战略家们带来巨大的压力，这会迫使他们做出错误的决定，抑或鲁莽地尝试打击英帝国舰队，而这正是费舍尔大棋局的一部分。“让德国人开火，皇家海军才能赢得战争！”他宣称，“怎样才能让德国舰队先行开火呢？靠的就是大规模建造战舰，快速打造出无敌舰队，并让这样的舰队从根本上威胁德国海军的存在！”[2]

当德舰出来寻战时，皇家海军应当先行一步。这正要感谢英国在情报方面的巨大胜利，至关重要的线索来自一艘被俄军发现的搁浅在波罗的海的德军巡洋舰、一艘在英吉利海峡的驱

528 逐舰以及一艘在澳大利亚被捕的商船，它们交出了德意志帝国海军的密码本和地图。该情报随后被送往英国海军信号情报部，即海军部 40 室（Room 40）①。

海军部 40 室与费舍尔的办公室、会议室在同一条走廊上，它十分隐秘，不为外人所知，从其窗户可以眺望整个海军部大院。只有极少数人知道 40 室在做什么。那里的一小撮海军情报人员、语言学家和密码专家以密码本和拦截的无线电信号来

① 英国海军部的一个下属部门，在一战中因破译密码而著称。——译者注

破译德军密码。40室的专家也用无线电定位设备来追踪敌舰、潜艇及飞艇的行踪。

这项突破性情报在12月首次凸显了价值，40室得知德军第一侦察分队准备于14日离开港口到英国东北部沿岸游弋，于是皇家海军做好了迎接敌方战列巡洋舰的准备，蒂里特的驱逐舰和凯斯的潜艇离开哈里奇。由大卫·比蒂的战列巡洋舰、威廉·古迪纳夫（William Goodenough）准将的轻型巡洋舰分队及海军上将乔治·沃伦德的6艘无畏战舰组成的分队驶离斯卡帕湾。

德国人按计划突袭斯卡伯勒、哈特尔普尔（Hartlepool）及惠特比（Whitby），但他们对皇家海军等待其离开多格滩进而瓮中捉鳖的企图毫不知情。

然而，这个机智的谋划却差点毁了皇家海军，英国人认为他们是在对抗德国海军第一侦察分队。事实上，英国人的情报工作虽然做得很好，信息却搜集得不够全面：德国公海舰队就在多格滩，它将以全部的无畏战舰支援这次突袭，而埋伏德国人的英舰却只有10艘主力舰。

皇家海军最终由于德国海军上将的过度谨慎而得以幸存，公海舰队本可以击溃这支小型英军舰队，从而使皇家海军降到和德国相同量级的水平。但弗里德里希·冯·英格诺尔上将（Admiral Friedrich von Ingenohl）认为大舰队可能随时来袭，所以掉头逃跑了。德军第一侦察分队及其随行的驱逐舰被留下来对阵皇家海军。

幸运女神倒向了英国一边。不幸的是，皇家海军却像德军一样迷糊。糟糕的信号传递、不全面的侦察以及雾气蒙蒙的环境，这些使比蒂的战列巡洋舰群错过了弗朗兹·冯·希佩尔

（Franz von Hipper）的战列巡洋舰分队，希佩尔的舰群试图逃避布满大英帝国潜艇的赫里戈兰湾。

这种情况下，一场决战意味着什么？

529 如果比蒂赢了，皇家海军将力挺这位新的海军英雄，将希望投入他身上。他将被推崇为现代版的纳尔逊。1914 年时他 43 岁，在苏丹战役（1897～1899 年）和镇压义和团运动中为自己赢得了勇敢和富有领导力的名声。进军校以来，比蒂一向名不见经传，也未展示出任何技术上的天赋。这个唯技术论的海军新时准将比蒂置于不利地位，因为考试成绩优异的官员将处于晋升名单中的更高位置。

但比蒂是一位老派的好战官员，由于其在维多利亚时代后期和爱德华时代恶劣的战斗环境中的卓越表现，他实现了人生的超越。他是一位爱尔兰贵族家庭的后裔，且有很好的社会关系，这一点也对他的仕途产生了助力。他是一位干劲十足的年轻军官，且十分富有，这得益于他娶了一位漂亮的美国女继承人为妻。他 29 岁成为舰长，仅凭这一点他就已经超越了同龄人；39 岁晋升少将，而当时成为舰长的平均年龄是 42 岁。比蒂是自纳尔逊以来最年轻的舰队司令。

比蒂穿着军装，散发出贵族气息：他的帽子戴得漫不经心，手半插在口袋里。他炫耀自己设计的夹克，上面有三个纽扣而不是规定的四个。他毫不费力地展示着天生的优越感，认为规矩都是设给其他人的。

冷峻的举止之下，比蒂是一位坚强、阅历丰富且富有领导才能的军官，他以自己前任能做到的最好方式鼓动军官们的主动性和侵略性。1913 年，当他被任命为第一战列巡洋舰分队司令时，他的才华得到充分展现。这个职位正适合他的性格，因为这支分队负责搜捕敌舰并将之引入皇家海军预设的圈套。不像迟缓的战斗舰队，灵敏、高速及火力十足的战列巡洋舰需要一位思维敏锐、敢打胜仗的司令和勇往直前的军官来驾驭。第一战列巡洋舰分队将率先与公海舰队遭遇，自由航行、率先开炮，并规划如何引得公海舰队与皇家海军主力决战，同时它还要追踪被主力战舰重创的猎物。比蒂是一位将自己比作纳尔逊的年轻舰队司令，第一战列巡洋舰分队则是为他量身定制的英雄诞生之地。毫无疑问，比蒂想成为一位英雄。

比蒂的舰队转移到位于北海中部的罗塞斯（Rosyth），这样就可以对德舰在北海中部的行动做出快速反应，比蒂不再处于更加慎重的杰利科的直接监督之下。1915年1月23日，比蒂的战列巡洋舰分队紧急出动，因为截获的情报显示德国战列巡洋舰正奔赴多格滩摧毁英国渔船船队，德国海军情报警示皇家海军袭击地点在斯卡伯勒。比蒂联手位于哈里奇的蒂里特轻型舰队，确定了一个伏击德海军上将弗朗兹·冯·希佩尔的海域。

530

行动成功了。希佩尔发现自己掉进陷阱后，其3艘战列巡洋舰和1艘巨型巡洋舰掉头就跑，比蒂的5艘航速更快的战列舰以平行航向奋起直追。比蒂的旗舰“狮子”号开火打残了位于德国舰群后方的“布吕歇尔”号（Blücher）重型巡洋舰。位于德军阵线前面的分别是“德福林格”号（Derflinger）、“莫尔特克”号（Moltke）及在最前方的希佩尔旗舰“塞德利茨”号（Seydlitz）。比蒂打算在战斗打响后，由他最后面的两艘战舰——“新西兰”号和“不懈”号解决“布吕歇尔”号，“皇家公主”号负责摧毁“德福林格”号，“老虎”号（Tiger）搞定“莫尔特克”号，而比蒂将率旗舰亲自猎捕希佩尔尔。舰队将像安森、霍克和罗德尼一样猎杀并摧毁德舰。英军开局不错，“狮子”号重创“塞德利茨”号，一炮就报废了德舰两座炮塔并威胁要将其彻底摧毁。

但随后情势逆转。“老虎”号舰长忽视了“莫尔特克”号并参与了“狮子”号攻击德军旗舰的战斗。更糟的是，“老虎”号没有击中目标，这使“狮子”号暴露在三艘德军战列巡洋舰的炮轰之下。正当比蒂准备给“塞德利茨”号致命一击时，“狮子”号的发动机和电力系统失灵了。比蒂打算让剩余舰队继续追踪并消灭德国侦察分队以使德国公海舰队彻底瘫痪。随着电力系统失效，他通过旗语传达指令。

海军少校拉尔夫·西摩（Lieutenant Commander Ralph Seymour）颇有教养，但这并不能使他胜任传令官的职务。比蒂希望他的军官都是贵族，而西蒙恰恰成为他的祸根。比蒂在斯卡伯勒猎捕希佩尔时，西蒙把信号处理得一塌糊涂。现在，就在多格滩，他又把旗语弄得一团糟，西蒙挥舞着“打击敌人尾部”和“航向东北”的信号。比蒂的副官以为比蒂是想彻底解决位于东北方的“布吕歇尔”号。皇家海军围拢了“布吕歇尔”号，放走了其他战舰。希佩尔侥幸逃过一场大败，他惊慌奔回了老巢。

“布吕歇尔”号在沉没前进行了英勇抵抗。如果有任何人想研究一下多格滩战役的话，那么应该能发现它给皇家海军的一些重要经验教训。从一开始，德舰的装甲就比想象中的结实，德国水兵进行了顽强战斗，相反，英舰炮手没有准备充分，且他们对自己的火控系统逊于德国而严重失望。德军击中“狮子”号16发，击中“老虎”号6发；而如果不算“布吕歇尔”号的话，英舰只击中德舰7发炮弹。另外，英国战舰的炮弹威力逊于德制穿甲弹，因此那些炮弹即便击中德舰也没什么效果。

更令英军头疼的是，英国巡洋舰装甲明显逊色，这使它们的船体难以承受敌舰的密集攻击，在德舰攻击下异常脆弱。

然而，皇家海军并没有吸取多少教训。比蒂让战士们提高射速而非练习精确性，这引发了新问题。皇家海军用于点燃巨炮的推进燃料是柯达无烟药（cordite），它由硝化纤维、硝化甘油和凡士林按65%、30%和5%的配比组成，很容易爆炸，并容易被敌军炮火引燃。为了避免炮火引燃弹药库并导致大爆炸，采取措施防止连锁反应就成为应然之举。柯达无烟药从弹药库的安全区一枚接一枚地运往炮塔，每枚火药在运送时均有禁火防范措施——一重重的安全门、舱口及起吊装置——阻隔火势。

这样的装弹效率太低，很难满足比蒂的设想。随后的举动完全忽视了安全问题低为了提升速度，联锁门要一直开着，弹药就放在火炮旁边或者堆放在弹药库和炮塔之间。皇家海军的炮弹射速或许提升了，但他们坐在了充满隐患且装甲轻薄的火药桶上。

比蒂在公众场合仍保持着纳尔逊似的风范，但私下里对自己在多格滩的失败痛心不已。他以标准的纳尔逊口吻宣称，他的目标是“彻底摧毁敌人”。[3]他还说，他所发出的信号旨在提供引导，不过“要是这些信号阻碍了他们毁伤敌军，也不必一字一句地刻板遵守”。这确实是纳尔逊式的腔调，不过比蒂的问题出在他所采取的实际上是罗德尼式的谩骂。他做不到像纳尔逊那样与属下们犹如“至亲袍泽”一般，他和罗德尼一样严惩下属，尤其是其海军少将，他怪罪他们没有领悟他的思想。媒体对比蒂评价很高，他在媒体时代是完美的：他挑衅般的姿态及英雄式的举止征服了媒体，媒体的严格审查制度和狂热的爱国主义也起了推动作用，比蒂模棱两可的战绩被炒作成 532

伟大的胜利以及对荣耀即将到来的承诺。

比蒂等待着机会，以兑现大众对他的全部期待。而5月却传来了坏消息，费舍尔辞职了。

费舍尔是其门徒杰利科和比蒂的坚定支持者，与他们志趣相投。担任海务第一大臣期间，费舍尔与丘吉尔的关系变得紧张起来。两人性情相似，都盛气凌人且雄辩机智，但丘吉尔更期待海军能有所突破，即收获频繁的胜利并缩短战争进程。

丘吉尔制定了一个进攻达达尼尔的计划。这个狭窄的海峡将爱琴海和马尔马拉海分隔开来，此举一旦成功，英国便可以控制黑海。费舍尔强烈抵制这个计划，认为让舰队来承担控制海峡的防御工事这种做法太危险了。更重要的是，在土耳其的冒险将削弱皇家海军在英吉利海峡和北海的力量。但丘吉尔心意已决。1915 年 2 月，皇家海军决心尝试海峡之战。

正如费舍尔预言，此次行动是一场灾难。3 艘过时的战舰沉没，其中 2 艘被水雷炸沉，其他战舰严重受损。行动彻底失败，还直接导致了陆军 4 月在加里波利悲剧性的登陆。5 月，2 艘英国战舰被 U 型潜艇击沉，随后皇家海军不得不倾尽全力支撑被围困的部队，最终于 1916 年 1 月将幸存者撤离出土耳其。

费舍尔对失败毫无责任。他批评丘吉尔，并决心将皇家海军从政客手中挽救回来。他的辞职让丘吉尔下了台，并挽救了杰利科和皇家海军。

费舍尔坚信他将被召回并在战争中领导海军再次走向辉煌，但结果并不尽如人意，他被任命为发明与研究委员会主席。费舍尔尽管有过许多过错，但他已经成为指引战争方向的主导力量，没有人能有他那般对海军的热情和想象力。留下的杰利科和比蒂成为皇家海军的领导者，而他们能做得更好吗？

注释

1. Massie，*Castles*，p. 112
2. Marder，vol. III，p. 465
3. Ranft（ed.），vol. I，p. 247

第47章

日德兰半岛（1916年5月31日～6月1日）

533

> 一切看上去都是冷冰冰的，没有人情味，在这里看不到须发怒张，只有冷静科学的计算，然后审慎开炮。每个操控岗位上的人看起来也是一样冷静，都安静地坐在他们的工具旁边等待战斗开始。[1]
>
> ——HMS“新西兰”号的一名军官，
>
> 1916年5月31日

“谁的阵中有了他，谁就能在那个下午取得胜利”，此番赞誉说的是海军上将约翰·杰利科爵士。自埃芬厄姆的霍华德勋爵查尔斯之后，尚未有哪位海军将领能独自一人担起保护国家不受入侵的重任。

杰利科沉默寡言、自制力强，是一个其貌不扬的人。他延续了费舍尔的海军战略，有条不紊地把庞杂的海防系统梳理顺畅。他成年累月地待在遥远的斯卡帕湾整编、训练他的舰队，并为大舰队制定作战指令，使之成为一头能按照具体明确的指令体系行动的猛犸巨象。同时，杰利科丝毫没有低估德意志帝国海军的实力。

大卫·比蒂和他的上级全然不同。杰利科集中权力、做事有条有理，而比蒂更倾向于使用即兴战术，让属下自己做主。杰利科在管理上非面面俱到不可，比蒂则对细节性的具体事务全无耐心。贝蒂的心思集中在宏观思考上，关注整体的战略形势，相比于一丝不苟的筹备工作，他更关注实际战斗。

随着战事的进行，比蒂逍遥洒脱的声名愈加广为人知，他在新闻界名声很大。假如杰利科输掉了这场战争，只要比蒂能成功引诱德国舰队并将之歼灭，他还是有机会让战争更快结束的。

战列巡洋舰中队比大舰队中的其他队伍要自在很多。比蒂的基地设在罗塞斯，和现代化的爱丁堡离得很近。主力舰队则清苦地隐匿于奥克兰群岛。杰利科和比蒂很少碰面，所以他们彼此的思维方式是脱节的。等待战斗的数月里，比蒂开始与杰利科的战术背道而驰。 534

比蒂把他的心思全放在和弗朗兹·冯·希佩尔一决高下这件事上。1916 年 5 月他将获得这个机会。

在港口中蛰伏数月之后，德意志帝国海军重新振奋，并制定了一套侵略计划。4 月底，希佩尔分队开始轰炸洛斯托夫特和雅茅斯。为此英方派出 4 艘速度极快的伊丽莎白女王级（Queen Elizabeth class）战列舰，由海军少将休·埃文－托马斯（Rear Admiral Hugh Evan-Thomas）率领前往福斯湾加入比蒂分队。这支小队行动敏捷且杀伤力大，将作为快速反应力量拦截试图突围的德军。

这正中新任德军总司令的下怀。上将赖因哈德·舍尔已经做好了计划，准备先分散英军大舰队的力量，然后将其逐个击破。而实施这一战略第一个要解决的就是比蒂。这位急不可耐的英军将领正想找希佩尔报仇。所以希佩尔将会充当诱人的猎物诱使扩增后的比蒂中队出击。之后英军必然会迅速出海追击，不达目的誓不罢休，而后追击途中英军将遭到驻扎在福斯湾的U型潜艇伏击。如果伏击没能奏效，那么希佩尔会将比蒂直接引到公海舰队的行动路线上。

如果比蒂受到攻击，杰利科将离开斯卡帕湾前去救援，不过路上他会被潜伏在彭特兰湾的U型潜艇缠住。

不幸的是，40室已经收到风声，知道公海舰队在5月31日将有大动作。为此杰利科决定，不论舍尔有什么阴谋，他都将带领大舰队离开斯卡帕湾并与比蒂在位于挪威和丹麦之间的斯卡格拉克海峡（Skagerrak）会合，然后在那里堵住舍尔，不让他有任何机会冲出包围进入大西洋或波罗的海。

那些在暗处徘徊的U型潜艇连一艘英舰都没能伤到。海上能见度很差，而且U型潜艇指挥官给舍尔的反馈称，大舰队分成了航向各不相同的多支队伍，对此舍尔求之不得。实际上大舰队并没有分散，只是为了避开潜艇才曲折前进。

英军这边的情报只是略微准确一些。40室知道德国舰艇已经出海，可是当行动指挥员询问舍尔的船舶呼号DK是从何处发出时，40室人员回答说发射源依旧在威廉港。海军部有535 政策规定，40室成员不得解释或说明情报内容，当时这个规定尚未显现出什么缺陷。舍尔只有在港口时才会使用呼号DK，在海上时则用不同的呼号，而此时他正在海上。40室已经正确回答了这个提问，不幸的是，这个提问本身是错误的。

大卫·比蒂还是老样子，他漫不经心地往会合地点行进。他没想过自己会遭遇敌军，所以觉得没必要将其行动告知少将埃文·托马斯。埃文·托马斯及其超级无畏舰航队一直和杰利科保持着联络，不过他对比蒂的航行路线一无所知，后者全然不同于纪律严整、集中调控的杰利科舰队。

雪上加霜的是，比蒂收到的舍尔及其公海舰队尚在港中的情报是错误的，所以当时他将全部注意力都放在自己的要敌希佩尔身上。他让埃文·托马斯和超级无畏舰航队航向了和敌人全无交集的西北面，由自己一人对阵希佩尔。比蒂舰队准备进攻德国海军第一侦察分队，并把它回国的退路堵死。只是他全然不知这正是舍尔所希望的。希佩尔和公海舰队将前后夹击比蒂，把他打垮。

1916年5月31日14点40分，比蒂的旗舰“狮子”号接到一艘前哨巡洋舰的信号：“发现敌舰。”12分钟后，拉尔夫·西蒙向比蒂麾下所有战舰打出旗语：航向东南偏南，切断希佩尔第一侦察分队的后路。埃文·托马斯方面负责瞭望的军官因为离得太远看不清旗语，而猜测此信号是让中队曲折前进。埃文·托马斯的旗舰HMS“巴勒姆”号（Barham）和另外3艘无畏舰向西调转了两个罗经点。这个小队拥有当时世界上最强悍的战舰，他们在杰利科的训练之下严格按照命令行事，还没有经受比蒂式行事风格的影响，后者认为，遇到这种状况时常识和自主判断应凌驾于命令之上。等到埃文·托马斯意识到自己的错误时，他的战舰已经在比蒂的10英里之外了。

比蒂的作战风格师法纳尔逊。战斗还远未到来时，纳尔逊这位伟大的海军上将就会公开与属下们交流自己的作战方案，并且放心地让舰长们自主行事。比蒂也是这样和自己的军官们相处的，他对下属温和宽松，注重率身垂范。不过纳尔逊这样领导战斗是有大量前期准备和组织工作支撑的，两者之间就像金字塔的塔尖和下面的巨大塔身一样。而比蒂是一个不会潜心于具体事务的人，结果重要的事情遭到忽视。埃文·托马斯转错方向绝非偶然。随着战斗的推进，这将带来灾难性的后果。

536

15点30分，所谓的“希佩尔南逃”（Run to the South）开始。希佩尔看似在竭力奔逃，实际则是在把比蒂往舍尔那里引。日德兰海战于15点48分正式开始。开战前最后一刻，比蒂下令战列巡洋舰排出战列阵形，但这样反而贻误了宝贵的战机。当时他的舰队可以轰击到希佩尔，对方却无法回击。结果当对方开始开炮的时候，他们还在进行战术机动，导致炮兵无法瞄准。战役刚打响时，德国人在炮火上先胜一筹，他们击中了3艘英军巡洋战列舰。正在遭受猛烈轰炸的比蒂舰队则还在寻找目标。

船员们一路挺进的时候发现沿途海面上漂浮着大片的死鱼，它们是本场战役的第一批牺牲品，死于撞入海水中的炸弹。100英尺高的浪花翻腾着朝船上的炮塔乃至更上面的指挥塔迎头拍下。每艘战舰上都满是从海面上漂掠而起的炮弹碎片。炮弹在头顶上呜呜地呼啸飞过，有一些则轰在船身和甲板建筑上。“我记得当时敌军战列线在远处的海平面上，且不断有红点从中飞出来，”一位年轻的见习军官回忆道，“后来我才意识到那就是落在我们身边的炮弹，而且它们一直不停地喷射过来，不过当时我完全蒙了。”[2]

16点2分，重击之下的HMS“不懈”号退出战列阵形并开始向左倾斜。SMS“冯·德·坦恩”号（Von der Tann）已有3发炮弹击中了她的船尾，导致船上一座火药库爆炸。这艘德舰又继续向“不懈”号最前面那座炮塔连续倾泻了11发炮弹，致使前面的火药库也发生爆炸。整艘“不懈”号炸毁，舰上1019人中仅2人幸存。

比蒂的旗舰“雄狮”号差点也跟着“不懈”号一同葬身

海底，当时她船身中间的炮塔被希佩尔的“吕佐夫”号（Lützow）轰炸得失去了作战能力。炮塔指挥官、皇家海军陆战队的弗朗西斯·哈维少校（Major Francis Harvey）身受致命重伤，不过这时他发现炮弹升降口卡住了，升降口完全敞开并暴露在炮火轰击之下。这意味着火光会顺着那里进入舱室和工作间，继而到达火药库。哈维已经失去双腿，知道自己命不久矣，即便如此他还是用传声管命令关上弹药库的门，并把弹药库隔间灌满水。

他拯救了这艘船。火苗蹿进了炮塔下面的舱室，里面四处散落着柯达无烟药。爆炸时附近人员无一幸免，其范围向上一直到“狮子”号的桅顶，向下一直到主火药库，那里的门已被炸得凹了进去。要是没有水压缓冲的话，舱门会被整个炸烂，然后火药库将冒起冲天烈焰，把船身炸成两截。哈维后来被追授维多利亚十字勋章，他拯救了包括比蒂在内上千人的性命。 537

战斗开始阶段，HMS“玛丽女王”号攻击希佩尔舰队，表现出色。可是当HMS“狮子”号暂时退出战列线后，“玛丽女王”号被暴露在“德弗林格”号和“塞德里茨”号（Seydlitz）的群射之下。

“大约16点35分，”HMS“新西兰”号上一位在高处指挥岗位上的军官写道，“我看见一艘船尾凸出水面70英尺的战舰，缓慢转动着船桨漂流进我的望远镜观测范围……从她的船头处我认出这是‘玛丽女王’号。”[3]“玛丽女王”号在一连串严重爆炸后断为两截，这一次也是因为火苗从炮塔进入并引燃了火药库，造成1266人阵亡。船体残骸如雨点般落到HMS“老虎”号上。这场战斗中，比蒂以6艘战列巡洋舰和4艘战列舰对阵希佩尔的5艘战列巡洋舰。还没等无畏舰赶来援助，他这支曾经让他自豪得意的分队已经只剩4艘战舰了。

“玛丽女王”号爆炸沉没后没多久，比蒂又收到消息称HMS“皇家公主”号也发生了爆炸。“查特菲尔德（Chatfield），”比蒂对他的旗舰舰长说道，“我们的战舰今天好像有些不对劲。”

工事不利，加罪其器，莫过于此。类似于“狮子”号上被哈维控制住的大爆炸让另外2艘英舰毁灭，数千人丧命。德舰的炮塔也受到类似的损坏，不过它们的火药库对明火防范得更严密。当遇到劣于自己的对手时，英军战列巡洋舰可以把他们轰离水面，就像在福克兰群岛时一样。然而这一“阿喀琉斯之踵”让它们在遭遇强于自己或者实力等同的战舰时就会陷于危险境地。

等到弹雨和硝烟散尽，人们清楚地看到“皇家公主”号安然无恙。更令人欣慰的是，埃文·托马斯已经竭力让希佩尔进入自己的射程。局势逆转，此时轮到德国人遭受超级无畏舰火力全开的洗礼。双方主力战舰之间的开阔海面上还有几十艘驱逐舰在凶狠拼杀，竭尽全力向对方大型战舰发射鱼雷。战列巡洋舰只得努力躲开密集的鱼雷阵。英军中只有“塞德里茨”号被击中，不过她依旧能勉强继续作战。

战局终于逐渐朝着比蒂计划的方向发展，但快到16点40分时，轻型巡洋舰HMS“南安普敦”号（Southampton）送来一条令人忧虑的消息。她发现“无边无际的战舰”[4]——16艘无畏舰和6艘前无畏舰，随行的还有轻型巡洋舰和“大群驱逐舰”——正从南面驶来。英军彻底掉进陷阱，舍尔其实一直都在海上。

538

这个时候轮到比蒂逃跑了，他幸存的4艘战列巡洋舰调转

180 度狂奔向杰利科。他又一次没能把自己的意图清楚地传达给埃文·托马斯。战列舰和他离得太远，看不清他的旗语。HMS“厌战”号副舰长蓦然间看到了整支公海舰队,[5]更准确地说，他看到海平线上“船桅、烟囱林立，还有不断闪烁的橘色火焰”。几分钟后，英军战列舰同时与希佩尔舰队和德军主力舰队交手。无畏舰挡下漫天炮火，在重伤之下为向杰利科方向撤退的战列巡洋舰提供掩护。

在现代海战中，参战人员基本不可能马上知道自己停驻点以外区域的战况，撞入他们附近海中或者直接落在他们船上的群射炮弹是从 11 英里以外的地方射来的。舰上的水手和海军陆战队士兵没法马上知道战舰是否被击中，即使他们听到炮弹击中后的爆炸声，他们也不清楚自己的战舰是否会跟“不懈”号一个下场，直到最后一刻一切才得以知晓。唯一能让他们确信自己还活着的就是自己战舰上舰炮的轰鸣声和震颤。

包括整座炮塔在内，船舰的部分区域在轰炸中失去了作战能力。前桅像狂风中的大树一样剧烈摇晃，高高的前桅楼里负责光学测距仪的人员也跟着前后摇晃。甲板下面的铁制船身里，轰鸣声就在水手们耳边，震动的余波把他们震倒在地，“最糟糕的是,”一位军官说，“人们什么都不知道。”[6]

水手们根本不知道他们的战舰正在遭遇什么，更不必说整支舰队了，但自己身边的情况也够他们受的了。HMS“马来亚”号（Malaya）的一座 6 英寸舰炮炮台断了电，一位见习军官进去后闻到了人肉烧焦的味道。通电之后，惨烈的景象呈现在这位年轻的见习生眼前：“所有东西都被烧得焦黑，被冲击波波及的厨房、餐厅和烘干室舱壁扭曲成无比怪诞畸形的样子，整层甲板都积满了 6 英寸深的水，里面还有令人惊怖的断肢残骸，四下里弥漫着柯达无烟药令人作呕的烟味。”[7]

“厌战”号副舰长、海军中校汉弗莱·沃尔文（Commander Humphrey Walwyn）描述了这艘正在逃离公海舰队的战舰。舰长命令他去这艘战列舰的舰尾检视损毁程度，他走近路直接翻过炮塔并顺着甲板往后走。下落的炮弹“铺天盖地”，加之“厌战”号的舰炮滚烫灼人，他一路上走得很是艰难。就在他走近船尾的时候，一枚德军炮弹在他近旁爆炸了：“我翻起大衣领子，像头雄鹿一样飞奔，吓得六神无主。”[8]

539

沃尔文到了下层甲板上。他顶着持续不断的轰炸贯行全舰，犹如行走在地狱之中。起先，一切看上去安然无恙，并无异常。他看到船尾并无破损之后就从住舱甲板穿过，同时还给弹药供给小组鼓舞士气。在他走到住舱甲板前段并继续往前的时候，一枚 12 英寸的炮弹轰进了这层甲板，它爆炸时带着“惊人的金色火焰”，甲板上到处是火光、恶臭和伸手不见五指的浓烟，“四下全是东西掉落的骇人声响”。及至烟雾散去，沃尔文看到大块的装甲钢板七零八落地掉在住舱甲板上。柯达无烟药的恶臭味让灭火人员恶心不已。

沃尔文再次来到船尾，到将军的舱室时，他发现里面已经进了水。他检视完舰长的休息室，往上面舱口去的时候被人叫了下来，说有一枚炮弹在那里爆炸了。他返回后看到一个大洞，自己的舱室被炸得粉碎，上面积压着还在燃烧的残骸。整间舰长休息室“污浊不堪，东西破碎到无以复加的程度”。包括舰长舱室和军士住舱在内，海水从四面八方往战舰里涌。沃尔文组织人手阻止引擎室进水，然后他到住舱甲板的左侧跟舰长通了电话。他点了根烟，正准备稍微喘口气，一枚 12 英寸的炸弹就在附近的厨房爆炸了。一位锅炉工走到沃尔文中校身边说："我□□的晚饭没了。"* 中校继续往前，不过很快他又被叫到船尾检视一处新的着弹点，这次是工程师的办公室。人们试图堵住洞口，结果一下子就被数吨的水冲回来了，最后人们用了 600 张吊床才堵住洞。

"厌战"号不断中弹，沃尔文在千疮百孔的战舰上四处奔走。他从甲板上爬到高处时发现舰上火光闪耀，看上去就像一座烧毁的工厂。甲板以上的建筑布满孔洞，船身多处都被打穿。他匆忙行走时有船员问他消息，"我什么问题也回答不了，因为船舰到底什么状况我也是一无所知"。就在一片烈火地狱之中，还有一群海军士兵在甲板上欢快地玩牌。如果说这艘超现代战舰如同一座毁弃的工业化厂房，那么这帮队员从举动到心态却和先辈们一脉相承，全无二致。

就在乱象持续蔓延的同时，杰利科正紧张地等待报告。眼下一场大战已无可避免。公海舰队还没意识到自己正被引入陷阱。充分利用眼前形势对杰利科而言至关重要。作为大舰队侦察力量的领头人，比蒂的职责是不断把敌军舰队的兵力和行军路线上报杰利科。不过此时比蒂完全被激烈的战斗缠住了，把向上将汇报敌情的任务给忘了。杰利科需要情报和时间部署战列阵形来打这场仗，这将是人们期盼已久的 20 世纪的特拉法尔加战役。 540

正当杰利科焦灼等待比蒂的消息且埃文·托马斯继续和希佩尔战斗时，比蒂打算全面牵制住第一侦察分队，让它无法汇报杰利科的出现。17 点 35 分，由 3 艘战列巡洋舰组成的英军战列巡洋舰第三分队（British Third Battle Cruiser Squadron）在贺拉斯·胡德上将（Rear Admiral Horace Hood）——海军上将

---

* 咒骂语在原文已被删去。

海军上将约翰·杰利科爵士正顺着阶梯登上 HMS“铁公爵”号的上层建筑，1916 年。

胡德子爵的后人——的率领下加入混战。他的介入极大地缓解541了比蒂的压力。希佩尔撤退回公海舰队，舍尔失去了侦察敌情的眼睛。他继续一路挺进，全然没有感受到前方的危险。

大约 18 点 5 分，杰利科已经可以用肉眼看到比蒂、埃文·托马斯和胡德的舰队，他们正在猛烈轰击自己视线之外的敌军，同时也遭到对方的回击。他离战斗区域越来越近，但比蒂还是没有传任何消息过来。舰队当时呈三列分队的巡航队形，而如果要投入战斗，其中必须有一队被指定为先锋，然后三队才能合为一条整齐的战列线。杰利科已无暇再等，他下令由左侧分队领头组织战线。

24 艘利维坦般的无畏舰开始战术机动至左分队后方排列战列线，其行动曲折而又缓慢。在海面上急于寻找自己位置的驱逐舰拥挤不堪。怒气沸腾的比蒂试图穿过大舰队的弯曲阵形，然后在先锋位置带领重新聚合的英军舰队战斗，结果场面因此变得愈加混乱。战舰的烟雾挡住了杰利科的视线，与此同时海军少将罗伯特·阿巴思诺特爵士（Rear Admiral Sir Robert Arbuthnot）的巡洋舰分队穿越过比蒂的弧形阵线，差点和“狮子”号撞到一起，迫使正在轰击希佩尔战舰的比蒂旗舰偏离了原来的航线。阿巴思诺特为了追击一艘受创的德军巡洋舰，竟然鲁莽地冲进了两支舰队之间火力最强的区域。阿巴思诺特的 4 艘装甲巡洋舰——他的旗舰“防御”号、“武士”号、“黑太子”号（Black Prince）和“爱丁堡伯爵”号（Duke of Edinburgh）——成了整支公海舰队的活靶子。HMS“防御”号被炸毁，包括阿巴思诺特在内的 900 人阵亡。

与此同时，埃文·托马斯率领麾下战舰到了战列线的指定位置，但就在此时“厌战”号的船舵卡住了。这艘无比珍贵的快速战列舰只能无奈地一遍遍绕圈子，成了所有德军战舰都跃跃欲试的攻击目标。炮弹铺天盖地地撒向“厌战”号及其周围的海面，沃尔文和所有舰员都以为已经没有生还希望，战舰被炸得不成样子，不过他们还是狠狠地回击了敌人。幸运的是，德军以为他们已经把“厌战”号击沉，于是停止了开炮，实际上她只是被大片的浪花和硝烟掩盖住了身形而已。舰员最终控制住战舰并一路挣扎着回到了罗塞斯。

尽管场面混乱，比蒂和胡德仍不屈不挠地继续和希佩尔决斗。德军战列巡洋舰遭受猛烈轰击，但这次又有一艘英军战列巡洋舰输掉了炮战。“无敌”号遭到“吕佐夫”号和“德弗林格”号连续轰炸，成为当天第3艘因炮塔失火而导致火药库发生致命爆炸的战舰。它被炸成两截，胡德和1025名舰员丧命，仅6人生还。

543 胡德成功吸引了德军的注意力，舍尔没有察觉到杰利科正打算进行“T形交战”。这是一种精准的战术机动，需要进攻方迅速驶过敌军战列线的顶端，是扫射交战的现代版本。横向分队舷炮全开轰击敌军，与此同时，纵向分队只能依靠前置舰炮回击。

舍尔后来写道，他突然间遭遇了自北向东以新月形延伸的炮火的袭击，但炫目的硝烟和雾气挡住了他的视线，使他一艘战舰都看不到。杰利科的旗舰“铁公爵”号开炮建功，有数发炮弹击中了德军阵首的战舰。随后他队中的无畏舰开始接连重击惊恐之下的公海舰队。没过几分钟，德军全面后撤，英军紧追不放。驱逐舰负责断后，将海浪般的鱼雷射向大舰队。18点55分，舍尔下令舰队向东行驶，甩掉后面紧咬着他们的杰利科舰队，结果竟再次出乎意料地和大舰队的战列线迎面相遇。杰利科第二次施展T形交战战术。19点17分，公海舰队再度后转，在驱逐舰的掩护下顺利撤退。

杰利科没有全力追击舍尔舰队的后阵，战斗甫一开始他就清楚意识到轻率追击德军舰队有多么危险。他在制定战斗计划时就曾设想过，如果敌军不战而逃，则很可能是想把他引向布置好的水雷或鱼雷陷阱。他计划以大于射程的距离平行追击公海舰队。他的小心谨慎差点让舍尔落入陷阱。

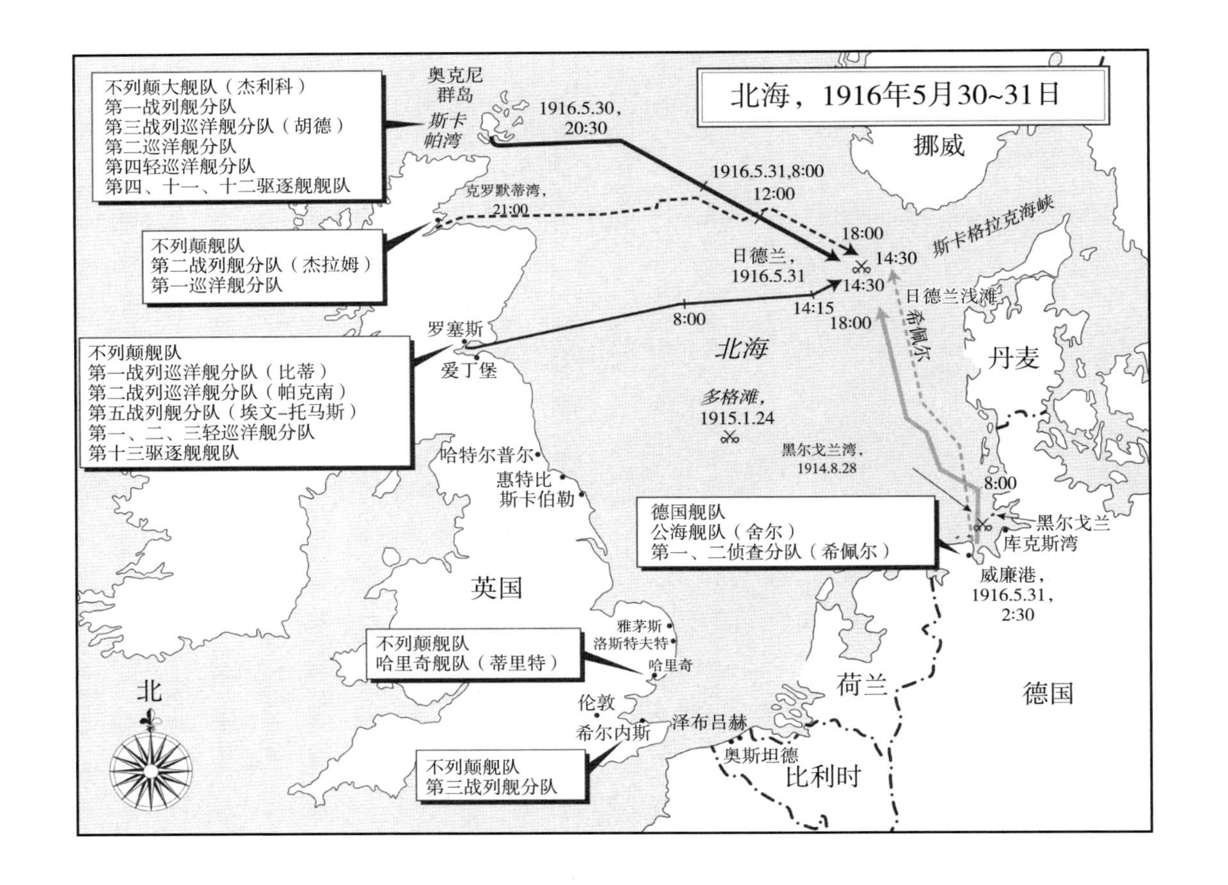

北海，1916年5月30~31日
不列颠大舰队（杰利科）
第一战列舰分队
第三战列巡洋舰分队（胡德）
第二巡洋舰分队
第四轻巡洋舰分队
第四、十一、十二驱逐舰舰队
奥克尼
群岛
斯卡
帕湾
1916.5.30，
20:30
挪威
1916.5.31,8:00
12:00
克罗默蒂湾，
21:00
不列颠舰队
第二战列舰分队（杰拉姆）
第一巡洋舰分队
18:00
14:30
斯卡格拉克海峡
日德兰，
1916.5.31
14:30
14:15
18:00
日德兰浅滩
希佩尔
8:00
罗塞斯
爱丁堡
不列颠舰队
第一战列巡洋舰分队（比蒂）
第二战列巡洋舰分队（帕克南）
第五战列舰分队（埃文-托马斯）
第一、二、三轻巡洋舰分队
第十三驱逐舰舰队
北海
丹麦
多格滩，
1915.1.24
黑尔戈兰湾，
1914.8.28
哈特尔普尔
惠特比
斯卡伯勒
8:00
德国舰队
公海舰队（舍尔）
第一、二侦查分队（希佩尔）
黑尔戈兰
库克斯湾
威廉港，
1916.5.31，
2:30
英国
雅茅斯
洛斯特夫特
哈里奇
不列颠舰队
哈里奇舰队（蒂里特）
北
伦敦
希尔内斯
泽布吕赫
奥斯坦德
荷兰
德国
比利时
不列颠舰队
第三战列舰分队

公海舰队消失于一片烟幕之中，负责断后的后路军驱逐舰发射了大量鱼雷，希佩尔分队还发动了一次勇猛的冲锋。不久之后，20 点 23 分时，不知疲倦的比蒂再次出击。

虽然行事焦躁，但比蒂毫无疑问是非常英勇的。他能读懂整个战场的形势，而别人往往陷于局部战况。他发现如果自己大胆进攻就能让舍尔的航向再度往西偏折。希佩尔的侦察分队正在给公海舰队领路，比蒂又一次主动上前与之交锋。

尽管英军的战列巡洋舰有所损毁，但它们的战力依旧骇人。希佩尔麾下战舰被打成了漂浮在海面上的残骸。旗舰 SMS“吕佐夫”号失去作战能力，舰员弃舰离开，分队其他战舰的情况也不理想。疏忽大意使 3 艘英军战列巡洋舰夭折，如果禁火措施做得更好一些，或许英军有可能就击败对手了。战斗进行到这个阶段，希佩尔的战舰必须移动到比蒂的炮击范围之外，此时它们正暴露在一群前无畏舰的炮口之下。比蒂请求指挥英军后路的杰拉姆中将（Vice Admiral Jerram）和自己一同攻打那些不堪一击的德军战舰，杰拉姆因没有收到杰利科的命令而拒绝行动。

544

天色渐暗，比蒂的最后一次冲锋也渐渐停息。杰利科命令舰队进入夜航阵形，其中主舰队继续南行，切断舍尔的逃跑路线，舰队后路则布置了驱逐舰和巡洋舰作为掩护。

拂晓时分，杰利科发现猎物消失得无影无踪，这在海战史上屡见不鲜。

夜里，“铁公爵”号上还能听到战斗的声音，但杰利科的参谋人员没有接到任何来自将官或舰长的消息说公海舰队正在穿过舰队后方的防御屏障。托马斯·埃文斯的第五分队（Fifth Battle Squadron）看到德军舰队从船后驶过，不过他们没能将其上报。当天夜里，英军驱逐舰和巡洋舰同德军战舰进行了凶残的战斗，英军损伤严重。5艘英军驱逐舰和1艘装甲巡洋舰被击沉。德军则损失了1艘前无畏舰，还有一些战舰没有方向地乱闯，被清扫战场的探照灯捕捉到后彻底丧命。皇家海军的舰长之所以没有向杰利科汇报，可能是因为他们觉得司令官自己能看到战况，还有一个可能就是担心无线电信号会暴露他们的方位。每个人都以为其他人已经把情况告诉杰利科了。更糟糕的是，被40室截获的德军信号和方位没能传到杰利科手上。

公海舰队回国后受到狂欢式的迎接。德国人是在庆祝一场改变世界格局的大捷。他们和皇家海军在参战军舰数量上的比例是99∶151。此役，公海舰队阵亡2551人，损失了包括1艘前无畏舰、1艘战列巡洋舰在内的11艘战舰，总吨位达62300吨。不列颠阵亡6094人，被击沉的14艘战舰中包括3艘战列巡洋舰、3艘装甲巡洋舰和8艘驱逐舰，总吨位达113300吨。

不过伤亡数字不足以断言胜负，日德兰战役中参战双方都极力避免输掉这场战斗。这是皇家海军自1667年梅德韦侵袭后损失最为惨重的一天。这场战斗暴露出海军一系列严重的缺陷。数千名将士和3艘强大的战列巡洋舰因为柯达无烟药管理不善和安全措施不到位而丧命。火控系统明显未能发挥作用，只有3%的英军炮弹击中目标。通信方面存在严重问题，不过最离谱的还是海军情报方面。比蒂把自己的属下和总司令都搅糊涂了。因众多舰长太过胆怯没有主动将情况告知杰利科，导致白白错失夜里能够赢得战斗的机会。皇家海军作战处应该是瞧不起40室的，所以后者截获的至关重要的情报没能及时传到杰利科手中，有些甚至自始至终都没有传达给杰利科。

545

相比之下，德军的炮火技艺更胜一筹，有更完善的装甲防护，战斗时英勇无畏，而且具备优秀的战术意识。希佩尔的表现远超比蒂（已经是第二次），舍尔在指挥舰队机动上极为出彩。不过有一个事实并不能因此而被掩盖，那就是德军意识到自己受困之后只有迅速撤退。日德兰战役提醒人们，德军是没办法在正面战场击败皇家海军的。他们再也不敢冒险拿本国舰队对阵不列颠人。是役后，大舰队补充了部分新建和修缮之后的无畏舰，战力更胜战前。杰利科麾下有 24 艘无畏舰，舍尔只有 10 艘。

日德兰战役让皇家海军名誉受损、军心消沉，但它对北海的掌控超过了以往任何时候。

注释

1. Fawcett and Hooper (eds), p. 15
2. 同上书，p. 62
3. 同上书，p. 16
4. 同上书，pp. 36ff
5. 同上书，p. 67
6. 同上书，p. 72
7. 同上书，pp. 64 - 65
8. 同上书，pp. 68ff，这里也包括了后文对沃尔文的引述

第 48 章

止战之战（1916～1922 年）

> 潜艇的出现到底意味着什么？意味着曾经让我们受益颇多的传统海军战略整个都崩塌了！这套战略的基石就是封锁。舰队的存在不仅仅是为了赢得战斗，战斗只是手段而非结果。舰队的终极意义在于我们能封锁敌人，而敌人无法封锁我们。[1]
>
> ——海军部备忘录，1912 年

546

1653 年，在北海，一场有数百艘战舰参与的战斗对海军战术产生了深远影响。加巴德战役之后，战列线渐渐成为海上战斗的重中之重。此刻，在北海爆发的另一场巨大战役则把历史重新带回原点。

日德兰战役是最后一场以战列舰舰队对抗的大型战役，带有神圣光辉的战列线已经过时了。这一点在 1916 年尚未立刻显现，而是在北海的海上战事陷入僵局后才变得愈加明显。1916 年 8 月，公海舰队试图把大舰队引诱到一处潜艇组成的陷阱中，但负责军事侦察的齐柏林飞艇（zeppelin）错误地把哈里奇的轻型战舰汇报成了战列舰，德军最后临阵逃走。同时，北海南部布满了潜艇和水雷，皇家海军也不会轻易冒险寻战。

传统的海上战争再无可能，双方都想方设法暗中消弭对方的优势所在。最后一场大型舰队战役虽然关上了过去的大门，但同时也指明了未来的方向。日德兰战役中，HMS“恩加丁”号（Engadine）上搭载了用于侦察德军舰队的水上飞机。“恩加丁”号早在1914年圣诞节时就已经声名大显，那天她在赫里戈兰湾发动水上飞机轰炸德军位于库克斯港（Cuxhaven）的齐柏林飞艇基地，这是史上第一次从海上发动的空袭。

眼下这个时代，绝大部分海面因为水雷阵和鱼雷已经成为水上舰艇的禁区，而舰载飞机可以延伸海上轰炸的范围。第一次世界大战时空中作战才初具雏形。“恩加丁”号及类似战舰先把水上飞机降到海面上，待其完成任务后再将其收回舰上。另一艘水上飞机的母舰HMS“皇家方舟”号（Ark Royal）设有一座实验性的起飞平台。1917年，日德兰战役翌年，HMS“暴怒”号（Furious）单独辟出一块飞行甲板。飞机可以从上面起飞，虽然降落的时候非常危险。在这场战争的尾声，大舰队投入大量时间和资源进行航空母舰（aircraft carrier）的实验。1918年7月7日，4架索普威思骆驼飞机（Sopwi the Camel）从“暴怒”号上起飞并轰炸了德军在通德恩（Tondern）的齐柏林飞艇基地。临近战争结束时，由一艘班轮改造而成的HMS“百眼巨人”号（Argus）开始服役，这是世界上第一艘安装全通式甲板的航空母舰，飞机可以在上面起飞和降落。这场战争是航空母舰出现的直接原因。它虽然没有参加战争，却指出了未来的方向。

比蒂希望海军部增强航空母舰的攻击性，使它只要安适地停在港口中就能攻击德军舰队。1917年，他提出的用鱼雷轰炸机袭击威廉港的计划被否决，这种作战方式在24年后的偷袭珍珠港事件中才会真正实现。

HMS“百眼巨人”号，第一艘安装全通式飞行甲板的航空母舰，舰身绘有阻止敌舰精确定位的迷彩。她有一艘战列巡洋舰随行。

从天上袭击敌人只是办法之一，从水下袭击敌人才是打破僵局的不二之选。 548

回到 1914 年的 11 月，英军宣布北海为战区，任何携带“战时禁运品”前往德国的船舰都会受到攻击，即使是食物也一样。作为回击，德国宣布不列颠群岛周围海域为战区，该区域所有船舰，包括中立国航船，都可能在毫无征兆的情况下遭遇攻击。德国人凭借 U 型潜艇对协约国实施封锁，没有先行通过传统海战赢得海上控制权就直接迫使大不列颠帝国屈膝。这也开辟了一种崭新而又恐怖的劫掠商船的方式。当时世界上不论多么强大无敌的主力舰队都无法遏制其势头。那是海战史，同时也是皇家海军史上一个革命性时刻。

1915 年，仅 5 月一个月，U 型潜艇击沉的航船总吨位就达 120058 吨。同月，丘纳德公司（Cunard）的远洋客轮“卢西塔尼亚”号（Lusitania）在金塞尔（Kinsale）附近被鱼雷击沉，1198 名乘客和船员遇难，其中 128 人是美国公民。8 月，总吨位达 185866 吨的航船被击沉，白星公司（White Star）客轮“阿拉伯”号（Arabic）亦在其中。这次虽只有 3 名美国人丧命，不过在德国击沉“卢西塔尼亚”号之后，美国政府再也无法忍受 U 型潜艇的肆意攻击。因为担心美国参战，9 月 18 日以后，U 型潜艇在大西洋的无差别攻击活动变得克制。11 月，一艘 U 型潜艇击沉一艘意大利客轮，遇难的 200 人中有 9 人是美国公民。此类事件最终迫使德国人放弃无预警杀戮的政策。

到 1916 年，德军 U 型潜艇取得了赫赫战功，给航海商人、渔民和渡海乘客造成了恐慌，不过这项运动并没能影响协约国在军事上的努力，反而引发了中立国的敌对情绪。

皇家海军并没有办法应对肆虐的 U 型潜艇，它对这种战斗形式毫无准备。皇家海军正在失去不列颠群岛周围海域的控制权，德军 U 型潜艇可以畅通无阻地穿行多佛海峡。1916 年 11 月，杰利科被任命为海军部第一海务大臣，比蒂升任大舰队司令。杰利科的首要任务就是发动反潜艇战争，不过这是一个艰难的任务。在多佛海峡布置栅栏网和水雷阵的尝试几乎毫无效用，英军潜艇的巡航也没有用。商船、拖网渔船和客轮都配备了舰炮，用来抵御攻击它们的 U 型潜艇。皇家海军往海上放出数百艘 Q 船（Q-ships）——伪装成货船或拖网渔船的重火力船舰——引诱 U 型潜艇升到海面然后把它们炸出海面。

549

Q 船占用了大量技艺娴熟的海军人员，但收效甚微。它们反而引得 U 型潜艇指挥官更加频繁地发动无预警袭击。新研发的深水炸弹在 1916 年 1 月首次使用，却鲜有战绩。

U 型潜艇问题变得越来越棘手。日德兰战役清楚地表明，德意志帝国海军永远无法击败大舰队，所以战役结束之后 U 型潜艇袭击变本加厉。德国经济因封锁行动而遭到严重破坏。于是取得海上突破的希望转到了 U 型潜艇身上。1916 年 6 月，U 型潜艇击沉总吨位 118215 吨的航船，之后这个数字每个月都在飞涨，12 月时已经高达 355139 吨。

当月，德意志帝国海军做出重大决定，重新开始无限制潜艇战。这是德国人迫使不列颠屈服的最后一根救命稻草。要做到这一点，他们每月必须摧毁至少 60 万吨输入的补给。1917 年 3 月，50 万吨航船被击沉，几乎达到目标。形势因此逆转。英属船舰有四分之一葬身海底。4 月，损毁航船总吨位达 881027 吨。

陷入绝境的德国人发动了这场冷酷无情的新式战争。比蒂评论道："真正的关键在于是我们对敌人实施封锁并让他们投降，还是敌人对我们实施封锁逼我们投降。"德国人找到了一种给协约国切肤之痛的办法，U 型潜艇有足以赢得战争的威力。比蒂敦促首相劳合·乔治（Lloyd George）针对 U 型潜艇问题采取更具攻击性的措施，以重新获得西海路的控制权，这一海域关乎不列颠及其帝国命运之生死存亡。

护航在皇家海军的历史中占据着重要地位，不过 20 世纪初它在这方面的技术已经生疏了。杰利科和海军部知道护航绝非易事，而且海军内部亦抵制这种想法。私有船舰混乱无序，要让大群这样的船舰按秩序排好队形并引导它们航行，军官们想到这些就绝望不已。绝大多数军官认为，商船舰长及其笨重的航船在远洋航行时无法保持蜿蜒曲折的护航队形，就犹如牧羊人放牧一大群惊慌失措的羊。

“皇家海军在干什么?”战争期间这个问题一直在纠缠着海军。U 型潜艇在西海路上肆虐妄为，无人能挡，这个问题必须得到解决。杰利科正在有条不紊地建立一套能够痛击敌人的系统。1917 年年初护航行动试用于法国和斯堪的纳维亚运煤航线，4 月延伸至直布罗陀和不列颠。

这些相对温和的应对措施适逢 U 型潜艇在大西洋接连取得令人心寒的赫赫战绩。政客们又惊又怒。劳合·乔治怀疑海军部组织不善，同时皇家海军又变成墨守成规的老样子。现在是全面战争时期，国家职能部门的权限已经扩展至经济和工业生产的方方面面。劳合·乔治明白时下发生的是一场波及一切的战争，而且他已经任命商人担任公职，利用他们的力量把自由经济体转变成能打赢战争的集权式机器。其中最杰出的人物要数凭借自身力量获得成功的苏格兰商人——埃里克·格迪斯爵士（Sir Eric Geddes)，他一下子就抓住军火工业的要害，并以近乎粗鲁的高效方式重组国家的运输网络，这种做法在奉行自由主义的不列颠前所未闻。军职人员和公职人员憎恶这个平民阶层的闯入者，憎恶他毫无人情味地驱使他们不断干活，以及他剑走偏锋的行事手段。

1917 年 5 月，皇家海军开始体会到他的这些行事手段。埃里克爵士获授海军中将军衔，并被任命为海军审计官，主管采购和舰艇建造。不过劳合·乔治还是觉得海军对新任审计官的计划反应迟缓，并在阻挠其施行，于是 7 月，格迪斯就任第一海务大臣。他的职责是确保海军能够自行组织起一支高效的

550

反潜艇部队，并把护航任务放在首位。

5 月，第一支跨大西洋护航队从弗吉尼亚州汉普顿锚地（Hampton Roads）出发，商船在 1 艘装甲巡洋舰和 8 艘驱逐舰的护卫下穿行大洋。同年夏天，护航队又进行了一系列试航。每次有护航力量随行的航船都安全渡过了大西洋，而被击沉的都是掉队的船舰。商船良好地执行了海军的命令。1917 年春爆发的大恐慌源自人们心中逐渐累积的恐惧，现在这些恐惧渐渐消融。

随着一个至关重要的国家加入协约国阵营，战争形势出现逆转。1917 年 1 月，40 室截获了德国外交部部长亚瑟·齐默尔曼（Arthur Zimmermann）发给德国驻墨西哥大使的一条电报。电报称，一旦无限制潜艇战导致美国参战，大使须提议墨西哥在德国的支援下入侵美国夺回得克萨斯州（Texas）、新墨西哥州（New Mexico）和亚利桑那州（Arizona）。2 月 19 日，这条电报被呈递给美国驻伦敦大使。4 月 2 日，美国宣布加入协约国阵营。

5 月，第一批美国驱逐舰和短小精悍、速度迅猛的猎潜艇（sub-chaser）加入西海路的皇家海军。

护航行动成为常设的例行事宜。这是一个颇为骇人的行政任务，也是皇家海军执行过的最庞大的任务之一。蓦然间，不列颠所有的跨洋贸易都必须接受管制。海军部设立护航局（Convoy Section）和贸易调控处（Mercantile Movements Division），它们将协同海运部（Ministry of Shipping）和海军情报处（Naval Intelligence）安排集结地点和护航队伍，同时反潜处（Anti-Submarine Division）、电讯侦测局（Direction Finding Section）以及 40 室也将支援它们的工作。整项行动促成了大

551

量技术革新。之前费舍尔设立的海军发明研究委员会（Board of Invention and Research）正在进行绝密实验，研发一种有效的水下声波测向系统——水听器（hydrophone），它可以侦测水下声波，是声呐的前身。及至战争结束的时候，海军正准备让R级潜艇出海作战，这是为侦测并攻击U型潜艇而专门设计的一种猎杀型舰艇。

在遭遇全面战争压力的海军部里，杰利科无法尽情施展才华，他希望处在中央位置，把所有事情都置于自己的控制之下，但1917年的海军已经转变成了一个无比庞大的部门，负责多个战区的事宜。在格迪斯的领导下，海军部的行政体系正在进行着令人震惊的革命。第一海务大臣的职责太多，已经超出了个人所能承受的范围，而杰利科并非执行任务的合适人选，他天生的谨慎态度意味着护航事务的推进将会异常缓慢。更糟糕的是，第一海务大臣还喜欢维护他的老朋友雷金纳德·培根爵士，培根此时负责指挥多佛巡逻队的海军将领。格迪斯打算在多佛海峡建立起火力网，切断U型潜艇从奥斯坦德和泽布吕赫（Zeebrugge）的基地到西海路之间的快捷路线，但雷金纳德抵制这个计划。格迪斯下定决心让杰利科和培根双双走人。1917年平安夜的18点，格迪斯冒着彻底得罪皇家海军的风险撤了杰利科的职。

接任杰利科的是罗斯林·威姆斯爵士（Sir Rosslyn Wemyss），他所接手的海军在人力、硬件和行政职责等方面均远超以往。但同时，海军也因为杰利科被格迪斯强行撤职而步履蹒跚。北面，比蒂还在斯卡帕湾继续和舍尔对峙。不过他的部分战舰被抽调到护航队伍，还有部分被派驻国外，此刻舰队已残缺不全。南面，地中海的形势一团乱麻。皇家海军笃信北海将是决定性战役的发生地，所以它罔顾历史教训，在战争刚开始时就把地中海的控制权转给了法国海军。1917 年，一如往常，地中海显然是攸关不列颠利益的战略要地。意大利、巴尔干半岛和中东的地面行动需要海军提供掩护，商运航船和补给船更是亟须海军救援，它们正遭受敌军 U 型潜艇的杀伤。时任地中海司令官的是上将萨默塞特·高夫·考尔索普爵士（Admiral Sir Somerset Gough Calthorpe），他必须在协约国海军中树立自己的权威。虽然各国极不情愿，但考尔索普还是要联合它们组织进行有效的反潜艇大行动。他还必须把美国和日本的驱逐舰拉到支援队伍中来。此时各处都在发出紧急呼救，船舰却十分短缺。 552

不过努力正在显现效果，局势正有所缓解。德国人要想赢得战争，就得每个月都击沉总吨位达 60 万吨的航船。他们在 4 月超额完成了目标；7 月，U 型潜艇击沉总吨位为 557988 吨的航船；1918 年 1 月，数字下降，刚超过 30 万吨。这场战役中皇家海军最成功的就是护航行动。1917 年 5 月至 1918 年 11 月 11 日，共有 16539 艘航船横渡大西洋，其中仅有 138 艘丧于敌手。1917 年 2 月之前，被击沉的德军 U 型潜艇仅 48 艘；当年之后的 11 个月中，共有 61 艘被击沉；1918 年 1 月至 11 月，有 69 艘被击沉。

反潜行动能够获胜，不是因为皇家海军学会了如何击毁潜艇，而是因为他们敢于让 U 型潜艇靠近自己然后抓住机会反击。当一艘 U 型潜艇攻击航船时，它必须靠近目标而且浮出水面。这招对付武器轻火力小的武装商船自然屡试不爽，不过遇上由专业人员操控的战舰就完全是另一回事了。U 型潜艇动作慢——它们的速度甩不掉驱逐舰——而且浮上水面之后就成了活靶子。值得一提的是，尽管德军潜艇遍布北海，但它们连一艘大舰队的战列舰都没能伤到，因为战列舰由一众驱逐舰拱卫守护。这种保卫主力舰队安然无虞的技巧此刻被应用到了大西洋和地中海。突然之间，U 型潜艇指挥官透过潜望镜观测时发现，一圈由驱逐舰和其他武装船舰——包括拖网渔船和小帆船——组成的警戒线把猎物和自己隔开了。遇到这种情况还行险一试显然是不明智的。

还有一个未曾预见的事实让 U 型潜艇面临的问题愈发棘手。一连串无组织的航船航行时队形非常松散，护航队则全然不同。潜艇很难在广袤无垠的海面上寻觅到它们的踪迹。曲折行进的护航队可以彻底避开逡巡狩猎的 U 型潜艇。散行航船成了德军能下手的唯一对象。虽然损失的总吨位数还是居高不下，不过这已不足以抵消协约国船坞中正在建造的船舰数量，而且明显达不到击垮协约国战事投入的程度。德国赢得战争的机会已经耗光了。

死板呆滞的雷金纳德·培根于 1918 年年初在多佛被撤职，当时他任海军中将。罗杰·凯斯接替了他的位子。上任后他立刻组织小艇在夜间巡逻多佛海峡，用照明弹和探照灯迫使 U 型潜艇潜入水中。U 型潜艇逃窜之后会发现自己陷入了深水雷场的陷阱中。多佛巡逻队正在执行的任务颇为凶险，在黑暗中放出亮光等于把自己暴露在敌人的报复式袭击之下。不过这个计划还是奏效了，英吉利海峡中战损的 U 型潜艇数量不断上升，它们的快捷路线也严重受限。4 月，凯斯发起 Z-O 行动，在夜间大胆劫掠泽布吕赫和奥斯坦德，阻断通向布鲁日 U 型潜艇潜艇坞的运河。比利时港口修建了坚实的防御工事，英军的进攻行动已是英勇可嘉——共有 11 人获授维多利亚十字勋

553

章。虽然行动算不上圆满成功，但大大提升了士气，这正是国内和四面受困的海军所急需的。皇家海军的火力分布也重新进行了部署。身形笨重短小、配备巨型舰炮的底舷装甲舰对比利时的德军阵地的轰炸贯穿了整场战争，同时它们还在索姆河和伊普尔援助协约国进攻作战，把敌军舰艇压制在基地中。1918 年 9 月，HMS“乌尔夫将军”号（General Wolfe）以 18 英寸舰炮轰炸 20 英里外的目标，这种根源于 17 世纪 90 年代本博的近岸轰炸行动的炮艇猛攻战术在这次战斗中达到巅峰。“乌尔夫将军”号的舰炮是海军史上最大的火炮。

护航队、多佛巡逻队和劫掠行动让皇家海军在多年受挫之后重新转守为攻。皇家海军已经取得了胜利，只是这种胜利与它所期待的那种大相径庭。没有壮观的舰队战役，没有一决胜负的决战，只有一段与他国海军共同经历的艰苦卓绝的漫长征途。美国是这些海军盟友中最重要的国家。

和以前很多次战争一样，皇家海军在开战伊始充满了希望和自信。也和其经历过的很多战争一样，皇家海军没能实现人们的期待。其力量是经过长时间的艰苦努力和主动施为才在出人意料的境况下迸发的。战争结束时，皇家海军尚存 61 艘战列舰、129 艘巡洋舰、443 艘驱逐舰和 147 艘潜艇，军官 37000 人，士兵 40 万人，他们都经受了重重压力。1917 年年末，约有 7000 名女兵加入皇家海军女子服役队（Women's Royal Naval Service，WRNS），海军的力量得到扩充。皇家海军是不列颠军队中首先接受女兵的部队，招募来的女兵担任的职务有文员、电报员、通信员、情报专家、电工和厨师。她们不在海上服役。这就是为什么 WRNS 在一战期间的口号是“汪洋之外”（Never at Sea）。整个皇家海军在现代战争的要求下得到锤炼。

在罗塞斯，大卫·比蒂经年累月地激扬大舰队士气，其努力意义非凡。尽管有很多缺点，但比蒂仍旧是一个有统兵才能的人，是其舰队的灵魂人物。

而其老对手的光景就没有这么好了。希佩尔接任舍尔成为公海舰队总司令。1918 年 4 月，他率领舰队进入北海追击一支前往斯堪的纳维亚的协约国护航队。捕捉公海舰队是比554蒂长久以来一直渴望赢得的光荣战勋，而希佩尔在比蒂得手之前就返回本国了。和比蒂的精锐舰队相比，德军舰队状况惨淡，士气已经跌落谷底，船舰也因为长期执行封锁任务而饱受折磨。

10 月，希佩尔准备发动最后突围，吸引比蒂出击。这位伟大的德军海将希望为德国舰队的荣耀而战，在最后的绝望时刻铸就光荣。不过他自始至终都没能离开港口，他的水手们在威廉港附近哗变。11 月初，哗变激化为全面起义。德国陷入四分五裂的状态，人们饥肠辘辘、经济破产。经历了 4 年的漫长时间，对德封锁终于见效。

公海舰队再次进入北海是 11 月 21 日，那时战争已经结束了。比蒂坚持认为这支敌国舰队应当无条件投降。这支曾经无比强大的舰队在一艘不列颠轻型巡洋舰的监护下舰行到了苏格兰，看起来就像一条小米诺鱼领着一大群海中怪兽。希佩尔见此景象心碎不已。自此公海舰队到了不列颠手中。此外德军 U 型潜艇也在哈里奇向雷金纳德·蒂里特投降。对比蒂和大舰队而言，这是一个快乐而又悲伤的时刻，一场足以定鼎战局的决战在多年期待之后终告无缘。

比蒂按照自己一贯的风格处理德国降军事宜。德军战列舰抵达福斯湾后抛锚停驻，两边是大舰队战舰排成的列队。随后比蒂发出信号："德国海军军旗在今天，也就是星期四，日落时分降下，以后非批准不得升旗。"[2]两天后这些战舰被带到了斯卡帕湾。

大卫·比蒂是海军中最后一位保皇党人，或者说是最后一位居此高位的保皇党人。在后世历史中，人们并没有把他当作一个伟大的海上武士。杰利科晋升后，大舰队由他接手指挥，其间他严守老上司的路线，努力保持耐心与自我克制。比蒂所塑造的"男儿当自强"的年轻司令官形象稳定了舰队的人心，为他的祖国增添了底气。在当年的媒体报道中，他就是英国人抵御外侮以及英勇海军的化身，他从来都保持着昂扬的姿态。不过比蒂还将遇到巨大挑战。1919 年 4 月，48 岁的他成为史上最年轻的舰队司令官。他被授予伯爵爵位，跻身贵族行列。9 月，他成为第一海务大臣，任期长达 8 年。他要打一场全新的战斗，这一次他是代表自己深爱的海军，战场是白厅。

比蒂认为，在民主时代不列颠将会失去自身长达数百年的制海权。但他已做好奋力捍卫霸主地位的准备，并且为达此目的不惜采用一切诡计和谋略。

555

比蒂年岁虽长，但他并没有因此而成为一名行政官员，海军运转的具体事务都交给了他尽心尽力的下属们打理。比蒂把自己变成了一个政界人物，利用他的敏锐才智、战略头脑和人格魅力与财政部争锋。他在暗中操纵政界事务方面展现出非凡天分。那是一个经济凋敝、预算大幅削减的时代，同时也是一个反对战争的时代——人们希望永远不要再有战争。自 1919 年起，政府坚决主张实行"10 年政策"：未来 10 年不会发生战争，这是制定所有军事计划的前提。比蒂明言反对，他警示保守党和工党联合政府的众多内阁大臣，制海权乃本国生死攸关之所在。

比蒂首先希望德军性能优越的战列舰能作为胜利果实被编入皇家海军的队伍，不过这个打算落空了。1919 年 6 月 21 日，德军水手凿沉了他们被拘禁在斯卡帕湾的战舰。对皇家海军而言，以这种方式作为战争的尾声令人遗憾，它的无上荣耀因第一次世界大战而不复存在。

比蒂强烈反对大幅削减预算，为此他保证海军将尽一切可能以低成本、高效率的模式运行。他赢得的支持者遍布主要政党和新闻界。他奔走于政治活动的核心理念就是不列颠只有不断建造船舰才能继续保持世界最大海上强国的地位。这个国家不仅要领先于对手国家，还必须让造船工业保持良好状态。一旦长时间停止建造船舰，那么当危机到来时，造船业就很难恢复到之前的水平了。比蒂最终达到了自己的目的，4 艘 45000 吨的新战列巡洋舰获准订购。

然而，造船业方面面临着最严重的现实阻力——它超出了财政在紧缩开支下的承受能力，只能停留在空想阶段。1922 年，不列颠、美国、日本、法国和意大利签订《华盛顿条约》（Washington Treaty）。当时的世界海军强国同意限制战舰的建造。战列舰和战列巡洋舰的排水量限制在 35000 吨，航空母舰限制在 27000 吨，其他舰艇均限制在 10000 吨。更重要的一点是，协议中规定的各国海军的舰艇排水量上限同样适用于新建舰艇。法国和意大利在主力战舰方面的限额均为 175000 吨，日本为 315000 吨，不列颠和美国均不得超过 525000 吨。比蒂的战列巡洋舰建造计划取消。皇家海军依靠协约国战舰的支援赢得了第一次世界大战，《华盛顿条约》之后这种依赖性再也无法逆转。

皇家海军的海上霸权在 1922 年走向终结，这是不列颠以及世界历史的一个转折点。

注释

1. Black, *British Seaborne Empire*, pp. 261－262
2. Roskill, *War at Sea*, p. 279

第 49 章

艰难时日（1922～1939 年）

556

……什么时候我国的防御力量才能强大到保护贸易、疆土和根本利益不受德、意、日同时来犯？遥遥无期……[1]

——参谋总长，1937 年

按照比蒂的计划，会有一支 121 架飞机组成的空中力量从 8 艘航空母舰上起飞，向威廉港的德军舰队发射数轮鱼雷。这一 1917 年形成的构思凶狠大胆。如果真能实施，那将是海战史上划时代的大事件。

皇家海军勇于探索新战斗形式的典型特征于此显现，这一次是海军航空作战。1914 年至 1918 年，皇家海军在航空母舰和部署飞机参战方面取得突飞猛进的进展。第一次世界大战结束时，它共有 4 艘航母、3000 架飞机和一支 55000 人的空军队伍。雷金纳德·霍尔上将（Admiral Reginald Hall）曾说战列舰已经属于过去："未来，发动进攻靠的是大批大批的战机，黄昏、清晨或者深夜时分它们停落在舰上，等候出海。"[2]

1924 年，皇家海军的 HMS "赫尔墨斯"号（Hermes）开始服役。她铺设龙骨时战争还在进行，这是第一艘专门建造的全通式甲板航空母舰，同时也是世界上第一艘控制塔出现在右舷的现代航母。可见皇家海军在保持海军空中力量方面的热忱丝毫未减。

HMS“赫尔墨斯”号

1933 年，一度强盛的皇家海军空军力量只剩下 160 艘战机和寥寥几艘年深日久的航母。与此同时，日本和美国海军接过被不列颠丢弃的接力棒。两国海军都对这种新型海战模式进行了实验，并发展出专门在海上工作的飞机、舰艇、飞行员和船员。其中最让人难堪的是，日本海军飞行员的教练是英国王牌飞行员，使用的战机是英国工程师在英国工厂制造的，通过这个方法，日本海军的航空力量攀至顶点。比蒂在战时非常支持海军航空作战，可惜任职第一海务大臣期间他只能束手无策地看着海军空中力量衰退。他以及之后的继任者们曾要求新建 4 艘航母，以确保本国在这种新型战斗模式中的先驱地位，但

557

政府让他们寸步难行。

问题要追溯到 1918 年 4 月 1 日皇家空军（Royal Air Force，RAF）刚创立的时候。皇家海军把自己在空战方面的控制权分给了这个新成立的军种。于是开创性的皇家海军航空队（Royal Naval Air Service），连同其飞机和经验极其丰富的飞行员，都一同离开海军、加入了皇家空军。

对皇家海军而言，这是一个灾难性的决定。正如比蒂所见，皇家海军需要这些由海军训练出来的飞行员和工程师，以及海军专门设计的战机，使它们在海上行动中发挥作用。新成立的皇家空军独立行事，根本无意做海军的跟班。1923 年，比蒂向政府提出要求，从事海上任务的飞机和飞行员都由海军部全权掌管，这个要求遭到拒绝。舰载空战队（Fleet Air Arm）将由海军部和皇家空军联合指挥。

家长之间吵嚷不休，舰载空战队成了不受重视的孩子，其资金匮乏、发育不全而且没有发展目标。

此时的海军航空母舰还停留在上个时代，飞机数量不足，飞行员寥寥无几。尤为致命的是，海军没有任何关于攻击型航母作战力量的战略部署，只把海上空中力量当作无关紧要的辅助。如果海军能获准打造专属的空军队伍，或者皇家海军航空队能有足够的生存空间来抗衡思维守旧的诸海军将领，形势将大为不同。不过事实是空军部日益重视防空作战和战略轰炸，

558

而海军部只把眼光放在巨型舰炮上。第一次世界大战中，海军是海上航空作战的开路人，并塑造了日后主宰 20 世纪海上战争的新型武器。它的倾颓带来了何等惨淡的光景，随之而来的将是灾难性后果。

20 世纪 20 年代，关于海上空战的革新减少，几乎到了销

声匿迹的程度，这在海军各个环节均有体现。1918 年至 1919 年的海军经费高达 3.56 亿英镑，1923 年时仅有 5200 万英镑，到 1933 年也只有 5300 万英镑。1913 年至 1936 年间新建的战列舰仅有 HMS“罗德尼”号和 HMS“纳尔逊”号。因为它们是依照《华盛顿条约》的限制条款建造的，所以又称“华盛顿条约战舰”。不列颠造船业和海军军工业遭受无可挽回的伤害，建造巡洋舰、潜艇和驱逐舰的新订单仅够勉强缓和局势，而这只是杯水车薪，无益于大局。依照条约的限制条件，其他国家的海军尚有余裕，都在建造更新式、更精良的战舰，而皇家海军却基本上只能用 1909 年至 1913 年间建造的舰艇组建舰队。

衰朽生锈的不只是硬件，人员方面亦承受着重压。1919 年，海军有男女士兵共计 40 万人，军职人员 37000 名。海军女兵存续时间不到两年，战事结束后皇家海军女子服役队被解散。及至 1932 年，海军服役人员仅 9 万人，而且即便是在和平时期，他们的待遇也并不好。1925 年后入伍的人薪水减少。海军的凝聚力因此动摇，6 年之后又有新的一波动荡到来，联合政府将所有公职人员的薪水削减 10%，并且 1925 年以前入伍水手的工资也被调整为 1925 年以后的水平，这意味着他们将有约 25% 的薪资被削减。

普通海员们受不了了。1931 年 9 月 11 日，大西洋舰队返回位于克罗默蒂湾（Cromarty Firth）的基地，海员们回来后从报纸上得知自己的薪水遭到严重削减，不满情绪在酝酿发酵。抗议活动升级为波及整支舰队的哗变，或者更确切地讲，是一场罢工。船员们拒绝重回海上工作，但他们仍然以友好尊敬的态度对待自己的长官。最终内阁同意重新斟酌对 1925 年以前入伍水手工资的大幅削减，因弗戈登兵变（Inver gordon Mutiny）才得以平息。发动兵变的领头者们被捕入狱，200 名大西洋舰队海员被遣散。

所有海军服役人员都感受到了财政压力。皇家海军规模缩水之后，为继续保持其世界级海师的地位，使其能够完成繁多的任务，比蒂努力争取，一分一毫都不放过。但是曾经把皇家海军推向世界霸主的那股政治力量已经耗尽：公众接受削减皇家海军预算，甚至主动要求这样做。不论比蒂多么费尽心思地

559 威逼利诱、讨价还价，海军的颓势都已经在所难免，政府还要满足其他方面的需求，海军只是众多呼吁者中的一个。比蒂的继任者们十分忧惧，一旦海军参战，场面恐怕不堪设想。把新加坡改造成完善防御基地的计划被一再推迟。事实上，所有的英国海军基地，包括斯卡帕湾在内，状况都降到了标准水平之下。1931 年，海军部提供的报告称，“一旦我国卷入战争，我们的海上力量将不足以维持畅通的航海路线”。[3]现有的战舰数量根本不够。

不过，当时是一个理想主义盛行的时代。许多人都深信第一次世界大战终止了一切战争，国际联盟（League of Nations）将守卫和平。1930 年的《伦敦海军条约》（London Naval Treaty）对潜艇作战制定规则，并再度对战舰建造提出限制。条约由英国、美国、法国、日本和意大利共同签署，但这一试图遏制对手国家海军发展的做法没过多久就触礁搁浅。1935 年，意大利和日本宣布中止在华盛顿和伦敦签订的海军协议。整个协议期间，日本帝国海军（Imperial Japanese Navy）一直在建造新的航母、巡洋舰、驱逐舰和潜艇。1937 年，他们建成了 3 艘极为可怕的同系列战列舰——大和级（Yamato class）

战列舰。“大和”号（Yamato）排水量超过 7 万吨，配备 9 门口径 18.1 英寸巨炮。

英国对世界各地的侵略行动已是有心无力。1931 年，日本入侵中国东北（Manchuria）。皇家海军在亚洲海域保持中立，海军部无法介入此事。如调遣战舰，本土舰队就会空虚，这个代价不列颠无法承受。1935 年，墨索里尼（Mussolini）入侵阿比西尼亚（Abyssinia）的部队渡过了苏伊士运河，英国没有阻拦。同年，态度怯弱的英国政府同希特勒签署了一项条约，允许德国海军重整军备，虽然尚有限制条件，但其意义已非同一般。

绥靖政策终非解决之道。阿尔弗雷德·查特菲尔德爵士（Sir Alfred Chatfield）曾是比蒂旗舰舰长和海军部参谋长助理。他在 1933 年幸运地坐上了第一海务大臣的位子。那一年“10 年政策”废止，海军开始重整军备。1933 年海军经费为 5300 万英镑，1936 年升至 8100 万英镑，1938 年高达 1.272 亿英镑。

摆在查特菲尔德面前的是塑造新式皇家海军的机会，不过该建设什么样的新式海军呢？20 世纪 30 年代，海事政策要达成繁多的目标。海军在全球各地都有任务在身，肩负争夺战略要地的重任。英国之所以能建立一个全球性的大帝国，就是因为有一支主宰着北海、英吉利海峡、西海路和地中海的主力舰队。英国的战列舰让殖民地对手——均为欧洲国家——深困于各自国内海域而不得出，巡洋舰和炮艇负责看护帝国的广袤疆域以及把这些疆域紧紧联系在一起的贸易航线。两次世界大战之间的数十年和平时期里，不列颠帝国虽然在领土上达至巅峰，但皇家海军看到的是全然不同的世界格局。 560

日本正在威胁着不列颠帝国及其在亚洲和澳大利亚的贸易。墨索里尼的强大战列舰、潜艇和空军基地让不列颠在地中海的主宰地位变得飘摇。希特勒的新海军——纳粹德国海军（Kriegsmarine）迫使皇家海军只能把力量集中在本土海域。尽管资金重新回升，但海军还是面临着严苛的预算上限，查特菲尔德和幕僚们只能做出艰难抉择。潜艇已经威胁到国家的生死存亡，皇家海军的精力是否应该集中在消除这一威胁上？航母是否才是取得20世纪海上霸权的关键？不列颠世界强国的地位是否依赖于她的主力舰队？不过有一点是肯定的：一旦英国在欧洲受到威胁，那么皇家海军就无法在亚洲海域介入日本事务。

查特菲尔德清楚，一支顶尖的现代海军应当把空中作战放在首位。航母在各类第一线行动中都起着举足轻重的作用。在侦察、大型舰队作战、猎杀巡逻、护航、两栖登陆以及劫掠外国港口中，航母均扮演关键角色。1934 年，海军被屡屡拖延的现代航母“皇家方舟”号终于开始建造。1937 年，4 艘新航母——“辉煌”号（Illustrious）、“胜利”号（Victorious）、“敬畏”号和“不懈”号——开始铺设龙骨。此外还有一件意义更为重大的事情，比蒂对舰载空战队控制权的争夺由查特菲尔德继续推进。1937 年他赢得了这场论争，虽然海军部直到1939 年才获得海战飞机和飞行员的绝对控制权。尽管有所挽回，但废止皇家海军航空队已经造成了影响深远的破坏性。海军中很多人认为，舰载飞机的功能只是侦察以及帮助战列舰炮手调整发射角度。或许皇家海军比其他对手有更多的航母，但它的飞机和飞行员落于人后。皇家海军对空中力量在现代战争中的进攻能力缺乏深刻认识，所以只是空有其形而已。

海军部的注意力主要还是集中在战列舰上。20 世纪 30 年代人们依旧认为，英国在欧洲乃至世界的地位是由主力舰队维系的，这些钢铁巨兽赋予了英国封锁欧洲经济的能力。它们依然是威慑全球范围内潜在敌人的有力武器。

战列线可能已经退出历史舞台，但战列舰明显没有。1936 年至 1937 年间查特菲尔德获准新建 5 艘战列舰——乔治五世级（George V class）战列舰。凋敝许久的造船厂难以在一时间内完成这些订单。直到 1940 年 12 月，“乔治五世”号（George V）才开始服役，HMS“豪”号（Howe）——该系列最后一艘——到 1942 年 8 月方告完工。“辉煌”号航母于 1937 年下单，1940 年 5 月建成。这远远比不上皇家海军曾经震惊世界的建造速度，建成“无畏”号当年只用了一年零一天。

561

要想建造出足够数量的战舰保卫英国所有的全球事务是不可能的，这个教训英国在第一次世界大战期间就领教过了。有无数问题正困扰着皇家海军，查特菲尔德的当务之急是抓住其中的关键并组建一支搭配平衡的舰队。早在时日艰难的 20 世纪 20 年代，海军就开始持续订购巡洋舰，1933 年这一步伐开始加快。* 驱逐舰的订购也是如此——20 年代时还是涓涓细流，30 年代则已成川流不息之势。及至 1939 年年初，皇家海军共有 62 艘巡洋舰和 159 艘驱逐舰。至于潜艇则全然不同。两次世界大战之间那些年，英国对潜艇建造并不热衷，她更热衷于利用条约禁绝潜艇，研制声呐以及深水炸弹迫使它们不堪为用。尽管如此，为了抵御来自德国、意大利和日本的潜艇威胁，皇家海军也开始订购更多的潜艇。

---

* “城”级（Town-class）巡洋舰始建于 1936 年，共计 10 艘，其中的 HMS“贝尔法斯特”号（Belfast）现为伦敦一处固定河景。

20 世纪 30 年代后期，皇家海军的舰艇搭配还是稳固平衡的，如下表所示：

	英[1]	美	日	法	意	德
主力舰	15(9)[2]	15	9(4)	6(4)	4(2)	5(11)
航母	7	5	5	1		
巡洋舰	66	37	39	18	21	6
驱逐舰	184	127	84	78	48	7
潜艇	60	58	58	76	104	57
其他舰艇[3]	76	20	48	48	103	55

注：

[1] 包括其他英联邦海军的主力战舰。

[2] 括号中的数字为正在建造的战舰（仅主力战舰）。

[3] 包括鱼雷艇、护卫舰和炮艇。

从这些数据中可以明显看出，尽管皇家海军仍旧是世界上最庞大的海军，但不论在哪个大洋，它在数量上均处于劣势，参与任何一场战事都需要地区盟国的帮助。同时这些数字也表明，皇家海军的核心力量还是主力舰队。重整军备的进程中，有海军人士强烈呼吁给予护航舰艇更多重视。1917 年英国差一点就败在了 U 型潜艇战上，这个教训深深地烙印在人们心中。英国非常依赖进口，敌国一旦限制其海上航线就能扼死这 562 个国家。1917 年至 1918 年的反潜行动中，皇家海军凭借 443 艘本国驱逐舰和大量美国船舰，将海上损毁航船的吨位控制在每月 30 万吨。第一次世界大战期间，英国以及英联邦附属国从澳大利西亚（Australasia）① 和亚洲出发的运兵船都是在日本护航舰艇的保护下航行的，能在地中海维持局势亦是依靠日

① 一般泛指澳大利亚、新西兰及附近南太平洋诸岛。——译者注

军。即便在巅峰时期，皇家海军也不足以亲自保障食物进口以及捍卫整个帝国疆土。

然而，新造的航母、巡洋舰和驱逐舰最初并非用来在战时执行护航任务的，其中大部分是为主力舰队设计的。那些明确标识为进行贸易保护的巡洋舰是用来阻挡水上劫掠者而非 U 型潜艇的。

这是否表示，鼓吹战列舰威能的保守派压过了预见到大西洋疯狂屠戮的海战思想家呢？并非这么简单。1917 年至 1918 年皇家海军和美国海军战胜德军 U 型潜艇后，人们据此认为用潜艇对付商业船舰是徒劳无功的。因此海军研制了深水炸弹和 Asdic*——反潜声测系统，即现在的声呐——许多人自以为这些设备的应用足以淘汰潜艇作战。更重要的是，当时来自潜艇的威胁并不明显，超出了人们目力所及的范围。1935 年以前，德国人一艘潜艇都没有，在此之后虽然有了一些，但数量也非常少，德军的袖珍战列舰（pocket battle ship）才被认为是商业海运的真正威胁，这种战舰是专门用来打劫远洋航船的。一旦有需要，贴身护航任务势必要落到小型的武装舰艇上。为此皇家海军在 20 世纪 30 年代中期订购了大量小型战舰。

但查特菲尔德和海军部预想的并非这种战争。皇家海军相对来说不再那么强大。虽然它面临资金拮据、力量分散的困境，但它终究还是一支庞大威猛的武装力量。

弗雷德里克·利思－罗斯爵士（Sir Frederick Leith-Ross）

* 据称这是 Anti-Submarine Detection Investigation Committee 的缩写，不过此说尚存在争论。

深信它是战无不胜的国之利器。[4]利思－罗斯是一名政府公职人员，在财政部和军界均曾任职，同时他还是一个经历颇为丰富的旅行家：他在国际组织待过很长时间，那里正忙于应付国际金融、赔款和战争债务等问题。1932年，利思－罗斯成为政府的首席经济顾问。他笃信，如果再次与德国开战，英国可以通过严厉的封锁行动加强对德国的控制。

而实现这一威权的关键就是皇家海军。一旦再有战事，海军应当彻底切断德国与世界的联系，并巡逻欧洲周围海域以阻止禁运品流入敌国。德国将陷入原材料和食物的极度短缺。不过，在短时间内对德国港口实施严厉封锁还不是主力舰队的全部任务，整个欧洲的漫长海岸线也都需要巡逻监督。

563

问题是，中立国航船只需将战争物资运到另一处中立国——比如葡萄牙、西班牙、意大利或者瑞典——然后物资就能从陆地上运到德国。韦茅斯、唐斯锚地、奥克尼群岛、直布罗陀、海法（Haifa）和亚丁，这6个区域扼守着前往欧洲西部的海上航线，它们全都在英国的掌控之下。在这6处世界贸易的十字路口，任何一艘未经英国官员搜查且没有获发“航运执照”（Navigational Certificate，简称Navicert）的中立国船舰都会被英国海上禁运品管理处（Contraband Control）的船叫停。

皇家海军这些散布世界的铁箍成了英国手中又一王牌。世界上所有贸易国家都要仰赖于皇家海军斡旋调停。像苏伊士运河这类连接航运路线和咽喉要道的燃料补给站，被视为不友好国家或者公司的船舰就无法通过。英国的银行、制造商和运货商还能利用金钱向中立国施压，逼其服从。不肯合作的航运公司或者出口商将面临失去大单生意的风险。

利思－罗斯手中还有一件更厉害的武器。英国的制海权和金融势力让他得以在全球范围内建起一张巨大的情报网。他把向德国输送供给的公司及其贸易路线都摸清楚了，英国凭此可以向相关国家施加压力或直接在海上拦截其航船。这张情报网的情报源——从国际银行家（international banker）到纽约、里约热内卢、布宜诺斯艾利斯和东京各处港口的装卸工——会将可疑行动上报。比如，如果有形迹可疑的化学品从里约热内卢运来，其实际目的地为德国，他们就会把此事汇报给皇家海军。于是海上禁运巡逻队就可以提前获知哪艘航船上走私了什么货物。

所谓制海权，其内涵远不只是皇家海军的规模和战力。只用战舰和潜艇数量来衡量制海权是不完善的。英国贸易和航运的整个结构体系——它的燃料补给站、银行、商业关系、国际条约以及诸如此类的种种——是与航母和巡洋舰并驾齐驱的另一重器。主力舰队是整套系统得以运转的保证。皇家海军不能指望打败德国、意大利和日本的联合海军，不过它足以保卫英国不受侵犯，并能在盟国支持下获得区域优势。比如在有法国帮助的地中海、有美国帮助的太平洋，英国能派遣庞大的战斗群吞噬任何与之遭遇的敌军队伍。在当时很多人看来，把重点放在小型护卫舰艇上是没有意义的，这太被动保守了。只要有一支强有力的主力舰队就足以震慑对手，压倒世界上任何一支敌国海军。 564

所以查特菲尔德等海军将领寄希望于这种战略思路并不稀奇。战列舰、巡洋舰、航母和驱逐舰的核心功用就是推行封锁行动，以布宜诺斯艾利斯等前沿港口以及直布罗陀等战略要冲建立帝国防御线，然后将其一直延伸到德国海域。

他们深信英国的海上战力——以驻扎在斯卡帕湾、直布罗陀和马耳他的主力舰队为代表——足以主宰海域，让任何一个欧洲国家陷入饥荒和工业瘫痪。这也是皇家海军在战时的首要任务。至于这个艰巨的任务能够完成得多好，就全看它的将士、战舰和装备准备得如何了。

即使过去无人可撼的霸权地位早已消散无形，领导皇家海军的军官们依然沉浸在英国巅峰时期的回忆中。20 世纪 30 年代，革新后的皇家海军中已经找不到那些经历过全盛时期的领导人了。1920 年 7 月，伟大的约翰 · 费舍尔死于癌症。他见证了英国全球霸权的顶峰，也捕捉到了其薄暮黄昏中的第一丝寒意。

他的继任者中声名最盛的两个人，在还是小孩子时就参加了皇家海军，那时大不列颠是当之无愧的汪洋之主。他们在有生之年经历了 20 世纪的严峻阶段。1935 年一战停战纪念日那天，参加纪念活动的约翰 · 杰利科着了凉，两周后谢世，享年 76 岁。那时大卫 · 比蒂也已身衰力竭，他不要命的生活方式终于在他身上显现出了后果。1922 年他在一次摩托车事故中胸骨断裂。因迷恋赛车，他多次骨折，还有一次把下巴摔碎了。到 65 岁时，他遭受严重的呼吸道疾病的和心脏衰竭的折磨。尽管如此，他还是坚持在杰利科的葬礼上为其抬柩。不久之后，1936 年 1 月，他又一次拖着屡次骨折的身子给另一位前海军军官——国王乔治五世——抬柩。比蒂的身体不堪重负，得了肺炎。没过多久他也去世了。

他们的离世也标志着曾经的辉煌的结束。不过有一点值得强调，20 世纪 30 年代皇家海军在纪律、领导以及人员方面，并不逊色于纳尔逊时代或费舍尔时代的海军。

19 世纪 80 年代，阿尔弗雷德·马汉曾对皇家海军有过一番称颂与赞美。他关于海上实力和国家成功发展之间关系的理论对全世界的统治者、战略家和民众都有过深刻影响。但即便是马汉在写《海权对历史的影响：1660～1783》时，经济强国也正从横跨大洋的“深蓝帝国”（empires of the deep）转向粮、铁充裕的大陆帝国，比如苏联、德国和美国。

马汉曾发表论点说拥有制海权是国家繁盛的前提条件，不过这在 20 世纪 30 年代已经不怎么行得通了。像英国这样拥有一支令人畏服、所向披靡的皇家海军的国家，经济正相对衰退。与此同时，那些没有海上主宰能力的国家却崛起为工业强国，拥有雄厚的战争资本。美国和德国属于后一行列，苏联 10 年后也将跻身其中。相比之下，英国明显一下子变得虚弱了。和主要对手国家不同，海上航线是她生死存亡之所在。不论敌人是否拥有庞大的舰队，只要能扼住英国的海上航线，后者就会陷入被动。海洋的危险性远超其机遇性，这种情况还是在 17 世纪初出现的。

皇家海军正面临新的竞争对手，它不是因为疏忽怠慢和停滞不前而丢了领先位置，而是历史大势使然。皇家海军之所以能站在巅峰地位乃是历史的轨迹发生了偏移，而非马汉所说的历史进程的必然阶段。俄国陷于国内危机，法国因为败给了普鲁士正在恢复，美国经历内战之后正在合并巩固，日本结束闭关锁国之后正在崛起。是其他国家无暇旁顾才让英国有了那么一段悠然闲适的日子。

因此，在 20 世纪 30 年代，英国面临的海上格局和特拉法尔加海战以前的情况十分类似，人们在谋划海事战略时必须和先辈们一样迎难而上。纵观历史，正常情况下制海权总是由数个国家共享或由它们彼此争夺，由一个国家垄断反而很不正常。此时，在 20 世纪过了 30 个年头之后，英国再次成为众多海上强国中的普通一员。

历史还告诉我们另一件事情。皇家海军的历史充满沉浮兴衰，其获得世界主宰地位的进程远非打几场胜仗那么简单平顺。在每一次重大战争之初，皇家海军都面临着军中军官衰老腐朽、行政系统懒散懈怠、战舰不堪为用且数量严重短缺的问题，可谓处境艰难。制海权完全是一个概念性的存在，只有在遭遇战争的危急关头才会真切显露。经常是经历了重大灾难之后，皇家海军才在激励之下于战斗中重振声威。但问题是，历史往往会过分放大胜利的光芒，以致发生过的灾祸和失败——它们承载着更多重要的教训——反而变得模糊不清。到底什么样的皇家海军才是国家需要的，只有经历战事才会清楚。而在和平时期，海军高级官员们只会为了经费不厌其烦地讨价还价。1803 年，纳尔逊出发前往地中海时说："我就只能用这些装备，因为上级长官们只给了我这些。"

566

在两次世界大战之间，海军将领和军官在战略和武器装备上所做的决策可能不尽如人意，但需要注意的是，当时国际形势暗流涌动，英国国内经济正在经历前所未有的下滑，他们是被迫艰难做决定的。海上霸权时代建立起来的海军，面临着在新时代灭亡的危险。高层军官清楚，一旦英国被迫与德国、意大利和日本同时开战，帝国疆土和苏伊士运河以东的贸易纽带都将灰飞烟灭，因为届时主力舰队根本不能离开本土海域。那将是皇家海军史上最萧瑟凄凉的一幕。

皇家海军散布世界各地的分支队伍一如既往地保持着组织紧密、演练充分、士气高昂的状态。政客们在缓和与德国、日本、意大利的关系的同时也在制定御敌方案，并依照方案进行训练。1939 年，地中海舰队来了一位杰出的总司令——安德鲁·坎宁安上将（Admiral Andrew Cunningham）。坎宁安是从小型战舰中走出来的，一战期间他是表现卓越的驱逐舰舰长。舰队副司令是约翰·托维中将（Vice Admiral John Tovey），他也是一位足智多谋的驱逐舰舰长。他们对属下要求严格，训练出的队伍非常优秀。英国部署在地中海的司令官无出其右。

尽管如此，皇家海军还是要面对一个严酷而无法转变的全新事实。长久以来，它将第一次无法彻底保护本土疆域。这是海军史上的重要时刻，而且这在风雨飘摇的 20 世纪 30 年代对一个岛国的民众来说显得更与自身密切相关。对此斯坦利·鲍德温概括得最好："轰炸机总能达成目标。"（The bomber will always get through）

注释

1. Howard, pp. 120－121
2. Padfield, *Battleship*, pp. 252－258
3. Kennedy, p. 335
4. *LIFE Magazine*, 1940 年 1 月 15 日

第 14 部分

背水一战

第 50 章

“皇家方舟”号（1939～1940 年）

568

1939 年 9 月，HMS“皇家方舟”号开始部署在英国最具战略意义的海域——西海路。该月的第三天，战争正式开始。宣战后没几个小时，U 型潜艇就开始猎捕英国航船。英方为此组织了由“皇家方舟”号担纲、众多驱逐舰组成的“猎杀”舰群搜捕 U 型潜艇。

“皇家方舟”号舰载飞机扩大了对 U 型潜艇的搜索范围。9 月 14 日，舰群接到 SS“法纳德角”号（Fanad Head）的求救信号，后者在距舰群 230 英里处遭遇 U 型潜艇追杀。舰载飞机飞往这艘商船所在地提供救援。与此同时，另一艘没有被驱逐舰声呐侦测到的德国潜艇 U-39 号正在暗中徘徊，它向自己前方这艘巨大显眼的船舰发射了两枚鱼雷。

幸运的是，那天“皇家方舟”号警惕性很高，舰上人员及时发现了鱼雷的轨迹。这艘英国航母调转为进攻方向，两枚鱼雷分别从两边穿过去了。U-39 号被“皇家方舟”号及其随行驱逐舰投掷的深水炸弹逼出水面，艇上部分人员在 U 型潜艇沉没前获救。

U-39 号是这场战争中被击沉的第一艘 U 型潜艇，不过如果海事战略人员据此以为他们找到了对付 U 型潜艇的办法，那么大西洋的战况很快就会让他们发现自己是大错特错了。

“皇家方舟”号没有受伤实属幸运。就在她与死神擦肩而过的三天后，另一艘航母HMS“勇敢”号（Courageous）在爱尔兰海岸被一艘U型潜艇击沉。一个多星期以后，庆祝“皇家方舟”号被击沉的新闻就出现在德国报纸上。当时她和“纳尔逊”号、“罗德尼”号被一同调往霍恩斯礁（Horns Reef），前去营救持续遭受深水炸弹攻击的“旗鱼”号（Spearfish）潜艇。回国途中，有三艘纳粹德国空军（Luftwaffe）的多尼尔海上飞机（Dornier seaplanes）向英军舰艇靠近。“皇家方舟”号的一架布莱克本贼鸥式战斗轰炸机（Blackburn Skua）击落了其中一艘多尼尔海上飞机，这是开战以来第一艘被击落的德军战机。

不过战机随即被召回舰上并存入飞机库中。此事暴露出的问题可以追溯到一战结束海军失去自身空军队伍的时候。两次世界大战之间，那些对海上空战并不了解的军官认为航空母舰应当像战列舰一样可以自我防御。因此英国航母在建造时装备了大面积防护装甲，以致压缩了舰载机的空间，减慢了航行速度。战斗时，舰载机要被放入装甲机库，然后靠航母上的防空炮（AA guns）击退敌军战机。与之不同的是，美国海军和日本海军更依赖舰载战机而非装甲保护自己，所以他们的航母速度更快、空间更宽裕。两次大战之间皇家海军对海上空战的态度在此得到了最好的阐释。 569

此刻，在霍恩斯礁附近，“皇家方舟”号正遭受5架亨克尔轰炸机（Heinkel bomber）的攻击。可能对方飞行员都不敢相信自己的好运，竟然遇到了这么一艘毫无防御的航母。他们根本没把防空炮放在眼里。第五艘战机投放的一枚1000公斤的炸弹直接命中英舰。德国飞行员最后看到“皇家方舟”号时它正向右侧倾斜，之后就在一片水汽和硝烟之中消失了。稍后一架侦察机汇报称，只看到了两艘英军战列舰，没有航母的影子。

这是德军的一次重大胜利。开战后不到一个月，他们就击毁了英军两艘最重要的战舰。纳粹宣传部门四处散布“皇家方舟”号爆炸的图片并不断质问：“‘皇家方舟’号在哪儿?”美国驻大不列颠大使知道答案，他在新任第一海务大臣温斯顿·丘吉尔的陪同下看到了“皇家方舟”号。当时航母舰长紧急侧转船身，炸弹没有击中面积宽广的飞行甲板。最终，这艘战舰自行恢复平稳并返回国内。

“这是关于一艘船的故事。”由诺埃尔·科沃德担任编剧及主演、以皇家海军为题材的战时电影《与祖国同在》以这句话开头。本章及下一章讲述的也是关于一艘船的故事，这艘船就是“皇家方舟”号。或者也可以说，是经由这艘英国航母讲述第二次世界大战最初几年的故事。

“皇家方舟”号是当时海上最令人畏惧的战舰之一。她那条平坦的飞行甲板长达 800 英尺，这让航母的船首、船尾以及两侧都形成独具一格的造型。宽阔平面上是高耸的飞行甲板上层建筑，防空炮从甲板下微微伸出。3 架起降器可以将 72 架舰载机从下面的机库升到上面的大甲板。机库被装甲防护起来是这艘海上猛兽的“存在之本”，它可以保护舰载机不受攻击，也是维护修缮飞机的理想场所。飞机在两次起飞出击的间隙还可以在此加油。机库周围是工作间、仓库和办公室，它们可确保舰载机保持良好的战斗状态。

570

“皇家方舟”号舰载人员共 1500 人，其中包括军官、水手、飞行员、机修工、工程师、海军陆战队员、电工、厨师和医护人员。整艘战舰如同一座巨大的海上空军基地。在传统人士眼中，“皇家方舟”号外观丑陋，只是为了追赶当时的时髦，不过更多人认为它雄伟而优美。甲板之下，这头巨兽的钢铁肚腹是舰员们生活和工作的地方，其内部用的是人工光源。“在这里面很容易迷路，”在“皇家方舟”号上服役的威廉·詹姆森（William Jameson）写道，“普通海员住在一层层的住舱甲板上，样子都差不多，擦洗干净的木质地板、锃亮的锁柜、成群的舰员——他们在这里吃饭、睡觉、聊天、读书——数百码长的过道，过道中每隔固定距离就会有一扇防水门。晚上的时候最糟糕，到处都悬挂着吊床，相互间只隔着18英寸的距离，它们就像卡其色的香肠一样随着航母的航行轻轻摇晃，人从其中穿过时必须弯腰才能通过。”[1]

“皇家方舟”号刚刚躲过的两次灾祸对正缺少战舰的海军而言实在太惊险了。纳粹德国海军的主动出击令海军部措手不及，为此“勇敢”号、“赫尔墨斯”号和“皇家方舟”号三艘航母被调往西海路巡逻。皇家海军根本没有余裕为驶入的航船提供护航。国家紧急订购了轻型护卫舰（corvette）——一种以捕鲸船为原型、能够执行护航任务的低速小型战舰。商船配备了武器和声呐系统。与此同时，航母在执行任务时险些遭遇灭顶之灾。

第二次世界大战初期的战斗主要是在经济领域和海上进行的。英德两国宣战前夕，德国就派遣U型潜艇前往大西洋劫掠盟国商船。1939年9月4日，正式宣战后的第二天，利思－罗斯的计划开始实施。皇家海军主力舰队返回斯卡帕湾实施封锁行动。所有前往欧洲的航船在经过禁运品管理处控制的6处港口时都必须主动接受严格搜查。

中立国航船入港后，会有英国海关人员和水手组成的一队人马登船依照货单检查货物，货物清单经由电报发送到伦敦的战争经济部（Ministry of Economic Warfare），然后战争经济部将告知禁运品管理处是通关放行还是没收部分货物。航船在海上也会被叫停并接受检查。当时，世界各地的港口挤满了不敢出海的德国货船。

571 德国人的对策是放出 U 型潜艇疯狂攻击。宣战后一周，被击沉的航船总吨位达 6.5 万吨，不过随着皇家海军努力派出护航舰艇，受损商船的吨位在第二周降到 4.6 万吨，第三周降到 2.1 万吨。与此同时，皇家海军至少叫停并搜查了 1525 艘航船，没收了 28.9 吨战时禁运品，此外法国也没收了 10 万吨。15 周后，法英两国海军共没收了 87 万吨战时禁运品。其中包括 2800 万加仑汽油以及数量十分可观的重要工业材料：硫黄、铜、橡胶、树脂、矿石、磷酸盐以及其他化学品与矿产。另外还有制作布料的原材料，比如纺织品、动物皮料、羊毛、丝绸和黄麻，有天然油脂，有饲料、粮食和烟草。这些缴获品的价值甚至超过了 1939 年 U 型潜艇和磁性水雷造成的损失。食物短缺，工业出口下降，德国正承受巨大压力。12 月，皇家海军对德国出口商品颁布禁令。

德国人已经预料到此事，并做好了回击的准备。德国海军——1935 年更名为纳粹德国海军——确实在战争伊始阶段重重打击了皇家海军。除了“勇敢”号沉海之外，英国还损失了 HMS“皇家橡树”号，当时 U-47 号渗入斯卡帕湾并以水雷击沉了这艘悍勇的老式战列舰。这是一次出色的袭击行动，同时也是一个不祥的征兆——纳粹德国海军为全面开战做好了充分准备。

开战前，德国袖珍战列舰“施佩伯爵”号（Admiral Graf

Spee）和“德意志”号（Deutschland）就已离开威廉港。前者驶往南大西洋，后者驶往格陵兰岛附近海域。9月26日，两艘战舰接到袭击盟国航船的命令。它们的设计非常适合执行这个任务。“施佩伯爵”号和“德意志”号航速快、火力重，装有6门11英寸火炮和8门6英寸火炮。它们接到命令，需尽可能远离盟国战舰。这是德国海军在第一次世界大战中吸取的教训，广袤无垠的海面上看似没有任何护航战舰保护的航船，实则由巡洋舰隐匿在别处暗中接应，这样巡洋舰可以非常有效地进行攻击。

北面的“德意志”号因为这些限制而落于下风。那里的盟国战列舰太多，而且都可以攻击到“德意志”号。这艘德军袖珍战列舰只得折返回国。不过，南大西洋却有佳肴等候。从9月底开始，“施佩伯爵”号在南大西洋和印度洋上猎捕并摧毁毫无防备的盟国商船，取得了巨大成功。舰长汉斯·兰斯道夫（Hans Langsdorff）颇怀仁义之风，他在击沉目标之前会先将船上的船员都转移下来。11月，德国战列舰“格奈泽瑙”号和“沙恩霍斯特”号离开德国前往北大西洋。

572

英法两国海军派出特遣队搜捕这些德军劫掠者。航空母舰再次从舰队调出，被派到开阔海面上搜寻敌军。HMS“雄鹰”号随同两艘巡洋舰前往印度洋，HMS“光荣”号（Glorious）也随另一支特遣队被派到那里。HMS“赫尔墨斯”号和同行的一艘法国战列舰负责搜索中大西洋。同时HMS“暴怒”号航母负责在挪威附近寻找“格奈泽瑙”号。

K舰队（Force K）是以“皇家方舟”号为核心组建成的南大西洋巡逻舰队，队中还有身经百战的“声望”号（Renown）战列巡洋舰和众多驱逐舰。看上去皇家海军的中坚力量似乎正散布在无边无尽的远洋海面上搜寻个别敌舰。正当“皇家方舟”号及其特遣队在南非（South Africa）的西蒙斯敦（Simonstown）补充燃料时，他们接到一艘商船从纳米比亚（Namibian）海岸线发来的求救信号。不久又有一艘蒸汽轮船发来遇险信号，其方位在前一艘遇难航船的西南方。据此看来，“上将格拉夫施佩”号似乎是准备前往猎物丰盛的南美洲沿海，而最有可能的目的地便是阿根廷和乌拉圭（Uruguay）之间的普拉特河（River Plate）河口。K 舰队当即出发追敌。

G 舰队（Force G）早就在南美洲海岸巡逻了。这支猎杀队伍没有任何主力战舰，组成战舰包括重型巡洋舰 HMS“埃克塞特”号（Exeter），两艘巡洋舰“埃贾克斯”号和“阿喀琉斯”号。还有一艘重型巡洋舰“坎伯兰贾克”号（Cumberland）正在福克兰群岛重新改装。这些战舰都不是“施佩伯爵”号这类战列巡洋舰的对手，后者有远射程的舰炮、战力凶悍的舷炮。

12 月 13 日拂晓时分，“上将格拉夫施佩”号看到了蒙特维多（Montevideo）附近的英舰舰桅。兰斯道夫认出了那是“埃克塞特”号，不过他把另外两艘巡洋舰当成了驱逐舰。他觉得它们是在执行护航任务，而其护航的船队正是他眼中肥美的猎物。兰斯道夫没有选择在英军分队射程范围之外的远处进行远距离轰击，而是以 24 节的速度逼近英军。

分队指挥官亨利·哈伍德准将（Commodore Henry Harwood）事先准备过遭遇袖珍战列舰时的战斗方案。这几艘英军巡洋舰要想和“施佩伯爵”号对阵，唯一的希望就是利用其中一艘作为目标吸引火力。照此方案，“埃克塞特”号转向西北，“埃贾克斯”号和“阿喀琉斯”号转向东北。身形较大的英舰负责从右舷攻击“施佩伯爵”号，另外两艘从它的舰首方向穿过，然后攻击它的另一侧。

6点18分，“施佩伯爵”号从19000码开外向“埃克塞特”号开火。德国人的炮击一向精准，遭受打击的英舰苦不堪言。一发炮弹洞穿“埃克塞特”号，又有另一发炸掉了一座炮塔，不仅如此，这发炮弹的弹片还飞进了舰桥，现场只有舰长和另外一人逃过一劫。没多久，又有两发炮弹击中该舰前端，一架刚准备起飞准备为舰炮提供视野的海上飞机丧失行动能力。

从6点30分开始，她遭受进一步打击。当时“埃贾克斯”号和“阿喀琉斯”号正竭力把距离缩小到13000码并对德军战舰的辅助武器施以重创。眼下“施佩伯爵”号面前有三个目标需要解决，她开始向两艘轻型巡洋舰开炮。“埃克塞特”号随即从另一侧发射鱼雷，迫使兰斯道夫将战舰向西北掉头，把重炮重新对准“埃克塞特”号，这艘英舰再次遭受轰击，被对方打掉了船舯炮塔、火控台和舰内通信系统。

此时战斗成了两艘身形较小的巡洋舰和身形庞大的德军战舰之间的对决。两边都全力腾挪船身以便占据上风。在对方的猛轰之下，“埃贾克斯”号两座炮塔报废。哈伍德的旗舰一边发射鱼雷回击，一边将对敌距离缩短到8000码。战况十分激烈。到最后，“埃贾克斯”号只剩下三门舰炮还能用，船桅不见踪迹，导致该舰无法使用无线电通信。“埃克塞特”号情况更糟，61名舰员死于爆炸及席卷甲板的炮弹碎片。舰上多处起火，整艘战舰开始下沉。她的舰内通信系统很早就瘫痪了，战舰伤痕累累，信息都是靠一连串水手传递的。7点30分，她仅剩的一座炮塔也失去作战能力。

不过“施佩伯爵”号也好不到哪儿去。“埃克塞特”号发射的炮弹钻过她的甲板，破坏了净水设备，厨房和面包房也被英舰炮弹击中遭毁。“施佩伯爵”号舰身受伤，导致战舰无法在波涛汹涌的海面上移动。最要命的是她的油净化系统停止了工作，而这套系统又是舰上柴油机正常运转的关键所在。眼下不进行大面积维修的话她是无法开回国内的。兰斯道夫担心哈伍德小队的援军很快就会到来。“施佩伯爵”号加速驶往蒙特维多，这出乎英军意料，因为他们发现这艘德舰的致命舰炮还能正常运行。“埃贾克斯”号和“阿喀琉斯”号紧追其后。

此刻英德两方均面临进退两难的困境，他们都希望能有更多的喘息时间。兰斯道夫希望能有 15 天给自己修缮战舰。根据国际规定，“施佩伯爵”号在中立国港口的停留时间不得超过 24 小时。起先英方敦促乌拉圭政府迅速驱逐“施佩伯爵”号，但己方海军同样也需要时间，“埃贾克斯”号和“阿喀琉斯”号的状况根本不足以和德舰交锋。“坎伯兰”号正从福克兰群岛全速赶来，“皇家方舟”号和“声望”号也正全速向普拉特河推进。它们将于 12 月 19 日抵达。英方必须设法拖延。中立国港口的国际规则中还有一条，如果一艘商船离港，那么商船所属国家的敌对国战舰必须在其离港 24 小时之后才可出港。为此英方设法让本国一艘商船离开港口，这样乌拉圭政府就必须将兰斯道夫的离港时间推迟至 12 月 17 日。

574

与此同时，英方下达一条命令，让“皇家方舟”号在布宜诺斯艾利斯补给燃料，而实际上这艘航母离那里还有 36 小时的航程。兰斯道夫中计，他觉得皇家海军中一些战力最为强悍的战舰正候着他。兰斯道夫十分关切自己的舰员，他不希望他们为了维护荣耀而失去生命。12 月 17 日晚，“施佩伯爵”

号离开蒙特维多。哈伍德做好了背水一战、孤注一掷的准备。但这艘德舰竟抛锚停船了，舰员全部离舰，当晚22点，哈伍德得到消息，“施佩伯爵”号已被她自己的舰员炸沉。这场凭借咄咄逼人的攻势和坚定决心赢得的胜仗是现代海战史上最著名的胜利之一。

“皇家方舟”在这场战役中发挥的作用十分有限，英军在最后数天中向兰斯道夫施加巨大压力，它只在其中扮演了不太重要的角色。海军的空中力量尚未在实战中崭露头角，不过用不了多久它就会走到舞台中央。这一次是在寒风凛冽的北方水域。

4月9日，英国本土舰队前往挪威沿海阻止纳粹德国海军进入大西洋，结果遭遇德军的全力轰炸。实际上德国人正经由挪威的众多港口对其发动闪电式入侵。考虑到皇家海军的压倒性优势，德国人此举可谓疯狂鲁莽。不过他们有一件所向披靡的武器——纳粹德国空军，尤其是以反舰作战见长的第十航空军（Fliegerkorps X）。

上将查尔斯·福布斯爵士（Admiral Sir Charles Forbes）是本土舰队总司令，他此行把HMS“暴怒”号航母带了出来，不过航母上却没有搭载战斗机。这是皇家海军和RAF在争夺舰载航空队控制权的问题上留下的后遗症。皇家海军尚不足以面对空战，轰炸机对战舰的巨大杀伤力被严重低估。海军部以为防空炮比战斗机更有防御效果，也以为战列舰根本不惧轰炸机的袭击。4月9日，福布斯只付出了一艘驱逐舰的代价就得以脱身，可谓大幸。尽管如此，他对这种具有致命威胁的新型海战模式仍深怀疑虑。英军将舰队布置在德军轰炸机轰炸范围之外，英国在该地区的制海权随之化为乌有。皇家海军忽视空战的恶果此刻呈现。

翌日，英方的贼鸥式战斗轰炸机从奥克尼群岛起飞，在卑尔根（Bergen）击沉了德军巡洋舰“柯尼斯堡”号（Königsberg）。这是第一艘毁于空袭的大型战舰，也是皇家海军空中行动中为数不多的成功案例之一。皇家海军在挪威尚未被德国空军触及的地区对德国海军痛下杀手，只是这样的地区正在迅速缩减。挪威的英国军队遭到第十航空军猛烈轰炸。“萨福克”号（Suffolk）巡洋舰受命轰炸特隆赫姆（Trondheim）附近的一处德军机场，结果被斯图卡（Stuka）俯冲轰炸机逼回斯卡帕湾，当时它几乎成为一座尚能漂浮的残骸。

575

正在地中海参与军事演习的“皇家方舟”号和“声望”号被召回。坚守在挪威的军队陷于围困之境，船舰在这片危险海域往来航行，两艘航母将为他们提供空中掩护。航母必须待在离岸120英里之外的海域，以免受德国空军袭击。尽管如此，这支英国分队还是频受德国轰炸机袭扰。雪上加霜的是，“皇家方舟”号没有雷达，她必须依靠同行的驱逐舰的雷达系统才能及时指挥战斗机紧急起飞。问题是驱逐舰为避免打破无线电沉默，只能用老式的信号旗和信号灯向“皇家方舟”号打信号。英军航母成了从挪威起飞的德军轰炸机的重要目标。“皇家方舟”号掩护盟军自挪威南部撤退的时候遭受敌军的凶残攻击，待在这艘巨型航母空旷铁腹里的舰员们只能听到外面空袭的刺耳杂音，却看不到外面的情况。

容克轰炸机（Junkers）纷纷向“皇家方舟”号俯冲，炸弹拖曳着刺耳的声响呼啸而至，德军试图以此打穿巨硕而醒目的飞行甲板。每一发炸弹从天而降时发出的尖啸声以及“皇家方舟”号高射炮不间断齐射的怒吼声，待在机库和引擎室里的人都听得见，随后他们还会听到骇人心神的重击声，那是海面腾起巨大水柱的声音，水柱有“皇家方舟”号声呐控制塔的两倍之高。1000公斤的炸弹随时都有可能穿透甲板，然后在装甲机库的封闭空间里爆炸，不过“皇家方舟”号的舰员们仍旧继续手中的工作或者躺在角落里睡觉，全然不为所动。

挪威战事中，皇家海军在航空方面的软肋暴露无遗，但这场战事同样也展现出海军丝毫未减的战斗精神。4月初，准将伯纳德·沃伯顿－李（Commodore Bernard Warburton-Lee）率领5艘驱逐舰向纳尔维克（Narvik）的德军运输船实施纳尔逊式袭击。就在攻击行动开始的前一刻，准将听说有6艘德军驱逐舰正守卫此处峡湾。黑暗之中，沃伯顿－李顶着浓雾和大雪发动进攻，最终击沉2艘驱逐舰和11艘货船。正当英舰回程时，又有另外5艘德军驱逐舰加入战斗。沃伯顿－李打出信号“继续与敌军交手”，恰在此时一发5英寸炮弹集中舰桥，准将的书记员乔弗里·斯坦宁（Geoffrey Stanning）被削断两足。等他醒过来时，斯坦宁发现自己左腿已废，背部下方亦嵌有弹片。同时他也发现一片狼藉的舰桥上就只剩他一个人了，而且战舰正快速朝礁石嶙峋的岸边冲去。只是一名事务长的斯坦宁接管了这艘残废的驱逐舰并将之安全驶到岸上。沃伯顿－李受伤，在船到岸之前他就死了，后来他被追授维多利亚十字勋章，而斯坦宁获授杰出服役勋章（Distinguished Service Order，DSO）。当月晚些时候，在另一次袭击纳尔维克的行动中，英军击沉3艘德军驱逐舰，剩余5艘尽皆逃散。 576

纳粹德国海军的整支驱逐舰队伍折损了一半，不过对皇家海军来说这算不上胜利，因为他们丢了挪威。这场惨败还在继续侵蚀皇家海军。5月中旬，航母深入北极圈内为登陆行动提供掩护，随后又在纳尔维克执行撤退任务。6月8日，HMS

“声望”号离开分队。她的舰长是一战中一名英勇的潜艇舰员，不过作为一名航空母舰舰长他很不称职。而且他深受下属军官厌恶，因为他企图睡他们的老婆。他还强迫飞行员执行自杀式战术行动。在一次空袭之前，他的（空军）副司令拒绝执行这个疯狂的任务，舰长与之彻底闹翻，并铁定心思要去斯卡帕湾组织军事法庭。他只带着两艘驱逐舰做护卫就离开了。三艘孤舰在返回斯卡帕湾途中被“沙恩霍斯特”号和“格奈泽瑙”号击沉，航母下沉时舰上 1207 人与之一同葬身海底。德军船舰重返特隆赫姆峡湾。

皇家海军又折一艘航空母舰，全军矢志为之报仇。6 月 13 日，15 架贼鸥式战斗轰炸机从“皇家方舟”号上起飞，目标是“沙恩霍斯特”号。这是一次自杀式任务。贼鸥作为作战飞机来讲战力微弱，特隆赫姆却有扎堆的梅塞施密特 109 战机（Messerschmitt 109 fighter）。最后只有 7 架贼鸥成功返航，其余或被德军战机击落，或在低空投弹时被“沙恩霍斯特”号的高射炮击杀。而它们投掷的炸弹要么偏离目标，要么就是被“沙恩霍斯特”号的装甲弹开了，没能造成实质性伤害。

那是皇家海军在挪威的最后一搏。海军部对空战并无深入了解，其航母装备拙劣，经受不住新型战斗的考验。对皇家海军而言，德国占领挪威和丹麦是战略性灾难。纳粹德国海军打通了与北大西洋之间的通道，因而在战略上更胜一筹。这次灾难性的后果导致内维尔·张伯伦（Neville Chamberlain）下台，第一海军大臣温斯顿·丘吉尔接掌其位。

1940 年 6 月，英国面临重重困难，挪威陷落只是其中之一。在此就不赘述敦刻尔克以及其他法国港口的撤退行动了。全靠英国商船船队的勇敢顽强和韧性达观，这些撤退才得以完

成。若非成百上千名水手、渔民和小船主人的迅速行动，英国可能在1940年夏初就已经输掉这场战争了。 577

敦刻尔克大撤退时，皇家海军只扮演了临时参与者的角色。幸亏海军在多佛有一个善于创造奇迹的人——伯特伦·拉姆齐上将（Admiral Bertram Ramsay）。拉姆齐是一位非常杰出的组织者、非传统的思想家和大胆的领导者。他的实际功绩远远超过了两天内撤回45000名士兵的初定目标。通过组织“小船”和使用驱逐舰直接参加撤退行动，他让338266人得以回国。于此期间海军在空袭和U型潜艇袭击中损失了6艘驱逐舰。

6月10日，意大利对英宣战。再加上法国陷落，皇家海军所面临的整体战略局势发生巨大转变。“皇家方舟”号被重新部署到地中海。它马上将进入修罗杀场。

注释

1. Jameson, p. 17

第 51 章

修罗杀场（1940～1941 年）

578　纳粹的“大西洋壁垒”（Atlantic Wall）自北极圈延伸至比斯开湾。U 型潜艇可以从法国港口向四周行动，轻易就能到达西海路。法国和意大利的海军基地以及北非殖民地对地中海西部呈环抱之势。英国对苏伊士运河和中东石油的控制权受到威胁。法国海军——战力位居世界第四——岌岌可危，很有可能落入纳粹之手。西班牙有加入轴心国的嫌疑，这让直布罗陀也笼罩在阴云之下。自 17 世纪以来，地中海就一直是英国利益攸关之所在。时任第一海务大臣的杜德利·庞德爵士（Sir Dudley Pound）全力支持弃守此地，丘吉尔否决了他的提议。但皇家海军能守住吗？

6 月 22 日，法国维希政府（Vichy government）与德国签署休战协议。23 日，“皇家方舟”号抵达直布罗陀。地中海西部的法国海军势力被驱逐之后，英国派出由中将詹姆斯·萨默维尔爵士（Vice Admiral Sir James Somerville）指挥的 H 舰队（Force H）前往填补空缺，而“皇家方舟”号正是这支舰队的核心。H 舰队阵容惊人，除了航母之外，还有作为萨默维尔旗舰的 HMS“胡德”号（Hood）——一艘凶悍的战列巡洋舰，还有“纳尔逊”号、“决心”号和“勇士”号（Valiant）3 艘战列舰以及 11 艘驱逐舰，足见英国人的郑重其事。丘吉尔在给萨默维尔的信中写道：“你现在担负的任务，会让从古到今任何一个遇到此事的英国海军将领头疼不已，但我们对你有绝对的信心，就仰仗着你不屈不挠地完成这个任务了。”[1]

这个令人头疼不已的任务的具体内容是确保驻扎在阿尔及利亚（Algeria）米尔斯克比尔军港（Mers-el-Kébir）的法国舰队保持中立，不参与战斗；如果对方舰队司令拒绝将法国战舰移交皇家海军，则摧毁法军战舰也会成为此次任务的内容。萨默维尔在达达尼尔战役（Dardanelles Campaign）中获授杰出服役勋章，他是从皇家海军的基层一步步升上来的，在帝国国防学院和海军部任职期间曾间或出海。1936年至1938年他就在地中海指挥过英国的驱逐舰，1938年至1939年曾担任东印度群岛总司令。“皇家方舟”号新任舰长塞德里克·霍兰德（Cedric Holland）此前是英国驻法国海军武官，对新组建的维希政府和法国海军多有深刻洞察。他们两人都排斥攻击法军战舰的想法，皇家海军上下也多持此观点。

霍兰德舰长与法军进行协商，与此同时“皇家方舟”号的舰载机开始在港外投掷炸弹向对方施压。形势没多久就明晰了，法军不会交出舰队。萨默维尔接到发动进攻的命令。7月3日晚上，英军战列舰的巨型舰炮轰然开炮。法军战列舰“布列塔尼”号（Bretagne）被击中并发生爆炸，人员伤亡惨重。“皇家方舟”号舰载机在法军战舰上方盘旋，帮助炮兵更精准地射击目标。还有其他飞机负责在周围海面上侦察潜艇和意大利战舰。有一艘法军战列舰“斯特拉斯堡”号（Strasbourg）冲出了军港，英军派出剑鱼式鱼雷轰炸机（Swordfish torpedo plane）追敌。但追击行动非常失败，剑鱼不堪为用，它飞得太慢了，“斯特拉斯堡”号轻轻松松就逃到了土伦。

翌日，英军派遣轰炸机飞往军港上空彻底消灭那些受损战舰。法军共有 1297 名水手丧命。数日后，达喀尔（Dakar）的法军战舰遭到 HMS“赫尔墨斯”号舰载机的袭击。另外，亚历山大港的法军战舰亦被封锁。

对米尔斯克比尔军港的袭击让英法两国陷入年深日久的相互憎恶之中。萨默维尔写道：“我们都觉得无比惭愧和羞耻，第一次行动竟是执行这样的任务。”[2]他说那是“现代以来最严重的政治错误”。1942 年 11 月，德国人试图俘获土伦的法国战舰。没等德国人得逞法军就把自己的战舰凿沉了——他们以此来证明袭击米尔斯克比尔军港一战乃多余之举。

眼下 H 舰队的任务成了保护通往马耳他的供给航线。英国要想保住自己在地中海的地位，此处就是关键。皇家海军守住了北非就可控制轴心国与北非，以及其通往埃及、苏伊士、中东并最终抵达印度的海上线路。对英国战舰、潜艇和轰炸机来说，要劫掠前往意属利比亚的轴心国护航队，马耳他是一处绝佳的行动基地。

上将安德鲁·布朗·坎宁安爵士（Admiral Sir Andrew Browne Cunningham，人称“ABC”）是英国地中海舰队的总司令。他和萨默维尔是老朋友，两人在达特茅斯的时候是同窗。1939 年 10 月，他奉命将舰队从瓦莱塔（Valetta）迁往亚历山大港。这座岛上毫无防空工事可言，如果遭受空袭、两栖进580 攻和海上轰炸都将不堪一击。虽说皇家海军被要求从埃及向此地提供防御和供给，但对海军精锐战列舰而言，这里并非一处安全的基地。此时意大利海军和英国海军正在争夺西西里岛和北非之间狭窄海域的控制权，而孤零零的马耳他就夹在两地之间。

攻打米尔斯克比尔数日之后，萨默维尔带领H舰队从直布罗陀向东行驶。他打算袭击撒丁岛上位于卡利亚里（Cagliari）的意大利空军基地。7月8日下午，英军分队遭到意大利战机的突袭，对方从隐秘之处冲出，并且密集地向英舰投掷了数轮炸弹。进行防御的贼鸥式战斗轰炸机击落了两架意大利战机，没有英舰受损。

这是萨默维尔经历的第一次空战，所见景象令他不快。在挪威作战的黯然经历还压在他的心头，他不准备让“皇家方舟”号待在离海岸线如此近的地方。于是他下令撤退，因为他的空中防御力量不如人意，防空炮也起不到什么实际效用。三天后，他麾下一些驱逐舰把攻击一艘意大利潜艇的行动给搞砸了。萨默维尔发现H舰队亟须训练，然后才能迎接战斗。他用了许多周在直布罗陀沿海演练麾下舰员和战舰，让他们做好抵御意大利空军的准备。

就在萨默维尔首次遭遇空战的第二天，坎宁安率领的主力舰队与意大利主力舰队在卡拉布里亚（Calabria）交战。意大利在潜艇和战机数量上占优，但就水上战力而言双方难分伯仲。虽然坎宁安向意大利人发出了警告，但这场战役并未产生决定性的结果。“厌战”号战列舰从惊人的26000码处一举击中意大利“朱利奥·切萨雷”号（Giulio Cesare）战列舰的锅炉。墨索里尼的舰队被迫撤退。意军出动126架飞机进行袭击，却未能伤及英军毫毛。英军“雄鹰”号航母的剑鱼式鱼雷轰炸机也同样没有取得战果。

在与皇家海军争夺地中海控制权的问题上，缺乏经验的意大利海军紧张而审慎。他们没有因为卡拉布里亚之战而胃口大开。

回看地中海西部，在萨默维尔的努力下，H 舰队已经进入良好的战备状态。这一次，舰队的任务是向马耳他输送霍克飓风战斗机（Hawker Hurricanes），以保护这座岛屿不受意大利空军的侵袭。搭载飓风战斗机的是一艘有些年头的航母——HMS“百眼巨人”号。“皇家方舟”号负责攻击卡利亚里航路上的意大利空中力量，牵制敌军——保护舰队不受空袭。这一行动取得成功。虽然敌人此前的空袭并不多，人们却再次对“皇家方舟”号阻遏敌人空袭的威慑力充满了信心。最重要的是萨默维尔亲身感受到了海军空中力量的效用。

581

“皇家方舟”号的下一个任务更加野心勃勃，她将发动牵制性攻击，保护另一支比此前规模更大的护航队，此航队将为马耳他带去更多补给，并为身在北非的韦维尔将军（General Wavell）输送坦克，为亚历山大港的坎宁安舰队输送船舰。这一次，英国船舰再度安全通过地中海。“皇家方舟”号所搭载的战斗机和轰炸机以及崭新的 HMS“辉煌”号航母成功威慑住了意大利人。皇家海军正在一点一点学会如何在海上使用空军进行防御和进攻。有萨默维尔驻守西面、坎宁安驻守亚历山大港，英国人牢牢控制住了地中海。

这个局面得益于部署在西面的“皇家方舟”号和东面的“雄鹰”号。坎宁安手中此刻又有了“辉煌”号。这些航母成为英国至亚历山大港防线联动的关键节点。

10 月，“皇家方舟”号返回英国，在利物浦整修。和全国其他地方一样，这个城市也正遭受空袭，几百年来英国内陆第一次成了战争前线。英国此前都是依凭皇家海军阻挡外来攻击，不过那样的日子一去不复返了。眼下敌军轰炸机总是能穿越海军防线实施空袭，只有皇家空军能击落它们。

不过，皇家海军在阻止海上入侵方面仍然发挥着巨大的威慑作用。自 1940 年夏季以来，德国陆军渡过狭海后安营扎寨、发动袭击就成了值得严肃考虑的问题。可正如历史上帕尔马公爵的佛兰德斯陆军和拿破仑的法国远征军（Grande Armée）一样，纳粹德国的国防军（Wehrmacht）也得先从登陆船开始着手准备，而且还会面临在公海遭遇皇家海军的风险。此外，驻守斯卡帕湾的本土舰队在沃什湾与怀特岛之间的海域部署了 700 艘小型舰艇监视动静，等候来犯敌人。还有不少巡洋舰和驱逐舰停在亨伯河到朴次茅斯之间的港口中。入侵作战在 1588 年、1745 年、1759 年和 1805 年未能实现，现在也是一样。德国人要真敢这么做，必将有去无回。

没过一个月，"皇家方舟"号就启程返回直布罗陀了。地中海战事因意大利入侵希腊而升级，这给了坎宁安进攻意大利海军的机会。1940 年 11 月 4 日至 11 日，他发动了 MB8 作战计划。

此前，意大利海军倾向于通过舰队部署这一行动本身对皇家海军形成被动性的威胁，而非正面对抗坎宁安和萨默维尔的强悍战舰。意大利大部分主力战舰隐匿在海上力量无法攻击到的塔兰托（Taranto）。MB8 计划是以定期向马耳他运输补给的护航队为掩护，袭击真正的目标是意大利。刚刚在利物浦整修过的"皇家方舟"号焕然一新，将参与计划的第一阶段——"大衣行动"（Operation Coat）。此行动中它们将扮成一支增援马耳他的护航队。"皇家方舟"号上的剑鱼式鱼雷轰炸机向卡利亚里发动突袭，与此同时，一支正从亚历山大港到希腊途中执行护航任务的战舰重组为 X 舰队（Force-X），向亚得里亚海一支毫无戒备的意大利护航队发动袭击并将之摧毁。

582

不过 MB8 计划的核心部分乃是进攻位于塔兰托的意大利海军基地。坎宁安希望彻底让意大利人臣服于英国海军，一劳永逸地解决问题。11 月 6 日，“辉煌”号、2 艘重型巡洋舰、2 艘轻型巡洋舰和 4 艘驱逐舰在拉姆利·李斯特上将（Admiral Lumley Lyster）的率领下离开亚历山大港，假装护送船队前往马耳他。11 月 11 日 21 点，12 架剑鱼式鱼雷轰炸机从“辉煌”号起飞，飞往 170 英里外的塔兰托。它们飞到目的地后遭到防空炮攻击。2 架飞机离开队伍，投放照明弹照亮港口，接着它们就向港口中意大利舰队的储油库投放炸弹。与此同时，6 架鱼雷轰炸机从近海处攻击敌军战舰。其余 4 架战机向内港战舰发起俯冲式轰炸。23 点 35 分，英军战机离开。20 分钟后，又有第二波战机飞抵此地实施进攻。

本次袭击行动中，英国损失 2 架剑鱼式鱼雷轰炸机。意大利人损失 1 艘战列舰，另有 2 艘下沉，6 个月后方才重新恢复行动能力。塔兰托战役更加深刻地指明了未来海战的方向。这是有史以来最大胆且最成功的航母舰载机进攻行动。

然而，这并未能阻挡住意大利海军的脚步。塔兰托空袭仅 6 天之后，意大利战列舰“维托里奥·维内托”号（Vittorio Veneto）和“朱利奥·切萨雷”号连同其他重型巡洋舰和驱逐舰对正在向马耳他输送飓风战斗机的 H 舰队发动进攻。萨默维尔知晓意大利人行踪后命令飓风战斗机升空，自行飞往 400 英里外的马耳他。两支海军分队隔着很远的距离交战，炮声震天，不过最后双方都安然离场。此役后来被称为斯帕蒂文托角战役（the Battle of Cape Spartivento）。这场战役再次证明了“皇家方舟”号的剑鱼式鱼雷轰炸机在攻击移动中的战列舰时毫无用处。飓风战斗机没能飞到马耳他，全部在海上迫降。

尽管如此，坎宁安还是拿到了地中海中部的控制权。英军可以从马耳他的基地劫掠意大利前往利比亚的护航队。此外，他还能支援在北非的英国陆军。意大利人闻风而逃。1月，“皇家方舟”号再次护送一支搭载弹药、飞机和补给品的护航队前往马耳他和亚历山大港。行动内容和往常一样，“皇家方舟”号舰载机负责巡逻，防范敌军飞机和潜艇。任务进行得顺风顺水，抵达西西里附近后H舰队将护航队移交给了HMS“辉煌”号。 583

直到此时一切都风平浪静。但在1941年1月10日，“辉煌”号正在执行巡逻任务的战斗机被10架意大利鱼雷轰炸机引到了海平面上。它们其实是诱饵。蓦然间，“辉煌”号遭到持续不断的俯冲式轰炸袭击。6分钟内，多达1吨的炸弹就密集地落在了这艘航母上。其中两枚炸弹不偏不倚落在了飞机升降器下方。炸弹在密闭的装甲机库中爆炸，战机及机组人员伤亡惨重，爆炸还引燃了存放的燃料和弹药。还有第三枚炸弹穿过装甲甲板，在船身内部爆炸。此次袭击英方有一百多人阵亡，许多塔兰托之战的英雄亦在其中。后来“辉煌”号在格兰德港（Grand Harbour）维修期间又多次遭到袭击。虽然挺过了这些袭击，但在此后一年中，“辉煌”号彻底失去了作战能力，被迫在美国接受维修。此次空中轰炸和以前全然不同。“他们完全是老手。”坎宁安说。[3]

他说得没错。那些是容克87式斯图卡轰炸机（Ju 87），隶属德国第十航空军，一年前在挪威海域，皇家海军就是被这支致命的反舰空军打得落花流水。第二天，他们又炸毁了HMS“南安普敦”号巡洋舰。

纳粹德国空军已经抵达西西里，之后的一切随之改变。德国此时在地中海和西非节节推进，皇家海军即将丧失制空权，紧随其后就是制海权。

成功打击轴心国护航队的坎宁安转移了目标，上面命令他在 3 月将 58000 人的军队护送到希腊。为此德国人强逼意大利人派出他们剩余的战舰，拦截英国入侵军队。结果，在 1941 年 3 月 27 日至 29 日间发生的马塔潘角海战中，坎宁安大胜意大利人。结合日后的情形来看，这是皇家海军最后一场大型舰队战役，而且大获全胜。意大利海军损失 3 艘重型巡洋舰和 2 艘驱逐舰，“维托里奥·维内托”号战列舰 5 个月后方才恢复战斗力。人员伤亡方面，意大利有 2300 名水手阵亡，皇家海军仅损失 3 人。自此之后，在水上舰艇方面轴心国再也无法与皇家海军相匹敌。这场战役再次彰显了皇家海军英勇的战斗精神及其雄霸汪洋的威风气概。

但是皇家海军的优势地位被德国空军给瓦解了。4 月，陷于困境的坎宁安舰队只得把驻希腊的陆军部队转移到克里特岛。可能他们觉得自己待在这个岛上就安全了，因为他们相信德国人和意大利人根本没有能力突破皇家海军的防线。实则不然，德国向克里特岛投放了伞兵。缺乏空中力量支持的坎宁安束手无策。“辉煌”号的缺席使得他手中的战力严重受损，麾下另一艘航母“敬畏”号也被斯图卡轰炸机击伤。

皇家海军正在经历一段黑暗时光，它正尽最大努力把盟军士兵撤出克里特岛。英国船舰将战败军队运往亚历山大港的时候也遭到德军的空中轰炸。坎宁安抱定“海军绝不能辜负陆军”的态度顽强前行。[4]

对皇家海军的天敌第十航空军来说，没有空中掩护的航船就是任由俯冲轰炸机捕食的肥美猎物。纳粹空军下手狠辣，皇家海军折损 3 艘巡洋舰和 6 艘驱逐舰，还有众多战舰伤亡惨重，其中包括 3 艘战列舰、6 艘巡洋舰和 1 艘航母。在持续不断的空袭之下，舰队军心涣散，身具英雄气概的领导者费了很大力气才拢住舰队的人心。坎宁安手下人马惊恐不安、精疲力竭，不过他提醒他们这是一支有历史传承的军队。“建造一艘战舰需要三年时间，”ABC 咄咄逼人地喊道，“延续一项传承需要三个世纪。”[5]

皇家海军正在经历有史以来最糟糕的战斗，不过军官和士兵仍旧响应 ABC 的号召。

与此同时，北非的英国陆军在隆美尔（Rommel）的非洲军团（Afrika Korps）的进逼之下被迫撤退。纳粹空军控制了西西里岛和北非之间的狭窄海峡，运送补给品的道路现在畅通无阻了。克里特岛的惨烈屠戮之后，英国地中海舰队不敌意大利舰队。马耳他遭受猛烈轰炸。前往支援韦维尔的护航队只能舍近求远，先绕过南非再上行苏伊士运河。自 1798 年以来，英国人第一次失去地中海的控制权。

及至 4 月，韦维尔急需补给。英方决定实施“猛虎行动”（Operation Tiger）：逃过纳粹的袭击，从直布罗陀运送 307 辆坦克（又称幼虎）、43 架飓风战斗机以及物资和补给品，为马耳他、韦维尔和坎宁安进行补给。这支生死未卜的远航队伍将由“声望”号战列巡洋舰、“伊丽莎白女王”号战列舰、4 艘巡洋舰和作为防护屏障的驱逐舰群护送。“皇家方舟”号提供空中掩护。他们行险踏入地中海，往当时世界上最危险的海域——由第十航空军把守的地中海中部——进发。

刚离开直布罗陀三天，这支护航队的规模、行进速度和方向都被透露给了意大利人和德国人。他们下决心摧毁它。“皇家方舟”号的机组人员和防空炮炮手即将迎来最严峻的考验。

1941年5月8日，护航队遭到意大利鱼雷轰炸机袭击。“皇家方舟”号在海面上来回腾挪躲闪鱼雷，同时舰载战斗机在天上英勇战斗了一个小时，1架管鼻燕战斗机（Fulmar fighter）阵亡，另有4架受损，只剩5架战斗机尚能执行任务，当天它们又挡开了敌军另外几轮袭击。5架飞机中有3架一直在船舰上方的高空处盘旋，只有燃料快耗尽时才会下来补给燃料。就这样护航队到了西西里岛附近，纳粹空军已在那里恭候多时。

585

傍晚时分，英方遭到15架斯图卡轰炸机和6架梅塞施密特战机（Messerschmitt）攻袭，之后又有其他轰炸机和战斗机加入进攻队伍。虽然在数量和火力上被彻底压制，但“皇家方舟”号仅有的少量管鼻燕战斗机还是一次次击退了敌人。“一艘负责掩护的驱逐舰上的舰员们亲眼看到……一架单独行动的管鼻燕战斗机朝着一大群敌机顽强进攻，最终打乱了对方队形并迫使其撤退。”[6]前来袭击护航队的斯图卡轰炸机连一次俯冲都没能实现。与此同时，一组鱼雷轰炸机趁着远处的空中混战偷偷向航母发动袭击。为了避开鱼雷，“皇家方舟”号只得再次紧急转向。

多亏空中战士和战舰船员的英勇作战，这支干系重大的护航队突破重重险难之后终于安全抵达马耳他。寥寥数位勇敢的年轻飞行员和战舰上的炮手完成了此次护卫任务，他们的表现着实非同凡响。队中仅损失1艘商船，而且还是因为水雷沉没的。此次行动堪称海战史上最杰出的表现之一。“皇家方舟”号在返回直布罗陀的路上又遭到袭击。回港之后她再次折回，重新从这个危险区域疾驰而过，这一次舰上搭载了大量的飓风战斗机，用以增援马耳他防空力量。

“猛虎行动”的成功是皇家海军在灾难性的严峻处境中闪现出的一丝亮光，而且此次行动还引发了始料未及的后果。萨默维尔认为，许多白厅政要会把此次行动的成功视为皇家海军夸大地中海危险形势的证据。最终将士们的英勇拼杀却换来了一个悲伤的结局——在丘吉尔的命令下，许多“幼虎”只是被用在一个无关紧要的行动上。

同时，克里特岛战役和“猛虎行动”把皇家海军紧张的神经绷到了极限。德军“俾斯麦”号（Bismarck）战列舰和“欧根亲王”号（Prinz Eugen）巡洋舰离开波罗的海，受命在大西洋猎杀商船。皇家海军捕捉到了对方的行动迹象。“乔治五世”号战列舰、“声望”号战列巡洋舰、“胜利”号航母以及3艘轻型巡洋舰，这些战力强大的战舰组队进入格陵兰岛与不列颠群岛之间的海域。另一组舰队由象征皇家海军之骄傲的HMS“胡德”号和“威尔士亲王”号两战列舰组成，他们受命前往格陵兰岛与冰岛之间的丹麦海峡（Denmark Strait）。

“俾斯麦”号是当时世界上战力最为凶悍的战舰之一，是所有欧洲国家海军中体量最大的战舰。对任何一艘英国战列舰而言，她都是强大可怕的对手。HMS“胡德”号服役已有21年，服役之初她是当时世界上体量最大的战舰，尽管之后美国和日本建造出了更为庞大的战舰（“俾斯麦”号就更不用提了），但“胡德”号一直都是皇家海军这顶桂冠上最闪亮的那颗明珠。HMS“威尔士亲王”号是一艘崭新的乔治五世级战列舰，战力堪与“俾斯麦”号媲美，不过她太过匆忙地进入服役，船员经验也不足。

586

5月23日，“诺福克”号（Norfolk）和“萨福克”号两巡洋舰在丹麦海峡发现两艘敌舰，由于“俾斯麦”号及其僚舰被恶劣天气困住了，于是前者利用雷达尾随德舰前行。翌日清晨5点52分，“胡德”号向“欧根亲王”号开炮，不过当时她误以为对方是“俾斯麦”号。刚过6点，“胡德”号中弹，船身瞬间被迸发出的巨大火球笼罩。是“俾斯麦”号发射的炮弹击穿了她的弹药库。大团熔化的金属漫天激射，像雨点一样落向四周，其中一部分甚至落到了半英里外的“威尔士亲王”号上。“胡德”号转眼沉没，舰上1415人阵亡。

这是皇家海军史上最惨痛的时刻之一。折损一艘战舰就已经够糟糕了，更何况折损的还是皇家海军有史以来声名最盛、最受爱戴的战舰之一，她是整个海军的护身符。她曾是海面上最了不起的战舰，那时她就是英国海上力量的化身。20世纪20年代，这艘造型优美的战舰完成了环球航行，成为宣示英国海上霸权的余晖。对于她的陨落，海军和公众尽皆震惊不已。

皇家海军当然要报仇雪恨。所有能用的战舰都被征调去搜寻那两艘敌舰。战列舰“拉米伊”号（Ramillies）和“罗德尼”号以及其他数艘巡洋舰从大西洋护航任务中被抽调出来追击德军战舰。“诺福克”号、“萨福克”号和“威尔士亲王”号继续跟踪敌人。丹麦海峡之战结束当晚，“俾斯麦”号遭到“胜利”号剑鱼式鱼雷轰炸机的袭击。英军的突袭没能伤到对方。第二天，“俾斯麦”号躲过追踪，消失在大西洋里。

皇家海军尚不知道“俾斯麦”号正在向布雷斯特前进。她之前已经被“威尔士亲王”号打伤，战舰的燃料正在泄漏。英方此时十分焦灼，“俾斯麦”号正慢慢脱离他们的掌控范围。但不久之后，英方从一条拦截到的无线电通信中得知了她的目的地。然而，HMS“乔治五世”号计算错了“俾斯麦”号的位置，往北面去得太远而没能与之相遇。翌日，5 月 26 日，一架侦察机终于追踪到了这艘德军战列舰的踪迹。一场奔逃和追击之争开始。照当时的情形看来，“俾斯麦”号或许真能在英军战列舰赶上她之前成功逃入法国海域，只要到了那里就会有纳粹空军保护她。

587

H 舰队成了英方捕杀敌舰的唯一希望，这支舰队当时已经受命出了直布罗陀。5 月 26 日傍晚，在一片恶劣环境中，“皇家方舟”号舰载的剑鱼式鱼雷轰炸机起飞攻敌。不巧的是，它们误把 HMS“谢菲尔德”号（Sheffield）当成了“俾斯麦”号，由于磁性鱼雷失效，误击也没带来实际破坏。“皇家方舟”号舰载战机回到舰上重新装填鱼雷，然后再次起飞，此时太阳正缓缓西斜。

这一次他们依靠雷达直接飞向“俾斯麦”号，发现敌舰后猛扑下去投掷鱼雷。其中约翰·莫法特（John Moffat）投掷的一枚鱼雷击中敌舰船舵。这枚鱼雷打得很准，而且时机正好。“俾斯麦”号开始在海面上急速转圈，舰员们极力想控制住她，同时越来越多的英舰赶了过来。“俾斯麦”号舰长给德军基地发送信息：“战舰失去行动能力。我们会用完最后一发炮弹。元首万岁！”

夜里，“俾斯麦”号遭到英军驱逐舰“哥萨克”号（Cossack）、“锡克”号（Sikh）、“毛利”号（Maori）、“祖鲁”号（Zulu）以及另外一艘波兰驱逐舰的鱼雷围攻。第二天，她又遭到重型巡洋舰“诺福克”号和“多塞特郡”号以及大型战列舰“罗德尼”号和“乔治五世”号的猛烈轰炸，“俾斯麦”号甲板的上层建筑被夷为平地。但此舰仍然拒绝投降，最终舰员亲自将其凿沉。5月27日10点30分，“俾斯麦”号沉没，2200名舰员仅有110人获救。

这个月月初，“皇家方舟”号保证了“猛虎行动”顺利进行；月末，她又成为击沉“俾斯麦”号的英雄，后者成为第二次世界大战中最为人们熟知的海上战事之一。终于，英国航母的轰炸机也能在敌方战列舰移动时对其施以致命一击了。莫法特这一枚鱼雷对皇家海军至关重要，它扫除了皇家海军在大西洋上的致命威胁，使其脱离尴尬境地。

随后这艘航母重返地中海执行护航任务。H舰队是马耳他的生命线，“皇家方舟”号则是保护它的屏障。比如，7月的“物资行动”（Operation Substance）为马耳他输送了紧缺补给；9月的“战戟行动”（Operation Halberd）中，9艘商船输送了85000吨补给品。1941年整个夏天，马耳他堆起了越来越多的巨量补给物资。在补充了数量颇为可观的战斗机和轰炸机后，这里的空中实力也得到增强。皇家海军为马耳他输送补给的行动非常成功，随着1941年6月22日德国入侵苏联，纳粹空军被调离地中海参与巴巴罗萨行动（Operation Barbarossa），马耳他便足以承受长期围攻而不倒。意大利成为皇家海军必须解决的问题，而对方明显不打算就此收敛。护航队继续遭受空袭和鱼雷袭击，不过H舰队——尤其是“皇家方舟”号——在护卫船队穿越地中海时已是驾轻就熟。

588

护航任务关系重大。1941年夏天，皇家海军和皇家空军因此得以从马耳他向外积极行动。6月至9月期间，潜艇、舰载空战队和皇家空军击沉了108艘向隆美尔输送补给物资的轴心国航船。11月，有79208吨补给物资要送往非洲的轴心国陆军，实际上抵达的仅3万吨。隆美尔遭到巨大打击，大量燃料在经过地中海时丢失。10 月，水上舰艇开始在马耳他之外的地方执行任务。K 舰队和 B 舰队组成了马耳他的攻击力量，每一分队都有 4 艘巡洋舰。11 月，一支轴心国护航队中的 5 艘战舰被 H 舰队和 B（Force B）舰队全部歼灭，该船队搭载的是车辆、弹药、燃料和前往利比亚的军队。

等到马耳他不再受到敌军侵袭的时候，这里就成了一处战略意义不可估量的作战基地。守住此地就能歼灭敌方 60% 的护航舰队并对利比亚港口实施有力封锁。皇家海军逐渐复苏。

可不久之后，11 月 13 日，“皇家方舟”号被鱼雷击中。此前她好几次差点被鱼雷击中，仍悍不畏死地奔袭马耳他，在人们心目中她已是无敌的存在。当她又一次执行护航任务返回直布罗陀时，其船身被德国 U-81 号 U 型潜艇发射的一枚鱼雷击中。整艘航母猛地一震，厄运降临。海水从舰身右侧的破洞涌进，淹灌了右舷的锅炉房、油箱和主配电板。“皇家方舟”号的舰身开始倾斜。

HMS“皇家方舟”号被鱼雷击中后正向右倾斜。HMS“军团”号（Legion）驱逐舰驶到近旁搭救舰员。

舰长莫恩德（Maund）命令手下们弃舰逃生。他早有警觉，知道航母出现破洞后会迅速沉没。就在匆忙疏散水手和战机机组人员时，他忘了启动消防程序，比如关闭舱门阻隔淹水区域。下层甲板的舱门舱盖都开着，海水随之漫及整艘航母，中央锅炉房亦未幸免。尽管众人一直努力到最后一刻，但已经来不及挽回“皇家方舟”号了。倾斜越来越严重，整艘战舰像一个婴儿一样缓慢翻转过来。她断为两截，在波涛中不见了踪影。

589

注释

1. Churchill, *Second World War*, vol. II, p. 209
2. Macintyre, *Fighting Admiral*, p. 69
3. Cunningham, p. 303
4. 同上书, p. 373
5. Pack, p. 177
6. Jameson, p. 271

第 52 章

大决战（1942 年）

随着“皇家方舟”号覆没，皇家海军进入史上最严峻的时期。没过几日，“巴勒姆”号战列舰在埃及西北海岸线附近被 U-331 号 U 型潜艇送入海底。不久后，日本帝国海军（Imperial Japanese Navy，IJN）6 艘航母对珍珠港（Pearl Harbor）的美国舰队发动袭击，塔兰托战役与之相比可谓不值一提。 590

日本帝国海军航母搭载的战机数量是英军航母的两倍，而且这些战机比过时的剑鱼式鱼雷轰炸机速度更快、性能更优。日本人在海上空战进攻方面的造诣可谓登峰造极。相比之下，英国人在战争初期还算英勇的投入根本微不足道。

三天后，即 1941 年 12 月 10 日，皇家海军面对日本海军全力出击的空袭和鱼雷袭击。为扰乱日本夺取英国殖民地和荷兰殖民地的企图，一支规模虽小但战力强悍的舰队受命出击。丘吉尔认为，英国战列舰只要在印度洋露面就能起到和以往一样的效果——令包括日本在内的所有敌人土崩瓦解。英国在东南亚的优势地位岌岌可危。上将汤姆·菲利普斯爵士（Admiral Sir Tom Phillips）正在马来西亚海岸线附近试图破坏日军登陆行动。不过他犯了一个致命的错误。他没有申请空军从新加坡提供空中掩护。

结果他面对的是世界上有史以来最强大骇人的海上空军队伍。“反击”号（Repulse）战列舰遭到数波三菱轰炸机（Mitsubishi bomber）袭击。她动作娴熟地躲过了大堆大堆的鱼雷，不过4波敌军轰炸之后，5发鱼雷直接命中了“反击”号，她还是沉入了海中，508名舰员捐躯。HMS“威尔士亲王”亦在同一轮袭击中被击沉。

战败的消息传到伦敦时正是午夜，丘吉尔被叫醒后得知了这个消息。“整场战争，没有任何一个消息比这个更令我震惊了，”他回忆说，“……我转了个身蜷缩在床上，心中满是这个战报带来的惊惧。除了珍珠港事件中幸存下来的美国战舰，印度洋中已经没有任何英国或美国战舰了，而且美军幸存战舰正匆忙回返加利福尼亚（California）。这片无边无垠的水域被日本人牢牢掌控，而我们，不论身在其中哪一处都是孱弱而毫无防备的。”[1]

591

5天之后，在亚历山大附近有一艘皇家海军巡洋舰丧命于一艘U型潜艇。4天后，K舰队和B舰队追击意大利护航队时闯进了雷区，一艘巡洋舰和一艘驱逐舰被炸沉，另有一艘巡洋舰身受重伤。马耳他的突击部队失去作战能力。同一天，意大利潜水部队驾驶着配备了鱼雷的“马亚来”潜水器（maiale）进入亚历山大港，把水下爆破弹安在了“伊丽莎白女王”号和“勇士”号上。这是英国在地中海的最后两艘战列舰，它们孤苦伶仃地搁浅在亚历山大港中，甲板建筑和结实的巨型舰炮伸出水面，一如倾颓衰落的不列颠。

意大利人保住了地中海中部的海上控制权。12月，纳粹空军重返地中海，其基地对马耳他东西两面航路形成包围之势。轴心国护航队成功驶往非洲，而英国由于海上力量微弱，护航队基本无法再抵达马耳他。在意大利战舰的侵扰和德国轰炸机的空袭下，仅 20% 的补给物资幸存。马耳他遭遇现代史上最残酷的围困之一——如世界末日一般的连续轰炸。

新加坡曾是英国在苏伊士运河以东最重要的基地，是海事战略的核心所在。1942 年 2 月她沦于日本人之手。同月，盟军在爪哇海战役中全面溃败。HMS“埃克塞特”号——普拉特河大捷的勇士——亦在折损战舰之列。詹姆斯·萨默维尔爵士被调到印度洋任舰队司令，舰队由 5 艘老旧的战列舰和 3 艘航母组成。它们面对的是日本帝国海军威力巨大的航母和技术先进、速度快捷的战列舰。萨默维尔 3 艘航母上的 90 架舰载机将对面日本帝国海军由训练有素的飞行员驾驶的 300 架战机。

用丘吉尔的话说，那是“这场战争最危险的时刻”。皇家海军已经承受不了任何失败。萨默维尔选择不与日本帝国海军正面交手，尽管如此他还是丢了“赫尔墨斯”号和两艘巡洋舰，前者是第一艘现代意义上的航空母舰。

同月，皇家海军的尊严在另一处亦遭受重创，德军“沙恩霍斯特”号和“格奈泽瑙”号两艘战列舰以及“欧根亲王”号巡洋舰破开布雷斯特之围，沿英吉利海峡回到本国港口。皇家海军、数百架皇家空军战机和海岸炮台的合力阻拦被它们躲开。《泰晤士报》刊载的尖锐评论写道：“自 17 世纪以来，本国海域从来没有发生过如此折损海军尊严的事情。”[2]

592

此事的影响远不止对英国海战史的冷落斥责。纳粹海军非常需要战舰阻断北极护航队，自 1941 年夏天以来，北极护航队就一直在从英国、加拿大和美国向阿尔汉格尔（Archangel）和摩尔曼斯克（Murmansk）输送巨量的战争物资。苏联战局至关重要，而这些飞机、坦克以及其他军事补给更是不可或缺。纳粹海军正需要像“沙恩霍斯特”号和“俾斯麦”号姊妹舰“提尔皮茨”号（Tirpitz）这样的战舰切断苏联补给线。纳粹海军第一战斗群（Battle Group I）现身挪威后给皇家海军带来巨大压力。北极护航队仅靠巡洋舰、驱逐舰和轻型护卫舰护航是不够的，德军战列舰正潜伏在挪威峡湾，皇家海军只得忍痛从主力舰队中抽调出数艘战列舰和一艘航母，为运往苏联的数以千计的坦克、飞机、弹药和卡车保驾护航。*

第一批护航队没有遭受什么严重损失。从 1942 年开始，纳粹海军和纳粹空军感觉不能再任由盟军的补给行动这样进行下去了。1942 年 4 月，北极白昼开始延长，盟军的损失亦开始加剧。北极圈的冰封海面大战频发。由于轰炸机的轮番袭击加上严寒的气候，北极圈护航成为皇家海军最艰难的任务，这也反映出 1942 年的一些情形。PQ13 船队折损了 9 艘商船中的 5 艘以及 1 艘护航的捕鲸船。从此之后，护航船队遭到 U 型潜艇和轰炸机持续袭击。5 月，PQ16 船队共折损 8 艘航船。

不过 PQ17 船队在 6 月的遭遇更为悲惨。它是当时北极护航队中阵容最强大的一支。35 艘商船由护航舰近身贴护，并配有一支英美联合军队作为掩护。船队多次在 U 型潜艇和战机的袭击下奋勇穿行，直到 7 月 4 日，瑞典情报机构告知海军部，“提尔皮茨”号和重型巡洋舰“希佩尔海军上将”号（Admiral Hipper）已从特隆赫姆出击，同时重型巡洋舰“吕佐夫”号和“舍尔海军上将”号（Admiral Scheer）也已离开纳

* 其间有一亮点，2 月 26 日至 27 日夜间的一场空袭让“格奈泽瑙”号报废了。

尔维克。英国和美国护航舰艇——包括 HMS“约克公爵”号、USS“华盛顿”号、“胜利”号航母和 40 艘其他战舰——受命返回斯卡帕湾。护航行动分散进行。

抵达苏联的补给船只有 11 艘，共有 22 艘船在途中被飞机和潜艇击沉。这对皇家海军来说无疑是一场大灾难，并使她在华盛顿和莫斯科心目中的分量大大降低。德军赢得太轻松了，他们觉得似乎水上打击就足以震骇盟军船舰，并由纳粹空军和 U 型潜艇任意猎杀。北极圈护航队直到 9 月才被叫停。丘吉尔称之为“整场战役中最像噩梦的海上行动”。[3]

大西洋上，实行狼群战术的 U 型潜艇正在享受第二次“欢乐时光”。U 型潜艇被调去地中海对付“皇家方舟”号等战舰后，大西洋护航队有了一些喘息之机。1941 年 12 月美国参战后，U 型潜艇指挥官又多了数以千计的肥美猎物，这些全无防护的目标原本一直是碰不得的。1942 年 1 月至 8 月，U 型潜艇共击沉 609 艘航船，总吨位达 600 万吨，而 U 型潜艇的折损数目仅为 22 艘。航船损失数量在几个月内陡增，从 1 月的 91 艘，至 4 月的 140 艘，再到 10 月的 196 艘。情况在 2 月变得更为复杂，当时纳粹海军升级了恩尼格玛（Enigma）密码机并引入一种新秘钥——TRITON。盟军再也无法定位到德军 U 型潜艇狼群在大西洋中的位置。

1942 年 7 月，U 型潜艇离开快意狩猎的美国东海岸，返回大西洋中部袭击加拿大和英国之间的护航队。损失急剧攀升。英国出现食物和燃料短缺。1942 年是纳粹海军 U 型潜艇的黄金时期，它们是英国和皇家海军的噩梦。

此时日本人正在东方猖獗肆虐。在地中海、大西洋和北极圈，具有重大战略意义的补给线路一直遭受侵袭。这是关乎经济存亡的决战。随着美国和苏联参战，保持前往英国的海上航线畅通就成了左右欧洲命运的关键所在。1942 年是局势飘忽不定的一年。皇家海军已到了极限，所到之处均是压力重重，让她尝遍陌生的失败滋味。不过虽然处于最黑暗的时刻，但英国对它的依赖程度超过以往任何时候。丘吉尔一语中的："大西洋战役主宰着整场战争的走向。其他任何一处的战局——不管陆上、海上抑或空中——最终都取决于这里的战斗结果，这一点我们应时刻谨记。"

注释

1. Churchill, *Second World War*, vol. III, p. 551
2. *Times*, 1942 年 2 月 14 日
3. Churchill, *Second World War*, vol. IV, p. 237

第 53 章

西海路（1942～1943 年）

594

> 于我等而言，大西洋战役已经演变成一场个人的战斗。身在其中的人知道得最清楚。你会知道如何在险恶的夜里放哨巡视，知道如何彻夜不眠行进，知道如何安葬死者，知道如何在不浪费任何人时间的情况下死去。
>
> ——1953 年电影《沧海无情》（*The Cruel Sea*）

他的塑像显露出永不止息的活力与警觉。他棱角分明的脸紧紧绷着。他站在利物浦皮尔角（Pier Head）向远方的海面眺望，那副超大号的双筒望远镜刚从那双犀利的眼睛前拿开，似乎几秒钟后又会再举起来，他的右手正准备拿起通话器喊出一道简要的命令。他的站姿就像一位拳击手。

弗雷德里克·“强尼”·沃克（Frederic ‘Johnnie’ Walker）舰长的雕像比绝大多数海军英雄的雕像更为写实和逼真。他身着厚厚的水手上衣、保暖外衣、冲锋裤和结实的靴子，看上去更像一个拖网渔船工人而非乔治六世海军的一位军官。不过曾经他就是以这个经典造型，站在 HMS“鹳鸟”号（Stork）风吹浪打的露天舰桥上指挥战舰在茫茫无垠的大西洋上追捕 U 型潜艇的。从照片上看，身着军服的沃克确实看上去更为瘦削，显得十分憔悴。不过当他指挥众人以“匍匐”式打法攻击 U 型潜艇的时候，整个人似乎年轻了 10 岁。

强尼·沃克是第二次世界大战中最了不起的 U 型潜艇猎手。在皇家海军最危难的时刻，他成为这支军队技术、决心和坚韧的化身。

1941 年以前，沃克还只是一名平庸无奇的军官，仿佛注定要在某个偏僻角落一直待到退役。1896 年，他出生于一个军人家庭。1909 年，他进入位于奥斯本的皇家海军学院，并于 1911 年进入达特茅斯，其间他荣获国王奖章（King's Medal）。一战期间他在多艘战舰上服役过，并于 1918 年擢升上尉。三年后他在 HMS“鱼鹰”号（Osprey）上担任教官，那是皇家海军设立在波兰的反潜艇作战（anti-submarine warfare，ASW）训练基地。他是第一批在役的 ASW 专家之一，595 先后担任过大西洋舰队和地中海舰队的 ASW 军官。

不过，在两次世界大战之间的和平时期，皇家海军对反潜技术并无兴趣，沃克的热心投入并未得到赏识。直到 35 岁他才升到指挥官。20 世纪 30 年代，他被分配到驻中国舰队总司令的快艇上。之后他又到了“勇士”号（Valiant）战列舰上担任副舰长，当时舰长在向上汇报时认为此人缺少领导他人的霸气。沃克指挥战舰的生涯就此终结，周围的人认为他的性格不易相处，于是在 1938 年他察觉到自己是永远不可能升到舰长了。他和皇家海军的其他许多人一样，才干一流，但注定只能干一个类似于男孩寄宿学校会计一样的职务勉强度日。1937 年至 1940 年，他重回“鱼鹰”号研究 ASW 战法。战争伊始，他于身在多佛担任司令官的伯特伦·拉姆齐上将帐下担任行动参谋。沃克的任务是在英国远征队留法期间阻止 U 型潜艇进入英吉利海峡。敦刻尔克大撤退时他表现出色，在战报中受到表彰。沃克渴望担任海上行动的指挥官，不过他的请求总是被海军部拒绝。1940年夏天，他负责训练拖网渔船和漂网渔船及其船员们，使之具备巡逻能力。如果敌方入侵，这些小型舰艇就会拉响第一声警报。

但到了1941年10月，已是45岁的指挥官沃克被一股风吹离甲板。有位昔日老友想起了沃克在ASW方面的专长并将他引荐给了珀西·诺贝尔爵士（Sir Percy Nobel），这位海军上将负责掌管位于利物浦的西海路司令部（Western Approaches Command）。沃克受命统领EG36（第36护卫编队），其旗舰为HMS“鹳鸟”号小型战舰。这支编队共有2艘小型战舰和6艘轻型护卫舰。

针对1940年夏天和秋天——U型潜艇指挥官们称之为“第一次欢乐时光”——U型潜艇的大肆屠戮，常设护卫编队在这年年初成立。6月至10月，270艘盟军航船被击沉。之后U型潜艇开始成群结队地实施猎杀活动，形势愈加恶化。此举乃是德军上将卡尔·邓尼茨（Karl Dönitz）的创见，他是U型潜艇部队的首领。邓尼茨被皇家海军列入最为致命的敌人的名单，与特罗普、德·鲁伊特、德·图维尔、德·德拉斯、舍尔、希佩尔、第十航空军和财政部比肩。

10月，行动缓慢的SC7护航队遭遇U型潜艇狼群战术的袭击。启航时的35艘货船中有20艘被击沉。护航舰艇遭遇此类群攻打法时乱成了一锅粥。翌日，5艘U型潜艇进攻HX79护航队，让队中大群护航舰艇沦为笑柄。是役，护航队49艘商船中有12艘沉没。皇家海军再度陷入苦苦挣扎的境况。自1940年1月至1941年3月，皇家海军击沉的U型潜艇仅为15艘。 596

尽管经历了第一次世界大战，但皇家海军在战争初期对此类袭击还是束手无策。军中像强尼·沃克这样的专家遭到冷落，驱逐舰以及其他护航舰艇数量也不够。挪威、低地国家和法国被纳粹占领后，英国将许多驱逐舰撤回，用来防守本国海岸线。丘吉尔费尽心思，以将纽芬兰、百慕大和加勒比海等地的英国基地免费租借给美国为代价，换来50艘老旧的驱逐舰。英国和加拿大的船厂拼力建造小型的轻型护卫舰。现有飞机数量尚不足以满足防卫需求。总之，皇家空军迅速将每一架能派上用场的飞机都征用过来，包括少数从陆地起飞的美国“解放者”（Liberator）B24远程轰炸机，它们多少能给护航队提供一些掩护。“轰炸机”亚瑟·哈里斯爵士（Sir Arthur ‘Bomber’ Harris）拒不理会皇家海军的困境，他说：“和皇家海军的争斗一刻也不能停，否则他们能把所有东西都偷偷撬走。”U型潜艇在盟军战机有效范围之外的海上——“大西洋空白区域”——快意驰骋，在那里他们能相对安全地猎杀航船。

两次世界大战之间，人们在规划海军发展时深信Asdic（声呐）技术和深水炸弹足以消除潜艇带来的威胁，可惜这个愿望最终落空。Asdic的工作原理是向水中发射声波，声波一旦遇到障碍物就会反射回来，经验丰富的Asdic操作员可以根据反射声波的频率推断出障碍物的距离和位置。船体残骸、大型鱼类或气泡和U型潜艇一样都会造成声波反射，必须要深谙此技的操作员才能分辨出反射声波中的深层内容。Asdic适宜在平静水域和速度不超过15节的情况下使用。Asdic的最大缺陷在于，深水炸弹是从一艘船的船尾处入水的，而它只能搜索这艘船的前方水域。这就意味着，当一艘船接近藏于水下的潜艇时，为了投掷深水炸弹它必须从目标上方穿行过去，而就在这关键的最后几秒，Asdic是无法侦测对方动向的。经验丰富的 U 型潜艇指挥官会根据触碰舰艇的声波直接追踪到敌方驱逐舰的航向，然后在最后时刻驶离。而且 U 型潜艇的潜水深度要远甚于英军驱逐舰演练时所用的潜艇。邓尼茨的 U 型潜艇一旦消失于大西洋深处，就能轻轻松松逃脱盟军驱逐舰的追捕。

597

皇家海军和加拿大皇家海军中能够攻破德国 U 型潜艇的战舰太少。护卫船舰最多只能击退对方的进攻，摧毁 U 型潜艇则完全超出了它们的能力范围。倒也有许多护航队安然无恙，不过这更多是因为德国人建造能力有限。德国人建造的 U 型潜艇数量还达不到每月击沉 70 万吨航船的规模，而只有达到这个规模才能迫使英国投降。

大西洋战役形成了深刻显著的心理攻势。自丘吉尔以下的每一个人都恐惧于 U 型潜艇，尤其是随着战事的推进，对方击沉的船舰数量只增不减。

及至 1941 年年末强尼·沃克重返海上时，皇家海军已经意识到要组织护航编队。这些编队接受过对付狼群战术的训练，在相互配合和领队方面比此前临时组织的护航队更完善。同时，他们也受惠于对恩尼格玛密码的破译。5 月，HMS“斗牛犬”号（Bulldog）驱逐舰从被打伤的 U-110 号上找到了密码本和恩尼格玛密码机。自 1941 年夏末，布莱切利庄园（Bletchley Park）破译了截获的恩尼格玛电文后，其中关于 U 型潜艇巡逻队的精准情报不断被递呈到利物浦的西海路司令部。根据这些情报，他们为护航队重新安排安全的航行路线。英方锁定 U 型潜艇燃料补给舰的位置并将其摧毁，打消了德国把 U 型潜艇活动范围扩延至更远海域的企图。

那一年，西海路司令部接管皇家海军海防总队（Coastal

Command）的飞机，并给舰艇和飞机装备了新的雷达系统。皇家海军在阻遏U型潜艇进攻方面进步显著，不过还无法将其大批量击沉。

1941年12月14日，有32艘货船的HG76船队从直布罗陀起航前往利物浦，一位退役的海军中将担任领队。[1]负责护卫的是HMS"大胆"号（Audacity，由俘获的德国货船改造而成）新建航母和上校强尼·沃克率领的EG36护航编队。

这支船队事关重大，并且海军部知道伊比利亚半岛附近和比斯开湾内的敌军轰炸机与U型潜艇都将倾巢出动，对舰队进行连续不断的轰击。这趟任务凶险无比。不过沃克一方也不是一无所恃，他有空中掩护，而且拥有有史以来在大西洋执行护航任务的最强舰队之一。沃克派出飞机在海上巡逻，搜寻U型潜艇踪迹，同时阻遏为U型潜艇猎杀目标领航的德国秃鹰远程侦察机（Kondor）。他还利用海军部发来的布莱切利庄园情报绘制出U型潜艇巡逻队的位置。他率领的这支队伍在其训练下已经具备了一定的作战实力。队中的轻型护卫舰始终环绕在货船和航母周围，这样的队形让沃克能腾出小型战舰和驱逐舰追捕U型潜艇狼群，在对方发动袭击之前抢先下手。

598

此时，皇家海军的舰艇在沃克的管理之下也用上了群体捕猎的法子。他会在任务开始之前对自己的计划做一番简要介绍。依照沃克的思路，一旦某艘U型潜艇的位置被锁定，护航编队需立刻用照明弹照亮这片海域，然后大规模投掷深水炸弹，迫使敌人下潜（海面上的盟军护航队速度比U型潜艇慢，后者一般选择避开，不正面交锋）。然后护航编队紧追不舍，直至将其逼出水面并一举歼灭。沃克希望舍弃一直以来被奉为正统的被动做法，代之以主动出击。他简明扼要地交代麾下舰长，只要看到U型潜艇出现就立刻对其发起持续不断的攻击，不必等他下达命令。“以下内容所有军官都需谨记在心，”他在护航编队的《行动纲领》中写道，“绝大部分行动都要依照我的号令行事，但如果你们遇到的情况我不知情或者所知不完整，那你们必须立刻自主行动，不用等我下达命令。”[2]

12月15日，澳大利亚的“涅斯托耳”号（Nestor）驱逐舰在圣文森特角附近击沉一艘U型潜艇。12月17日凌晨，一架飞机发现了在距离护航队22英里处潜行跟踪的U-131号，对方正等着其他U型潜艇赶来发动群狼战术。沃克乘着他的HMS“鹳鸟”号小型战舰出阵追击，3艘驱逐舰和1艘轻型护卫舰随其出动，编队其余战舰留守船队。英军战舰在海面上并排航行，战舰之间相隔1英里，猎物行踪诡秘，负责侦测的Asdic操作员只能时断时续地捕捉到它的踪迹。由于英军密集投掷深水炸弹，这艘U型潜艇被迫浮出水面，此时她离追捕战舰仅7英里。沃克麾下群舰瞬间开炮袭击，U-131号被舰员主动凿沉。

第二天天刚亮，英方在离船队10英里处发现了U-434号。航速更胜一筹的英军战舰再次抽离防御阵形。“斯坦利”号（Stanley）驱逐舰在U型潜艇下潜位置投掷深水炸弹，把它压在下面，让它不敢到水面上来。与此同时，“布兰克尼”号（Blankney）驱逐舰侦测到Asdic信号并立即升起黑旗，示意她即将发动进攻。由于进攻动作，她失去了Asdic侦测信号，不过她有规则地投掷了5枚深水炸弹。随后她重新获得侦测信号并引导“斯坦利”号到达进攻位置。“斯坦利”号投完深水炸弹后再换由“布兰克尼”号继续向海水中投掷更多炸弹。U-434号在距离英军驱逐舰1英里处被逼出水面。对方刚露头就翻船了，之后英军战舰驶到混有燃油的污水中打捞生还者。

U-574 号被逼出水面时根本无暇考虑投降还是逃跑的问题。沃克那艘小型战舰正急速攻来，U-574 号急忙左转，之后 599 HMS“鹳鸟”号一直在她上方高速转圈，她也跟着不断地左转舵。双方靠得太近了，甚至 HMS“鹳鸟”号的 4 英寸舰炮再怎么压低角度也无法瞄准德军潜艇，只能看着 U 型潜艇在自己鼻子底下转悠，炮兵们放声咒骂、频频挥拳。最后，沃克以直接撞击这一经典老招把敌人送入海底。

邓尼茨的这支由 7 艘 U 型潜艇组成的小组折损了 4 艘 U 型潜艇。不过当天夜里，U 型潜艇也击沉了 HMS“斯坦利”号。惊慌之下商船发射了“雪花”照明火箭弹，整个战场犹如在进行烟花表演。U 型潜艇趁机击沉 1 艘货船。之后，2 艘英军驱逐舰不得不返回直布罗陀补给燃料，沃克的小型战舰在撞击 U-574 号时弄坏了舰上的 Asdic 系统，成了瞎子。更糟糕的是，邓尼茨又放出更多饿狼跟踪船队。

英方船舰四周有不计其数的 U 型潜艇正暗中逡巡，等待时机发起致命攻击。21 日夜里，沃克试图以计破局。他让商船队走一队，自己带着速度迅疾的护航战舰走另一队，并制造出战斗的假象，让对方误以为有一艘 U 型潜艇正受到攻击。可惜商船的水手们不知道计划内容，因战场上可怕的轰鸣声而慌了神，结果把照明弹射了出去。光亮之中，一艘 U 型潜艇清楚看到了一艘商船并向其发射鱼雷。当夜晚些时候，HMS“大胆”号的舰长决定带领这艘航母离开船队，驶出沃克部署的防御屏障。结果孤身独行的航母遭受攻击并最终沉没。

与此同时，沃克率领的战舰已经困住敌方狼群，使其饱受深水炸弹的折磨。攻袭期间，由 U 型潜艇王牌舰长恩格尔伯特·恩德拉斯（Engelbert Endrass）指挥的 U-567 号被击沉。

不过在混乱之中，HMS“德特福德”号（Deptford）和“鹳鸟”号发生碰撞，结果在没有空中掩护的情况下，两艘战舰的 Asdic 都停止了工作。12 月 22 日清晨，形势不容乐观。这场攻防战已经持续了近一个星期，所有人都睡眠不足。此类行动带来的重压影响到了每一个人。舰桥上的人还在仔细搜索着海上的蛛丝马迹。

就在英军感觉这场战斗只是徒劳挣扎的时候，一架“解放者”战机出现在众人的视线里，它是来掩护船队完成最后一段航程的。最终 U 型潜艇狼群选择放弃。护航队抵达利物浦，代价是 2 艘商船、1 艘驱逐舰和 1 艘临时改造的航母，不过击沉 5 艘 U 型潜艇的战果弥补了这个损失。护航队邻近利物浦的时候，领队的海军中将示意沃克：“你赢得了一场伟大的胜利。”[3]

沃克回到西海路司令部时受到热烈欢迎，他被授予杰出服役勋章。护航队战役意义十分重大。此乃 U 型潜艇第一次遭遇强硬且有组织的抵抗。沃克协同使用空中力量和负责支援的机动舰群，阻挡住了凶残的 U 型潜艇狼群。德国人大为震惊，损失 5 艘 U 型潜艇对他们而言可谓重创。 600

而最重要的一点是，沃克教会了皇家海军如何御敌。他探索出一个条理清晰的路子为船队提供保护，对长期困扰海军的敌人形成了有效打击。他向海军部提出建议，鉴于飞机在反潜作战中的巨大作用，船队应当有里外两层防御圈，一层负责防守，一层负责发动进攻；如果白天在船队 30 英里范围以内检测到 U 型潜艇，所有护航战舰都应“作为突击力量主动扑向敌人”。[4]不过沃克遭到抵制和怀疑，人们认为他的想法太过激进。

1942 年年初的几个月里，沃克护送了数支船队，没有一次遭遇敌人袭击，也没有 U 型潜艇被击沉。4 月，他的舰队仅剩下旗舰“鹳鸟”号和 4 艘轻型护卫舰。已经很少有 U 型潜艇在大西洋西部活动了，绝大部分德军潜艇正在美国海域欢度“快乐时光”，那里不受保护的货船和邮轮成了它们的肥美猎物。EG36 接到一项护送 16 艘航船前往直布罗陀的任务，[5]从这次任务中我们可以更详尽地看到沃克那一套不断演进的作战手法。

4 月 14 日 21 点 30 分，沃克收到海军部情报，称一艘 U 型潜艇正在附近。当时“鹳鸟”号位于船队后方，“维奇”号（Vetch）轻型护卫舰正在前方清扫海面。情报传来后不久，“维奇”号的雷达就捕捉到她和船队之间有东西在活动。这艘身形纤小的轻型护卫舰立刻掉头并向空中发射照明弹照亮了这片海面。英方看到了疑似 U 型潜艇的物体正向船队驶去。它发射的两枚鱼雷差一点击中“维奇”号，然后 U 型潜艇就潜入了水中。20 分钟后，U 型潜艇再度浮上水面，“维奇”号的聚光灯捕捉到 U 型潜艇后向这艘德国潜艇冲了过去，4 英寸舰炮一路凶猛射击。“鹳鸟”号也是如此。22 点 39 分，U 型潜艇被迫下潜。

3 分钟后，“维奇”号投掷深水炸弹。22 点 42 分至 23 点 11 分，“维奇”号和“鹳鸟”号进行了 5 轮攻击，在两舰之间轮流投掷了 50 枚深水炸弹。猛攻要想取得成效，Asdic 与潜水测音器人员就必须与深水炸弹人员谨慎仔细地协调行动。使用高度专业化设备的操作员们正在听辨并截取折返的回声，他们懂得如何读出漆黑如墨的大海深处的情形。

最后一次投弹之后，自始至终都戴着耳机的士官达比·凯利（Darby Kelly）向沃克汇报，Asdic 监测到的回声显示水下有残骸。“我差不多确定那帮德国鬼子已经被干掉了，”沃克汇报道，“确实如此。残骸已经浮出水面，我欣喜地降下一艘小艇前去勘察。”[6]

601

这艘被击中的猎物是 U-252 号。她的沉没影响到了邓尼茨。他觉得皇家海军发明了一种新办法猎杀潜艇，因此下令禁止 U 型潜艇进攻西海路上的护航队。U 型潜艇将全部前往美国海域。不过 6 月时它们又回来了，目标是前往直布罗陀的护航队，盟军又一次在那里囤积力量，准备进攻地中海。6 月，沃克的 EG36 编队受命护送 HG84 船队从本土航行到直布罗陀。[7]队中有 23 艘商船，沃克麾下仅有“鹳鸟”号和 3 艘轻型驱逐舰，而他面对的却是 9 艘 U 型潜艇组成的狼群。*

远航途中，U-552 号击沉了 5 艘商船。沃克连一艘 U 型潜艇也没有斩获。不过数据又一次显现出迷惑性。在 HG84 航行期间，沃克的这支袖珍护航编队一直在工作，4 艘英军战舰日夜不停地追捕 U 型潜艇，把它们驱赶至远处。战力强悍的 9 艘潜艇中，有 7 艘从来没能在近距离位置开火。沃克已经把手下将士和战舰的能力发挥到了极致，而且他清楚地知道自己这支袖珍编队身边围着一群贪婪掠食的狼，何况自己在数量上还被压制。他始终向那些 U 型潜艇施以重压，成功制止了一场屠杀。不巧的是，沃克遇上了 U-552 号指挥官埃里希·托普（Erich Topp），他是排名第三的 U 型潜艇专家（王牌舰长）。战争期间，他击沉过 34 艘船舰，总吨位达 185434 吨，此记录

* U 型潜艇指挥官把“恩德拉斯”（Endrass）设为狼群的代号，以纪念恩格尔伯特·恩德拉斯，后者死于和沃克编队的战斗。

中有 5 艘来自 HG84。除他之外的 U 型潜艇都被沃克赶走了。EG36 编队的精神和战绩令邓尼茨震惊，U 型潜艇又一次受命在西海路上要一直待在水下。这是一场瞩目非凡的胜利。

对抗 U 型潜艇从来都不容易。大西洋战役中，交战双方在战斗的各个阶段都针对对方研究出新战术。两方的命运可谓此起彼伏。不过在 1941 年 12 月以前，总的趋势都是一样的。沃克 HG76 船队战役是这场大交锋的转折点，它是盟军第一场能够被称为胜利的战斗。

数月之中，沃克的护航编队在西海路上已经击沉了 5 艘 U 型潜艇。许多航船及其船员因此逃过一劫。行动的成功概率有力地证明了沃克的领导能力——一项曾经有人认为他不具备的能力。强尼·沃克把一帮年轻小伙子凝聚成一支顶尖战队。和皇家海军历史上所有的伟大指挥官一样，他与麾下将士们的关系相当牢固，他们几乎都是皇家海军自愿后备役刚招募来的新人，远非久经磨炼的皇家海军正式人员。沃克在长时期演习、集体机动和反潜练习的过程中把自己猎捕 U 型潜艇的理念介绍给将士们。在和他们一样年轻的时候，沃克就开始琢磨这些理念了。

602

攻击开始时根本无暇下达命令，或者说宝贵的交战时间不应浪费在发信号上。* “发信号的时候，结尾‘请求指示’的字样并无必要”，这是沃克的常规命令。[8]只有每一名舰长都清楚地知道自己应该在哪个位置时，猎杀才能够成功。与霍克和纳尔逊一样，沃克明白战斗的胜负早在开战前就决定了的道

* 攻击 U-252 号时，沃克和“维奇”号交换过 8 次信号，信息总共包含 25 个单词。

理。深夜之中追捕并击杀一艘 U 型潜艇要求耐心、诡诈和超凡的航海技术。一旦出现情况，舰上的每个人都应清楚自己的职责所在。沃克首个重大战果——1941 年 12 月击沉 4 艘 U 型潜艇——因夜里漆黑环境造成的混乱而略有瑕疵。击败 U-252 号的那次行动更为冷静。他的最新战功——护卫 HG84 船队使其免于被全歼的命运——极好地证明了他的组织能力和领导能力。

追捕潜艇乃集体行动，所以作为一名反潜作战指挥官必须既能独立思考，又能与整支队伍行动一致。HG84 船队战役中，被沃克称为“匍匐”式攻击的打法已现雏形。[9]这种打法需要 2 艘或者更多的战舰参与，从而克服了战舰在进攻的关键时刻失去 Asdic 侦测信号的难题。发动“匍匐”式攻击时，沃克会依照 Asdic 的理想监听范围——一般是在距离水下潜艇 1000 ~ 2000 码的位置——部署一艘战舰。他的 Asdic 王牌操作员——达比·凯利——会始终保持 U 型潜艇处于监控之下。与此同时，第二艘军舰减速慢行并关闭 Asdic 系统，进攻战舰在沃克的指引下进入战斗位置。她以“匍匐”的方式缓慢行进，这样 U 型潜艇的水诊器监听员全然不知其存在，潜艇指挥官也不会逃得杳无踪迹，直至祸从天降他们才恍然惊觉。先是进攻战舰规律地投掷 26 枚深水炸弹，然后沃克座舰迅速赶上，在最后侦测到 U 型潜艇的地方按“E”形投掷 22 颗深水炸弹，而且这些炸弹经过设置后会在不同深度爆炸。

603

此法听上去简单明了，但要经过不断练习之后才能真正奏效。沃克用了很长时间模拟对付 U 型潜艇的群攻作战。护航编队的战舰舰长必须知悉沃克的战斗意图，并且要能在战斗激烈、仅有精简指示命令的情况下坚定不移地将意图实施到位。

航海技术受到极度考验。负责指挥的军官与属下之间必须十分熟悉彼此，甚至有一种本能上的默契。深夜追捕 U 型潜艇时大家不能相互讨论。沃克威严的行事风格以及一心一意猎杀 U 型潜艇的决心激励着麾下 20 岁出头的小伙子们竭尽全力地做事。“能把手中工作做好的军官，我从来不会责备他”，沃克曾如此训示。

绝大部分护航战舰都是奉命行事，以安全护送航船至目的地为首要任务。沃克却坚持把行动的重点放在击沉 U 型潜艇上。惊险刺激的追捕行动对他而言是一种享受，他那种心无杂念的投入给手下留下了深刻印象。“他明确宣布，我们的任务是摧毁 U 型潜艇，”他的舰炮官艾伦·伯恩（Alan Burn）写道，“而且从那之后，我们所做的一切都往这个方向努力，直至最后。”[10]沃克有一项统摄所有行动的最高准则：“尽一切可能，快速、密集地攻击敌人，让他们没有任何空暇思考和下潜。”[11]

沃克的魅力令麾下将士俱皆拜服。据一名年轻的见习军官回忆，沃克是一个沉静的人，但“他的奋不顾身、专业风范以及对任务的忘我投入使其有着巨大的存在感……看到他你就会知道他是那个掌控全局的人，他在行动的战术、战略和细节方面胸有成竹。我们每个人都清楚自己的职责所在，而且唯恐因自己没有完成任务而令他失望。”[12]他信任自己指挥的队伍，而他们也拼尽全力不辜负他的信任。对那些付出显著努力的军官和船员，沃克会给他们记功，出问题时替他们担着。西海路司令部的总司令珀西·诺贝尔爵士巡视了沃克的旗舰后说：“‘鹳鸟’号上的船员们组成了一支能力惊人的队伍，四周什么都看不见时他们仍能开船战斗。而且每个人都对沃克崇敬有加。依我看来，不论他剑指何方，船员们都会心无顾虑地跟随他。”[13]

沃克十分沉迷于自己的任务，他是带着激情和高度娴熟的技艺猎捕 U 型潜艇的。他倾尽全力分析研究此前胜少败多的 U 型潜艇追击行动，以弄清楚 U 型潜艇指挥官们为摆脱追击所使用的各种诡计手段。在德国潜艇的行踪和花招上，沃克敏锐的第六感无人能及。没有人能像他这样把猎杀潜艇当作猫捉老鼠的游戏或一场事关存亡的比赛一样乐在其中。对他而言，德国潜艇是对祖国的最大威胁，他憎恶它们。他的这些激烈情绪和纯粹信念无声地感染着周围的手下。彼得·尤斯塔斯（Peter Eustace）是沃克麾下一名 19 岁的电台监测员，他回忆击沉一艘 U 型潜艇时众人的欢欣鼓舞：“我们觉得自己简直天下无敌。”[14]

604

沃克能够带领众人立得战功，首要原因是他能将皇家海军的历史性力量与麾下将士贯通起来。德雷克和霍金斯的时代所涌现出的英国航海者，乃是所有在役军官和普通水手一直渴望成为的杰出榜样。以前，谋略之战漫长拖沓，水手很少有机会一试自己的航海技艺，遑论直面迎敌，那已经成为另一个时代的事情了。在 20 世纪，水手们不再与敌人近距离搏斗，战斗多在海平面以外的地方（比如日德兰半岛之战）进行，或者俯冲而下的斯图卡轰炸机才是他们需要抗御的对象。这样的海战发生得简单粗糙而又非常迅疾紧迫，与风帆时代的古典海战在形式上完全不同，但两者的本质相差无几。有一项海战传统被沃克延续了下来，每次猎杀成功后他会给出一条信号——“接上主转桁索”，意思是每个人可以分到额外的一小杯朗姆酒。

1942 年 6 月沃克被擢升为上校（captain［d］）*。10 月，他被调回到海岸上的西海路司令部工作，此事令他沮丧不已。

他不是护航编队概念的首创者，也不是追捕并成功猎杀 U 型潜艇的第一人，不过他让这些事情达到了一个新高度。U 型潜艇编队的士气渐渐倾颓。因为有他这样的军官，人们再度对皇家海军的实力有了信心，相信它能向敌人发起反击。

英国航母纵列前行：1942 年 8 月，HMS“不懈”号和 HMS“雄鹰”号，摄于 HMS“胜利”号，当时它们正在执行“基座行动”。

皇家海军的坚定信心没有任何动摇。8 月，在“基座行动”（Operation Pedestal）中，海军派出一支至关重要的护航队穿越地中海前往正处于围困之中的马耳他。共有 2 艘战列

* （驱逐舰）上校，负责掌管一支由驱逐舰组成的小型舰队。

舰、7艘巡洋舰、24艘驱逐舰和3艘航母护送14艘商船。结果仅5艘商船逃出虎口，1艘航母和2艘巡洋舰被击沉，地中海此刻的凶险程度可见一斑。不过这个代价是值得的。马耳他坚守不坠，轴心国的企图落空。皇家海军逆势回击的能力大受肯定。U型潜艇和纳粹空军的残酷攻袭无休无止，虽然艰险，但为这座岛屿输送补给所付出的巨大努力最终还是获得了回报。因为“基座行动”，英国得以向轴心国通往非洲的补给线发动攻击。9月，隆美尔在战争的关键时刻遭遇燃料短缺。

一个月后，隆美尔在阿莱曼战役（Battle of El Alamein）中被击败，整个战争形势逆转。轴心国陆军部队后撤，意味着北非海岸的纳粹空军基地也随之撤离。这为“石器行动”（Operation Stoneage）开辟了道路，11月，最后一支船队驶往马耳他。最终K舰队得以返回马耳他，并再度开始劫掠轴心国航船。同月，160艘英国战舰运送10万名士兵登陆摩洛哥和阿尔及利亚。这是二战中第一场大规模两栖登陆行动。同时，北极护航队在9月恢复航行，此刻负责为它们护航的是一艘英国航母。12月，盟军战舰在巴伦支海海战（Battle of the Barents Sea）中击退了一次德军水上舰艇的联合进攻。这对纳粹海军而言可谓重大打击。希特勒对他的海军失去信心，其最高指挥官埃里希·雷德尔（Erich Raeder）卸任，卡尔·邓尼茨接手了他的位子。

1943年年初战局开始好转，相比于12个月前风雨飘摇的情形，这令人振奋。而大西洋是一个例外，这里的U型潜艇数量增多，盟军折损航船数也随之攀升。大西洋中的U型潜艇数目多到船队在公海上甚至都无法避开德国潜艇航行。英国

606 燃料补给降到了十分危险的程度。有人开始讨论是否要全面停运护航船队。大西洋战役进入高潮。

注释

1. 关于 HG76 护航队战役，请参阅 Burn，pp. 18ff；Robertson，pp. 42 - 60；Macintyre，*Battle*，pp. 119ff
2. Robertson，pp. 38 - 39
3. 同上书，p. 60
4. 同上书，p. 62
5. Burn，pp. 43ff
6. Robertson，p. 67
7. 同上书，pp. 66ff；Burn，pp. 46ff
8. Robertson，p. 38
9. Burn，pp. 89，187ff
10. 同上书，p. 68
11. 同上书，p. 26
12. 同上书，p. 177
13. Robertson，p. 66
14. Williams，p. 276

第 54 章

有序灭杀（1943～1944 年）

击沉、焚烧、摧毁。什么都不放过。

——海军上将安德鲁·坎宁安

607

HMS“坎贝尔敦”号（Campbeltown）发信号示意海岸炮台自己并无恶意。对方两次鸣炮，“坎贝尔敦”号均沉默地以信号释放善意。当这艘老旧的英国驱逐舰行至距港口 2000 码处时，海岸炮台全力开火。

“坎贝尔敦”号前往的并非一处友方港口。此处是法国卢瓦河河口设有巨型干船坞的圣纳泽尔（St Nazaire），“坎贝尔敦”号直冲船坞闸门而去。此刻是 1942 年 3 月 28 日凌晨 1 点。这艘战舰顶着漫天炮弹向船坞闸门发起自杀式攻击。其间岸上防御部队把所有炮弹都射向了这艘战舰，战舰舵手丧命之后接替者也身受重伤。

这艘驱逐舰上搭载着一群敢死队队员，舰首堆了 4.5 吨封在水泥里的烈性炸药。顶着暴风骤雨般袭来的炮弹，海军少校史蒂芬·贝蒂（Stephen Beattie）率舰前行，对面雪亮的探照灯灯光让他看不清前方状况。在此关键时刻，他突然发现战舰前进的方向并非港口中自己要去的那个区域。此时贝蒂表现出超乎常人的航海技术和沉着冷静的头脑，他迅速急转弯避开了海港堤坝并锁定了自己的目标。始终没有停歇的敌方炮火变得愈加猛烈，轰向驶进旋涡一般恐怖区域的贝蒂。1点34分，他指挥“坎贝尔敦”号撞向船坞闸门，这艘年迈的驱逐舰撞入巨型闸门内33英尺。贝蒂转身对舰桥上的士兵说：“到地方了，晚了4分钟”——这是皇家海军一贯简明扼要的表达方式。

负责突袭的敢死队下船登陆，“坎贝尔敦”号被舰员凿沉。敢死队将负责船坞运转的部分彻底砸烂，尤其是泵房和盘缆间。第二天，英军引爆“坎贝尔敦”号，摧毁了这座干船坞，直到10年之后它才重新恢复运行。此次行动乃“这场战争中最伟大的一次突袭”，也是皇家海军和陆军一长串两栖登陆行动中最壮观的一次。5人获授维多利亚勋章，其中有3人是海军军官——贝蒂、冒死帮助敢死队撤退的罗伯特·莱德中校（Robert Ryder）以及一等水手（Able Seaman）威廉·萨维奇（William Savage），当时萨维奇正在最后一艘撤退的机动炮艇上用前置2磅火炮射击，最终牺牲。

608

这处干船坞本来是给巨型德国战列舰“提尔皮茨”号使用的，有此据点，她可以和U型潜艇一起行动，从法国西海岸出发摧毁大量大西洋上的盟军航船。这是一场以巨大代价换来的大捷。仅228人得以回国，168人阵亡（其中105人来自海军）、215人被俘（敢死队队员109人，水手106人）。许多用来运送敢死队队员和帮助“坎贝尔敦”号舰员返回英军驱逐舰的机动炮艇被击沉。

这场代号为“战车行动”（Operation Chariot）的圣纳泽尔突袭发生在1942年3月。12月7日，又出现了一场同样令人咋舌的突袭。HMS“金枪鱼”号（HMS Tuna）潜艇在吉伦特河河口浮出水面。在冬日黑夜的掩护下，五艘“轻舟”MK Ⅱ（Cockle MK Ⅱ）小划艇悄悄下水。10 名海军陆战队队员爬上划艇后开始向 70 海里外的波尔多港口驶去。他们必须从 32 艘德国战舰之间的缝隙中偷偷溜过去才能抵达目的地。

“弗兰克顿行动”（Operation Frankton）出自海军陆战队少校、“金发”赫伯特·哈斯勒（Herbert ‘Blondie’ Hasler），行动队员还包括他在皇家海军陆战队巡逻支队的 10 名属下。他们的目标是停泊在波尔多港口深处的 12 艘商船。此番惊险行动甫一开始就遇到了困难。夜里风高浪急，1 艘小划艇没了踪影，没过多久又有 1 艘翻了船。剩下的 3 艘继续划桨前行，以每晚 9 英里至 22 英里的速度行进了 4 晚。有天白天他们在格拉沃角（Pointe de Grave）附近隐蔽，有两人被俘。

最后，哈斯勒和其他 3 名海军陆战队士兵乘着两艘小划艇，前去实施这一海战史上最具英雄色彩的突袭。12 月 11 日到 12 日的夜里，他们划着船桨在德军船舰之中穿行，给其中 6 艘安上了吸附式水雷。之后 4 名海军陆战队队员把他们的小划艇沉入海中，从陆路逃往西班牙。

从“金枪鱼”号出发的 10 名陆战队队员，2 人死于体温过低，6 人被德军俘虏并杀害。哈斯勒少校和陆战队员比尔·斯帕克斯（Bill Sparks）成功到达西班牙，并最终回国。他们全都被视为二战中最伟大的英雄而载入史册。他们的英勇壮举至今仍在法国和英国受到纪念与缅怀。

1940 年至 1944 年间，共有近 60 次针对“大西洋壁垒”的突袭，上述两次即在其列。此处提及的行动都有明确的海事目标，旨在警示敌人英国在西海路的霸主地位。“战车行动”的目标是阻止德国战舰对大西洋航船进行大规模杀伤。摧毁圣纳泽尔的干船坞对威廉港封锁行动的持续推进不可或缺。“弗兰克顿行动”的目的则是用尽各种手段，对德实施经济封锁。

被哈斯勒及其队员们锁定的12艘航船是突破封锁后到达这里的。它们从东亚来，船上是日本人发来的极具军事价值的货物。截至1942年12月，已有约15艘小型航船从纳粹海军的铜墙铁壁中穿行而过。“弗兰克顿行动”就是为了表明皇家海军有能力将德国和整个世界的联系彻底切断。海军并非所有时候都得用巨型战舰或航母来推行自己的主张，有时小划艇加上几个心志坚毅的行动者就足以成事。

它显现出经济战已经残酷到了什么样的程度。德国方面正用尽所有力量扼杀英国，逼迫其投降。

“1943年3月的头20天里，德国人几乎彻底切断了新世界和旧世界之间的通信。”一份递呈皇家海军的报道如是说。那个月U型潜艇击沉了120艘船舰。面对240艘U型潜艇同时活动的局面，皇家海军基本上全面放弃了船队护航任务。英国国内的局势非常不利，食物和燃料匮乏。如果U型潜艇继续维持这样的破坏力，D日[①]的筹备可能要花费数年甚至更长的时间。此时英国可能已经被迫退出战争。

然而，在“黑色五月”（Black May），有43艘U型潜艇被摧毁，盟军仅折损58艘船舰。

或许后来U型潜艇的数量大幅增加，但与此同时皇家海军也变得更加强大。有更多护航舰和驱逐舰出海执行任务，而且它们还配备了一些新式武器。刺猬弹（Hedgehog）是一种

① 指1944年6月6日，即诺曼底登陆日。——译者注

前射式迫击炮，炮弹采用触发式引信。由于它是向前发射的，所以航船在进攻时能够继续使用 Asdic 侦测 U 型潜艇动向。高频定向仪（high-frequency direction-finding equipment，又称“哈夫 - 达夫”，HF/DF 或‘Huff-Duff’）应用在越来越多的船上，让船只可以通过 U 型潜艇无线电传输信号进行三角定位，找出对方位置。

最值得一提的是，1943 年春末“大西洋空白区域”最终消失。远程飞机和护航航母开始服役，为船队的整个航程提供空中掩护。这些飞机均有独立的雷达系统以及和雷达连通的利式探照灯（Leigh Light）。TRITON 秘钥已被艾伦 · 图灵（Alan Turing）破解，布莱切利庄园得以再度破译恩尼格玛。 610

5 月，U 型潜艇对阵联合了空中力量、护航舰队和新编支援编队的盟军防御网络。1942 年 11 月，海军上将马克思 · 霍顿爵士（Admiral Sir Max Horton）接掌西海路司令部。霍顿曾是一名潜艇指挥官，能够接受新兴理念。强尼 · 沃克上校规划的新方案令他印象尤为深刻。

霍顿和沃克在很多方面颇为相像。一战时，在潜艇服役期间，霍顿开启了一项传统——每当一艘英国潜艇击杀敌舰返回国内基地的时候，它都会升起海盗骷髅旗（Jolly Roger）。每次成功完成追捕任务回到利物浦时，霍顿都喜欢在潜艇里面用喇叭播放“我们去打猎”（A Hunting We Will Go）。沃克向自己的新任总司令提出建议，把大量支援编队派到海上去。这些顶尖的突击部队可以像陆军装甲部队一样行动，向 U 型潜艇发动猛扑，将其摧毁。这个建议的根据，乃是沃克在 SG36 时所用的战法及其坚定信念——皇家海军的战舰应当主动搜寻并摧毁敌军，而非紧靠在船队边缘不动。霍顿采纳了这个计划，沃克于 1943 年重返海上，指挥第二支援舰队（Second Support Group，2SG）。舰队由他的旗舰 HMS“燕八哥”号（Starling）和另外 6 艘均以鸟类命名的小型战舰构成。

皇家海军的妙招还有很多，而沃克就是这方面的急先锋。

1943 年 6 月 1 日上午 9 点 30 分，“燕八哥”号的哈夫－达夫监测员汇报称一艘 U 型潜艇正在 20 英里处传输信号。“燕八哥”号拉响警报，U-202 号的位置也被锁定。[1]她的指挥官冈特·波泽（Gunter Poser）命令潜艇下潜 500 英尺。他镇定自若，并未因此而紧张不安，单单这一次巡逻他就已经 6 次遭到护航舰队袭击了。

沃克的 6 艘小型战舰协调进攻。水下的皮泽尔迂回躲闪，用尽各种手段避开深水炸弹。舰队先是失去了 Asdic 监测信号，随后再次找到 U 型潜艇位置。沃克与舰上的水诊器监测员以及 Asdic 监测员进行了一番深入交谈，他们都是他信任的老部下。“这三位技术专家的谈话有些神秘莫解，他们就在露天舰桥的前端研究出了作战方案”，[2]沃克的枪炮官（后来成为传记作家）艾伦·伯恩如此回忆当时的情形。

沃克麾下的人把接下来的一轮攻击称为“首领的绝招”，更准确地来说，它应该被叫作“地毯式”攻击。[3]用这种方式进攻时，3 艘战舰将排成一字横队，每艘战舰都以 5 秒为间隔投掷深水炸弹，不给 U 型潜艇任何机会左右闪避。

但 U-202 号还是挺了过来。

随后沃克用两艘小型战舰同步进行“匍匐”式攻击。行动持续了一整天，这是两位顶尖高手之间的对决。夜幕降临时沃克在舰桥上来回踱步。对手是一个狡猾诡诈的驾驶员，而且更重要的一点是，很明显 U 型潜艇的下潜深度超过了深水炸弹。

611

皮泽尔已将潜艇下潜到 820 英尺，将士们惊惧不安，担心潜艇随时都可能因承受不住水压而塌陷。皮泽尔依然保持冷静，他命士兵们尽量保存体力。他自己就躺在床位上看书，任由深水炸弹在上方搅动海水、Asdic 声波撞击舰身，给众人树立了非常好的榜样。与此同时，沃克的 Asdic 一直紧盯着 U 型潜艇不放，屡次攻击未果令他越来越沮丧，他当时根本没料到皮泽尔会下潜到那么深。为逼迫对手用光电池的电力他用了很多花招，比如持续不间断地进攻以迫使 U 型潜艇变换位置，再比如他命令其中一艘小型战舰一边投掷深水炸弹一边往远处行驶，让对手误以为编队正朝着错误的方向离去。皮泽尔亦有妙计。潜艇往外射出一个不断冒出氢气气泡的铁罐，这些气泡可以冒充潜艇，诱惑敌人。沃克只能用监测信号紧盯着皮泽尔不放，等待对方耗尽电池和空气，然后在夜色掩护下上浮并逃走。这是一场比拼诡诈和耐心的战斗，皮泽尔成功溜走的概率更大。

不过沃克的 Asdic 监听员并没有被那些气泡骗到，他自始至终都把皮泽尔的 U 型潜艇盯得牢牢的。沃克对 U 型潜艇活动特性的分析再次应验，他预测最晚在半夜，猎物必然上浮。果然，半夜 0 点 2 分，一名正密切监视海面的“燕八哥”号信号员发现了 U-202 号。瞬间，夜空被曳光弹照得犹如白昼，编队所有战舰一齐开炮。沃克命令“燕八哥”号想办法撞击敌艇，不过随后他改了主意。他让舰员们把深水炸弹的定深数值调小，然后投向 U 型潜艇。这给 U-202 号带来致命打击。历时 14 小时的追捕行动中，皮泽尔做出了顽强而又漂亮的反抗。沃克简短地评述过：“我非常感谢皮泽尔上尉，这是一次不可多得的集体演练机会。”[4] 霍顿上将则慷慨多了：“我要祝贺你的 Asdic 小队，他们取得了这场战争中最为突出的成就。”[5]

此话当然是溢美之词，不过这份满怀激动的赞美强调了一个事实，那就是沃克的战术和训练获得了成效，对大西洋战役的结果起到了决定性影响。此后英军遇到U型潜艇时不再一味躲避，任其逃走，而是毫不留情地追猎并歼灭它们。6月，皇家海军继续出击。海防总队的两支支援编队和飞机将把全部精力投入对付基地设在比斯开湾的U型潜艇上。

换言之，法国西海岸的敌人将会被封锁在港口之中。沃克正跻身于霍克、圣文森特和康沃利斯这等英雄人物之列，他们都曾耗费数年时间确保英国对西海路的控制权。和以前一样，这片海域乃维系国家命运之所在。沃克告诉他的编队：“想必德国兵已然清楚，皇家海军已经把比斯开湾当成了肆意打猎的乐土，任何试图阻碍盟军航运路线畅通的尝试都会被彻底灭杀。只要碰上，我们就一定会将其一举摧毁。”[6]

612

6月24日，沃克出其不意地逮住了U-119号。在将其逼上水面后沃克的船舰狠狠撞了上去。这是U型潜艇猎杀教科书里的标准手法。“燕八哥”号在进攻时受损，成了另一艘为同伴报仇的U型潜艇的活靶子。沃克转移到“野天鹅”号（Wild Goose）上继续指挥自己的编队作战。在这艘战舰上他指挥了又一场令人瞠目的“匍匐”式袭击。他成功骗过了U-449号并将之歼灭。7月30日，海防总队的第二支援舰队和战机连同沃克编队一起行动，击沉了U-454号、U-461号、U-462号和U-504号。其中，在追捕最后一艘U型潜艇时，沃克又研究出一项新战术。他用了一个拳击术语——“守住拳台”（holding the ring）——为之命名。[7]三艘小型战舰围住搜索区域，用Asdic侦测信号盯住敌军潜艇。然后沃克指引另一艘小型战舰进行“匍匐”式进攻。一旦 U 型潜艇试图溜出火力覆盖区，它就会碰上三艘中的一艘。大西洋战役赶尽杀绝之新理念在此展现得淋漓尽致，艾伦·伯恩将其称为“有序灭杀”。[8] 8 月 2 日，邓尼茨暂停从比斯开诸港口派出舰艇。

盟军正在逐渐赢得大西洋战役。德国人首次遭遇 U 型潜艇折损数量超过补充数量的情况。此时英国在比斯开湾设有猎杀巡逻队，U 型潜艇必须先紧贴着法国和西班牙海岸线航行然后才能进入大西洋。和所有伟大的海战大捷一样，此等战果必须有像强尼·沃克这样抱定决心的领头人物指挥众人，经过漫长艰辛的苦战之后才能摘得。

盟军在其他地方的战报也一样鼓舞人心。4 月，意大利损失了 100 艘商船，它们试图为驻扎北非的轴心国陆军输送补给。5 月，坎宁安上将启动了恰如其名的“天罚行动”（Operation Retribution），命令简明干脆：“击沉、焚烧、摧毁，什么都不放过。”轴心国陆军被困在了北非。

眼下，皇家海军再度成为地中海的主宰力量。7 月，英国 6 艘战列舰和 2 艘航母以及美国第八舰队（Eighth Fleet）援助盟军部队进入西西里，为之后进一步进入意大利做准备。整支意大利舰队于马耳他投降。苦苦等待之后终于一雪前耻，众人心头振奋。在天寒地冻的北极圈，皇家海军因为战线拉得太长，无法面面俱到，船队在夏天停止航行，不过从 11 月开始又恢复航行了。圣诞节次日，由“沙恩霍斯特”号领衔的纳粹海军第一战斗群离开挪威基地，攻袭出航的 JW55B 船队以及返航的 RA55A 船队。这艘德国战列舰是独自行事。“提尔皮茨”号巨舰已于 9 月丧失作战能力。英军 6 艘 X 级微型潜

613

艇悄悄潜入喀峡湾（Kafjord），重创此艘德军战列舰。这次行动是皇家海军又一次传奇式的奇袭作战。

邓尼茨身陷绝境，只有最后一搏。这一次阿道夫·希特勒成了纳粹海军的敌人，他对海面舰队失去耐心，并威胁要将其撤去。纳粹海军必须打一场大胜仗才能赢回元首的信任。

可是，孤身离群的“沙恩霍斯特”号遇上了由 HMS“约克公爵”号、1 艘重型巡洋舰、3 艘轻型巡洋舰和 9 艘驱逐舰组成的皇家海军护航舰队。第一发炮弹命中“沙恩霍斯特”号，他的雷达停止了工作，之后“沙恩霍斯特”号只能像瞎子一样在暴风雪中战斗。那天她拼杀得十分英勇，可惜她自始至终都处在英军雷达的锁定之下。傍晚，布鲁斯·弗雷泽（Bruce Fraser）上将电讯海军部：“‘沙恩霍斯特’号沉没。”“干得漂亮”，海军部回复。

“先生们，”弗雷泽告知麾下军官，“与‘沙恩霍斯特’号的战斗已经结束，我们赢了。如果有一天你们自己指挥一艘战舰同优于自己数倍的敌人作战时，我希望你们每一个人都能像‘沙恩霍斯特’号今天这样英勇无畏。”击沉此舰后，纳粹海军再也无法在北极圈对皇家海军形成威胁。* 北角战役（North Cape）也是皇家海军史上英国战列舰最后一次和敌方战列舰交战。

回看大西洋，船队和护航编队正在冬日的海面上艰难前行。“小型航船封住舱门，毫不停歇地和滔天巨浪搏斗。海盐完全覆盖了甲板和舰桥。”[9] 沃克的第二支援舰队正和 HMS“追踪者”号（Tracker）护航航母一同在遥远的大西洋中部执行

---

* “提尔皮茨”号遭到皇家空军不计其数的轰炸袭击，于 1944 年 11 月 12 日被摧毁。

任务。此时西海路已成 U 型潜艇的危险区域，因此它们转到了这片海域活动。海上的风暴日夜不停，U 型潜艇一直潜伏不出。11 月 6 日，恶劣的天气稍有停歇，第二支援舰队追捕并击沉了两艘 U 型潜艇。眼下这等程度的风浪之下，小型战舰无法承受长途航行。舰队抵达纽芬兰后返回利物浦，它们亟待维修和休整。

614

沃克和他的舰队连同两艘护航航母前往爱尔兰西南面的大西洋海域。为了得到纳粹空军掩护，邓尼茨把 U 型潜艇调遣到了那里。第二支援舰队必须保护船队和航母既不受空中袭击也不受潜艇袭击，同时它们还得追捕 U 型潜艇。1 月 31 日，沃克把 U-592 号送入海底。于是德军 U 型潜艇向西南移动，以期躲开沃克的追捕。2 月 8 日夜至 9 日凌晨，支援舰队以“匍匐式”战法在 8 小时内相继击沉 U-238 号、U-734 号和 U-762 号。两天后，支援舰队迎来了他们的第五场胜利，他们击沉了 U-424。2 月 19 日，沃克和德军 U 型潜艇指挥官哈特维希·卢克斯（Hartwig Looks）之间进行了一场耗时甚久的对决，最后沃克用了 10 小时才把卢克斯的 U-264 号逼上水面。

这位时年 25 岁的德军指挥官把所有他能想到的闪避招数都用上了，不过在 200 枚深水炸弹的轰炸之下他的 U 型潜艇还是彻底报废了。艇中海水没过了舰员的脚踝，轮机舱着火。卢克斯下令浮上水面。上来后他发现周围一圈都是沃克的小型战舰，而自己就处在中央位置。U 型潜艇艇员们纷纷弃艇。从海里上来时，卢克斯发现拉自己的是一位英国水手，他对卢克斯说道：“来吧，水手！”[10]他被带到了 HMS“啄木鸟”号（Woodpecker）上，舰上一名军官满怀赞许地看着他说：“你打得非常、非常聪明。”

第二支援舰队进入利物浦港后，喇叭里响着“我们去打猎”的“燕八哥”号把U型潜艇带到了格莱斯顿码头上（Gladstone Dock）。码头和HMS“胜利”号航母的飞行甲板上全是人，其中还有两支乐队，他们都在迎接强尼·沃克和他麾下的将士们凯旋，此次行动是所有反潜巡逻行动中最成功的一次。霍顿上将和海军部第一海务大臣也在现场。第一海务大臣发表演说时将此次行动誉为“战争开始以来一支护航编队所能完成的最伟大的巡航任务之一，可能更准确地说，就是最伟大的，没有之一”。[11]他称赞沃克是“我军最出色的王牌反潜指挥官”。舰队快到国内时丘吉尔和战时内阁发来了贺电。二战中，沃克共击沉18艘U型潜艇，而比这个数字更重要的是它带来的影响——U型潜艇艇员士气跌落，邓尼茨不得不改换战术。为表嘉奖，沃克被追授上校，这意味着他已经进入将官候选序列。他一共获授4枚杰出服役勋章，并成为巴斯勋章骑士（Companion of the Order of the Bath）。此刻他成了聚光灯下的国家公众人物。西海路再次回到皇家海军之手。

615 欢迎第二支援舰队的人群中最引人注目的莫过于数百名女兵，她们是皇家海军女子服役队的军官和普通水手。第二支援舰队有1000名舰员，许多人的妻子或女朋友都是驻扎在利物浦的皇家海军女子服役队成员，沃克的女儿也是。她们焦灼地等待着他们从巡逻队返回。沃克舰队能出海完全得益于她们的付出。岸上的女子服役队担任的职务有机械与武器专家、电工、文员和厨师。西海路司令部中的女兵肩负着测绘狼群航道的重要工作。她们是二战中英国海战事务的中流砥柱。1944年，863500名身穿海军制服的人员中有72000人是女兵。她们是第二支援舰队欢迎队伍中的一抹亮色。

一次“匍匐”式袭击，沃克正在 HMS“燕八哥”号上用舰对舰无线电指挥 HMS“啄木鸟”号行动。

沃克一下子成了名人，但这并不合他的脾气。“这不是很好笑吗?”欢天喜地的返航迎接结束后他对妻子说道，“这些大惊小怪的庆典结束之后，我还是那个他们认为不值得提拔的老强尼。”[12]

3 月，这支精锐舰队击沉了 U-653 号。之后，还是在这个月，强尼带领舰队向北前往北极进行巡航，途中击沉了 U-961 号。5 月，他回到老地方西海路追捕 U-473 号，这艘 U 型潜艇用鱼雷击沉了 USS“唐奈尔”号（Donnell）。毫不夸张地说，这次追捕等同于大海捞针。5 月 15 日，“燕八哥”号锁定 U 型潜艇踪迹，随即升起海盗旗。这将是沃克的最后一次猎杀之旅。 616

战斗进行了 15 小时，是沃克众多传奇战役中最漫长的一次。上校把自己的完美战术尽数施展了出来。他对自己小队的表现十分满意。他没有发出任何一项指令或者信号，直到浮出水面的 U 型潜艇被歼灭后他才发了一条信息："停止射击。这真是一场精彩的战斗。"[13]

大西洋战役已至尾声。沃克还有最后一项任务要完成，在此之后他将以舰队司令身份前往太平洋任职。

沃克及其舰队行抵威尔士海滨，加入由西海路司令部所有船舰组成的巨型舰队，共计约 200 艘。6 月 5 日夜至 6 日拂晓，浩浩荡荡的船舰出海执行一项无比重要的任务。它们列成重重屏障，把英吉利海峡和西海路隔开。

这 200 艘反潜战舰只是 5000 艘船舰中的一部分，它们将执行史上最恢宏壮观的两栖登陆行动——在诺曼底登陆日，即 D 日的"海王星行动"（Operation Neptune）。

D 日当天，U 型潜艇袭击一次都没发生。2 月，U-264 号指挥官哈特维希·卢克斯在沃克的攻袭之下凿沉了自己的潜艇。当时他正在测试一种不能让沃克发现的新装备。这一新设备是潜艇通气管，一根用来呼吸的管子。通气管不仅仅是给艇员在水下呼吸用的。潜艇在下潜之后就要改柴油机驱动为电力驱动，而前一种驱动方式需要有空气才行。电池的电用完后，U 型潜艇就必须浮上水面重新充电。有了通气管之后，U 型潜艇就能在不被雷达发现的情况下暗中潜入英吉利海峡，不用浮上水面就能在英国或者法国海滨的浅水区长时间巡弋。然后他们就能偷袭前往诺曼底的两栖登陆船舰。不过经验丰富的反潜小队犹如一条铁链，锁住了英吉利海峡的航路，一艘 U 型潜艇都没能过去。

皇家海军在保卫海上安全和轰炸敌人海滩据点方面起到了

主导作用。这一军事组织调动上的一次重大胜利要归功于战时一位杰出的海军将领——沃克的老上级，海军上将伯特伦·拉姆齐爵士。拉姆齐曾分别在 1940 年和 1943 年组织过敦刻尔克大撤退和入侵意大利的行动。“海王星行动”是他的得意之作。从负责导航的袖珍型潜艇到提供近岸防御的大型战列舰、监控舰和巡洋舰，参与其中的舰艇多达数千艘。同时，海军还要和在英格兰等待登船的陆军、空军仔细做好协调。皇家海军总计有 113000 名军官、男兵和女兵参与行动，占 D 日当天盟军海战人员总数的 58%。“海王星行动”动用了 2807 艘各式战舰。324 艘战舰掩护西面登陆区，即美国人登陆的犹他（Utah）和奥马哈（Omaha）两处滩头，其中近 50% 的战舰来自皇家海军。英国人和加拿大人登陆的黄金（Gold）、朱诺（Juno）和宝剑三处滩头为东面登陆区，348 艘战舰中有 306 艘出自皇家海军。此外，皇家海军还分别在东、西两区派出了 893 艘和 147 艘（西区总共有 644 艘）登陆船。这是史上规模最庞大的超级舰队。

617

拉姆齐颇具智识，他清楚在联合行动中皇家海军得服从陆军指挥。他从西西里登陆行动中明白了一个道理，两栖进攻只是整个行动的开始而不是结尾。一旦守住了滩头，皇家海军的任务将更为艰巨。它得持续输送地面部队，并为他们运送补给。这一过程持续几天、几周，甚至是几个月都说不定。拉姆齐上将需要在各种既得利益关系和自负心态编制成的复杂网络里商讨斡旋，不过他的机智干练足以组织“海王星行动”。最关键的是，他保证了陆军下一年的供给线将会始终保持畅通。

经过多年的牺牲与努力，长久以来备受争议的海上主权终于显现出成果。纳粹海军的水上舰队已形同虚设，U 型潜艇战队在史上最繁重艰苦的海上战役之后也被束住手脚。登陆的地面部队浩浩荡荡，他们前往目的地的道路已被清扫干净。岸边战舰的凶猛炮火重创德军防御据点，阻止了坦克自由行动。

D 日中，皇家海军达到巅峰状态，它从之前的苦战中撑了过来，成为定鼎欧洲局势的重要促进力量。

胜利的代价是高昂的。战争期间，皇家海军损失了 1525 艘船舰，牺牲的男女将士共计 5 万人。英国海事力量的根基——商船队——伤亡惨重，损失了 3 万名水手和 2400 艘船。

登陆诺曼底之所以能够实施，是因为盟军能够保持海上航线畅通。德国极度缺乏进口物品。封锁行动没能击败德国，但起到了削弱其力量的作用，同时英国仍旧保持强盛国力。大西洋战役中盟军的取胜至关重要，它是皇家海军悠悠历史中分量最重的一场胜利。

在打赢整场战役的过程中，没有哪一次战斗能够彻底决定最后胜局，也没有急剧改变局势的转折点存在，那是一段漫长艰苦的征途，靠的是持久耐心和矢志不移。盟军的船舰建造能力始终高于 U 型潜艇的摧毁能力。邓尼茨做出多番努力，但他建造出的 U 型潜艇并不足以击溃皇家海军的防御，更无法瓦解英国、加拿大和美国的造船工业，英国和苏联的食物与燃料储备十分充盈。这是一场生死攸关的挣扎拼斗。

618

从强尼·沃克憔悴沧桑的面容就可以看出这场竞争的残酷性。他并非唯一一个在打击 U 型潜艇上取得赫赫功勋的人，许多军官以及成千上万的水手也取得了功勋，而且表现出了非凡的英勇和创造力。沃克的事迹代表着这场战争中皇家海军所走过的风雨之路。1939 年，这支军队尚不足以应付一场重大冲突。战事之中，它坚定地承担起自己的职责，造就一代英雄人物（他们当中许多人现在已不为人们所知），再现了拿破仑战争时的那个黄金时代。沃克就是这支军队最伟大胜利的象征。《泰晤士报》评论说，他"和敌人持续交手的时间之久，超过皇家海军的其他所有将士"。[14]1944 年，与 U 型潜艇作战的重担终于把他压垮。

7 月 7 日，沃克接到两条信息。第一条命令他翌日出海。另外一条确认了他儿子的死讯，他儿子生前正在地中海一艘潜艇中服役。当夜沃克因脑血栓被送入医院救治。于 9 日逝世。据说他是死于过度疲劳，享年 48 岁。

沃克上校的葬礼依英雄规格在利物浦大教堂举行。霍顿上将向上千名哀悼者说道："尘土抑或石头不足以为其墓，整个西海路才是他的安眠之地。"[15]他的遗体从一艘驱逐舰上投入大海。第二支援舰队此后又斩杀了 8 艘 U 型潜艇。强尼·沃克成为皇家海军的代表人物。1950 年海军部曾有过如此表述："沃克上校是大西洋战役当之无愧的头号功臣。他的战法取得了惊人成功，赋予了皇家海军至高无上的地位（supremacy）。"[16]

不过"至高无上的地位"这个说法用在他本人身上更合适。沃克生前曾如此回复此类溢美之词："我并不觉得自己是 U 型潜艇'王牌杀手'。这类战斗不是那种有一人充当主角的行动……每个人都有自己的职责——我只不过是整件事的领头人而已。所以请不要称我为'第一 U 型潜艇杀手'，真正担得起这个令人敬畏的称号的，是 1000 名英国水手。"[17]

注释

1. Robertson, pp. 95ff; Burn, pp. 74ff
2. Burn, p. 76
3. 同上书, pp. 89ff
4. 同上书, p. 79
5. 同上书, p. 81
6. Robertson, p. 122
7. Williams, p. 276
8. Burn, p. 97
9. 同上书, p. 110
10. Williams, p. 277
11. Burn, p. 141
12. Robertson, p. 184
13. Burn, p. 158
14. *Times*, 1944 年 7 月 11 日
15. Burn, p. 172
16. Robertson, p. 14. 1944 年 7 月 11 日的《时代杂志》也有类似的评论
17. Robertson, p. 163

第 15 部分

衰退

第 55 章

东苏伊士（1945～1982 年）

620

1945 年 3 月 26 日的冲绳（Okinawa）战役中，皇家海军航母特遣队的战机起飞升空。这些来自舰载空战队的战机先后捣毁了位于先岛群岛（Sakishima）和台湾的日本空军基地。空袭之后，战舰挺进，炮轰近岸目标。英国太平洋舰队（British Pacific Fleet，BPF）乃是进攻日本的上佳之选。神风特攻队（Kamikaze）的自杀式袭击致使美国航母失去了行动能力，而英国航母的飞行甲板设有装甲，受损后能很快完成维修。

英国及英联邦派驻远东的航母特遣队是皇家海军有史以来最强的舰队。而就整个皇家海军来说，它在 1945 年的实力超越以往任何时候。虽然海军在战时损失了其 1939 年 9 月所拥有的战舰数量的一半。战争结束时，皇家海军有 885 艘在役舰艇，包括 20 艘战列舰、65 艘航母、101 艘巡洋舰、461 艘驱逐舰和 238 艘潜艇，这有力证明了英国、美国和英联邦各造船厂的巨大活力。此外海军还有大量储备的护航舰艇、巡逻艇、两栖船和储货/修理船。皇家海军中很大一部分战舰被分到了英国太平洋舰队中，这是由 8 艘航母、4 艘战列舰以及巡洋舰、驱逐舰、潜艇、护航船和支援船舰组成的庞大舰队。自 1782 年桑特群岛之战罗德尼击败德·格拉斯之后，还是第一次有如此规模的英国舰队在欧洲及地中海以外的海域执行任务。

英国太平洋舰队在冲绳以及其他各处都表现得专业且勇敢，不过皇家海军必须承认一位新的海上霸主正在崛起。尽管英国太平洋舰队有着前所未见的强盛实力，但其空中力量仅占盟军参战总数的20%，而且在由美国动员组织的共计1300艘战舰的无敌大舰队中，它仅占一小部分。冲绳战役是二战中最血腥、最艰苦的战役之一，其战斗的主体部分都是由美国海军（United States Navy，USN）及其地面力量完成的。

这是美国方面的有意安排。美国人不想让其他任何人分享自己的胜利果实，尤其不希望自己在付出鲜血和财富后撑起的 621 却是不列颠帝国。为了把功劳揽到自己身上，美军必须挑起重担，自行承担损失。皇家海军被故意晾在一旁，只能作壁上观。在美国人看来，皇家海军颇为自豪的英国太平洋舰队即第57特遣队，只是多支这样的特遣队中的一员。美国海军作战部长（American Chief of Naval Operations）欧内斯特·金（Ernest King）上将对一切与英国相关的事物都持厌恶态度，而且在对待皇家海军方面尤为臭名昭著。在其授意下，英国太平洋舰队无法获得美国海军的任何帮助，只能孤军作战。1945年，共有335艘日军战舰被击沉，其中仅有12艘是英国太平洋舰队的功劳。大日本帝国受降仪式也是在美国战列舰USS"密苏里"号（Missouri）上进行的。"威尔士亲王"号和"反击"号于中国南海（South China Sea）的关丹（Kuantan）附近遭空袭遇难，皇家海军作为曾经的亚洲及太平洋海域仲裁人的角色彻底崩塌。二战期间，皇家海军在太平洋不得不适应、接受美国的领导地位。这是一个必须适应的新局面。美国海军已经无可争议地取代皇家海军的位置，成为世界上最强大的海上力量。

除了承认美国的霸权，还有一个新形势需要皇家海军适应——战列舰在眼下这个世界已是冗余之物。10 月 25 日，在日本帝国海军和美国海军对战的苏里高海峡战役（Surigao Strait）中，共有 8 艘战列舰参战，这是最后一场战列舰对战的战役。HMS“国王乔治五世”号对本州岛（Honshu）中部滨松（Hamamatsu）的日本军事设施所实施的轰炸，成为英国战列舰最后一次的咆哮怒吼。

1946 年，最后一艘战列舰——HMS“前卫”号（Vanguard）——开始服役。她此刻迈入的这个世界已没有战列舰的用武之地。驾驶着主力战舰、用巨型舰炮作战的战斗已经走入历史，第二次世界大战确然无疑地表明了这一点。自战列线对战在 17 世纪发展起来，战列舰就一直是皇家海军的核心力量。在眼下这个使用远程战机、导弹和原子弹的世界，它们已被彻底淘汰。小型战舰和潜艇的火力足以超过这些庄严宏伟的巨舰。如今它们只能沦为冷战武器的活靶子。

HMS“前卫”号在 1955 年的一次训练中最后一次开炮。之后她接受改建，成为储备船舰，并成为一处电影拍摄场景。1960 年 8 月 4 日，临海的南海城（Southsea）聚满了人，英国最后一艘战列舰在这一天从朴次茅斯港拖曳而出，前往位于法斯莱恩（Faslane）的拆船厂。皇家海军没有举行任何仪式。那天夜里，“前卫”号未能安然入眠，她在一片泥滩上搁浅了，出动了 5 艘拖船才让她重新入水。

622 及至 1960 年，世界上绝大部分海军要么将战列舰处理掉要么将其封存。美国海军是唯一的例外，它保留了 4 艘“爱荷华”级（Iowa class）战列舰。1968年它们被再度编入现役队伍，之后在1982年至1992年间再次服役。20世纪80年代，它们配备了战斧导弹（Tomahawk missile）。战列舰最后一次用于战争是在1991年的“沙漠风暴”行动（Operation Desert Storm）中，当时“威斯康辛”号（Wisconsin）和“密苏苏里”号发射过战斧导弹，并用16英寸舰炮轰击近岸目标。

自17世纪以来，形式各样的战列舰构成了英国海上力量的核心。“前卫”号黯然退场时并没有激起多少波澜，也没有引发多少悲戚之情（比如《泰晤士报》仅用几段文字，不带感情色彩地报道了一下）。英国历史的一段漫长篇章自行翻过。“前卫”号以50万英镑的价格售出。美国人和日本人将大量本国战列舰留存下来作为博物馆，而英国人选择将这些雄伟的战舰抛掷一空，曾经的辉煌荣光已消散殆尽，做此决定或许就是想把这些令人悲戚的景物彻底抹除。在帝国战争博物馆（Imperial War Museum）的大门处，我们还能觅得它的一丝踪迹。在从战列舰上卸下的两门15英寸巨型舰炮中，我们还可以感受那些战舰潜在的破坏力及其身形。其中一门来自HMS“拉米伊”号战列舰；另一门最先用于HMS“决心”号战列舰，之后装在了监控船HMS“罗伯茨”号（Roberts）上。两门炮都曾在1944年诺曼底登陆行动中使用过。曾经在近代历史上叱咤风云的无畏舰已消失得几无踪影。幸好“胜利”号留存了下来，让我们能更为真切地感受乔治时代的海军世界。

“前卫”号被凄然地拖向废品厂的那一年，英国仍保持着海上巨头的做派，虽然这只是往昔荣耀的影子罢了。皇家海军有8艘航母、2艘大型两栖舰、14艘巡洋舰、156艘驱逐舰和护卫舰、54艘潜艇、207艘扫雷及海岸艇。1945年之后，皇家海军继续履行那些古已有之的任务，还探索出了新的角色。朝鲜战争中，其航母编队和扫雷艇表现卓越。在这些编队于亚洲作战的同时，由于伊朗（Iran）将英伊石油公司（Anglo-Iranian Oil Company）收归国有，皇家海军的地中海舰队趁机介入波斯湾。英国战舰继续巡视监管大英帝国在非洲和苏伊士以东的残存疆域。

皇家海军还派出了包括 3 艘航母、1 艘战列舰、3 艘巡洋舰和 17 艘潜艇在内的 66 艘舰艇参与“主转桁索”演习（Exercise Mainbrace），那是一场大规模的北约（NATO）演习，涉及 9 支海军的 203 艘舰艇，在挪威沿海和日德兰半岛同时举行。担任这场巨大演习指挥的是一位英国将领。

623 从表面上看，20 世纪下半叶皇家海军将继续履行保卫英国利益的传统职责，同时会在北约中构筑自己的新角色。它将是遏制苏联向北大西洋渗透的领头力量。1952 年的“主转桁索”演习、同年在地中海举行的“大满贯”演习（Exercise Grand Slam）以及翌年丹麦海峡的“水手”演习（Exercise Mariner）（其间还有其他关于扫雷和护航的小型海战演习），宣示了北约强盛的海上力量。皇家海军是对抗苏联扩张的重要壁垒。未来若有战事，它将覆盖挪威海岸、北极圈、北大西洋和 GIUK 海域[①]——格陵兰岛、冰岛和不列颠联合王国之间的海域。英国有能力在大西洋、地中海、中东和“苏伊士以东”同时行动。虽然在 1947 年失去了印度帝国[②]（Indian empire），

---

① GIUK，即格陵兰岛（Greenland）、冰岛（Iceland）和不列颠联合王国（United Kingdom）的首字母缩写。——译者注

② 印度帝国，指英国于 1858 年至 1947 年间在印度次大陆建立的殖民统治区域，包括今印度共和国、孟加拉国、巴基斯坦和缅甸。——译者注

但英国与亚洲海域的联系并未中断。

战列舰被淘汰后，英国要维持海上强国的地位就得依靠20世纪的主力战舰——航空母舰。皇家海军航母编队的实力仅次于美国海军，英国可以凭此在世界范围内部署本国力量。朝鲜战争和“主转桁索”演习就是这方面的明证。1953年，加冕礼舰队阅兵在斯皮特黑德举行，有300艘舰艇参加阅兵，其中英国派出5艘航母，加拿大和澳大利亚各1艘。这还不包括正在地中海和苏伊士以东执行任务的战舰和航母。

然而，最终面具还是脱落了。1956年，英国被迫弃守埃及苏伊士运河区（Canal Zone）的海军基地。苏伊士运河是英国制海权的一处咽喉之地，英国能否把触角延伸至波斯湾和亚洲海域就取决于这里。失去运河控制权，也就失去了成为世界海洋强国的实力。英方刚撤出基地，纳赛尔上校（Nasser）立刻将苏伊士运河收归国有。

皇家海军派出强大阵容讨伐纳赛尔，其中航母有“雄鹰”号、“阿尔比恩”号（Albion）、“堡垒”号（Bulwark）、“海洋”号（Ocean）和“忒修斯”号，最后两艘是用来供直升机运载突击队登岸的。这是战争史上首次有直升机参与的两栖进攻作战。危机结束后，“阿尔比恩”号和“堡垒”号被改造成了“突击队航母”——一种两栖作战舰只，它实施快速打击行动时能够以舰载直升机运送海军陆战队及其他地面部队登陆。

皇家海军、皇家空军以及英国陆军的表现无可指摘，但在美国和苏联的威压之下，此番军事行动被迫中止，英国成为世界大国的幻象彻底破灭。美国取消支持英镑、迫使其贬值的威胁起到了决定性作用。

624

突然之间，英国显得异常脆弱。苏伊士运河危机弱化了她在中东的地位，削弱了其在印度洋的影响力。“苏伊士以东”的那片世界自此从西方海域中剥离，英国的策略也将全然改变。英国号称世界大国的底气消失殆尽。

苏伊士运河危机对皇家海军有重大影响。英国的常规部队看似强盛，但这场冲突明显表明它们已无法适应现代世界的需求。5 艘航母全然不是美国金融势力的对手。国际政治凶险复杂，国内民众抵制他国干涉内政，世界上所有海上强国都无力蹚过这片浑水。1957 年，国防大臣邓肯·桑迪斯（Duncan Sandys）在《国防白皮书》（*White Paper on Defence*）中为英国提出新的设想。他提出英国应重点发展核武器，将其变成一项防御力量；废除征兵制度，削减国防支出；在未来军队规模变小的情况下，注重使用机动部队实施精准打击。《国防白皮书》向海军的未来提出质疑：“皇家海军在全球性战争中的角色尚不明确。”

皇家海军自然不可能继续无所作为，等着别人来割自己的肉。蒙巴顿勋爵（Lord Mountbatten）是时任第一海务大臣，他一直是新式科技的拥护者。在其领导之下，皇家海军倾力发展能够搭载“海参”（Sea Slug）地空导弹的驱逐舰。他说：“只要能让政府承认我们是有能力运载火箭的大规模机动部队，符合未来战争趋势，就万事大吉了。”1961 年，Mark Ⅰ型“海参”地空导弹在新型郡级（County class）导弹驱逐舰上装备使用。

此外，蒙巴顿还坚定地认为皇家海军应当拥有核动力潜艇。实现这一目标的主要障碍是美国海军核动力项目负责人——海曼·里科弗上将（Admiral Hyman Rickover），他并不想与他人分享美国在这方面的科技成果。但蒙巴顿还是把他拉拢了过来。1960年，英国第一艘核动力潜艇由伊丽莎白女王亲自启动，它的名字——HMS“无畏舰”号——可谓恰如其分。两个月前，“前卫”号才刚刚被拖走。

跨入20世纪60年代的皇家海军虽在规模上有所削减，但技术革新持续进行，仍然是一支具有重要世界影响力的军队。不过抛开这些表象，事态其实不容乐观。

第二次世界大战给皇家海军遗留了一大批战舰和堆积着的设备。作为海军核心力量的8艘航母就是这场战争的馈赠。绝大部分战舰和潜艇建于战时，有些甚至是20世纪30年代造的。战时舰队中的幸存者让英国在20世纪50年代还能拥有一流海上强国的派头。20世纪60年代，这些老旧的舰艇被替换下来。像HMS“贝尔法斯特”号巡洋舰这样的战舰——现在被用作博物馆，是一处醒目的伦敦河景——变为储备舰只，随后退出服役。新一代战舰，如20世纪50年代末期至60年代初期开始建造的26艘利安德级（Leander-class）护卫舰，进入服役队伍。替换老古董航母的是两艘体积巨大的CVA－01型航母，它们配有新式护航战舰，比如82型驱逐舰和为搭载制导导弹和直升机而专门设计的巡洋舰。

625

改造之后的舰队足以承担英国在北约中的职责，并维系英国在苏伊士以东的地位。局面似乎正朝着有利于皇家海军的方向发展。但不久它就将遭逢大敌，这次是皇家空军。

1959年，蒙巴顿就任国防参谋长（Chief of the Defence Staff）。他的任务是整合陆军、皇家海军和皇家空军，并把历史悠久的海军委员会连同后设的陆军部、空军部（Air Ministry）和航空部（Ministry of Aviation）一起撤去。新组的海军委员会将被夺去大权，成为联合王国国防会议（Defence Council of the United Kingdom）下属的一个委员会。国防部接管三军，各军种在国防部的庇护下独立存在。蒙巴顿宣称此项改革的目的在于“建立一个功能完备、协调紧密、运转顺畅的部门”。

这原本是为了消除三军间的相互对抗。结果 1964 年的经费削减问题导致事态恶化了。皇家海军和皇家空军陷入无法调和的冲突，两军的未来都岌岌可危。1962 年 12 月 22 日是导致事态激变的关键日子，当天美国总统 J. F. 肯尼迪在巴哈马群岛（Bahamas）的拿骚会议（Nassau Conference）上会见了哈罗德·麦克米伦（Harold Macmillan）。一直以来，英国在核威慑力量上都依赖于美国。双方此前已经达成协议，美国将向皇家空军提供“空中闪电”核导弹，此核导弹将装备在皇家空军的 V 式轰炸机上。不过美国人取消了“天空闪电”项目，肯尼迪改向麦克米伦提供装备在潜艇上的北极星 A3T（Polaris A3T）弹道导弹。

这是皇家海军历史上的一个转折点——现在它变成了英国核威慑持有者。皇家空军暴怒不已。当时空军部分战机虽配有核武器，不过之后战略核武器的持续部署将由皇家海军决定，这一垄断权力的背后是巨额的国防预算。

海军并未主动为自己争取核武器。被强加了核威慑职责后，海军还必须为此做出调整。原先的经费不得不改用于新建 4 艘决心级弹道导弹潜艇（Resolution class），该系列潜艇均以曾经的战列舰命名：“决心”号、“反击”号、“声望”号和“复仇”号。海军还得开发反潜技术和反水雷措施，以保护位于克莱德峡湾法斯莱恩的弹道导弹基地。海空两军的前进轨迹

626

相撞了。

使用潜艇弹道导弹的理由是，地面核武器容易遭受袭击，而搭载核武器的战机可能在飞向目标的途中被击落。这给皇家空军的未来打上了问号。作为回击——也是自保——皇家空军提出，英国在苏伊士以东的角色可以由空军一手撑起。他们游说新任国防大臣丹尼斯·希利（Denis Healey），取消对于海军至关重要的CVA-01航母项目。空军可以派遣战机从岛屿和近岸基地起飞，前往印度洋和东南亚执行突击任务。皇家空军还向财政部呈递了以前的记录，试图说明海军在空战方面一向不如空军。

希利被说服了。在他发布的1966年白皮书中，国防开支削减至20亿英镑。希利重新确认了英国在北约中所应履行的义务及其在苏伊士以东所要扮演的角色，但这些都要在低开销的前提下完成。CVA-01项目被取消。英国将用驻扎在新加坡和澳大利亚的V式轰炸机维系其在苏伊士以东的实力。另外白皮书还申明，英国在没有主要盟友参与的情况下不会参战。

皇家海军怒不可遏。皇家海军自古以来一直承担的职能由此终结。劳动部部长站在海军一边，克里斯托弗·梅休（Christopher Mayhew）和第一海务大臣大卫·卢斯爵士（David Luce）辞职以示抗议。梅休争论说，希利令英国失去了军事上的独立，以后事无大小都要仰仗美国人的干预。梅休说，英属东苏伊士“已经不是拥有自主权利的实体，而是美国新延伸的疆土。英国实际上不是美国的盟友，而是他的附庸”。

更严重的后果是，皇家海军遭受削减意味着英国放弃了自身扮演的世界性角色。后殖民时代，世界各国对设立在他国国土上的英国军事基地充满敌意。一旦当地政府强令英国力量退出本国，皇家空军没有任何其他选择，只能打包走人。地面上的军事基地在洲际导弹面前不堪一击。

相比之下，海军有更多转圜余地，它更机动，也更具隐蔽性。1961 年，42 突击队的海军陆战队员从 HMS“堡垒”号突击队航母搭乘直升机前往科威特（Kuwait）机场，阻止伊拉克吞并科威特。他们还在“优势行动”（Operation Vantage）中充当开路先锋，参与这场行动的是一支大型海战突击队，其中包括“堡垒”号、作战航母“胜利”号、驱逐舰和扫雷舰。1962 年至 1966 年印度尼西亚和马来西亚在婆罗洲（Borneo）对峙期间，有大量英联邦战舰于岸边巡视，英军的两艘突击队航母（“堡垒”号和“阿尔比恩”号）还在新加坡和婆罗洲两地之间运送突击队、直升机和战机。自 1965 年起，战机航母“皇家方舟”号及其随行护航的护卫舰便依照联合国安理会 217 号决议对罗德西亚（Rhodesia）实施封锁。

627

海上空中力量可以在需要的时候被运送到指定地点，不必在他国领土长时间停留。常设基地会冒犯到当地人，而海军军队干预完马上就走了。比如 1964 年，坦噶尼喀（Tanganyika）总统朱利叶斯·尼雷尔（Julius Nyerere）请求英国帮助，镇压国内政变。HMS“半人马”号用直升机将 45 突击队送上海岸。尼雷尔重掌政权。突击队很快就返回两栖战舰，没给人们指责其逗留过久的机会。在大英帝国渐渐崩解的过程中，执行巡逻监督任务的航母主要作为两栖作战舰只独立行事，而在可以用直升机运送士兵登陆之后更是如此。与之相反，皇家空军从基地起飞进行远程袭击的做法显得相形见绌。

梅休以及海事力量的拥护者们认为，东苏伊士战略是一个严重的错误，它把英国军队困在了并不安全的地面基地，使其丧失了由航母组成的更为灵活多变、协调平衡的战斗力量。不过实现这种灵活多变的代价十分高昂。皇家海军有了北极星导弹，皇家空军拿到了地面基地。如梅休所说，20 亿英镑是不可能撑起一个世界性大国的。

表面看来，皇家海军接受了新角色，不再行使传统职能。弹道导弹潜艇让海军拥有了前所未有的凶猛武器，不过许多人认为这是有代价的。海军再也不是常规军了。进入 20 世纪 70 年代，海军前路渺茫，士气低沉。

更糟糕的还在后面。20 世纪 60 年代末的金融危机迫使政府进一步削减预算。1968 年 1 月，希利指示英国军队撤出东苏伊士。及至希利宣布从波斯湾、亚丁、马尔代夫群岛、马来亚和新加坡撤军，皇家空军的计划也随之化为泡影。皇家海军的航母结束服役，之后也不会有其他战舰来补缺。

皇家海军的衰落可谓急转直下。1945 年之后仅 20 年，它就从一支重量级的世界强军跌落到前途未卜的境地。海军面对了多次严重的军费削减，最终，退出东苏伊士从根本上改变了皇家海军。在后殖民时代，没有帝国疆土需要巡视，也不再有大型军事基地了，政治家认为无须将皇家海军部署到远离本土的地方干预他国事务，也无须在世界的偏僻角落部署地面支援部队。 628

皇家海军正面临着生存危机：它存在的目的为何？

这个问题本身就已经表明了它衰败的程度。英国已经承认了美国的军事霸主地位，她无力再担负曾是汪洋之主的皇家海军。确实，对一个穷困之国来说，存留海上力量的意义何在？

世界上的国家出于很多原因渴望拥有强大海军，包括向全世界投射本国影响力、支撑自身贸易网络、守御边境等。20世纪60年代末，英国没有足够的经济实力出动大型舰队投射本国影响力，再者，它早已把世界警察的角色转让给了美国。另外，英国缺乏争得新世界地位的政治意愿，也没有为皇家海军制订新战略的意向。60年代末金融危机期间，能继续视英国为军事强国的主要依据可能就是它对北约的贡献了。

对皇家海军来说，这意味着它要将自身转变为一支小型的专业型力量。一旦开战，他将用他全部的精力追捕和歼灭GIUK海域中的苏联潜艇。换言之，后东苏伊士时代，皇家海军的活动范围只能限制在本土海域附近。反潜作战是获得财政部拨款的基础，依靠这个准则才能研发武器、建造新舰。比如皇家海军陆战队就是据此得以保全的。他们转变为在北极圈内进行两栖作战的专家，而那里是北约势力范围的北翼。

20世纪70年代，英国告别了最后一批标准型号的航母：1972年HMS“雄鹰”号退役，1978年“皇家方舟”号退役。而新一代航母宣告了皇家海军的新角色。20世纪70年代订购的3艘无敌级（Invincible class）航母最初是准备用作直升机航母，充当CVA-01航母护卫的。及至1973年，原计划改变，航母尺寸扩大，变为反潜直升机航母，为反潜猎杀编队提供空中掩护。为其护航的是谢菲尔德级（Sheffield class）新型驱逐舰，这种战舰造价低廉，且装备了新型地空导弹。

即便如此，皇家海军的水上舰队还是不堪一击。皇家空军自称可以在北大西洋范围内提供空中掩护，但这远远不够。出了本土海域，英国分舰队抵御空袭的能力十分微弱。照此看来，皇家海军的有效活动范围大幅收缩——只剩紧邻英国本土水域的那一小片。不过幸运的是，无敌级小型直升机航母的大小正适合搭载海鹞式喷气飞机（Sea Harrier），这种战机可以进行短距离或垂直起降（vertical/short take off and landing，VSTOL）。 629

预算的巨大压力影响到所有决策。凡是履行本国在北约反潜作战任务的花销，内阁大臣都会批准。所以这就要看皇家海军的巧妙手段了，它需要在履行前述职责的同时，利用反潜作战设备实现其他目的。海军高层自然不甘于落后并服从于后东苏伊士及反潜作战时代的严厉限制。他们认为，危机或战争迟早都会爆发，那时皇家海军所要发挥的功用将全然不同于现在的反潜作战角色。

HMS“无敌”号就是一个很好的例子。其唯一正当的用途就是作为反潜直升机的行动平台，不过引入鹞式战机（Harriers）后，一旦情况需要，她就可以充当两栖攻击舰和小型航母。其舰上装有滑跃式甲板（ski-jump），VSTOL战机可以从她的短型飞行甲板上起飞。“无敌”号无法搭载大量鹞式战机，不过这些垂直起降喷气机能够袭击敌方战舰，还能为两栖登陆提供空中支援。引入鹞式战机是皇家海军深陷困境时的一记妙招，在面临严峻财政和政治压力的时代，这支军队借此实现了自身资源的最大化利用。它为皇家海军提供了正适合远离本土行动的空中掩护。

其他型号的战舰也被赋予了反潜作战以外的用途。护卫舰和驱逐舰所搭载的反潜直升机同样可以运载海鸥空舰导弹（Sea Skua）。于20世纪70年代服役的新型22型护卫舰是60年代国防预算削减时期诞生的挨饿的孩子，其最初定位是用于反潜作战的单一性船舰，不过除此之外，它们也可以搭载飞鱼反舰导弹（Exocet missile）和防空导弹。21 型护卫舰本来是快速巡逻舰只，但它们也能用来轰炸近岸目标。根据财政部命令，所有新建舰艇必须具备多样功能以便于向他国海军出售，这无意间成了海军的佳音。

皇家海军竭力熬过了极为艰难的 10 年。得益于海军领导人的高瞻远瞩，这支军队仍旧是世界第三强大的海军。他们用有限的资源打造出一支高度灵活的舰队，足以应付政客们未能预见的众多潜在危机。尽管议会已尽了最大努力，皇家海军还是得去东苏伊士执行任务。对罗德西亚的封锁一直延续到 1975 年。香港需要战舰驻守。1980 年以后两伊战争中的波斯湾也需要战舰。皇家海军在北约之外还扮演着其他的角色。1974 年土耳其入侵北塞浦路斯（Cyprus）时海军曾帮助平民撤退。同年，赎罪日战争（Yom Kippur War）之后海军参与了苏伊士运河的扫雷工作。英国最后一艘航母——“皇家方舟”号曾被部署至英属洪都拉斯沿海，阻止危地马拉（Guatemala）军队入侵该殖民地。1977 年，由一艘猎杀潜艇和两艘护卫舰组成的小型特遣舰队被派往福克兰群岛，向阿根廷政府施压，使其撤出福克兰群岛中的图勒岛（Thule）。

630

皇家海军在世界各地的活动显示出英国仍有其全球性影响，而皇家海军正是这份影响力的维系者。其力量或许微弱，但意义重大。

不过，之后《前方的路》（*The Way Forward*）出世，这是 1981 年英国政府的国防白皮书，也被称为《诺特报告》，以国防大臣约翰·诺特（John Nott）命名。根据这份报告，皇家海军的首要角色是英国核打击能力的执行者。1981 年，玛格丽特·撒切尔（Margaret Thatcher）政府已就购入三叉戟导弹（Trident）替代北极星弹道导弹系统的事宜进行协商。这项购买计划将耗费皇家海军80亿英磅的财政预算。依《诺特报告》所言，三叉戟导弹在英国防务中的地位犹如王冠上最闪亮的那颗宝石。它是国防政策的核心所在，凌驾于其他所有国防力量之上。

除去运行三叉戟导弹系统外，皇家海军的活动内容又被限制为在北大西洋执行反潜作战任务。即便如此，反潜的重担还是落在了英国核潜艇和皇家空军身上。HMS“赫尔墨斯”号将于1982年退役，HMS“无敌”号即将卖给澳大利亚海军，剩下的只有两艘反潜航母——HMS“辉煌”号计划于1982年年末开始服役，“皇家方舟”号将从1985年开始服役。就算到了那个时候，这两艘航母也只有一艘会保持随时待命的状态，并且舰上只会搭载5架鹞式战机。

在这份白皮书中，皇家海军缩减后的水上舰队将不再执行北约海域以外的任务。皇家海军陆战队解散，作为英国远征作战能力核心的HMS“无惧”号（Fearless）和HMS“刚毅”号（Intrepid）两艘两栖攻击舰出售，两栖行动彻底成为历史。据《前方的路》所言，常设海军部队在核战和远程导弹面前显得多余。水上战舰成了上好的打击目标。出售“无敌”号和攻击舰，以及将护卫舰和驱逐舰的运行数量减少到42艘的行为得到正名。

在一波又一波削减防务经费的浪潮之后，最近的这个浪头几乎要将皇家海军彻底淹没。随着海面作战舰队向水下活动舰队转变，这个军种历经多个世纪积累起来的文化发生了根本性变化。1982年的《国防预算声明》（*Statement on the Defence*

631

Estimates）对此讲得很清晰："在反潜作战领域，我们特别注重如何在资源允许的情况下以最快速度扩张核潜艇部队的规模。"[1]诺特称核潜艇为"未来的战列舰"。[2]

跟随克里斯托弗·梅休的脚步，议员基斯·斯皮德（Keith Speed）辞去负责皇家海军事务的大臣之职，以此回应《诺特报告》。他对下议院说，削减海军军费将会"危及我们的国家安全"。[3]三叉戟导弹事关整个国家安全，而非哪个军种的单独需求，所以由皇家海军来承担这项费用是极不公允的。三叉戟导弹系统的开销已经损害到海军的正常运转。

斯皮德情绪激动地争论说，水上舰队不能被核潜艇取代。保卫国家需要它，维系英国赖以支撑的制海权也需要它。为什么一个国家在20世纪晚期还需要制海权？斯皮迪对此的回答是，英国96%的进出口货物要依靠海上贸易。皇家海军是其守卫者，它在世界各地捍卫英国利益。海军舰队是英国参与国际竞争的坚实支柱，这一点潜艇做不到。不论有无战事，皇家海军都应支援盟国，在全球范围内维系相互依存的联系网络。和平时期，自然灾害发生后它也起着至关重要的作用，这是现代语境下投射影响力的一种方式。

"制海权最大的优势就是，"斯皮德说，"当对方保持高姿态的时候，舰队会在海平线上停着。等到对方姿态降低的时候，舰队就可以退离海平线，也可以驶近提供急救或紧急灾难援助……显然，常设陆军和空军是做不到的。"[4]

海军内部一样焦灼不安。"我根本描述不出我们现在有多难受多烦乱，"桑迪·伍德沃德上校（Captain Sandy Woodward）写道。他刚从国防部海军计划处处长的位子上下来。水上舰队锐减，航母和两栖战队拆散一空，世界各国由此得知英国的国际竞争力正流失殆尽。

伍德沃德在布宜诺斯艾利斯时得出以下结论：“英国没有航母意味着没有空中支援，没有空中支援意味着水上战舰无法行动，水上战舰无法行动意味着军队无法登陆，军队无法登陆意味着‘再无任何竞赛’。”[5] 632

注释

1. Finlan，p. 51
2. Hansard，19 May 1981
3. 同上
4. 同上
5. Woodward，p. 68

第 56 章

终章：止于银海之上（1982～2013 年）

633

……海洋是残酷的，人类把它变得更为残酷。

——电影《沧海无情》，1953 年

2012 年 6 月一个天色灰暗、下着雨的星期天，在伦敦泰晤士河有一千多艘小艇参与了庆祝伊丽莎白女王二世登基 60 周年的大游行。这场游行可能不会作为英国历史上最出色的庆典之一而载入史册，即便在当年这次庆典也不算出众。不过顺着某种复杂盘绕的路径，它将我们带回了本书的开头。不列颠群岛的海上力量发端于它的河流，最终奔流而出，环绕世界。尽管场面平淡无奇，这场游行还是试图重现了历史上泰晤士河作为贸易和商业流通渠道的景象。

上一个 60 周年登基庆典时——1897 年，维多利亚女王登基 60 周年——包括 21 艘战列舰、53 艘巡洋舰在内的 165 艘英国战舰参与了在斯皮特黑德举办的舰队检阅仪式。当时的场面令人惊叹且振奋：灰色战舰排列得层层叠叠，上面悬挂着旗帜和彩带。成群的游船在这些海上巨兽之间快速穿行。有一件事会让人觉得整个场面更为壮观，那就是海军驻外战舰一艘都没有被召回。

如果 2012 年再次举行这样的舰队检阅，那将非常尴尬。前任第一海务大臣韦斯特勋爵（Lord West）对《每日电讯报》（*Daily Telegraph*）说："我觉得可以调来两艘潜艇以及五六艘护卫舰和驱逐舰，不过那样阵仗显得太小了，也不够壮观。"[1] 2012 年的皇家海军没有航母，其水上舰队力量仅由 1 艘直升机航母、1 艘单独行动的两栖攻击舰、2 艘登陆平台船坞、13 艘护卫舰和 6 艘制导导弹驱逐舰构成。此外还有 15 艘反水雷舰艇、24 艘巡逻舰和 4 艘测绘舰。潜艇有 10 艘。

60 周年庆典乃是一次对民族精神的追寻和对英国安全危机的强调。2012 年那场庆典体现了这一点吗？全然没有。1897 年斯皮特黑德那场重大的舰队检阅仪式体现了。　634

鲁德亚德·吉卜林（Rudyard Kipling）目睹了检阅式的盛况。他为此写下了《退场赞美诗》（*Recessional*），这是宣示帝国末日最著名的作品之一。"我们的海军消失于远方/炮声在沙丘和海岬沉没/看啊，我们昨日的辉煌/像尼尼微、推罗一样陨落！"

19 世纪 90 年代，人们清醒地看到皇家海军就是帝国的生命线。食物进口事关英国自身的存亡，他们对此非常清楚。回溯到 17 世纪末，上将克劳兹利·肖维尔爵士曾说过："数量决定胜利。"他已经意识到，两支规模相等的舰队排出战列线决战时，哪一方都赢不了。"攻打、痛击以及追击同等战力的敌人，这样的情形我时不时会碰上，"他说，"但战力持平的情况下还能取得值得夸耀的海战胜利，我从来没遇见过。"[2] 自此以后，皇家海军的思维方式就被这一认知所统御——仅仅优于对手是不够的，还要远远强于对手。守卫国家安全就是要压倒世界上任何一支海军。大约 60 年后，1815 年，这一主张的推行达到巅峰。及至19世纪80年代，其他国家的海军正迎头赶上。当时兴起了一场新技术和新战舰的竞赛，每个国家都试图在火力和速度上压制对手。皇家海军只能勉强领先于日本、德国、意大利、美国、俄国以及法国等国的海军。英国工业大国的身份早已被赶超。1897年，皇家海军有62艘战列舰，欧洲主要的海军大国总共有66艘。

“这些数目巨大的战舰重重叠叠，它们在海面上，却又显得如此渺小，很容易就看不到它们在波涛中的身影了，”1914年8月丘吉尔如此描述皇家海军战舰，当时大舰队是世界海洋上最伟大的海军队伍，“我们无数个世纪铸就出的所有漫长历史，我们在世界各地所有的重大事务，我们所有的生存之需，都依靠它们维系。”

2012年的情形与1897年相比可谓天壤之别，这代表了英国历史进程的急剧转变。身处21世纪第二个10年的英国人，对本国削减萎缩的海军力量泰然自若。为何会这样？只有回顾这场庆典前20年开始发生的事件，才能找到答案。

1982年春天，在大西洋东北部的战术演习之前，桑迪·伍德沃德少将在地中海逐步组建起一支由5艘驱逐舰、4艘护卫舰组成的英国小型舰队。3月19日，阿根廷国旗在南乔治亚岛（South Georgia）升起，显然这是要逐步占领福克兰群岛。27日深夜，时任第一海务大臣的亨利·利奇爵士（Henry Leach）在下议院找到玛格丽特·撒切尔和约翰·诺特。大家之前认为，任何试图夺回福克兰群岛的尝试都会失败。要在8000英里外的敌方海域和220架阿根廷喷气式战斗机对阵，皇家空军无法在这种情况下为海军和陆军提供空中掩护。诺特与美国海军持同一观点：重新占领福克兰群岛在军事上是

635

不可能的。在漫长的会议中，利奇说服撒切尔相信，皇家海军有能力击退阿根廷海军、阻遏对方战机，并向福克兰群岛输送英国部队。利奇知道自己争取的不仅是福克兰群岛，更是皇家海军的未来，后者还处在《诺特报告》带来的强烈震动之中。

“第一海务大臣，”首相问道，[3]“确切地讲，您需要什么？”

“首相，”利奇答道，“如果您允许的话，我希望有一支特遣舰队，即刻发往南大西洋。”

“可以。”

利奇必须兑现承诺。截止时间是该周周末——4 月 3 日。3 月 29 日，HMS“斯巴达”号（Spartan）核潜艇被调离伍德沃德的小型舰队，前往南方。另一艘潜艇——HMS“杰出”号（Splendid）于 4 月 1 日离开法斯莱恩，同日伍德沃德受命出航，“无敌”号航母和“赫尔墨斯”号航母接到 4 小时内出发的通知。4 月 2 日，阿根廷入侵。此时伍德沃德的特遣队已经在海上了。

开战期间，英国海上力量均归伍德沃德调度。舰队最高统帅是海军上将约翰·菲尔德豪斯（John Fieldhouse）爵士，他在诺斯伍德军事总部坐镇。这是一项令人生畏的作战任务。阿根廷的海军和空军颇为强大。皇家海军必须在距本土 8000 英里、离最近的空军基地 3000 英里处作战。伍德沃德只有一小部分战舰。阿根廷人则有强大的空中防御力量，有配备了飞鱼导弹和海镖导弹（Sea Dart）的战舰以及 4 艘潜艇，其中 2 艘还能躲避英国声呐的探测。

4 月 4 日，“征服者”号（Conqueror）核潜艇离开法斯莱恩，“赫尔墨斯”号航母和“无敌”号航母离开朴次茅斯港，舰上只搭载了28艘鹞式战机。随行的还有临时征用的“堪培拉”号（Canberra）邮轮，它搭载着第三突击旅。特遣舰队于阿森松岛分成三组——伍德沃德指挥的战斗组、HMS“无惧”号（一艘LPD舰，landing platform dock，即登陆平台船坞）上的海军准将麦克·克拉普（Mike Clapp）率领的两栖组和“小鹦哥”组（Paraquet Group），后者是前往南乔治亚岛的分遣队。正如后来晋升上将的伍德沃德所写，他们要在6月中旬以前取得胜利，因为6月之后南半球就会进入冬季。“安特里姆”号（Antrim）和“普利茅斯”号（Plymouth）的直升机用深水炸弹和鱼雷首先立功，它们在南乔治亚岛击中了阿根廷“圣达菲”号潜艇，对方失去行动能力，艇员弃舰而去。之后“安特里姆”号和“普利茅斯”号轰炸了阿根廷据点，同时，英国特种空勤团和特别舟艇队突袭该岛。4月25日，南乔治亚岛被英方控制。

636

与此同时，英方核潜艇占据了福克兰群岛西面的位置，在那里监视并等待阿根廷海军。4月26日，“杰出”号开始尾随跟踪阿根廷特遣队。

5月1日，伍德沃德由20艘战舰构成的战斗组投入战斗，争夺福克兰群岛的制海权和制空权。打头的是皇家空军一架从阿森松岛飞来的火神轰炸机（Vulcan），它轰炸了斯坦利港的飞行跑道。“赫尔墨斯”号舰载直升机袭击了位于古斯格林（Goose Green）和斯坦利的阿军阵地。之后“格拉摩根”号（Glamorgan）驱逐舰率领“箭”号（Arrow）和“敏捷”号（Alacrity）护卫舰前往距离斯坦利港仅3英里的一处阵地，轰炸对方飞机跑道。与此同时，“闪耀”号（Brilliant）和“雅茅斯”号（Yarmouth）正在搜寻潜艇。下午，战斗组遭到40

艘阿根廷战机袭击。

战斗组投入战斗当天，“征服者”号指挥官发现老旧的“贝尔格兰诺将军”号（General Belgrano）巡洋舰（曾为美国战舰，珍珠港偷袭的幸存者）连同两艘搭载飞鱼导弹的驱逐舰正往群岛南面驶去。另一支阿根廷战斗编队则开赴群岛北面，其成员为“5 月 25 日”号（Veinticincode Mayo）航母及其护航队。伍德沃德意识到自己遭遇了钳式夹击。

伍德沃德请求内阁授权攻击“贝尔格兰诺将军”号。5 月 2 日，时任国防参谋长、上将泰伦斯·勒温爵士（Terence Lewin）把该请求递呈战时内阁。15 点，“征服者”号发射鱼雷。有两发击中巡洋舰——一发在首一发在尾——并在舰尾机房中爆炸。“贝尔格兰诺将军”号失去动力，其舰体开始倾斜，随后下沉，舰上 232 人罹难。

5 月 4 日，航母编队驶向群岛，42 型驱逐舰“格拉斯哥”号（Glasgow）、“考文垂”号（Coventry）和“谢菲尔德”号组成外线防御负责警戒。争夺制空权的战斗一开始就十分激烈。阿根廷飞行员以 50 英尺的高度呼啸而过，这一高度低于雷达侦测范围。只有他们“浮上来”扫射英方目标时，英军雷达监测员才能约略在黑暗的作战指挥室里监测到他们。如果电脑终端上的光点被确认为阿根廷战机，在被飞鱼导弹击中前驱逐舰有 4 分钟时间开动“箔条”干扰器（chaff）——一种雷达诱饵系统。 637

13 点 56 分 30 秒，“格拉斯哥”号作战指挥室的雷达监测员发现了两架阿根廷军旗喷气式战机（Etendard）的信号。“谢菲尔德”号没有采取行动，舰上的作战指挥室没有捕捉到任何警示信号。14 点 3 分，舰桥上的两名军官突然看到一溜烟雾。“导弹来袭！击中甲板！”皮特·沃波尔（Peter Walpole）中校在麦克风前大喊。[4]

发现硝烟 5 秒之后，一枚飞鱼导弹射进船身中部。厨房和电脑室里的人当场毙命。爆炸还毁掉了“谢菲尔德”号的总水管，防水密闭门也被掀开。结果大火无法扑灭，浓烟漫及整艘战舰。舰上越来越炽热难耐。

爆炸造成 21 名舰员阵亡。生还者撤离战舰，大火烧了很多天。整支舰队——以及世界上任何听闻此消息的人——此刻才意识到现代海战中死亡发生得多么迅疾，战舰是多么脆弱不堪。花费数百万英镑打造的导弹防御系统存在严重缺陷。皇家海军针对苏联威胁设计了整个系统，但现在它面对的是西方世界的武器：法国军旗强击机和飞鱼导弹、美国的天鹰（Skyhawk）、以色列的匕首战斗机（Dagger）、英国的堪培拉（Caberra）轰炸机，等等。

“贝尔格兰诺将军”号和“谢菲尔德”号阵亡后，两军被迫改变战术。阿根廷海军退回港口，据守不出。伍德沃德不得不将航母撤出敌军攻击范围。

英军两栖作战编队于 5 月 17 日抵达，“无惧”号和“刚毅”号两艘船坞登陆舰领头，充当登陆先锋。队中还有 P&O 轮船公司的 SS“堪培拉”号，船上挤满了士兵、炮兵部队、工程师和堆积如山的装备。还有“大西洋运送者”号（Atlantic Conveyor），这是一艘巨人般的丘纳德集装箱船，载有 4 架关系重大的切努克直升机（Chinook）和 14 架鹞式战机。她成了一艘临时的航母。这两艘船属于“贸易征用船队”，其阵容之浩大，让人回想起中世纪战时征用的私人航船所构成的恢宏景象。有 5 艘以赫尔为基地的拖船用于扫雷，45 艘商船负责运送士兵及其在 8000 英里外执行任务时所需的一切物品。征用船只名单里有邮轮、渡船、集装箱船、货船、油轮、拖船、电缆船、救援艇和油田援助船。短时间内对这么多艘商船完成改造、添加设备，在后勤和临时应急方面可实属惊人成就。和历史上多次出现的情况一样，英国的海上力量不仅仅只有皇家海军。

5 月 21 日夜晚，战斗组进入阵地掩护登陆。两栖组由克拉普准将率领，拥有 2 艘大型两栖登陆舰“无惧”号和“刚毅”号，5 艘皇家辅助舰队登陆舰——“加拉哈特爵士”号（Sir Galahad）、“杰伦特爵士”号（Sir Geraint）、“兰斯洛特爵士”号（Sir Lancelot）、“珀西瓦尔爵士”号（Sir Percivale）和“崔斯特瑞姆爵士”号（Sir Tristram），身形庞大的“堪培拉”号和 2 艘渡船，还有 2 艘舰队储备舰。共有 7 艘战舰担任护卫：驱逐舰“安特里姆”号，以及护卫舰“阿戈诺特”号（Argonaut）、“热烈”号（Ardent）、“普利茅斯”号、“雅茅斯”号、“大剑”号（Broad sword）、“闪耀”号。登陆环节正是防备薄弱的时候，这些战舰及鹞式战机将不惜一切代价阻遏敌军进行空袭。 638

特别舟艇队的海军陆战队员由“安特里姆”号舰载直升机运送登陆，他们偷偷摸到位于圣卡洛斯河（San Carlos Water）入口处上方的阿根廷前哨站。驱逐舰猛然冲进海湾，两栖组紧随其后。登陆舰队集结的同时，“安特里姆”号以舰炮轰击阿根廷阵地。随后特别舟艇队士兵发动强攻。登陆作战正式开始。

阿根廷方面意识到英军行动意图后，立刻出动空军投入战斗。英国战舰遭到 72 架战机连续而致命的攻击。舰员把能用上的反击手段都用上了——舰空导弹、高射炮乃至步枪。这简直是一团混战。海湾空间狭小封闭，雷达无法使用。英军只能在对方飞掠水面或脱离山体遮蔽的时候，用瞄准线射击，且在山体等的阴影造成的视觉影响下每次只有几毫秒的时间。阿根廷飞行员升至150英尺后投掷炸弹，然后继续保持低空飞行，“选择贴着船桅掠过，那样导弹打不着你”，[5]一名飞行员说。此处海湾后来被称为“炸弹小径”。

没能击中目标的炸弹在福克兰海峡（Falkland Sound）的水面上腾起高高的水柱。不过很快这些炮弹被投掷得越来越准。“安特里姆”号（Antrim）被击中，不过这次炸弹没有爆炸。两发炸弹射入“阿戈诺特”号（Argonaunt），她的发动机停止了工作。

之后“热烈”号（Ardent）遭受重击。两发炮弹击中舰首，把她炸开了一条缝。之后越来越多的炮弹射入缝隙。爆炸和大火杀死了24名舰员，另有3人受伤。身受重伤的“阿戈诺特”号仍旧继续抵御进攻。但还是有7枚炸弹射进了这艘不幸的战舰。艾伦·韦斯特中校是最后一个弃舰撤退的人，他脸上挂满了泪水。

1982年5月25日，HMS“考文垂”号

不过庆幸的是，阿根廷飞行员仅选择了战舰作为攻击目标。停在圣卡洛斯河的“堪培拉”号“犹如一头白色巨鲸”一样醒目，上面载满了人和装备，不过她并未遭受攻击。5 月 23 日星期天，“羚羊”号被击中，起先那些炮弹没有爆炸，及至爆炸时一名拆弹工程师身亡，拆弹小组成员受伤。爆炸引发机房起火，而且火势迅速向外蔓延。尼克·托宾（Nick Tobin）少校下令舰员弃舰，他是最后离开的，5 分钟后导弹库房爆炸。当晚发生了一连串的严重爆炸，翌日，“羚羊”号在断为两截后下沉。星期二，阿根廷战机再度越过英军警戒线，向“考文垂”号投掷了 3 枚炸弹。有一枚炸弹在电脑机房和作战指挥室下方爆炸。又有一枚炸弹在船首机房爆炸。舰身开始倾斜。等待救援的舰员们唱起了《阳光总在风雨后》（*Always Look on the Bright Side of Life*）。20 分钟后战舰沉没。

“考文垂”号沉没当天，两架军旗攻击机突然出现在空中。它们捕捉到了一艘英国大型船舰的身影。在发射了飞鱼导弹后两架战机就匆忙返航了。他们以为自己击中的是航母，其实只有“大西洋运送者”号被击中了。这次攻击造成 12 名舰员阵亡。这艘巨型集装箱运输船上装着重要补给物资，其中有 3 架切努克直升机、6 架威塞克斯直升机和供 4000 人用的帐篷。5 月 29 日，星期六，阿根廷战机向 HMS“无敌”号发射了一枚飞鱼导弹。导弹击中要害部位，并成功爆炸。随后天鹰战机跟进投掷炸弹，彻底解决了这艘航母。阿根廷方面为此举行的庆祝中途被叫停，因为他们发现上一枚在空中发射的飞鱼导弹只是浪费在了已经受损的“大西洋运送者”号身上。

圣卡洛斯战役中，皇家海军遭受严重打击，不过它依旧守住了战线，没有溃乱。军官和水手不屈不挠，英勇作战，冥冥

640 中似乎有千百年来一脉相承的意志支撑着他们。当时那种绝望混乱的场面不亚于皇家海军历史上的任何一次战斗。天空中，飞行员驾驶着鹞式战机奋勇作战，全力击落敌机或搅乱它们的进攻。海面上，尽管“热烈”号、“羚羊”号和“大西洋护送者”号深陷劫难，水手们还是一直顽强地回击凶恶的捕食者。实际上，阿根廷方面的情形更糟糕。他们损失了三分之一的战斗机和部分最优秀的飞行员。另外，他们投掷的很多炸弹没能爆炸，因为鹞式战机、舰对空导弹和防空炮迫使飞行员没法降得太低，未能在最佳高度释放炸弹。如果炸弹的点火工作做得更好的话，皇家海军折损的战舰会多得多。

如果 5 月 21 日英军发动两栖进攻时遭到阿根廷战机直接攻击会怎么样？这一可能发生的情景在 6 月 8 日出现了。从 6 月的第一个星期开始，阿根廷减少了对登陆部队和两艘两栖攻击舰的轰炸。英国国内也决心不再拿这两艘两栖攻击舰或其他战舰冒险。于是换由“加拉哈特爵士”号和“崔斯特瑞姆爵士”号运送苏格兰卫队和威尔士卫队士兵，在最后总攻斯坦利之前先登陆菲茨罗伊岛。因为损失了“大西洋运送者”号搭载的切努克战机，此类登陆行动只能从海上进行。

前往菲茨罗伊的路程比预期的要长。他们抵达之后发现登陆艇不够用，在登陆地点上也无法达成一致。更糟的是，没有空中防御保护他们。“加拉哈特爵士”号的船员都来自皇家海军后备役，舰上满载着威尔士卫队和弹药，这艘倒霉的战舰遭到阿根廷战机轰炸，造成 50 人死亡，115 人受伤，很多人严重烧伤。尽管战舰起火后皇家海军后备役的将士们非常英勇地进行了救援疏散，陆军还是对海军极为不满，认为对方没有保卫好这次行动。至此，这场海战还远未结束。在菲茨罗伊悲剧发生的同一天，HMS“普利茅斯”号被 5 枚炸弹击中。6 月 12 日，一枚地面发射的飞鱼导弹在“格拉摩根”号上爆炸，造成 13 人死亡。两天后灾难终于停止。英方重新夺回斯坦利岛，战争结束。

英军在福克兰群岛战役中只是险胜。国防大臣卸任，他对海军的未来展望彻底破产。显然，这个国家需要一支能远离本土作战，而且自备空防力量的海军。因此，皇家海军作为一支远征力量得以幸存，能够在北约以外的海域战斗。

20 世纪 90 年代冷战结束，当初这项决策被证明是正确的。1997 年，皇家海军终于等到了它渴望已久的航空母舰。641 政府承诺以 2 艘 65000 吨的航母替换 3 艘 22000 吨的航母。《战略防御评估》（*Strategic Defence Review*）为此项决策正名："现在的重点是增强进攻性空中力量，并凭借飞机的最大活动范围发挥尽可能多的作用。"

1993 年皇家海军女子服役队解散，女兵被完全整合到海军之中，这对皇家海军的现代化既有象征意义又有实际意义。2012 年，萨拉·韦斯特（Sarah West）中校成为第一位指挥主力战舰的女性，她负责指挥 HMS“波特兰”号 23 型护卫舰。皇家海军坚定推进平等和多样性的进程，令人回想起这个军队中历代传承的话："成功来自相互信任和尊重，每一位队员都是有价值的个体……任何形式的歧视、骚扰以及欺压恐吓，都将有损相互间不可或缺的信任并削弱我们的效能，因此对平等和多样性的推行是无可争辩的。"[6]

冷战的结束在削去皇家海军一项职能的同时又赋予了它另一项职能。反潜作战的专长不再需要，海军转而成为一支远征力量，而空中实力又是其关键所在。第一次海湾战争中，皇家海军的山猫直升机（Lynx）用海鸥导弹几乎歼灭了整支伊拉克海军，同时扫雷船清理海域，驱逐舰和护卫舰保护着世界上最后一批战列舰——美国的“密苏苏里”号和“威斯康星”号，它们轰炸了伊拉克的地面阵地并不断发射巡航导弹。“格罗斯特”号42型驱逐舰用海镖导弹射下了伊拉克攻击“密苏苏里”号的蚕式导弹（Silkworm），成为有史以来海战中第一艘赢得导弹对导弹交锋的战舰。

新的世界格局要求皇家海军能够向海外输送空中力量，能在国际禁航令的要求下封锁住流氓国家。1993年至1995年，轮值换防的海上特遣队以“无敌”号、“辉煌”号和“皇家方舟”号三艘航母为核心，参加了推行波斯尼亚（Bosnia）禁飞区的“禁飞行动”（Deny Flight，1993～1995年），还参加了压制塞尔维亚军队的“审慎力量行动”（Deliberate Force，1995年）。1991年至2003年间，英国航母和战舰还帮助推行了伊拉克的禁运和禁飞行动。1999年，HMS“杰出”号核潜艇发射战斧巡航导弹（Tomahawk）攻击位于贝尔格莱德（Belgrade）的目标，这是英国舰艇第一次在实际战斗中使用此类武器，是皇家海军新职能的典型示范。

在设想中，21世纪的皇家海军不再是一支旨在出海战斗的蓝水海军，那种战斗已是很久以前的事了。它的新角色最集中地体现在一艘1992年订购、1998年服役、2013年仍在使用的战舰之中。HMS“海洋”号是一艘两栖攻击舰，其作用是向战斗目标输送特种部队以及实施人道援助。“海洋”号的首次任务是在1998年飓风米奇（Hurricane Mitch）肆虐洪都拉斯之后提供救援。不过她首先还是一艘可以通过空中力量和登陆艇快速输送部队的直升机航母。2000年5月，英国军方介入塞拉利昂事务，从叛军手中拯救当地政府。这需要紧急部署战机、地面部队和战舰。“辉煌”号为皇家空军的 7 架海鹞式喷气飞机和 6 架鹞式战机提供支援。“海洋”号搭载 4 架海王（Sea King）突击队直升机、2 架山猫、2 架小羚羊（Gazelle）和 2 架皇家空军的切努克直升机。

这正是冷战后皇家海军正在适应的任务。“海洋”号在接到命令后能即刻发起空中和海上的同步袭击，英国得以再一次投射自己的影响力。1996 年，皇家海军订购了 2 艘船坞登陆舰——“阿尔比恩”（Albion）号和“堡垒”（Bulwark）号。有需要的时候，这种舰只的尾部能够打开，让海水涌进内置船坞，里面的登陆艇就可以浮行而出，海军陆战队、兵员武装运输车、卡车和坦克都能以此方式上岸。“阿尔比恩”号和“堡垒”号还搭载了用于两栖进攻的海王、梅林（Merlin）和切努克直升机。“真相行动”（Operation Veritas）和“目标行动”（Operation Telic）中——分别是英国在 2001 年打击阿富汗塔利班和 2003 年在伊拉克打击萨达姆·侯赛因（Saddam Hussein）的行动——皇家海军负责为地面部队提供支援，包括两栖登陆、“皇家方舟”号和“辉煌”号出动的战机以及通过核潜艇发射巡航导弹。“目标行动”出动 31 艘舰艇，是福克兰群岛战役后英国战舰最大规模的集体行动。2011 年，北约介入利比亚内战期间，“汹涌”号（Turbulent）和“凯旋”号潜艇发射了巡洋导弹，“海洋”号为阿帕奇攻击直升机提供起降平台，护卫舰则负责执行封锁行动。

当代的皇家海军试图成为一支能够应对国际性事件的灵活反应力量。2006 年以色列－黎巴嫩危机期间，HMS“堡垒”号负责从贝鲁特撤离英国公民，另外 HMS“辉煌”号上的切努克直升机也在对英国人进行救援。2010 年，冰岛火山喷发导致航班取消，“海洋”号及其他舰只受命前往冰岛接回本国游客。同年，皇家辅助舰队的“拉各斯湾”号（21 世纪第一个 10 年内建造的 4 艘船坞式登陆舰之一）援助海地（Haiti）大地震的生还者。2012 年 7 月，“海洋”号停驻在格林尼治，从空中和泰晤士河为伦敦奥运会提供快速反应保护，停驻在韦茅斯附近的“堡垒”号也担负着类似职能。

尽管海军参与的事务越来越多，但它仍旧被期望以更少的资源完成更多的任务。在 20 世纪 90 年代和 21 世纪第一个 10 年的国防报告中，水上舰队和潜艇部队的规模不断被缩减。护卫舰和驱逐舰被撤出服役队伍。接替它们的战舰数量上变少了，不过它们比以前更大、更精良。20 世纪 60 年代的 42 型驱逐舰更换成了 45 型驱逐舰。45 型驱逐舰虽然外观丑陋，但战力惊人。42 型驱逐舰排水量仅为 4000 吨，45 型则达到 8000 吨。战舰上的一切都隐藏在上层建筑的光滑平板之下，看上去颇有未来主义的风格。在追踪以及摧毁战机方面，1 艘 45 型驱逐舰的表现比 5 艘 42 型驱逐舰加在一起还要出色。20 世纪 90 年代末，国防部订购了 12 艘此类型战舰。到 2008 年，订购数量减至 6 艘。第一艘此类型驱逐舰两年后开始服役，它的造价超出预算 15 亿英镑，而且船舰还不能全面运转。45 型驱逐舰服役的前后始末就是皇家海军在 21 世纪头 10 年的缩影。

643

7 艘新一代机敏级（Astute class）核潜艇于 1991 年获国防部批准，1997 年国防部订购了 3 艘。直到 2010 年，这个级别的第一艘核潜艇 HMS“机敏”号（Astute）才开始服役，这比原计划晚了 4 年，且造价超出预算 20 亿英镑。它被鼓吹为英国有史以来建造的科技最先进、隐蔽性最好的潜艇，

39000 块吸音板让声呐几乎监测不到它。即使隐蔽效果再好，她还是于 2010 年 10 月在天空岛（Isle of Skye）附近搁浅，从而暴露在人们视野之中。

政府承诺为海军配备 2 艘符合标准尺寸的航空母舰，替换 3 艘“无敌”级航母。新造航母将是英国有史以来建造的最大型战舰。其中第一艘 HMS“伊丽莎白女王”号于 2014 年完工，第二艘“威尔士亲王”号于 2017 年完工。与此同时，海军的空中力量遭到削减。2005 年，HMS“无敌”号退役，在役航母仅剩 2 艘。纪念特拉法尔加海战 200 周年的舰队检阅式上，体量最大的战舰是法国海军的旗舰——“夏尔·戴高乐”号（Charles de Gaulle）航母。翌年，海鹞式喷气飞机退役，换以皇家空军鹞式战机（RAF Harrier）。2010 年，新一届联合政府宣布“皇家方舟”号和皇家空军的剩余鹞式战机立即退役，这是自海军航空军诞生以来英国第一次缺少了舰载定翼攻击机编队。两艘在建航母中有一艘会延迟服役，或出售给其他国家。即便“伊丽莎白女王”号如期服役，这艘超级航母也要等到 2019 年才会有自己的舰载机。

2013 年皇家海军的实力远远低于近几年防务报告提出的标准。商船队和造船工业情况更糟。看一看 1982 年前往福克兰群岛的舰艇，“堪培拉”号的建造方是贝尔法斯特的哈兰德与沃尔夫造船厂（Harland and Wolff），“伊丽莎白女王二世”号为克莱德班克（Clydebank）的约翰·布朗造船厂（John Brown）的作品，“大西洋运送者”号的建造方为泰恩-威尔（Tyneand Wear）的斯旺·亨特船厂（Swann Hunter），HMS“考文垂”号出自伯肯黑德（Birkenhead）的凯末尔·莱尔德船厂（Cammell Laird），HMS“阿戈诺特”号出自赫伯恩 644

（Hebburn）的霍索恩·莱斯利船厂（Hawthorn Leslie），HMS“安特里姆”号出自上克莱德造船厂（Upper Clyde Shipbuilders），HMS“热烈”号出自亚罗造船厂（Yarrow Shipbuilders），皇家辅助舰队的“加拉哈特爵士”号由林特豪斯（Linthouse）的亚历山大·斯蒂芬船厂（Alexander Stephen）建造，HMS“赫尔墨斯”为巴罗因弗内斯（Barrow-in-Furness）的维克斯－阿姆斯特朗船厂（Vickers-Armstrong）的作品。

那些建造前往南大西洋的战舰——不管其隶属私人还是海军——的造船厂全都是英国的大型造船厂。如今它们几乎都不在了。克莱德河（Clydeside）周边许多世界级的造船厂，要么倒闭了，要么在1968年合并成了上克莱德造船厂。9年之后，其苟延残喘的造船工业被收归国有，重新命名为“英国造船公司”（British Shipbuilders），及至福克兰群岛战争爆发的时候，公司已经关闭了半数的船坞。20世纪80年代，战舰制造厂开始私有化。HMS“海洋”号由挪威造船公司克格瓦格温（Kvaerner Govan）建造，建造用的船坞曾隶属于费尔菲尔德（Fairfield）造船厂，其在英国造船业的历史可以追溯到1834年。1999年，克格瓦格温被BAE系统公司（BAE Systems Surface Fleet Solutions）收购，此后所有英国战舰均由此公司建造。21世纪第一个10年中，新建战舰订单大幅减少，该行业的前景堪忧。20世纪90年代和21世纪发生冲突的时候，英国政府只能租赁外国公司的商船运送士兵和物资前往战区。2012年，政府把新建4艘37000吨补给油轮的合同给了韩国的大宇集团（Daewoo），这些船是为皇家海军造的。英国商船队伍也严重退化。1975年，英国尚有1600艘商船，男女船员总计 9 万人。到 2010 年英国只有 504 艘船。不过现在英国超过 95% 的贸易活动还是通过海路进行的。

商船船队、捕鱼舰队以及造船工业景况惨淡，对英国的海上现有实力和潜在实力造成重创。此时的景象令人回忆起中世纪时英格兰最为贫弱不堪的时期，当时她的绝大部分进出口货物都由外国船舰运载。本国制海权就靠充满活力的私人航船和造船工业支撑着。每次面临大型海上战争的时候，英国都没有足够的船舰，它之所以能扭转局面战胜敌人，就在于其快速建造新船的能力，还有雄厚的水手储备。皇家海军的倾颓是可以挽回的，特别是考虑到海军人员过硬的战斗能力便更是如此了。不过，造船业的衰退却是无法挽回的。

在 21 世纪第二个 10 年，皇家海军军官和士兵的战斗经验及技能是毋庸置疑的。只是海军习惯性地将力量过度分散，其船舰数量并不能满足如此繁多的全球任务。2010 年，海军人员数量减至 3 万人。1991 年海军尚有 51 艘护卫舰和驱逐舰，1997 年为 35 艘，到 2012 年仅剩 19 艘。皇家海军的战舰上已不再有舰载定翼机——海上重要战力的象征。因为能够同时完成 5 艘 42 型驱逐舰的工作，45 型驱逐舰被吹捧成完备的现代化战舰，不过那只是政客们要的花枪而已，即便 45 型战舰再怎么神奇，它也不可能同时出现在 5 个地方。2011 年，皇家海军在利比亚沿海的部署打乱了像禁毒巡逻这类常规的海事行动。当时国内一艘多余的护卫舰也派不出来。翌年，打击索马里海盗时，英国不仅无力派出护卫舰参与任务，而且由于要为奥林匹克运动会保驾护航，英国召回了“海洋”号和“堡垒”号，皇家海军全球影响力的根基遭受破坏。

645

这只是在当前经济紧缩的大环境下，英国急剧衰落的一个方面而已。英国海上力量不只是出现了下滑，它还有其他变化。

现在，英国海上实力的鼎盛程度超过以往任何时候。运载英国货物的航船可以在海上安全穿行。世界上最繁忙的航道仍是多佛海峡，每天有超过400艘航船于此经过。英国战舰的行动范围可以毫无阻碍地辐射整个世界，可以无所畏惧也不受报复地介入他国冲突。在波涛之下的某些地方，蛰伏着一艘搭载了三叉戟弹道导弹的前卫级潜艇（Vanguard-class），它能在收到命令15分钟后向世界上任何一个地方施加毁灭性打击。这个国家不需要航母，何况在一艘航母也没有的十多年时间里它不也照样生存下来了吗？英国甚至在本土海域也不再需要战舰了。1982年以及波斯湾冲突和利比亚冲突期间，皇家海军把主体力量调出了海外，丝毫不用担心本土安全会受到威胁。

这是实力的体现，这一实力旨在保卫国土安全，而非获得霸权。这在不列颠群岛的历史上可谓前无古人，而且这一进程在20世纪90年代以及苏联解体之后才开始。本书所述及的历史中，大海一直是令群岛民众惊怖的事物。劫掠和入侵者从海上而来，贸易商成了波涛和海盗的牺牲品。只有考虑到人们对大海的恐惧不安，才能读懂不列颠的历史。

在本书所选取时间线的大部分时间中，英格兰都是邻近欧洲大陆的一座贫穷、边缘化的岛屿。其他国家把持着海上航道，英格兰和苏格兰水手要想参与竞争、学会航海技术只能靠抢夺，国王几乎无力守卫海岸线。直至17世纪中期，这个国家才得以整合各项资源，创立了强大的海军。17世纪晚期，英国突然崛起为重要的贸易国家，这表明守御公海是颇有价值的事情。皇家海军在17～18世纪的壮大是历史上最伟大的军

646

事革命之一，它改变了整个国家的命运。巅峰时期的皇家海军是当时世界上最完备的攻防一体的军队。一代又一代军官和海员设立的标准成就了它的伟大，在训练和纪律方面无有堪与其比肩者。公众总是热心诚挚地支持和赞颂这支军队。

这也难怪。18 世纪，英国是在根基薄弱的情况下改变国运的。当时英国必须争分夺秒，不让自己再次脱离时代潮流。而其中的争斗必须一次次在海上进行。但真正的威胁还是来自本土附近，不论英国的力量在世界海洋上延伸得多么遥远，欧洲大陆绝对不可小觑。即便在海上霸权最鼎盛的时候，欧洲大陆的入侵威胁也依然令英国惊恐不已。从某种程度上说，这个国家是无法摆脱欧洲大陆的种种羁绊的。

阿尔弗雷德·马汉上校的著作《海权对历史的影响：1660 ~ 1783》发表于 1890 年。或许我们还应出版一本与之拮抗的书——《论海权的局限》。特拉法尔加战役之后，英国获得长达数十年的海陆控制权。她甚至能够抛开欧洲大陆，与欧洲全然分开。这个国家建立起一套全球自由贸易系统，缔造了遍及全球的大帝国。只是，这也不可能长久。皇家海军必须能够满足两强标准，而当时其他国家正大力投入海军建设，这给英国国家财政带来了巨大负担，同时让英国对世界上任何一个拥有战舰的国家都十分警惕。

英国人的精神核心是一种忧虑，担忧今天的好事情会在第二天突然消失，认为眼前的好运其实是借来的，终有一天要还回去。或许所有海岛居民都面临着这样的命运。1897 年维多利亚女王登基 60 周年时，英国的全球地位正面临巨大危机。英国长久以来梦寐以求的“深蓝帝国”——不靠地面部队，而靠皇家海军以海上航路和岛屿基地保卫海上运输网络——已经变成了遥远广布的陆上帝国。海外领地有漫长的边境线需要守卫，单靠战舰是不可能实现这一点的。1899 年印度事务部副大臣的表述最为简洁有力：“很遗憾加拿大和印度不是岛屿，只是我们必须认清这个现实，并随之改变我们的外交策略。”[7]

647

战舰永远都不够用。在 19 世纪末可以清楚看到，这个世界不可能再像 1850 年那样依靠海上力量运转了。铁路和电报线路让欧洲大陆国家联系得更为紧密。英国不仅在工业实力上渐渐落后，而且鲜有重要竞争对手的历史罕见局面也将走到尽头。在远东，日本海军在数量上超过皇家海军；美国和拉丁美洲国家的海军联合力量已经扭转了英国在该海域的优势地位；即便是在欧洲，皇家海军也遭到竞争者的强力挤压。英国在造船业上的超卓优势——她海上实力的支柱之一——也没有了。另外，欧洲人争相建立帝国的想法也打破了力量平衡。德国崛起后，英国被迫从世界各地召回她的战列舰。皇家海军无法同时守卫本土海域和遍及世界的帝国疆土。一时间，英国及其全球利益变得岌岌可危。这也无怪吉卜林以及其他 60 周年舰队检阅仪式的观礼者会暗示帝国的最终衰颓了。

作为具有全球影响力的岛国本是一件幸事，在敌意充斥的 20 世纪，这却变成了诅咒。英国的日常生活、全球地位、国土安全以及国家存亡都依赖于海洋。特拉法尔加战役 111 年之后，皇家海军无可撼动的时代宣告结束。那场海战史上最著名的战斗留下了颇为吊诡的遗产：英国人因此笃信皇家海军能够创造奇迹，而这一幻象又在日德兰半岛残酷地破灭了。两次世界大战中，皇家海军拼尽力气守护往国内运输燃料和食物的船队。与此同时，与遥远殖民地之间的补给航线已无法维持。皇家海军还是与历史上的光辉时刻一样奋勇战斗。曾经，英勇拼杀能赢得战利品；而在 20 世纪，维系海上主宰权的代价巨大，回报却微乎其微。

海上国家需要明白一个道理，世界大国的钟摆终将在大陆国家之间摇摆，它们将通过铁路、公路和空中线路开发利用本国资源。海上国家要想削弱大陆国家，就会受此影响。皇家海军或许可以从海上封锁德国，而且一度还做得相当成功，但在一个陆路通信交流空前扩张的时代，这种做法效果微弱。即便 648 皇家海军拥有庞大强悍的主力舰队，而且战事伊始控制着世界贸易的 5 处咽喉之地，在空袭屠杀和潜艇战争之下英国还是变得危在旦夕。保卫本土海域，代价就是丧失帝国疆土。第二次世界大战提醒世人，大海是多么残酷，作为岛国所拥有的优势有时转瞬间就会变成劣势。

1982 年，英国无须担心邻国掠夺，也不用担心有其他殖民地遭到袭击，能把全部力量都投入到夺回福克兰群岛的战事上。海上贸易可能被人拦截的想法已显得颇为可笑。英国本土海域有北约势力庇护，所以皇家海军能在遥远的海域作战。警戒力量冒险离开之后门户依旧紧闭，这在历史上任何时刻都不可能实现。1990 年，苏联解体之后西欧海陆再无威胁。现在，皇家海军已经融入了共同护卫海域安全的国际海事力量。

所以当今英国人不会因皇家海军的急剧衰退而激愤也就不足为奇了。长期感受不到海滨之地的危机感，国民对岛屿居民这一身份的认同感渐渐弱化。随着国家安全形势越来越稳固，其制海权也已经弱化。现在，皇家海军已经作为两栖远征力量向外投射国家实力，维持世界秩序。海军不再是国防力量，而是国家荣耀。进出口货船来来往往，就像夜晚的潮水一般规律，不会被人们特意察觉。大海成了安闲之处，不再是恐怖之地。回顾历史，活在当下这个时代的我们是幸运的。

行文至此，我们兜了一大圈又回到似曾相识的起点。本书伊始，盎格鲁－撒克逊人已把航行海上的辉煌过往遗忘殆尽，尽情享受着脚下这片美妙的绿色大地，却不知野蛮暴力正在周围的深海徘徊。一个邦国如果没有保护自己的力量，就会被外来者占据，这是历史给我们的明训。2013 年年初，一家总部设在伦敦的财团成立了台风海上安保公司（Typhon Maritime Security），这是一家私人所有的海上安保公司，提供武装护航队保护商船队安全通过亚丁湾、阿拉伯海和印度洋。这标志着一种与古时海战相似的形式重新出现，也预示着我们未来的走向。

649 岛屿居民永远不能忽视大海的存在。英国历史表明，海洋对陆地的影响无从预测，未来它不仅可能产生军事威胁，也可能产生环境威胁。一旦大势再次逆转，海军力量微弱、造船业大伤元气的英国必会陷入挣扎。政府面临的挑战是，能否建立一支灵活而又平衡的舰队，既能适应当下的财政和战略限制，又不至于在重压之下丧失其丰富的历史传统和技艺。海军永远不能缺席，历史还在继续。

注释

1. *Daily Telegraph*，2012 年 6 月 1 日
2. *Calendar of State Papers Domestic*，1702－1703，p. 190
3. Woodward，pp. 72－73

4. 同上书，p. 14
5. *Sunday Times* Insight team，pp. 216 – 217
6. The First Sea Lord's Equality and Diversity Directive，November 2009，http：//www. royalnavy. mod. uk/ About – the – Royal – Navy/Organisation/ Life – in – the – Royal – Navy/Equality – Diversity – and – Inclusion/The – First – Sea – Lords – Equality – and – Diversity – Directive
7. Kennedy，p. 250

术语表

船尾（aft）：船身后段

Asdic：英国一种用于近岸探测潜艇的早期声呐设备

靠岸（ashore）：比其他船更靠近海岸

船末（astern）：在船尾

ASW（Anti－Submarine Warfare）：反潜作战

巴林杰船（ballinger）：中世纪晚期一种吃水较浅的远洋船，配有船桅和船桨

蛇神大炮（basilisk）：重型铜炮，炮筒极长，以古典神话中喷吐火焰，眼神即可令人毙命的怪兽命名

战列舰（battleship）：衍生自“战船列队作战”（line of battle ship），在本书中与“列队作战的战船”互用，不过严格意义上的战列舰于19世纪晚期才出现

船宽（beam）：船的宽度

驶向下风/上风（bear up/down）：转顺风

迎风航行（beat）：抢风航行

船首斜桅（bowsprit）：伸出船首的圆木或短桅

布里格帆船（brig）：两根桅杆均配置横帆的帆船，相对来说小一些

布里根廷帆船（brigantine）：仅前桅配置横帆的小型双桅船

隔板（bulkhead）：船体内任何垂直面板、隔板或者墙壁

巴斯船（buss）：双桅捕鱼船

缆绳（cable）：粗绳

主力舰（capital ship）：一支海军的主力战舰

倾侧休整（careen）：清洁和修缮船身

平铺式造船法（carvel）：先搭建骨架，然后从船舷一侧向另一侧的方向横向铺设木板组建船身。参阅鱼鳞式造船法

填塞船缝（caulk）：填塞船板缝隙以确保防水性

船缝填塞物（caulking）：填塞船缝的材料，通常由麻絮制成

干扰箔（chaff）：一种雷达干扰物质，以细碎状的材料呈云雾状散布在空气中

舰炮（chase gun）：置于舰尾或朝前架设的火炮

同盟五港（Cinque Ports）：三明治、多佛、海斯、新罗姆尼和黑斯廷斯

鱼鳞式造船法（clinker）：一种先铺叠木板，然后铺设骨架以加固船身的造船方法

柯克船（cog）：平底式商船

海盗/海盗船（corsair）：私掠者/私掠船（privateer）的别称，源自法语词组私掠许可证（Lettre de Course）

轻型护卫舰（corvette）：最先是史鲁普船（sloop）的法语名，到了二战时期又以此指代英国的小型护卫船舰

荷兰曲艏船（cromster）[①]：小型的荷兰战船，吃水较浅，用于近岸作业；英语中一般被称作霍伊平底船（hoy）[②]

巡洋舰（cruiser）：执行独立任务的中型战舰

蛇炮（culverin）：发射18磅炮弹的前装式火炮

---

① cromster，第14章，原为小型近海战船，应该为荷兰曲艏船，资料见 https://en.wikipedia.org/wiki/Crommesteven。——译者注

② 霍伊平底船，此译法见杨盛翔译《无敌舰队》，参考 https://en.wikipedia.org/wiki/Hoy_(boat)。——译者注

轻型蛇炮（demi - culverin）：发射 9 磅炮弹的前装式火炮

双桅渔船（dogger）：多见于北海的小型渔船

夹击（double）：从两侧围攻一艘敌船或敌军战列线

Ebb：退潮

EIC（East India Company）：东印度公司

火控系统（fire - control system）：协调舰载火炮攻击移动目标的所有组件

flood：涨潮

西班牙黄金船队（flota）：西班牙运送金银财宝的船队

纵帆（fore and aft rig）：船帆悬挂的方向顺着船的龙骨走向设置的帆具，帆具设置与龙骨走向垂直的，请参阅横帆（square rig）

绞缠（foul）：与另一艘船缠在一起

干舷（freeboard）：吃水线至上甲板的距离

护卫舰（frigate）：17 世纪，任何小型的快速战舰均被称为护卫舰；18 世纪，护卫舰指仅主甲板配备的火炮就达 28 门及以上的战舰；二战期间，护卫舰是指那些用于反潜、护航的战舰，在体型上小于驱逐舰但大于轻型护卫舰和小型战舰

全帆装船（full - rigged ship）：有三根或以上桅杆且均为横帆的帆船

上风位（gage）：见“上风位”（weather gage）

加莱赛船（galleass）：可用行也可帆行的船

劫掠游击战（guerre de course）：一种涉及攻击敌方的海上商业贸易的海战战术

倾斜（heel）：船身向任意一侧倾斜

德国公海舰队（Hochseeflotte）：German High Seas Fleet，

1907 ~ 1918 年

霍伊平底船（hoy）：小型的近海船

IJN（Imperial Japanese Navy）：日本帝国海军

应急帆索（jury rig）：临时使用的船帆和索具

德意志帝国海军（Kaiserliche Marine）：Imperial German Navy，1871 ~ 1918 年

双桅纵帆船（ketch）：配备双桅纵帆的渔船

纳粹德国海军（Kriegsmarine）：German navy，1935 ~ 1945 年

左舷（larboard）：左舷或者左手边的旧称

大三角帆（lateen）：以一定角度斜挂在一根桅杆上的三角帆

下风/背风（lee）：与船的航向或某地相对的风

下风岸/背风岸（lee shore）：与风向相对的海岸

私掠许可证（Letter of Marque）：在战时或报复行动中，授权个人或船只攻打和夺取敌方船只的许可证

并列队形（line abreast）：舰队航行时并排前行

纵列队形（line ahead）：舰队航行时跟随领航船舰鱼贯而行

迎向上风（luff）：转动船首，迎风鼓帆

中央之海/中海（Middle Sea）：地中海（Mediterranean）

后桅（mizzen）：紧靠在主桅后方的船桅

诺尔（Nore）：泰晤士河口的一处沙滩

麻絮（oakum）：以旧缆绳做成的船缝填塞物

待用船只（Ordinary）：修整待用的船只

舢板（pinnace）：（16 世纪）小型战舰；大船所载小艇

私掠者/私掠船（privateer）：获得私掠许可证，可以自主攻击和俘虏敌船的船舰或个人

收帆（reef）：收起帆布

RFA：皇家辅助舰队（Royal Fleet Auxiliary）

RNR：皇家海军后备役（Royal Naval Reserve）

RNVR：皇家海军自愿后备役（Royal Naval Volunteer Reserve）

锚地（roadstead）：港口外可供船只安全抛锚停泊的海面

战列舰（ship of the line）：战列线对战时所用主力战舰，该词使用始于 17 世纪。可参阅战列舰（battleship）

缩帆（shorten sail）：收缩船帆以放慢速度

史鲁普战船（sloop－of－war）[1]：最多配备 18 门火炮的小型巡航战船。在二战时期，史鲁普船指的是用于护航和反潜的船舰

SMS：国王陛下舰艇（Seiner Majestät Schiff），德意志帝国海军舰艇名称的前缀

声呐探测（sounding）：测量水深的手段

捻绳（splice）：把两条绳子的一端捻接到一起的手段

横帆（square rig）：风帆和索具的一种组装方式，悬挂船帆的帆桁与船的龙骨走向呈垂直交叉。也可参阅纵帆（fore and aft rig）

抢风航行（tack）：船只迎风航行

USN（United States Navy）：美国海军

---

① sloop：原先译为音译为“史鲁普船”，意译“单桅帆船”，但是从第 43 章开始，sloop 所指不再是木帆船，而是形制小于护卫舰（frigate）、更小于轻型护卫舰（corvette）的船舰，视上下文翻译，不做标示或特别说明，如单桅汽船（steam sloop，43 章）、螺旋桨式小型战舰（paddle sloop，第 44 章）、小型战舰（很多，不一一列举），且另有一个专属名词 sloop-of-war（见 https：//en. wikipedia. org/wiki/Sloop-of-war）的形制已完全不是单桅帆船，原书中有时也将该词简写成 sloop，因此单独出现 sloop 且作者未做特别说明时，均采用音译“史鲁普船”。——译者注

前卫/先锋舰队（van）：即 vanguard，位于阵前领航位置的舰队或分队

VOC（Vereenigde Oost - Indische Compagnie）：荷兰东印度公司

牵引航行（warp）：逆着风向或潮汐以及在风平浪静的海域时，通过抛掷船锚然后拖拽锚绳牵引船舰前行的行驶方式

掉头抢风（wear）：由顺风转为逆风，抢风行驶

上风位（weather gage）：比其他船只的位置更迎风

帆桁（yard）：船桅上用来悬挂船帆的圆木

参考文献

缩写

EHR: English Historical Review
HJ: Historical Journal
MM: Mariner's Mirror
ODNB: Oxford Dictionary of National Biography

全书

E. H. H. Archibald, *The Fighting Ship in the Royal Navy, AD 897–1984* (1984)
J. Black, *The British Seaborne Empire* (2004)
W. Clowes, *The Royal Navy* (7 vols, 1897–1903)
J. B. Hattendorf, R. J. B. Knight, A. W. H. Pearsall, N. A. M. Rodger and G. Till (eds), *British Naval Documents 1204–1960* (1993)
J. R. Hill, *The Oxford Illustrated History of the Royal Navy* (1995)
E. Grove (ed.), *Great Battles of the Royal Navy: as commemorated in the gunroom, Britannia Royal Naval College, Dartmouth* (1994)
P. Kennedy, *The Rise and Fall of British Naval Mastery* (1976)
A. Lambert, *Admirals: the naval commanders who made Britain Great* (2008)
——, *War at Sea in the Age of Sail* (2000)
A. T. Mahan, *The Influence of Sea Power Upon History, 1660–1805* (1890)
R. Natkiel and A. Preston, *Atlas of Maritime History* (1992)
E. L. Rasor, *English/British Naval History to 1815: A Guide to the Literature* (2004)
N. A. M. Rodger, *The Admiralty* (1979)
——, *The Command of the Ocean: A Naval History of Britain, 1649–1815* (2004)
——, *The Safeguard of the Sea: A Naval History of Britain, 660–1649* (1997)
B. Tunstall, *Naval Warfare in the Age of Sail: the evolution of fighting tactics* (ed. N. Tracey, 1990)

前言

A. W. Beaglehole, *The Life of Captain James Cook* (1974)
J. Blake, *Charts of War: the maps and charts that have informed and illustrated war at sea* (2009)
M. Blewit, *Surveys of the Seas* (1957)
E. H. Burrows, *Captain Owen of the African Survey, 1774–1857* (1979)
D. Cordingly, *Billy Ruffian. The* Bellerophon *and the downfall of Napoleon: the*

biography of a ship of the line, 1782–1836 (2003)

A. Day, *The Admiralty Hydrographic Service, 1795–1919* (1967)

A. Friendly, *Beaufort of the Admiralty: the life of Sir Francis Beaufort, 1774–1857* (1957)

R. D. Keynes, *Charles Darwin's* Beagle *Diary* (Cambridge, 1988)

A. Lambert, *Franklin: tragic hero of polar navigation* (2010)

E. Linklater, *The Voyage of the* Challenger (1974)

C. Lloyd, *Mr Barrow of the Admiralty* (1970)

R. Morris, 'Endeavour, Discovery and Idealism, 1760–1895', in Hill (ed.), *Oxford History*

P. Nichols, *Evolution's Captain: the tragic fate of Robert FitzRoy, the man who sailed Darwin around the world* (2003)

G. S. Ritchie, *The Admiralty Chart: British naval hydrography in the nineteenth century* (1967)

第1部分：第1~4章

R. Abels, *Alfred the Great: war, kingship and culture in Anglo-Saxon England* (1998)

——, *Lordship and Military Obligation in Anglo-Saxon England* (1992)

—— and B. Bachrach (eds), *The Normans and their Adversaries at War* (2001)

A. Bang-Andersen, B. Greenhill and E. Harald Grude (eds), *The North Sea: a highway of economic and cultural exchange* (1985)

F. W. Brooks, *The English Naval Forces, 1199–1272* (1962)

R. L. S. Bruce-Mitford, *The Sutton Hoo Ship Burial: a handbook* (1968)

J. Campbell, E. John and P. Wormald, *The Anglo-Saxons* (1982)

——, *Essays in Anglo-Saxon History* (2003)

H. L. Cannon, 'The Battle of Sandwich and Eustace the Monk', *EHR*, 27 (1912)

A. Care Evans, *The Sutton Hoo Ship Burial* (1994)

R. Glover, 'English Warfare in 1066', *EHR*, LXVII (1952)

R. Hamer (ed.), *A Choice of Anglo-Saxon Verse* (2006)

J. Haywood, *Dark Age Naval Power: a re-assessment of Frankish and Anglo-Saxon seafaring activity* (1991)

N. Hooper, 'Some Observations on the Navy in the Late Anglo-Saxon England', in C. Harper-Bill, C. J. Holdsworth and J. Nelson (eds), *Studies in Medieval History presented to R. Allen Brown* (1989)

J. le Patourel, *The Norman Empire* (1976)

J. Pullen-Appleby, *English Sea Power, c. 871–1100* (2005)

D. Scragg (ed.), *The Battle of Maldon AD 991* (2006)

A. P. Smyth, *Alfred the Great* (1995)

第2部分：第5~7章

R. C. Anderson, *Oared Fighting Ships* (1976)

J. L. Bolton, *The Medieval English Economy, 1150–1500* (1980)

C. J. Ford, 'Piracy or Policy: The Crisis in the Channel, 1400–1403', *Transactions of the Royal Historical Society*, 5th ser., XXIX (1979)

I. Friel, *The Good Ship: ships, shipbuilding and technology in England, 1200–1520* (1995)

R. Gardiner and R. W. Unger (eds), *Cogs, Caravels and Galleys: the sailing ship, 1000–1650* (1994)

J. Gillingham, 'Richard I, Galley Warfare and Portsmouth: the beginning of a Royal Navy', in M. Prestwich, R. H. Britnell and R. Frame (eds), *Thirteenth Century England* (Proceedings of the Durham Conference 1995, vol. VI, 1997)

G. Hutchinson, *Medieval Ships and Shipping* (1997)

M. K. James, *Studies in the Medieval Wine Trade* (ed. E. M. Veale; introduced by E. M. Carus-Wilson, 1971)

T. H. Lloyd, *England and the German Hanse, 1157–1611* (2002)

——, *The English Wool Trade in the Middle Ages* (1977)

D. M. Loades, 'The King's Ships and the Keeping of the Seas: 1413–1480', *Medieval History*, I (1990)

C. Platt, *Medieval Southampton: the port and trading community, AD 1000–1600* (1973)

E. Power, *The Wool Trade in English Medieval History* (1941)

C. F. Richmond, 'English Naval Power in the fifteenth century', *History*, ns, LII (1967)

——, 'The Keeping of the Seas During the Hundred Years War', *History*, ns, XLIX (1964)

——, 'The War at Sea', in K. Fowler (ed.), *The Hundred Years War* (1971)

S. Rose, *Medieval Naval Warfare, 1000–1500* (2002)

—— (ed.), *The Navy of the Lancastrian Kings: accounts and inventories of William Soper* (1982)

——, 'The Wall of England', in Hill (ed.), *Oxford Illustrated History*

J. Sumption, *Trial by Battle: the Hundred Years War*, vol. 1 (1999)

R. W. Unger, *The Ship in the Medieval Economy, 600–1600* (1980)

R. Ward, *The World of the Medieval Shipmaster: law, business and the sea, c. 1350–1450* (2009)

第3~4部分：第8~15章

S. Adams, *The Armada Campaign of 1588* (1988)

——, 'New Light on the "Reformation" of John Hawkins: the Ellesmere naval survey of January 1584', *EHR*, CV (1990)

K. R. Andrews, *Elizabethan Privateering: English privateering during the Spanish War, 1585–1603* (1964)

——, *Trade, Plunder and Settlement: maritime enterprise and the genesis of the British Empire* (1984)

D. Burwash, *English Merchant Shipping, 1460–1540* (1947)

N. Canny (ed.), *The Oxford History of the British Empire*, vol. I, *The Origins of Empire* (1998)

E. M. Carus-Wilson, *Medieval Merchant Venturers: collected studies* (1954)

C. Cipolla, *Guns and Sails in the Early Phase of European Expansion, 1400–1700* (1965)

J. S. Corbett, *Papers Relating to the Navy During the Spanish War, 1585–1587* (1898)

C. S. L. Davies, 'The administration of the royal navy under Henry VIII', *EHR*, LXXX (1965)

J. Guilmartin, *Gunpowder and Galleys: changing technology and Mediterranean warfare at sea* (1974)

H. Kelsey, *Sir John Hawkins: Queen Elizabeth's slave trader* (2003)

——, *Sir Francis Drake: the queen's pirate* (1988)

J. K. Laughton, *State Papers Relating to the Defeat of the Spanish Armada* (2 vols, 1894)

D. M. Loades, *England's Maritime Empire: seapower, commerce and policy, 1490–1690* (2000)

——, 'From the King's Ships to the Royal Navy, 1500–1642', in Hill (ed.), *Oxford Illustrated History*

——, *The Tudor Navy* (1992)

—— and C. S. Knighton, *Letters from the Mary Rose* (2002)

G. J. Marcus, *The Conquest of the North Atlantic* (1980)

C. Martin and G. Parker, *The Spanish Armada* (1999)

J. McDermott, *England and the Spanish Armada: the necessary quarrel* (2005)

P. McGrath, 'Bristol and America, 1480–1631', in K. R. Andrews, N. P. Canny and P. E. H. Hair (eds), *The Westward Enterprise: English activities in Ireland, the Atlantic and America, 1480–1650* (1979)

G. Moorhouse, *Great Harry's Navy: how Henry VIII gave England sea power* (2005)

M. Oppenheim, *A History of the Administration of the Royal Navy and of Merchant Shipping in Relation to the Navy from 1509 to 1660 with an introduction treating of the preceding period* (1896)

——, *The Naval Tracts of Sir William Monson* (5 vols, 1902–14)

G. Parker, 'The Dreadnought Revolution of Tudor England', *MM*, 82 (1996)

D. B. Quinn, *England and the Discovery of America, 1481–1620* (1974)

—— and A. N. Ryan, *England's Sea Empire, 1550–1642* (1983)

N. A. M. Rodger, 'The Development of Broadside Gunnery, 1540–1650', *MM*, 82 (1996)

——, 'Guns and Sails in the First Phase of English Colonisation, 1500–1650', in Canny (ed.), *Oxford History of the British Empire*

——, 'The New Atlantic: naval warfare in the sixteenth century', in J. B. Hattendorf and R. W. Unger (eds), *War at Sea in the Middle Ages and the Renaissance* (2003)

M. J. Rodriguez-Salgado and S. Adams (eds), *England, Spain and the Gran Armada, 1585–1604* (1988)

G. V. Scammell, *The World Encompassed: the first maritime empires, c. 800–1650* (1981)

G. C. Smith, *Forerunners of Drake: a study of trade with Spain in the early Tudor period* (1954)

J. A. Williamson, *Hawkins of Plymouth: a new history of Sir John Hawkins and of the other members of his family prominent in Tudor England* (1969)

——, *The Cabot Voyages and Bristol Discovery Under Henry VII* (1962)

—— (ed.), *The Voyages of the Cabots* (1929)

第5~6部分：第16~20章

S. Adams, 'Spain or the Netherlands? The dilemmas of early Stuart foreign policy', in Tomlinson (ed.), *England Before the Civil War*

K. R. Andrews, *Ships, Money and Politics: seafaring and naval enterprise in the reign of Charles I* (1991)

J. Barratt, *Cromwell's Wars at Sea* (2006)

M. L. Baumber, *General-at-Sea: Robert Blake and the seventeenth-century revolution in naval warfare* (1989)

——, 'Parliamentary Naval Politics 1641–49', *MM*, LXXXII (1996)

C. R. Boxer, *The Journal of Maarten Harpertszoon Tromp, anno 1639* (1930)

M. J. Braddick, 'An English Military Revolution?', *HJ*, 36, 4 (1993)

Robert Brenner, 'The Civil War Politics of London's Merchant Community', *Past and Present*, 58 (1973)

J. R. Bruijn, *The Dutch Navy of the Seventeenth and Eighteenth Centuries* (1993)

B. Capp, *Cromwell's Navy: the fleet and the English Revolution 1648–60* (1989)

K. N. Chaudhuri, *The East India Company: a study of an early joint-stock company, 1600–1640* (1965)

G. N. Clark, *The Colonial Conferences between England and the Netherlands in 1613 and 1615* (2 vols, 1952)

R. Crabtree, 'The Idea of a Protestant Foreign Policy', in I. Roots (ed.), *Cromwell: A Profile* (1973)

J. D. Davies, 'A Permanent Maritime Fighting Force', in Hill (ed.), *Oxford Illustrated History*

A. C. Dewar, 'The Naval Administration of the Interregnum, 1641–59', *MM*, 12 (1926)

W. H. Dixon, *Robert Blake: admiral and general at sea, based on family and state papers* (1852)

M. C. Fissel (ed.), *War and Government in Britain, 1598–1650* (1991)

S. R. Gardiner, *History of England from the Accession of James I to the Outbreak of the Civil War, 1603–1642* (10 vols, 1883–4)

—— and C. T. Atkinson, *Papers Relating to the First Dutch War, 1652–4* (6 vols, 1899–1930)

J. Glanville, *The Voyage to Cadiz in 1625* (1883)

T. Gray, 'Turkish Piracy and Early Stuart Devon', *Transactions of the Devonshire Association*, CXXI (1989)

——, 'Turks, Moors and Cornish Fishermen', *Journal of the Royal Institution of Cornwall*, ns, X (1987–90)

S. Groenveld, 'The English Civil Wars as a Cause of the First Anglo-Dutch Wars', *HJ*, XXX (1987)

R. Harding, *The Evolution of the Sailing Navy, 1509–1815* (1995)

D. D. Hebb, *Piracy and the English Government, 1616–1642* (1994)

J. Israel, *Dutch Primacy in World Trade, 1585–1740* (1991)

J. R. Jones, *The Anglo-Dutch Wars of the Seventeenth Century* (1996)

G. A. Kempthorne, 'Sir John Kempthorne and his sons', *MM*, 12 (1926)

J. S. Kepler, 'Fiscal Aspects of the English Carrying Trade During the Thirty Years War', *Economic History Review*, XXV (1972)

A. Konstam, *Sovereigns of the Sea: the quest to build the perfect Renaissance battleship* (2008)

R. Lockyer, *Buckingham: the life and political career of George Villiers, first Duke of Buckingham, 1592–1628* (1981)
A. P. McGowan (ed.), *The Jacobean Commissions of Enquiry, 1608 and 1618* (1971)
E. Milford, 'The Navy at Peace: the activities of the early Jacobean Navy, 1603–1618', *MM*, 76 (1990)
M. Oppenheim, 'The Royal Navy Under James I', *EHR*, VII, 27 (1892)
——, 'The Royal Navy Under Charles I', *EHR*, VIII and IX (1893–4)
C. D. Penn, *The Navy Under the Early Stuarts and its Influence on English History* (1913)
J. R. Powell, *Robert Blake: General-at-sea* (1972)
——, *The Navy in the English Civil War* (1962)
G. V. Scammell, 'The Sinews of War: manning and provisioning English fighting ships, c. 1550–1650', *MM*, 73 (1987)
K. Sharpe (ed.), *Faction and Parliament: essays on early Stuart history* (1978)
——, 'The Personal Rule of Charles I', in Tomlinson (ed.), *Before the English Civil War*
R. W. Stewart, 'Arms and Expeditions: the Ordnance Office and the assault on Cadiz (1625) and the Isle of Rhé (1627)', in Fissel (ed.), *War and Government*
H. Taylor, 'Trade, Neutrality and the "English Road", 1630–1648', *EHR*, XXV (1972)
D. Thomas, 'Financial and Administrative Developments', in Tomlinson (ed.), *Before the English Civil War*
A. Thrush, 'Naval Finance and the Origin and Development of Ship Money', in Fissel (ed.), *War and Government*
H. Tomlinson (ed.), *Before the English Civil War: essays on early Stuart politics and government* (1983)
T. Venning, *Cromwell's Foreign Policy* (1995)
J. S. Wheeler, *The Making of a World Power: war and the military revolution in seventeenth-century England* (1999)
M. C. Wren, 'London and the Twenty Ships, 1626–1627', *The American History Review*, 55 (1950)
M. B. Young, *Servility and Service: the life and work of Sir John Coke* (1986)

第7部分：第21~24章

R. C. Anderson (ed.), *The Third Dutch War* (1946)
P. Aubrey, *The Defeat of James Stuart's Armada, 1692* (1979)
J. Baltharpe, *Straights Voyage: or, St David's poem*, ed. J. S. Bromley (1959)
E. Barlow, *Journal of his Life at Sea in King's Ships*, transcribed by B. Lubbock (2 vols, 1934)
N. Boteler, *Boteler's Dialogues*, ed. W. G. Perrin (1929)
A. Bryant, *Samuel Pepys: the saviour of the navy* (1947)
G. Burnet, *Bishop Burnet's History of His Own Time* (1725)
J. S. Corbett, *England in the Mediterranean: British power within the straight, 1603–1713* (1904)
——, *Fighting Instructions, 1530-1816* (1905)
E. Coxere, *Adventures by Sea*, ed. E. H. W. Meyerstein (1945)

J. D. Davies, 'The English Navy on the Eve of War 1689', in *Guerres Maritimes, 1688–1713* (1996)

——, *Gentlemen and Tarpaulins: the officers and men of the Restoration navy* (1991)

——, 'The Navy, Parliament and Political Crisis in the Reign of Charles II', *HJ*, vol. 36, no. 2 (Jun. 1993), pp. 271–88

——, *Pepys's Navy: ships, men and organisation 1649–89* (2008)

J. Ehrman, *The Navy in King William's War, 1689–1697* (1953)

F. L. Fox, *A Distant Storm: the Four Days Battle of 1666* (2009)

S. Harris, *Cloudesley Shovell: Stuart admiral* (2001)

S. Hornstein, *The Restoration Navy and English Foreign Trade, 1674–88* (1991)

B. Ingram (ed.), *Three Sea Journals of Stuart Times …* (1936)

C. Knighton, *Pepys and the Navy* (2003)

——, *Samuel Pepys and the Second Dutch War* (1995)

R. Latham (ed.), *Samuel Pepys and the Second Dutch War: Pepys's navy white book and Brooke House papers* (1995)

P. Le Fevre, 'Tangier, the Navy and its Connection with the Glorious Revolution of 1688', *MM*, 73 (1987)

S. C. A. Pincus, 'Popery, Trade and Universal Monarchy: The Ideological Context of the Outbreak of the Second Anglo-Dutch War', *EHR*, 107 (1992)

F. N. L. Poynter (ed.), *The Journal of James Yonge, 1647–1721, Plymouth Surgeon* (1963)

P. G. Rogers, *The Dutch in the Medway* (1970)

J. Smith, *The Seaman's Grammar* (1653)

W. A. Speck, *James II* (2002)

J. R. Tanner (ed.), *A Descriptive Catalogue of the Naval Manuscripts in the Pepysian Library at Magdalene College, Cambridge* (1903–23)

—— (ed.), *Samuel Pepys's Naval Minutes* (1926)

H. Teonge, *Diary of Henry Teonge, chaplain on board HM's ships* Assistance, Bristol *and* Royal Oak, *1675–1679*, ed. E. D. Ross and E. Power (1927)

第8~9部分：第25~30章

F. Anderson, *Crucible of War: the Seven Years' War and the fate of the empire in British North America, 1754–1766* (2000)

D. A. Baugh, *British Naval Administration in the Age of Walpole* (1965)

——, 'The Eighteenth Century Navy as a National Institution, 1690–1815', in Hill (ed.), *Oxford Illustrated History*

J. Black, *America or Europe?: British foreign policy, 1739–63* (1998)

——, *British Foreign Policy in the Age of Walpole* (1985)

—— and P. Woodfine, *The British Navy and the Use of Naval Power in the Eighteenth Century* (1988)

Lord Bolingbroke, *Letters on the Spirit of and on the Idea of a Patriot King*, ed. A. Hassall (1926)

J. Brewer, *The Sinews of Power: war, money and the English state, 1688–1783* (1989)

M. Burrows, *The Life of Edward, Lord Hawke* (1883)

J. S. Corbett, *England in the Seven Years War: a study in combined operations* (1907)

M. Duffy (ed.), *Parameters of British Naval Power, 1650–1850* (1992)

——, 'The Establishment of the Western Squadron as the Linchpin of British Naval Strategy', in Duffy (ed.), *Parameters*

J. R. Dull, *The Age of the Ship of the Line: the British and French Navies, 1650–1815* (2009)

D. Erskine (ed.), *Augustus Hervey's Journal* (1953)

J. Gwynn, *An Admiral for America: Sir Peter Warren, Vice Admiral of the Red, 1703–1752* (2004)

R. Harding, *Amphibious Warfare in the Eighteenth Century: The British Expedition to the West Indies 1740–1742* (1991)

——, *The Emergence of Britain's Global Naval Supremacy: the war of 1739–1748* (2010)

——, 'Edward Vernon', in Le Fevre and Harding, *Precursors*

J. B. Hattendorf, *England in the War of Spanish Succession* (1989)

——, 'The Struggle with France, 1690–1815', in Hill (ed.), *Oxford Illustrated History*

G. Jordan and N. Rogers, 'Admirals as Heroes: Patriotism and Liberty in Hanoverian England', *Journal of British Studies*, 28 (1989)

H. Kamen, 'The Destruction of the Spanish Silver Fleet at Vigo in 1702', *Bulletin of the Institute of Historical Research*, 39 (1966)

B. Lavery, *The Ship of the Line*, vol. 1, *The Development of the Battlefleet, 1650–1850* (1983)

P. Le Fevre and R. Harding (eds), *Precursors of Nelson: admirals of the eighteenth century* (2000)

R. Mackay, *Admiral Hawke* (1985)

—— and M. Duffy, *Hawke, Nelson and British Naval Leadership, 1747–1805* (2009)

—— (ed.), *The Hawke Papers: a selection, 1743–1771* (1990)

G. J. Marcus, *Quiberon Bay: the campaign in home waters, 1759* (1960)

P. J. Marshall (ed.), *The Oxford History of the British Empire*, vol. II, *The Eighteenth Century* (1998)

F. McLynn, *1759: The Year Britain Became Master of the World* (2005)

R. D. Merriman (ed.), *Queen Anne's Navy: documents concerning the administration of the navy of Queen Anne, 1702–1714* (1961)

R. Middleton, *The Bells of Victory: the Pitt–Newcastle ministry and the conduct of the Seven Years' War, 1757–1762* (1985)

——, 'British Naval Strategy, 1755–1762: The Western Squadron', *MM*, vol. 75, no. 4 (1989)

A. Miller, *Dressed to Kill: British Naval Uniforms, Masculinity and Contemporary Fashions, 1748–1857* (2007)

G. B. Mundy, *The Life and Correspondence of the Late Admiral Lord Rodney* (2 vols, 1830)

E. Pearce, *Pitt the Elder: man of war* (2010)

H. W. Richmond, *The Navy in the War of 1739–1748* (1920)

——, *Papers Relating to the Loss of Minorca in 1756* (1913)

N. A. M. Rodger, 'George, Lord Anson', in Le Fevre and Harding, *Precursors*

——, 'Sea Power and Empire', in Marshall (ed.), *Oxford History*

——, *The Insatiable Earl: a life of John Montagu, fourth earl of Sandwich* (1993)

——, *Wooden World: an anatomy of the Georgian navy* (1986)

B. Simms, *Three Victories and a Defeat: the rise and fall of the first British Empire, 1714–1783* (2007)

M. T. Smelser, *The Campaign for the Sugar Islands, 1759: a study in amphibious warfare* (1955)

C. P. Stacey, *Quebec, 1759* (1959)

G. Symcox, *The Crisis of French Sea Power, 1688–1697: from guerre d'escadre to guerre de course* (1974)

D. Syrett, *The Royal Navy in American Waters, 1775–1783* (1989)

——, *The Royal Navy in European Waters during the American Revolutionary War* (1998)

G. Williams, *The Prize of All the Oceans: the triumph and tragedy of Anson's voyage round the world* (1999)

S. Willis, *The Admiral Benbow* (2010)

K. Wilson, 'Empire, Trade and Popular Politics in Mid-Hanoverian Britain: The Case of Admiral Vernon', *Past and Present*, 121 (1988)

P. Woodfine, *Britannia's Glories: The Walpole Ministry and the 1739 War with Spain* (1998)

第10~11部分：第31~41章

M. Adams, *Admiral Collingwood: Nelson's own hero* (2005)

R. Adkins, *Jack Tar: life in Nelson's navy* (2008)

——, *Trafalgar: the biography of the battle* (2005)

R. and L. Adkins, *The War for all the Oceans: from Nelson at the Nile to Napoleon at Waterloo* (2006)

G. R. Barnes and J. H. Owen (eds), *The Private Papers of John, Earl of Sandwich, First Lord of the Admiralty* (4 vols, 1932–8)

D. A. Baugh, 'Hood, Samuel, first Viscount Hood', *ODNB*

J. Black, *Britain as a Military Power, 1688–1815* (1998)

N. Blake, *Steering to Glory: a day in the life of a ship of the line* (2005)

J. Bourchier (ed.), *Memoir of the Life of Admiral Sir Edward Codrington* (2 vols, 1873)

K. C. Breen, 'Divided command, West Indies and N. America, 1780–81', in Black and Woodfine, *British Navy*

——, 'George Bridges, Lord Rodney', in Le Fevre and Harding, *Precursors*

J. S. Corbett, *The Campaign of Trafalgar* (1910)

P. K. Crimmin, 'John Jervis, Earl of St Vinncent', in Le Fevre and Harding, *Precursors*

J. Davidson, *The Admiral Lord St Vincent: Saint or Tyrant? The life of Sir John Jervis, Nelson's patron* (2006)

D. Davies, *Fighting Ships: ships of the line, 1793–1815* (1996)

A. Deane, *Nelson's Favourite: HMS* Agamemnon *at war, 1781–1809* (1996)

W. H. Dillon, *A Narrative of my Professional Adventures, 1790–1839*, ed. M. A. Lewis (2 vols, 1956)

M. Duffy, 'Samuel Hood, First Viscount Hood', in Le Fevre and Harding, *Precursors*

E. Fraser, *The Enemy at Trafalgar: eye-witness' narratives, dispatches and letters from the French and Spanish fleets* (1906)

——, *The Sailors Whom Nelson Led: their doings described by themselves* (1913)
J. A. Gardner, *Recollections of James Anthony Gardner*, ed. R. V. Hamilton and J. K. Laughton (1906)
D. Goodall, *Salt Water Sketches: being incidents in the life of Daniel Goodall* (1860)
D. Hannay (ed.), *Letters Written by Sir Samuel Hood (Viscount Hood) in 1781–2–3* (1895)
T. A. Heathcote, *Nelson's Trafalgar Captains and Their Battles* (2005)
C. Hibbert, *Nelson: a personal history* (1994)
F. Hoffman, *A Sailor of King George* (1999)
D. Hood, *The Admirals Hood* (1877)
R. Knight, *Nelson: the pursuit of victory* (2005)
——, 'Richard, Earl Howe', in Le Fevre and Harding, *Precursors*
A. Lambert, *Nelson: Britannia's god of war* (2004)
B. Lavery, *Nelson and the Nile: the naval war against Bonaparte, 1798* (1998)
——, *Nelson's Navy: the ships, men and organisation, 1793–1815* (1989)
S. Leech, *Thirty Years From Home: or, a voice from the maindeck* (1844)
C. Lloyd (ed.), *The Health of Seamen: selections from the works of Dr James Lind, Sir Gilbert Blane and Dr Thomas Trotter* (1965)
J. Macdonald, *The British Navy's Victualling Board, 1793–1815* (2010)
——, *Feeding Nelson's Navy: the true story of food at sea in the Georgian era* (2004)
R. Mackay, 'Edward, Lord Hawke', in Le Fevre and Harding, *Precursors*
A. Morrison, *The Hamilton and Nelson Papers* (2 vols, 1893–4)
G. B. Mundy (ed.), *The Life and Correspondence of the Late Admiral Lord Rodney* (2 vols, 1830)
G. P. B. Naish, *Nelson's Letters to His Wife and Other Documents, 1785–1831* (1958)
A. Nicholson, *Men of Honour: Trafalgar and the making of the English hero* (2005)
N. H. Nicolas, *The Dispatches and Letters of Vice Admiral Lord Viscount Nelson* (7 vols, 1844–6)
C. Oman, *Nelson* (1947)
D. Orde, *In the Shadow of Nelson: The Life of Admiral Lord Collingwood* (2008)
P. Padfield, *Maritime Power and the Struggle for Freedom: naval campaigns that shaped the modern world, 1788–1851* (2003)
J. Raigersfeld, *The Life of a Sea Officer* (1840)
W. Robinson, *Jack Nastyface: Memoirs of an English Seaman*, ed. O. Warner (2002)
D. A. B. Ronald, *Young Nelsons: boy sailors during the Napoleonic Wars, 1793–1815* (2009)
J. Scott, *Recollections of a Naval Life* (3 vols, 1834)
W. Spavens, *The Narrative of William Spavens, a Chatham Pensioner* (1796)
F. B. Spilsbury, *Account of a Voyage to the Western Coast of Africa; performed by His Majesty's sloop* Favourite, *in the year 1805* (1807)
D. Spinney, *Rodney* (1969)
J. Sugden, *Nelson: a dream of Glory* (2005)
——, *Nelson: the sword of Albion* (2012)
J. E. Talbott, *The Pen and Ink Sailor: Charles Middleton and the King's Navy, 1778–1813* (1998)
P. Trew, *Rodney and the Breaking of the Line* (2006)

E. Vincent, *Nelson: Love and Fame* (2003)
T. Wareham, *The Star Captains: frigate command in the Napoleonic Wars* (2001)
C. White, *1797: Nelson's Year of Destiny: Cape St Vincent and Santa Cruz de Tenerife* (1998)
——, *The Nelson Encyclopaedia* (2003)
——, *Nelson: the admiral* (2005)
—— (ed.), *Nelson: the new letters* (2005)
S. Willis, *Fighting at Sea in the Eighteenth Century: the art of sailing warfare* (2008)
——, *The Fighting Temeraire: legend of Trafalgar* (2010)
——, *The Glorious First of June: fleet battle in the reign of terror* (2011)

第12部分：第42~45章

J. Beeler, *Birth of a Battleship: British capital ship design, 1870–1881* (1991)
G. Bennett, *Charlie B* (1969)
C. Beresford, *Memoirs* (2 vols, 1914)
L. Bethell, *The Abolition of the Brazilian Slave Trade: Britain, Brazil and the slave trade question* (1970)
D. Brown, *Palmerston and the Politics of Foreign Policy, 1846–55* (2002)
D. K. Brown, 'Wood, Sail and Cannonballs to Steel, Steam and Shells, 1815–1895', in Hill (ed.), *Oxford Illustrated History*
——, Warrior *to* Dreadnought*: warship development, 1860–1905* (2010)
R. A. Burt, *British Battleships, 1889–1904* (1988)
R. Chesneau and E. Kolesnik (eds), *Conway's All the World's Fighting Ships, 1860–1905* (1979)
N. J. Dingle, *British Warships, 1860–1906: a photographic record* (2009)
B. Edwards, *Royal Navy versus the Slave Traders: enforcing abolition at sea, 1808–1898* (2007)
J. A. Fisher, *Memories and Records* (2 vols, 1920)
R. Freeman, *The Great Edwardian Feud: Beresford's vendetta against Fisher* (2009)
R. Gardiner and A. Lambert (eds), *Steam, Steel and Shellfire: the steam warship, 1815–1905* (2001)
G. S. Graham, *The China Station: 1830–1865* (1978)
——, *The Politics of Naval Supremacy* (1965)
B. Greenhill and A. Giffard, *The British Assault on Finland* (1988)
W. H. Hall and W. D. Bernard, *Narrative of the Voyages and Services of the* Nemesis *from 1840 to 1843* (1844)
C. I. Hamilton, *Anglo-French Naval Rivalry, 1840–1870* (1993)
R. C. Howell, *The Royal Navy and the Slave Trade* (1987)
R. Hyam, *Britain's Imperial Century, 1815-1914: a study of empire and expansion* (1976)
A. Lambert, *Battleships in Transition: the creation of the steam battlefleet, 1815–1860* (1984)
——, *The Challenge: America, Britain, and the War of 1812* (2012)
——, *The Crimean War: British Grand Strategy, 1853–56* (1991)
——, *HMS* Warrior *1860: Victoria's ironclad deterrent* (2011)
——, *The Last Sailing Battlefleet: maintaining naval mastery, 1815–1850* (1991)

——, 'The Shield of Empire, 1815–1895', in Hill (ed.), *Oxford Illustrated History*
N. A. Lambert, *Sir John Fisher's Naval Revolution* (1999)
P. Leonard, *Records of a Voyage to the Western Coast of Africa* (1833)
M. Lewis, *The Navy in Transition, 1814–1865* (1965)
C. Lloyd, *The Navy and the Slave Trade* (1949)
R. Mackay, *Fisher of Kilverstone* (1970)
A. J. Marder (ed.), *Fear God and Dread Nought: the correspondence of Admiral of the Fleet Lord Fisher of Kilverstone* (3 vols, 1952–9)
R. Massie, *Dreadnought: Britain, Germany, and the coming of the Great War* (1991)
T. Pocock, *Remember Nelson: the life of Captain Sir William Hoste* (1977)
A. Preston and J. Major, *Send a Gunboat: 150 years of the British gunboat* (2007)
J. Roberts, *The Battleship* Dreadnought (1992)
M. Ryan, 'The Price of Legitimacy in Humanitarian Intervention: Britain, the right of search, and the abolition of the West African slave trade, 1807–1867', in B. Simms and D. J. B. Trim (eds), *Humanitarian Intervention: a history* (2011)
P. Scott, *Fifty Years in the Royal Navy* (1919)
J. T. Sumida, *In Defence of Naval Supremacy: finance, technology and British naval policy, 1889–1914* (1989)
D. G. Tinnie, 'The Slaving Brig *Henriqueta* and her Evil Sisters: a case study in the 19th-century illegal slave trade to Brazil', *The Journal of African American History*, vol. 93 (2008)
S. Willis, *Fighting Ships, 1850–1950* (2008)
J. Winton, 'Life and Education in a Technically Evolving Navy, 1815–1925', in Hill (ed.), *Oxford Illustrated History*

第13~15部分：第46~56章

C. Barnett, *Engage the Enemy More Closely: the Royal Navy and the Second World War* (1991)
——, *The Collapse of British Power* (1972)
P. Beesley, *Room 40: British naval intelligence, 1914–1918* (1982)
——, *Very Special Intelligence: the story of the Admiralty's Operational Intelligence Centre, 1939–45* (1977)
G. Bennett, *Naval Battles of the First World War* (2005)
C. Blair, *Hitler's U-Boat War: the hunted, 1942–1945* (1996)
J. Brooks, *Dreadnought Gunnery and the Battle of Jutland: The Question of Fire Control* (2005)
D. Brown, *The Royal Navy and the Falklands War* (1987)
A. Burn, *The Fighting Captain: the story of Frederick Walker, CB, DSO***, RN and the Battle of the Atlantic* (1993)
N. J. M. Campbell, *Jutland: analysis of the fighting* (1986)
W. S. Churchill, *The Second World War* (6 vols, 1948–54)
A. B. Cunningham, *A Sailor's Odyssey* (1957)
B. Edwards, *Dönitz and the Wolf Packs: the U-boats at war* (1999)
H. W. Fawcett and G. W. W. Hooper (eds), *The Fighting at Jutland: the personal experiences of forty-five officers and men of the British fleet* (1921)

A. Finlan, *The Royal Navy in the Falklands and the Gulf War: culture and strategy* (2004)

N. Friedman, *Naval Firepower: battleship guns and gunnery in the Dreadnought era* (2008)

——, 'The Royal Navy and the Post-War Naval Revolution, 1946 to the present', in Hill (ed.), *Oxford Illustrated History*

R. Gardiner, (ed.), *The Eclipse of the Big Gun: The Warship, 1906–45* (1992)

—— and R. Gray (eds), *Conway's All the World's Fighting Ships: 1906–1922* (1984)

J. Goldrick, 'The Battleship Fleet: the test of war, 1895–1919', in Hill (ed.), *Oxford Illustrated History*

A. Gordon, *The Rules of the Game: Jutland and British naval command* (1996)

G. Gordon, *British Seapower and Procurement Between the Wars: a reappraisal of rearmament* (1998)

E. Grove (ed.), *The Defeat of the Enemy Attack on Shipping, 1939–1945* (1997)

——, 'A Service Vindicated, 1939–1946', in Hill (ed.), *Oxford Illustrated History*

——, *Vanguard to Trident* (1987)

A. Hague, *The Allied Convoy System, 1939–1945* (2000)

P. G. Halpern, *A Naval History of World War I* (1994)

J. R. Hill, 'The Realities of Medium Power, 1946 to the present', in Hill (ed.), *Oxford Illustrated History*

D. Hobbs, *The British Pacific Fleet: the Royal Navy's most powerful strike force* (2011)

J. Holland, *Fortress Malta: an island under siege, 1940–1943* (2004)

J. Hood (ed.), *Carrier: a century of first-hand accounts of naval operations in war and peace* (2010)

M. Howard, *The Continental Commitment: the dilemma of British defence policy in the era of the two world wars* (1972)

W. Jameson, Ark Royal*: the life of an aircraft carrier at war, 1939–41* (1957)

N. A. Lambert, 'Admiral Sir John Fisher and the Concept of Flotilla Defence, 1904–1909', *Journal of Military History* (1995)

B. Lavery, *Churchill's Navy: the ships, men and organisation, 1939–1945* (2006)

D. Macintyre, *The Battle of the Atlantic* (1975)

——, *Fighting Admiral: the life of Admiral of the Fleet Sir James Somerville* (1961)

——, *U-Boat Killer: fighting U-boats in the Battle of the Atlantic* (1956)

A. J. Marder, *From the* Dreadnought *to Scapa Flow: the Royal Navy in the Fisher era, 1904–1919* (5 vols, 1961–70)

R. K. Massie, *Castles of Steel: Britain, Germany and the winning of the Great War at sea* (2003)

J. Neidpath, *The Singapore Naval Base and the Defence of Britain's Eastern Empire, 1919–41* (1981)

P. Nitze (ed.), *Securing the Seas* (1979)

S. W. C. Pack, *Cunningham the Commander* (1974)

P. Padfield, *The Battleship Era* (1972)

L. Paterson, *U-Boats in the Mediterranean, 1941–1944* (2007)

G. Peden, *British Rearmament and the Treasury* (1979)

P. Pugh, *The Costs of Seapower* (1986)

B. Ranft (ed.), *The Beatty Papers: selections from the private and official correspondence, 1902–1927* (2 vols, 1993)

T. Robertson, *Walker, R.N.* (1956)

S. W. Roskill, *Admiral of the Fleet Earl Beatty: the last naval hero* (1981)

——, *Naval Policy Between the Wars* (2 vols, 1976)

——, *The War at Sea* (3 vols, 1954–61)

M. Rossiter, Ark Royal*: the life, death and rediscovery of the legendary Second World War aircraft carrier* (2006)

P. C. Smith, *The Battles of Malta Striking Forces* (1974)

——, *Pedestal: the convoy that saved Malta* (1998)

The *Sunday Times* Insight team, *War in the Falklands: the full story* (1982)

D. Thomas, *Malta Convoys* (2000)

G. Till, *Airpower and the Royal Navy* (1979)

——, 'Retrenchment, Rethinking, Revival, 1919–1939', in Hill (ed.), *Oxford Illustrated History*

——, *Maritime Strategy and the Nuclear Age* (1984)

D. Twiston Davies, *The* Daily Telegraph *Book of Naval Obituaries* (2007)

D. Wettern, *Decline of British Sea Power* (1982)

A. Williams, *The Battle of the Atlantic* (2002)

J. Wintern, *The Forgotten Fleet* (1969)

R. Woodman, *Malta Convoys, 1940–1943* (2000)

S. Woodward, *One Hundred and One Days: memoirs of the Falklands battle group commander* (1992)

P. Ziegler, *Mountbatten: the official biography* (1985)

注　释

缩写

ASC：《盎格鲁－撒克逊编年史》（*Anglo-Saxon Chronicle*）

BND：《英国海军文件》（*British Naval Documents*）

注释内容请参见章后注

索　引

（索引中页码为原书页码，即本书页边码）

插图说明

1. 不列颠地图，Matthew Paris 绘制，1250 年。Public domain，wiki commons.

2. “高克斯塔”号（Gokstad），藏于奥斯陆（Oslo）的挪威海盗船博物馆（Viking Ship Museum）。Author：Bjørn Christian Tørrissen，source：http：//bjornfree. com/galleries. html.

3. 1340 年 6 月 24 日，斯鲁伊斯海战。Public domain，wiki commons. Source：Bibliotheque Nationale de France，MS Fr. 2643，Folio 167，artist Jean Froissart.

4. “主恩亨利”号，也被称作“伟大的哈利”号。Anthony Roll，1546 年。Public domain，wiki commons.

5. 英格兰战舰与西班牙无敌舰队在格拉沃利讷附近鏖战，1588 年 7 月 28 日。Public domain，wiki commons. Author：English School，16th century，source：http：//collections. rmg. co. uk/collections/objects/11754.

6. 12 艘法国战舰被海军少将乔治·鲁克率领的袭击队点燃，1692 年 5 月。Author：Richard Paton，source：http：//collections. rmg. co. uk/collections/objects/11824.

7. 荷兰人在入侵梅德韦行动后，驾着俘获的约克公爵詹姆斯亲王的旗舰“皇家查尔斯”号驶出查塔姆。Author：Jeronimus van Diest（II），source：www. rijksmuseum. nl.

8. 一艘正在与巴巴里海盗作战的英格兰护卫舰，1680 年。

Author：Willem van de Velde，source：http：//collections. rmg. co. uk/collections/objects/11815.

9. 乔治 · 安森。Author：Thomas Hudson，source：http：//collections. rmg. co. uk/collections/objects/13991.

10. 克劳兹利 · 肖维尔爵士。Author：Michael Dahl，1705年，Source：http：//collections. rmg. co. uk/collections/objects/14498. html

11. 1755年10月21日，英国造船厂，HMS“剑桥”号，HMS“皇家乔治”号以及在画的正中央正在建造的舰载74门火炮的第三代战列舰。Author：John Cleveley the elder，source：National Maritime Museum.

12. 第一次菲尼斯特雷战役，1747年5月3日。Author：Samuel Scott，source：nmm. ac. uk.

13. 理查德 · 豪勋爵。Author：John Singleton Copley，source：National Maritime Museum.

14. 基伯龙湾海战，1759年11月20日。Author：Nicholas Pocock，source：National Maritime Museum.

15. 1794年“光荣的六月一日海战”，HMS“布朗斯维克”号正在和法国战舰“人民复仇者”号和“阿喀琉斯”号交战。Author：Nicholas Pocock，source：National Maritime Museum.

16. 皇家海军最著名的HMS“胜利”号正驶离英吉利海峡。Author：Monamy Swaine，source：National Maritime Museum.

17. 海军上将乔治 · 布里奇斯 · 罗德尼勋爵。Author：Joshua Reynolds，source：National Maritime Museum.

18. 英雄纳尔逊。Author：Richard Westall，source：National

Maritime Museum.

19 – 20. HMS“胜利”号的火炮甲板和火炮甲板上悬挂的吊床。Public domain, wiki commons.

21. 尼古拉斯·波科克关于特拉法尔加战役的画作。Author: Nicholas Pocock, source: National Maritime Museum.

22.《海上的星期六之夜》，作者乔治·克鲁克香克。Author: George Cruikshank, source: National Maritime Museum.

23. 蒸汽动力军舰 HMS“复仇女神”号摧毁清朝军用舢板。Author: Edward Duncan, source: National Maritime Museum.

24. HMS“战士”号。Author: Lewis Hulbert, source: wiki commons.

25. HMS“不屈”号。Author: Matthew Brown, source: wiki commons.

26. 海军上将约翰·费舍尔。Author: Author Stockdale Cope, source: National Maritime Museum.

27. HMS“无畏”号。Author: not stated, source: U. S. Naval Historical Center Photograph (#: NH 63596).

28. HMS“皇家橡树”号。Author: Royal Navy photographer, source: http://www.royalnavy.mod.uk/static/pages/211.html.

29. 海军上将戴维·贝蒂在第一次大战期间成为媒体时代的明星。Author: John Buchan, source: The Battle of Jutland by John Buchan.

30. 20 世纪 20 年代的 HMS“退敌”号。Author: Underwood & Underwood, source: Official U. S. Navy photo NH 57183 from the U. S. Navy Naval History and Heritage Command.

31. 斯帕蒂文托角战役，1940 年 11 月 27 日。Author：Priest，L C（Lt），Royal Navy official photographer，source：photograph A 2298 from the collections of the Imperial War Museums.

32. 在撒丁岛的最南端，敌机投掷的炸弹擦身而过，它激起的水柱几乎令 HMS“皇家橡树”号沉没。Author：Priest，L C（Lt），Royal Navy official photographer，source：photograph A 2325 from the collections of the Imperial War Museums.

33. 经过 10 小时的捕猎，沃克的船把 U－264 逼上了水面。Author：Priest，L C（Lt），Royal Navy official photographer，source：photograph A 22031 from the collections of the Imperial War Museums.

34. HMS“燕八哥”号上戏剧性的一幕。Author：Priest，L C（Lt），Royal Navy official photographer，source：photograph A 21986 from the collections of the Imperial War Museums.

35. HMS“胜利”号、HMS“皇家方舟”号和 HMS“赫尔墨斯”号。Author：U. S. Navy，Source：*U. S. Navy All Hands magazine* February 1962，p. 15.

36. 利物浦皮尔海德的海军上校弗雷德里克·约翰·沃克的雕塑。Source：User Rept0n1x at Wikimedia Commons.

图书在版编目(CIP)数据

深蓝帝国：英国海军的兴衰：全二册 /（英）本·威尔逊（Ben Wilson）著；沈祥麟译. -- 北京：社会科学文献出版社，2019.10

书名原文：Empire of the Deep：The Rise and Fall of the British Navy

ISBN 978-7-5201-3857-4

Ⅰ.①深… Ⅱ.①本… ②沈… Ⅲ.①海军-军事史-英国 Ⅳ.①E561.53

中国版本图书馆 CIP 数据核字（2018）第 257184 号

深蓝帝国：英国海军的兴衰（上、下）

著　　者 /［英］本·威尔逊（Ben Wilson）
译　　者 / 沈祥麟

出 版 人 / 谢寿光
组稿编辑 / 董风云
责任编辑 / 张　骋　沈　艺
文稿编辑 / 李文菊　田纪原

出　　版 / 社会科学文献出版社·甲骨文工作室（分社）（010）59366527
地址：北京市北三环中路甲 29 号院华龙大厦　邮编：100029
网址：www.ssap.com.cn
发　　行 / 市场营销中心（010）59367081　59367083
印　　装 / 北京盛通印刷股份有限公司

规　　格 / 开　本：889mm × 1194mm　1/32
印　张：31.75　插　页：1.125　字　数：718 千字
版　　次 / 2019 年 10 月第 1 版　2019 年 10 月第 1 次印刷
书　　号 / ISBN 978-7-5201-3857-4
著作权合同登记号 / 图字 01-2014-1571 号
定　　价 / 168.00 元（上、下）

本书如有印装质量问题，请与读者服务中心（010-59367028）联系